Peter Lengsfeld

Zum tieferen Sinn von Religion

Religionsgespräche
in Asien und anderswo

mit Beiträgen von
Willigis Jäger, Susanna José,
Willi Marxsen und Bernardo Saviatoge

Verlag Via Nova

Vorderes Umschlagbild:
Die Erde als Berg im Kraftfeld der kosmischen Energien.
Miniatur aus einer im 11. Jahrhundert gefertigten Handschrift (Sinaikloster) der im 6. Jahrhundert von Kosmas Indikopleustes verfaßten christlichen Weltall-beschreibung.

Im innersten Ring bewegt sich zweifach der Mond. Im mittleren Ring wird die auf- und untergehende Sonne von zwei himmlischen Wesen angeschoben. Im blauen äußeren Kreis ersetzen 12 Fackel tragende Monatsengel die „heidnischen" Tier-kreiszeichen der ägyptischen Astrologie und halten die Fixsterne. Das ganze Firma-ment wird von zwei Säulen getragen, die auf dem braunen Urgrund der Erde auf-ruhen. Ganz außen erscheinen die alten ägyptischen Monatsnamen in griechischer Transkription.

Das Ganze ist ein Beispiel dafür, wie dieselbe kosmisch-energetische Erfah-rungswelt in der menschlich-irdischen Wahrnehmungsperspektive mit unterschied-lichen Mythologien verbunden und mit verschiedenen Namen bedacht werden kann.

Bilder im Inneren des Buches:
Graphische Visualisierungen von Thanh-Ngia Nguyen,
Untertitel von Christiane Nguyen.

Umschlagbild der Rückseite:
Regenbogen, Foto von Dr. Felicitas Vogler, St. Légier

1. Auflage 1993
Verlag Via Nova, Neißer Straße 9, 36100 Petersberg
Ausstattung und Typographie: Hans Dieter Bittner, Fulda
Satz: typo-service kliem, neustädtles
Druck und Verarbeitung: Rindt-Druck, Fulda
Alle Rechte vorbehalten
ISBN 3-928632-06-X

Inhaltsverzeichnis

Vorwort

Es tut sich was in Sachen Religion. Dieses Buch möchte helfen, die Wahrnehmung dafür zu fördern. Je mehr Menschen sich für das Neue, das in Sachen Religion hindurchkommen will, ernsthaft öffnen, um so größer sind die Chancen dafür, daß die religiöse Dimension des Daseins in ihrer neuen Gestalt klarer erkannt und sinnvoller gelebt werden kann.

Nicht neu ist die Feststellung, daß die Kirchen leerer werden und die innerchristliche Ökumene stagniert. Das war schon so bald nach Abschluß des Zweiten Vatikanischen Konzils. Der sich in den 70er Jahren abzeichnenden ökumenischen Stagnation und Resignation galt das erste größere Werk „Ökumenische Theologie. Ein Arbeitsbuch" (1980). Hier ging es um die theoretische Analyse der Faktoren, welche für die Stagnation im ökumenischen Prozeß verantwortlich sind. Ihm folgte ein Blick in die Praxis der tatsächlich erlebten Ökumene „Ökumenische Praxis. Erfahrungen und Probleme konfessionsverschiedener Ehepartner" (1984). Danach hatte ich den Wunsch, ein nach Größe und Umfang etwa gleichartiges Buch mit dem Titel „Ökumenische Spiritualität" zu publizieren. Dazu ist es bezeichnenderweise nicht gekommen. Das vorliegende Buch enthält jedoch viele Anregungen dafür. Sie stammen vorwiegend aus der Begegnung mit Menschen aus anderen Religionen und Regionen.

Hauptziel ist es, etwas zur besseren Wahrnehmung jenes Wandels beizutragen, der sich in Sachen Religion überhaupt vollzieht. Denn inzwischen bin ich der Meinung, daß die Stagnation im ökumenischen Bereich nur symptomatisch für eine tiefer verankerte Erstarrung der christlichen Religion als solcher ist. Das territorial organisierte Gemeindeleben ist am Austrocknen. Die bürokratische Verwaltung von Glaubenslehren und ethischen Normen hat ein Übergewicht bekommen. Ein rational gesteuerter Aktivismus droht die Mysterien der Liturgie, des sakramentalen Lebens und einer personalen Religiosität auszuhöhlen.

Auf der anderen Seite wächst die Zahl kleinerer, aber lebendiger Gruppen, Zentren und Gemeinschaften, Gebets- und Meditationskreise, die eine echte Religiosität pflegen und ausstrahlen. In ihnen findet die Sehnsucht nach religiöser Erfahrung und Gottesbegegnung einen Ort des Wachstums und der Erfüllung. Sie werden von den mystischen Traditionen des Christentums gespeist, nicht selten aber auch von der religiösen Übungspraxis anderer Religionen.

Auch in der Theologie werden die „Lehren" mehr in ihrer Bedeutung für den Lebenszusammenhang, weniger in ihrem dogmatischen Eigenwert gesehen, wie es die zur Versteinerung tendierende traditionelle Theologie tat. Lebendig ist die Theologie vor allem dort, wo sie reale Erfahrung reflektiert, vor allem wenn sie das Leiden der Menschen aufgreift, das Leiden der ökonomisch Armen (Beispiel: Befreiungstheologie), der gesellschaftlich Benachteiligten (Beispiel: Feministische Theologie) oder der psychisch Deformierten (Beispiel: tiefenpsychologisch orientierte Theologie). Neben diese drei Strömungen erfahrungsbezogener Theologie erweist sich vor allem die Begegnung mit den anderen großen Religionen als fruchtbarer Quell theologischen Denkens und praktischen Handelns. Auch hier ist es der Erfahrungs- und Praxisbezug, der lebendige Religiosität stiftet. Im Unterschied zur nur beschreibenden Religionswissenschaft interessiert in der interreligiösen Begegnung vor allem die spirituelle Praxis. Diese Begegnung mit der Spiritualität und Praxis anderer Religionen birgt meines Erachtens – zusammen mit dem Aufmerken auf das „Neue", was in Sachen Religion überhaupt durchkommen will – die größten Chancen für eine Erneuerung auch der christlichen Religion. Denn aus einer tiefen religiösen Erfahrung werden nicht nur die Ideen zur Lösung von Armuts- und Benachteiligungproblemen geboren. Aus ihr entquillen auch die zur Realisierung benötigten neuen Kräfte, Energien und Strukturen.

Nur wenn sich das Herz wieder neu vom Namenlos-Einen berühren läßt, können die neuen und alten Wunden heilen – sowohl im Bereich der Ökumene wie in Sachen Religion überhaupt. Erst wenn die Ab- und Eingrenzungen des Konfessionalismus transzendiert werden, kann das unbegrenzt Absolute wirklich befreiend und erlösend wirken. Nicht mehr dem kleinen Ich des Menschen, das sich in Ängstlichkeit und Enge verschanzt, gebührt die Führung, sondern dem großen wahren Selbst, das als göttlicher Geist in pfingstlicher Weise das Weltall und die Menschheit durchdringt. Nur so lernen wir auch wieder, dem Leben zu dienen, wo immer es bedroht ist.

Zur Entstehung des Buches haben viele beigetragen. Art und Umfang der Beteiligung anderer Autoren ist im Titel genannt sowie an Ort und Stelle vermerkt. Ihnen und allen, die ungenannt durch Beratung und beispielhaftes Leben mitgewirkt haben, danke ich von Herzen. Mein besonderer Dank gilt dem Verleger, Herrn Werner Vogel, mit dem ich mich auch durch das Grundanliegen des Buches sehr verbunden weiß, sowie meinem früheren Assistenten, Herrn Dr. Eckard Wolz-Gottwald, der das Entstehen des Ganzen umsichtig und kritisch, wohlwollend und inspirierend begleitet hat. Für den Beitrag von Susanna José hat er die Belegstellen ausfindig gemacht. Frau Elisabeth Dieckmann verdanke ich wervolle Hinweise bei der Übersetzung. Für die zusätzlichen Fußnoten und alle übrigen Texte bin ich allein verantwortlich.

Darup (bei Münster/Westfalen), Pfingsten 1993

Peter Lengsfeld

Cui bono?*

Eine ökumenische Parabel[1]

von

Willi Marxsen und Peter Lengsfeld

W.M.: *In einer Obstschale liegen ein herber Boskop und ein aromatischer Gravensteiner. Man muß betonen: In* einer *Obstschale. Das war nämlich nicht immer so. Vor gar nicht langer Zeit wurden sie noch getrennt aufbewahrt. Doch nun liegen sie in einer Schale nebeneinander. Da wird in ihnen eine Erinnerung wach an lange vergangene Zeiten, die tief in ihnen geschlummert hatten: Ihre Vorfahren waren einmal Früchte an* einem *Apfelbaum. Irgendwann hatte ein Züchter sie getrennt. Seitdem hatten der Boskop und der Gravensteiner ihre je eigene Entwicklung genommen. Niemals mehr waren sie Früchte eines Baumes.*

Wenn Menschen jetzt den Boskop und den Gravensteiner betrachteten, sagten sie (wenn sie nicht ganz genau hinsahen): Da liegen zwei Äpfel. Sie wußten nicht, konnten wohl auch nicht wissen, daß es Äpfel eigentlich nicht mehr gibt, sondern eben nur Boskop und Gravensteiner.

Nun waren aber diese beiden, der Boskop und der Gravensteiner, doch der Meinung, und zwar jeder für sich, daß sie – ein Apfel seien. Der Gravensteiner war (mindestens seit sie in einer Obstschale lagen) schon eher geneigt, dem Boskop zuzugestehen, daß auch er ein Apfel sei. Der Boskop hingegen war in dieser Hinsicht zurückhaltender. Daß er selbst ein Apfel sei, stand für ihn fest.

Ob aber der Gravensteiner mit Recht behaupten könne, ein Apfel zu sein, das bestritt der Boskop lange Zeit; und später verlangte er, daß der Gravensteiner für seine Anerkennung als Apfel zumindest erst einmal den Nachweis führen müsse. Und der Gravensteiner war gar nicht abgeneigt, diesen Nachweis zu erbringen, denn in ihrem Streben waren sich beide einig: Es wäre schön, wenn es ihnen gelänge, untereinander zur Überzeugung zu kommen, daß es vor allem und in erster Linie darauf ankäme, ein Apfel zu sein. Ein Apfel wollten sie wieder werden; und so sollten die Menschen sie dann auch ansehen.

Doch den Menschen gefiel das nicht sonderlich, jedenfalls nicht allen. Ihnen schien ein solches Streben eine ungute Vereinerleiung. Brachte sie nicht gerade auch Gefahren mit sich? Die, die sich an den Boskop gewöhnt hatten, wollten dennoch nicht darauf verzichten, hin und wieder einmal einen Gravensteiner zu genießen. Das half ihnen nämlich, nicht nur zu erkennen, was sie am Boskop wirklich hatten, sondern zugleich, daß der Boskop allein doch auch gewisse bedenkliche Einseitigkeiten aufwies. Denen hingegen, die sich meist mehr an den Gravensteiner gehalten hatten, ging es umgekehrt genauso. Sollte es aber in Zukunft nur noch

---

*) deutsch etwa: Wem zuliebe? Wem dient es?
[1] Zuerst erschienen in: Una Sancta 38 (1983) 2–4

9

Äpfel geben, wäre es nicht mehr möglich, den herben Geschmack des Boskop durch den aromatischen Geschmack des Gravensteiners zu korrigieren.

Nur die, die nie Gravensteiner oder Boskop aßen, die empfanden die Einteilung in Gravensteiner und Boskop als irritierend. Für sie war es einfacher, wenn sie immer von einem Apfel reden konnten. Sie hatten keine Ahnung davon (konnten ja auch keine Ahnung haben), daß der Apfelgenuß seinen Reiz gerade darin hatte, daß man die richtige Mischung wählte.

Wessen Geschäft treiben denn nun eigentlich Boskop und Gravensteiner, wenn sie sich bemühen, wieder ein Apfel zu werden? Liegen doch beide in einer Obstschale. Wenigstens heute ist das so. Ist das nicht schon sehr viel? Könnte der Wunsch, noch mehr zu wollen, nicht am Ende gar bedeuten, weniger zu bekommen? Sollte man wirklich noch mehr wollen? – Cui bono?

P.L.: Auf diese Weise waren Gravensteiner und Boskop gut durch den Winter gekommen. Nebeneinander in der Obstschale liegend waren sie schön anzuschauen. Sie wurden von den Menschen gepflegt, ab und an poliert und wieder so in die Schale gelegt, daß ihre schönsten Seiten sichtbar waren. Einmal, um Weihnachten, wagte jeder auch mal einen Blick zu dem anderen hinüber. Sie fanden, daß sie einander ganz gut ergänzen könnten und sanken selbstgefällig und zufrieden mit Gott und der Welt in ihr Nebeneinanderdasein zurück.

Da träumten sie vom Frieden. Und es zog Dankbarkeit in ihre Seelen ein aus Freude darüber, daß Gravensteiner und Boskop so friedlich nebeneinander liegen durften. Nur von Zeit zu Zeit, wenn der Schlaf ein wenig dünner wurde und der im Traum gesehene Friedensengel am Horizont verschwand, bedrückte sie tief innen ein Unbehagen in Erinnerung an den Engel. Stand nicht auf seinem Schild die Frage: Cui bono? Doch eines Tages im Frühling – es war nicht mehr lang bis Ostern – warf die heller gewordene Sonne einen breiten Strahl ins Zimmer, der die ganze Obstschale erfaßte. Im Haus erklang ein Freudenruf. Ein Kind lief herbei, stellte sich strahlend vor die Obstschale und wollte voll Lust nach einem Apfel greifen, um ihn zu essen. Aber welchen sollte es wählen, den Gravensteiner oder den Boskop? Hatte man ihm doch gesagt, daß jeder Apfel einen besonderen Geschmack besaß und beide zusammen am würzigsten schmeckten.

„Wie kann ich mich da entscheiden?", dachte das Kind und trat noch näher heran, um die Äpfel genauer zu betrachten. Wie es so hinschaut, da sieht es, daß die Schale des einen Apfels schon ein wenig schrumpelig geworden ist und auch der andere Apfel arge Runzeln bekommen hat. So nimmt es die Äpfel aus der Schale und betrachtet sie rundherum. Sein Schreck wird noch größer: auf der Unterseite sind braune Flecken, ganz ekelige faule Stellen vom langen Liegen. Auf der Stelle verging ihm die Lust am Essen. Enttäuscht legt es die Äpfel zurück und läuft hinaus in den Garten. Auch den Äpfeln war der Schrecken tief unter die schrumpelige Haut gefahren. Ganz schwerfällig und noch etwas schlaftrunken rieben sie sich die Augen, schauten einander an und fingen an, sich zu bewegen, zu drehen und einander die schönen Seiten zuzukehren. Der eine begann, in der Schale zu rollen und

seine Unterseite nach oben zu wenden; bald tat das der andere auch. Und nach einiger Zeit des Rollens und Schauens entdeckte jeder am anderen die schönen und die braungefleckten Stellen ganz genau. Der Gravensteiner, der immer ein bißchen flinker war, begann zu weinen ob der vielen faulen Flecken, die er an sich sehen mußte. Gerührt und beschämt von so viel Ehrlichkeit fing auch der Boskop an, nachdenklich zu werden. Als die Sonne grad mal nicht so hell schien, wagte er ganz leise den Gravensteiner zu fragen: „Ob ich wohl auch so viele braune Flecken habe wie Du?". Der Gravensteiner nickte, und beiden kamen die Tränen in die Augen: und sie weinten lange wegen der vielen braunen Flecken, die sie während des langen Winters bekommen hatten. Ihr Gejammer schien kein Ende nehmen zu wollen, hätte nicht das Kind im Garten das Äpfelgewimmer gehört. Noch einmal lief es ins Haus und stellte sich vor die Obstschale und betrachtete die beiden jammervollen Äpfel. Seine Gegenwart machte dem Schluchzen ein Ende; die Äpfel fingen an zu reden.

Das Kind konnt das meiste freilich nicht verstehen. Unverständliche Worte gingen hin und her. Nur die Grundmelodie konnte es wahrnehmen und entziffern. Das fing an mit einem Klang wie „Du bist schuld! – Nein Du!", wechselte über in einen Tonfall wie „Ich bin schöner als Du! – Nein, ich habe weniger Runzeln und Flecken", hörte sich dann an wie „Schön, daß wir wenigstens in derselben Schale liegen" und verstummte plötzlich, als die lang vergessene Frage „Cui bono?" wieder beiden Äpfeln in den Sinn kam.

Das Kind, das noch immer an der Obstschale stand, merkte, wie die Äpfel einander noch genauer betrachten wollten und jedesmal auch den Blick an sich selber heruntergleiten ließen. „Hab ich da nicht sogar ein Madenloch in einem braunen Fleck gesehen?" sagte der eine. „Und ich nicht auch eins bei mir?" bekam das Kind vom anderen zu hören und sah, wie die Äpfel gleichzeitig in sich gingen. Nach langer Zeit des Horchens und Fühlens nach innen spürten Gravensteiner und Boskop etwa zur gleichen Zeit, wie Maden sich durchs Fruchtfleisch bewegten – ein scheußliches Gefühl. „Die Maden, die Maden!", jammerten sie und schauten sich tief in die Augen. „Bei mir sind sie schon auf dem Weg zum Kerngehäuse", sagte der eine. „Bei mir leider auch", versetzte der andere. Beide wußten, daß jetzt guter Rat teuer war. „Cui bono", dachte das Kind, das auf einmal wußte, um was es hier ging, aber nicht wagte, auch nur ein Sterbenswörtlein zu sagen.

Auch die Äpfel schwiegen nach außen. Im Innern aber tobte ein wilder Streit. Die Schalen zogen sich vor Krämpfen noch mehr zusammen, schrumpelten und rissen an einigen Stellen auf. Die weißen gesunden Abschnitte tief im Fruchtfleisch kämpften gegen die faulen braunen, wollten sich abgrenzen und alles Faule wie Eiter nach draußen stoßen, mußten aber aufgeben, weil es nicht gelang. Die Maden begannen, gegen das Kerngehäuse zu nagen, pochten und klopften, als wollten sie den Einlaß erzwingen und wollten auch bald zum Kostbarsten vorstoßen, was in dem Gehäuse eingebettet war, zu den Kernen.

Als das Nagen, Rütteln und Schütteln immer länger dauerte, besannen sich beide schließlich auf den Engel, der ihnen im Traum erschienen war: „Cui bono?" hatte auf seinem Schild gestanden. „Cui bono sind wir eigentlich? Wo ist unser Engel? Wohin führt er uns? Sind wir nur dazu da, um nebeneinander zu liegen und schön auszusehen? Wenn uns dann doch keiner genießen kann? Was ist das Kostbarste in uns? Sind es nicht die Kerne, aus denen neues Leben werden kann?"

Von solchen Fragen noch mehr als vom Erdbeben erschüttert, wußten beide Äpfel plötzlich nur noch eins. Sie öffneten die Augen, schauten sich an, sahen das Kind und sprachen dann: „Du liebes Kind! Wir sind bereit, uns zu wandeln. – Wenn es Dir gefällt, nimm ein Messer! Schneide alle faulen und madigen Stellen raus! Und die Maden dazu! – Hol dir das Beste aus unserem Fruchtfleisch und wirf das andere weg! – Mit dem Besten mach Dir ein Mahl und iß es! Und die Kerne... Schäl die Kerne heraus! Bei uns beiden! Nimm sie in Deine kleine Hand und trag sie in den Garten! Und grab die Kerne ein in deinen Garten!"

Als das Kind das vernahm, war es an ihm, erschüttert zu sein. Freudentränen kamen ihm in die Augen. Der Engel aber, der den Äpfeln im Traum erschienen war, gesellte sich ohne Schild und Inschrift zu ihnen.

Und es war nicht mehr nötig zu fragen „Cui bono?" – denn alle wußten es.

Ökumenische Theologie und Spiritualität

Eine Vorlesung[2]

Ökumenische Theologie hat es mit dem gegenwärtigen Zustand der Christenheit unter einem besonderen Aspekt zu tun, nämlich dem des Gespaltenseins in viele Kirchen, Konfessionen und Gruppen. Alle christlichen Kirchen und Konfessionen empfinden das Andauern dieser Gespaltenheit als Sünde und dem Willen Gottes widersprechend. Auch wenn jede Kirche in sich selbst als Werkzeug Gottes und Mittel des Heils gelten kann, bleibt die Tatsache ihrer Getrenntheit von den anderen ein dem Stiftungswillen Christi entgegengesetztes Moment ihrer Existenz.

Das Einigungsbemühen der Ökumenischen Bewegung dagegen wird von allen Kirchen dem Wirken des göttlichen Geistes selbst zugeschrieben. Insofern sind die Fronten klar. Ökumenische Theologie als theologische Disziplin hat die Aufgabe, in wissenschaftlicher Weise dem Ziel der Annäherung und Einigung zu dienen. Ökumenische Theologie kann daher wissenschaftstheoretisch definiert werden als „die methodisch gesicherte Kenntnisnahme, kritische Beurteilung und theoretische Verarbeitung" dieses gegenwärtigen Zustands der Gespaltenheit, und zwar unter dem speziellen Gesichtspunkt, diesen Zustand zu überwinden und das Bestreben nach Verständigung und Einigung der getrennten Kirchen und Konfessionen zu fördern, damit die Christenheit als Ganze ihren Sendungsauftrag besser erfüllen kann.

Seit etwa 150 Jahren gibt es kontinuierliche Bemühungen, diesem Zustand der Einheit näherzukommen. Seitdem sind auch viele Fortschritte erreicht worden. Dazu hat die Theologie ihren Beitrag geleistet. Vieles hat sich geändert und verbessert, was im einzelnen jetzt nicht aufgezählt werden kann. Erinnert sei nur an die Gründung des Ökumenischen Rates 1948. In ihm haben sich alle nichtkatholischen Kirchen zusammengefunden. Seit dem Konzil beteiligt sich auch die Katholische Kirche an dieser Arbeit. Sie ist zwar bis heute nicht Mitglied, pflegt aber Kontakte auf allen Ebenen, auf denen ihr Dialog und Kooperation sinnvoll und möglich erscheinen.

Eine fundamentale Perspektive im ökumenischen Prozeß, die in Sternstunden sichtbar, in Krisenzeiten aber vernachlässigt wird, ist die Zusammengehörigkeit von Theologie und Spiritualität, Theo-*Logie* und *Spiritu*alität, also die innere Verbundenheit von Wissenschaft, die dem Logos und der Logik zugeordnet ist, und religiöser Praxis und Erfahrung, die vom Spiritus-Creator, dem Heiligen Geist, dem Pneuma lebt und ihm verpflichtet ist.

Diese grundlegende Perspektive soll hier ein wenig nachgezeichnet werden. Dabei kann ein Blick auf die paulinische Dialektik von „Buchstabe und Geist" hilfreich sein, wie Paulus sie im 2. Korintherbrief zur Überwindung der Spaltungen in der korinthischen Gemeinde angewandt hat.

[2] Abschiedsvorlesung zur Beendigung der akademischen Lehrtätigkeit an der Katholisch-Theologischen Fakultät der Universität Münster, überarbeitet. Eine gekürzte Fassung erschien in den Lutherischen Monatsheften 31 (1992) H. 11, 488-491.
[3] P.Lengsfeld, Hg., Ökumenische Theologie. Ein Arbeitsbuch. Stuttgart 1980, 382.

I. – Das biblische Beispiel

Zur biblischen Zeit war die Gemeinde in Korinth bekanntlich in verschiedene Gruppen und Denominationen auseinandergebrochen. Jeder Gruppe war die eigene Besonderheit wichtiger als der gemeinsame Glaube und das gemeinsame Evangelium. Paulus war bemüht, die Einheit der christlichen Gemeinde wieder herzustellen. Er benutzte dazu die Gegenüberstellung von Buchstabe und Geist. So befahl er den Korinthern, sich von der Anklammerung an den Buchstaben, den Empfehlungsschreiben und Dokumenten, die jede Gruppe zum Beweis ihrer Rechtgläubigkeit hochhielt, zu lösen und sich zum Herrn zu bekehren, der der Geist ist. Dann werde der Schleier ihrer Verblendung von den Augen genommen und die Einheit der Gemeinde wieder hergestellt.

Wie den Korinthern so sollte auch uns gesagt sein, daß das Beharren auf dem Buchstaben (dem ‚gramma‘), dem begrifflich fixierten Dokument, die Fronten der Gespaltenheit verhärtet und den Geist des lebendigen Glaubens tötet, so daß ein Schleier, eine Decke über den Augen bleibt. Aufgrund dieser Verblendung der eigenen Augen ist es nicht möglich, das Wirken des Herrn, die Gegenwart des Geistes Gottes auch in den anderen Gruppen zu erkennen. Paulus sah dasselbe Muster der Verblendung schon im Alten Bund am Werk, und zwar als Moses mit den neuen Bundestafeln vom Berge Sinai herabstieg, das Volk aber vom Tanz um das goldene Kalb fasziniert war. Mit diesem Erinnerungsbild argumentierte er dann: Genau wie es einstmals bei den Israeliten der Fall war, welche die Herrlichkeit des Herrn hinter der Gestalt des Moses nicht sehen konnten, weil sie – befangen in ihren alten religiösen Vorstellungen – den Tanz ums goldene Kalb bevorzugten, ist es auch in Korinth, wenn jede Sondergruppe sich in sich selbst verschließt. Nötig ist daher eine Umkehr, eine Umwendung der Blickrichtung, und zwar zum „Herrn, der das Pneuma ist" (3,17). Dann wird dieser Schleier weggenommen. „Wenn sich nämlich einer zum Kyrios (der das Pneuma ist) bekehrt, dann wird die Decke weggenommen" (v. 16), sagt Paulus. Und dann wird der Gemeinde wieder die Einheit gewährt. So steht es im 2. Korintherbrief.

In heutiger Zeit jedoch scheint über den getrennten christlichen Kirchen und Konfessionen noch immer eine solche „Decke" zu liegen, ein Schleier, der die Spaltungen aufrecht erhält, ein Schleier, der das Wirken des Geistes Gottes bei den anderen nicht voll anerkennt. Dieser Schleier ist wie eine dunkle Decke der Verblendung, welche die Erkenntnis des göttlichen Wirkens in anderen Kirchen verdüstert und die Gemeinschaft untereinander verhindert.

Ich finde diesen Vergleich nicht nur sachlich angemessen, sondern auch sehr sympathisch, und zwar dewegen, weil die Schuld am Anhalten der Trennung nicht dem bösen Willen irgendwelcher Kirchenmänner oder Instanzen zugeschoben wird, sondern einer Blindheit, einer Verblendung, einem Nicht-Klarsehen, das alle angeht. Daher kann er auch durch die geistliche Umkehr aller geändert werden. So wird die Hoffnung gerichtet auf die spirituelle, sozusagen „heilig-geistige" Tiefendimension jenseits der Buchstaben. Das gilt für alle Bereiche, in denen das Trennungsvirus herrscht.

Sind es vor allem die Glaubenslehren, welche als kirchentrennende „Buchstaben" empfunden werden, dann ist danach zu schauen, ob nicht hinter den unterschiedlichen Buchstaben doch derselbe göttliche Geist am Werke ist. Von den Mariendogmen angefangen über die Rechtfertigungs- und Sakramentenlehre bis zu Fragen der Ordination und des Papsttums wäre es für spirituell geöffnete Augen nicht schwer, den pneumatischen Gehalt zu erkennen und sich darüber zu verständigen. Freilich ergäben sich auch Konsequenzen für die Neuformulierung der Lehre, des „Buchstabens", und die Gestalt der kirchlichen Praxis. Wenn man aber daran von vornherein nichts ändern will, beharrt man gleich auf der Richtigkeit des einen und der Unrichtigkeit des anderen Buchstabens und wählt damit die Fortdauer der Verblendung. Aber man dürfte sich dann eigentlich vom Hintergrund der paulinischen Dialektik von Buchstabe und Geist her betrachtet – nicht mehr wundern, wenn der „Geist" und das Leben allmählich ausziehen und andernorts ansiedeln. Ich bin seit langem davon überzeugt, daß dies die richtige Perspektive zur Lösung der dogmatischen Kontroversfragen ist. Und ich glaube, daß von dieser Sichtweise her auch andere Probleme zwischen Rom und den reformatorischen Kirchen und ebenso die Differenzen zwischen Rom und den östlichen Kirchen gelöst werden können, wenn die *Achtsamkeit auf das Wirken des Geistes Gottes* nicht nur in der eigenen Konfession, sondern auch bei den anderen Kirchen und Konfessionen sorgfältig geübt wird.

II. – Die wissenschaftlichen Aufgaben

Hauptaufgabe der ökumenischen Theologie als einer theologisch-*wissenschaftlichen* Disziplin ist es dabei, die jeweilige Situation zwischen den Kirchen genau zu erfassen und zu reflektieren, Prozesse der Annäherung (oder auch Distanzierung) zu beschreiben, ihre Bedingungen und Ursachen zu erforschen sowie praktikable Lösungsvorschläge zu entwickeln und auf diese Weise einen Beitrag für den Prozeß der Einigung zu leisten. Dazu muß sie anfangs auch konfessionskundliches Wissen vermitteln, das Selbstverständnis der einzelnen Kirchen und Konfessionen eruieren und die Vorgeschichte ins Bewußtsein holen.

Darüber hinaus hat Ökumenische Theologie die aktuellen Kontroversen über theologische Lehrfragen aufzuarbeiten und positive Zielvorgaben zu entwickeln. Das ist vor allem im ersten Jahrzehnt nach dem Konzil in großem Umfang geschehen. Zeugnis geben nicht nur ganze Bibliotheken von Studien über Schrift und Tradition, Amt und Gemeinde, mariologische und ekklesiologische Kontroversfragen, sondern auch zwei umfangreiche Sammelbände, in denen die erarbeiteten Konsens- und Konvergenzpapiere als „Dokumente wachsender Übereinstimmung"[4] zusammengestellt sind. Karl Rahner und Heinrich Fries kamen in diesem Zusammenhang zu der Überzeugung, daß einer tatsächlichen Wiedervereinigung der christlichen Kirchen dogmatisch kein nennenswertes Hindernis mehr im Wege steht und die verbleibenden Probleme auch nach erfolgter Einheit abgeklärt werden können. Gleich-

---

[4] Dokumente wachsender Übereinstimmung, hgg. von H.Meyer, H.J.Urban, L. Vischer, Frankfurt/Paderborn 1983 und 1991.

wohl ist es bis heute nicht zu einem solchen Schritt gekommen. Und es erhebt sich die Frage, warum. Offenbar gibt es andere Hindernisse? Aber welche sind es?

Die bedrängende Frage also ist, warum die von den Theologen aller Konfessionen ausgearbeiteten Konsensdokumente praktisch ohne Folgen geblieben sind. Offenbar spielt die Theologie gar nicht eine so große Rolle, wie man ihr zugeschrieben hat und wie sie selbst dachte. Denn offensichtlich sind die theologischen Lehrunterschiede gar nicht das Haupthindernis für eine ökumenische Einigung. Viel gewichter sind nicht-theologische Faktoren, die mit anderen Methoden genauer zu ermitteln sind. So haben sozialpsychologische Studien und tiefenpsychologische Forschungen interessante Einsichten darüber erbracht, welch große Rolle nicht-theologische Faktoren in den Beziehungen zwischen den Kirchen und kirchlichen Gemeinschaften spielen. Das gilt für viele Bereiche. Das gilt auch für die Kernfrage der Einigung.

Zu den entdeckten Hindernis-Ursachen gehören insbesondere Faktoren wie das selbstgenügsame Beharren in überkommenen ekklesiologischen Vorstellungen, das Bedürfnis nach Abgrenzung mithilfe von Fremd- und Feindbildern, das Bedürfnis nach Homogenität innerhalb des kirchlichen Personals sowie in den kirchlichen Sozialkörpern als ganzen. Dazu gehören auch der Wunsch nach Macht und Einflußerweiterung auch im politischen Raum, eine gewisse Rivalität zwischen den Konfessionen sowie Imageprobleme (Wie stehen wir da, wenn wir uns ändern? Wenn wir uns andern Kirchen öffnen oder gar mit ihnen einig werden?). Alles zusammengenommen ergibt sich als Haupthindernis das Festhalten an unverrückbaren Vorstellungen von der eigenen kirchlichen Identität.

Seit der Reformationszeit wird die konfessionelle Identität vor allem durch Abgrenzung von der jeweils anderen Konfession begründet. Abgegrenzte Herrschaftsbereiche spielen eine größere Rolle als Gemeinsamkeiten im christlichen Glauben. Typisch dafür war schon das patriarchalische Prinzip „Cuius regio, eius religio", das seinerzeit den 30-jährigen Krieg beenden half (Wer über Land und Leute herrscht, bestimmt auch die Religion). Dadurch wurden zwar kriegerische Auseinandersetzungen beendet, aber weder die machtpolitische noch die ideologie-politische Rivalität überwunden, geschweige denn, daß es zwischen den Kirchen zu einer Koinonia[4a] im biblischen Sinn gekommen wäre. In der Tat glaube ich, ohne dies hier genauer entfalten[5] zu können, daß die anhaltende Vorherrschaft patriarchaler Denk- und Gesellschaftsstukturen (einschließlich eines patriarchalischen Gottesverständnisses) mitverantwortlich ist für die Fortdauer der Spaltung. Von da aus gesehen ziehen die feministisch-theologische Bewegung und die ökumenische Bewegung also an einem Strang. Im Blick auf die Überwindung der tiefliegenden (patriarchalischen) Spaltungsursachen ist es daher zu begrüßen, wenn Anglikaner und Lutheraner auch Frauen zu Priesterinnen und Bischöfinnen weihen. Bewußtseinsgeschichtlich ist damit ein Schritt nach vorn getan, auch wenn das eigentliche Kernproblem des kirchlichen Amtes noch nicht gelöst wird, wie nämlich die aus

---

[4a]) Griechischer Ausdruck für die partnerschaftliche Gemeinschaft zwischen christlichen Gemeinden zu neutestamentlicher Zeit, hier auf die Kirchen bezogen.

[5]) Vgl. dazu die Studie im Arbeitsbuch „Ökumenische Theologie" von Hedwig Meyer-Wilmes und mir S. 400–418.

16

dem Blickfeld geratene spirituelle Dimension wieder zu gewinnen ist. Authentische Ökumene kann jedenfalls nicht die Quersumme der in Trägheit erstarrten patriarchalischen Gewohnheiten sein. Sie kann nur erreicht werden durch das gemeinsame Sich-Ausstrecken nach dem Neuen, das in der Offenbarung Jesu bereits angelegt ist und nun vom Geiste Gottes her neu in der (Bewußtseins-) Geschichte aufbrechen und in sie einbrechen will. Verzögerungen bei der heute auf neue Art nötigen Offenbarungsrezeption sind auch Hindernisse für die ökumenische Einigung.

Das Fazit dieser wissenschaftlichen Forschungen kann thesenartig so zusammengefaßt werden: Annäherung und eventuelle Einigung, aber auch Distanz und Fortdauer der Spaltung werden ganz wesentlich auch von soziologischen und psychologischen Faktoren bestimmt, vor allem durch das Bedürfnis, die bisherige Identität der eigenen Kirche oder Konfession starrsinnig aufrechtzuerhalten. Letztlich sind es also gar nicht so sehr die dogmatischen Lehrdifferenzen, wie ich und viele anfangs meinten, welche für das Andauern der Spaltung verantwortlich zu machen sind. Es ist vor allem der Wille zur Aufrechterhaltung der Vorstellungen von der jeweils eigenen *konfessionsspezifischen Identität,* welche die Einigung verhindert. Dieser konfessionsspezifischen Identität ist der ökumenische Aufbruch geopfert worden. Sie gleicht dem goldenen Kalb, das ständig umtanzt wird. Der traditionell patriarchalischen Gestalt dieser Identität wird ein so hoher Rang, ein so großer Stellenwert beigemessen, daß das breite Fundament der gemeinsamen Glaubensüberzeugungen, wie es in der Bibel und im Credo und in den zahlreichen Konsensdokumenten enthalten ist, nur (patriarchalisch) eingeschränkt zur Geltung kommen kann. Es ist die Faszination des goldenen Kalbes, welche den Schleier produziert, die Decke über den Augen, welche das Wesentliche überlagert und verdeckt. Es ist die Faszination des goldenen Kalbes, welche uns hindert, den Glanz des Herrn und seines Geistes wahrzunehmen, der die ökumenische Einigung will.

Man erkennt das Übergewicht dieses konfessionsspezifischen Eigeninteresses leicht an den Reaktionen, die auf theologische Konsenserklärungen abgegeben werden. Sobald eine Theologengruppe über Konfessionsgrenzen hinweg einen Lehrkonsens zu bestimmten Sachfragen erarbeitet und publiziert hat, wird das Dokument in allen Konfessionen vor allem danach untersucht, ob die jeweils eigene konfessionelle Tradition gebührend zur Geltung gekommen ist. Gelegentlich wird auch mal eine neu gewonnene Einzel-Erkenntnis begrüßt und in die eigene Lehrtradition integriert. Die Hauptsorge aber gilt immer der Reinerhaltung der eigenen konfessionspezifischen Identität. Darum auch hat keines der zwischen Katholiken und Lutheranern, Anglikanern, Reformierten und Orthodoxen erarbeiteten Konsensdokumente je zu praktischen Konsequenzen in Richtung einer Aufhebung der Trennungsmauern geführt.

Als Gegenargument wird meistens von einem drohenden Identitätsverlust gesprochen. Mit „Identität" aber ist dann immer die jeweils eigene konfessionsspezifische Identität gemeint, d.h. die Abgrenzung von den anderen Konfessionen. Nahezu jede Annäherung an die Position der anderen Seite oder gar eine Einigung erscheint dann als Identitätsverlust, und zwar vor allem denen, die am vorangegangen Diskussionsprozeß nicht dabei waren oder nicht bereit sind, ihn geistig nachzuvollziehen.

Für die weitere ökumenische Arbeit ergibt sich daraus die Aufgabe, zum Abbau dieser Identitätsangst beizutragen. Das kann zuvörderst dadurch geschehen, daß die eigene christliche Identität nicht mehr so sehr im Konfessionsspezifischen begründet wird, sondern mehr im Gemeinsam-Christlichen, wie es in der Heiligen Schrift, im Credo und in den gemeinsamen Glaubenslehren zum Ausdruck kommt. Die dort verankerten Glaubenswahrheiten sind für das Christentum in einem tieferen Sinn existenzbegründend und wesentlich. Es geht also um eine Vertiefung des Identitätsbewußtseins, eine Identitätsbegründung im Wesen des christlichen Glaubens, im Wesentlichen, nicht im Peripheren und Sekundären. Als Folge ergibt sich dann freilich auch eine Veränderung der Prioritäten des allgemeinen Glaubensbewußtseins: die Grundwahrheiten des christlichen Glaubens, die ja gemeinsam sind, sollen wirklich die erste Stelle einnehmen, und die konfessionsspezifischen Besonderheiten müssen ihnen untergeordnet werden.

Solange nämlich die konfessionsspezifischen Identitätsmerkmale den Vorrang genießen, wird unweigerlich die Spaltung anhalten. Beides zugleich ist nämlich nicht zu haben: Fortbestand der eigenen konfessionellen Identität in der bisherigen Art *und* Vereinigung der getrennten christlichen Konfessionen auf der Basis einer gemeinsamen Identität. Wer beides zugleich anzustreben vorgibt: vorrangige Wahrung der eigenen konfessionellen Identität *und* Einigung der Konfessionen, kann eigentlich nur die Ausdehnung der eigenen Konfessionalität auf die anderen und damit deren Unterwerfung fordern. Die einzige Alternative dazu besteht darin, sich auf einen Prozeß der Umwandlung der eigenen Identität einzulassen. Ein Identitätswandel ist gefordert. Und der ist wie auf der indivuellen so auch auf kollektiver Ebene ein spiritueller Vorgang.

Wir sind also aufgefordert, ehrlich und ernsthaft den Impulsen zu folgen, die vom Geiste Gottes herkommen, der ja – nach allgemeiner Überzeugung – die Einigung und Einheit will. Das wäre die Umkehr vom Buchstaben (vom Vorrang der konfessionsspezifischen Identität) zum Herrn, der der Geist ist. Er ist es auch, der die neue Identität begründet und damit Gemeinschaft neu schenkt. Voraussetzung ist freilich die Umkehr vom Gramma zum Pneuma, vom goldenen Kalb zum Kyrios, der das Pneuma ist. Dies ist der einzige Weg, um den Schleier der Verblendung, die Decke, die über den Augen liegt, verschwinden zu lassen. Anders wurde der Schleier in der gespaltenen Gemeinde von Korinth nicht weggenommen. Anders dürfte auch heute der Schleier nicht weggenommen werden, der die Einheit und Identität des göttlichen Geistes hinter den noch getrennten „Buchstaben" der konfessionellen Identitäten verbirgt.

Dies ist bei weitem keine bloß theoretische Frage. Denn der gegenwärtige Zustand zwischen den Kirchen ist noch immer gekennzeichnet durch Ausschluß von der sakramentalen Gemeinschaft, von Eucharistie und Abendmahl, und durch die Nicht-Anerkennung der kirchlichen Ämter. Und das bedeutet: In der gesellschaftlichen und kirchlichen Wirklichkeit haben unter diesem Zustand noch immer viele Menschen konkret zu leiden, vor allem die Familien, in denen konfessionsverschiedener Ehepartner zusammen leben, – und das sind in unserem Land mehr als ein Drittel aller Christen. Darum duldet die Lösung der ökumenischen Probleme keinen

Aufschub. Jeder Aufschub geht zu Lasten der Lebendigkeit des Glaubens vieler Menschen und zu Lasten der Glaubwürdigkeit der christlichen Botschaft selbst.

Wandel der Identität – das möchte ich betonen – bedeutet nicht Auflösung, Destruktion oder bedenkenlose Preisgabe des Bisherigen, sondern *Wandel der Prioritäten*, die das Glaubens- und Handlungsbewußtsein bestimmen. Wandel der Identität aber ist in jedem Fall ein geistlicher Vorgang, ein spiritueller Prozeß, der eigenen Gesetzmäßigkeiten[6] unterliegt. Er bedarf einer klaren Grundintention, großer Offenheit für einzelne Schrittte und der Bereitschaft, sich auf etwas Neues einzulassen, was man noch nicht kennt, dem man aber im Blick auf den alles bewirkenden Geist Gottes Vertrauen schenkt.

III. – Die spirituellen Ebenen

Vorausgesetzt man will die spirituellen Energien für die ökumenische Einigung ernsthaft und mit Bereitschaft zu Konsequenzen, dann eröffnet sich für den möglichen Weg eine Perspektive in zwei Stufen bzw. Schritten. Beide sind notwendig, hängen miteinander zusammen, befruchten sich gegenseitig, aber es sind nicht beide in gleicher Weise offensichtlich und steuerbar. Beide beinhalten eine stärkere Gewichtung der spirituellen Dimension, eine Akzentverlagerung weg von der Verabsolutierung des konfessionsspezifischen Buchstabens – hin zu größerer Offenheit für das Wirken des göttlichen Geistes, der befreit und eint.

Im ersten Schritt handelt es sich um eine bewußt gesteuerte *Verlagerung des Identitätsbewußtseins* von den konfessionsspezifischen Besonderheiten zum Gemeinsam-Christlichen. So könnte und sollte die Grundorientierung des Glaubenslebens in allen Kirchen und Konfessionen – wie schon angedeutet – mehr an den Ursprungszeugnissen der göttlichen Offenbarung ausgerichtet werden. Vorrang für das Wort Gottes im Alten und Neuen Testament gegenüber den später entstandenen speziellen Überlieferungen. Vorrang für die Grundwahrheiten des christlichen Glaubensbekenntnisses, für das Credo, das alle gemeinsam sprechen können. Als sprachliche Nachzeichnung des Glaubensaktes selbst artikuliert es die Grund-Beziehung zum trinitarischen Gott, in der sich alle befinden („Wir – glauben"). Daher hat es höheren Rang als alle dogmatischen Festlegungen, welche Amt, Kirche, Sakramente, Sakramentalien sowie bestimmte Frömmigkeitsformen und Gebräuche betreffen. Dabei geht es nicht darum, irgendetwas abzuschaffen, was lebendig ist und den Menschen die Gnade Gottes erfahren läßt. Aber es muß (im guten Sinne) „relativiert" werden, d.h. es muß in seiner Bezogenheit auf den Kern und die Quelle der christlichen Offenbarung gesehen und darf nicht isoliert oder gar verabsolutiert werden.

---

[6]) Es gibt Kirchen, die einen Einigungsprozeß bereits durchgemacht haben, z.B. in Kanada. Sie beschreiben ihn als Identitätswandel, der seine positiven und verheißungsvollen, aber auch seine schmerzhaften Seiten hatte. Zu den schwer zu verkraftenden Änderungen gehörte u.a. der Übergang zu einem neuen Namen (United Church of Canada). Sie haben erlebt, daß es um das Sterben einer alten und das Geborenwerden einer neuen Identität geht. Natürlich kann ein solches Unterfangen nur dann gewagt werden, wenn man sich darüber klar ist, hier dem Willen Christi, des Herrn der Kirche, zu folgen.

Zum Glück ist diese Basis der christlichen Glaubensüberzeugungen identisch mit dem Gemeinsamen, das sich in allen Kirchen findet. Von daher ergibt sich auch die große Gemeinsamkeit in der Verpflichtung gegenüber den Nöten der Zeit mit der Verantwortung für Frieden, Gerechtigkeit und Bewahrung der Schöpfung. Die Hinkehr zu den gemeinsamen Grundlagen und Verpflichtungen kommt einer Vertiefung des Glaubensbewußtseins gleich, die eigentlich jedem willkommen sein sollte. Von daher ist Vielfalt möglich und legitim. Und ich glaube, die vielfachen Ausformungen dieses gemeinsamen Grundes in Liturgie und Gebet, Liedgut und Gebetstexten, Bräuchen und Frömmigkeitsformen, die es in allen Konfessionen gibt, sind noch längst nicht ausgeschöpft. Eine ökumenische Initiative wie das „Jahr mit der Bibel" ist daher als erfreuliches Signal nur zu begrüßen. Bleibt zu hoffen, daß es zu einer neuen Begegnung mit dem Wesen der christlichen Botschaft und damit auch dem Wesentlich-Gemeinsamen hinführt.

In diesem Zusammenhang kann man freilich nicht sicher sein, ob alles, was gegenwärtig – mit oder ohne Bibel – an Re- oder Neumissionierungsunternehmen geschieht, zumal in den östlichen Ländern, vor den Grundsätzen eines ehrlichen Ökumenismus standhalten kann. Aber auch bei uns gibt es noch gelegentlich Kämpfe um konfessionsspezifische Kindergärten oder Schulen, bei denen die Verantwortung für das Weitergehen des Evangeliums der konfessionellen Rivalität geopfert wird. Biseilen entsteht der Eindruck, als seien wir mit der Verwirklichung elementarer Prinzipien der Ökumene (und des Konzils), was die Praxis angeht, noch auf halber Strecke stehen geblieben.

Das gilt leider auch für Verlautbarungen aus dem Vatikan selbst. So hat der Brief des Präfekten der römischen Glaubenskongregation, Joseph Kardinal Ratzinger, an die römisch-katholischen Bischöfe in Sachen Ökumene im Ökumenischen Rat der Kirchen in Genf zu Recht Ärger hervorgerufen. Der ausscheidende Präsident des Weltrates kritisierte in seiner Abschiesrede, daß Ratzinger an die Bischöfe geschrieben hatte, Ziel der ökumenischen Arbeit sei, „daß es in stets neuer Bekehrung zum Herrn allen möglich werde, das Fortdauern des Petrusamtes in seinen Nachfolgern, den Bischöfen von Rom, anzuerkennen." Dies sei eine „kalte Dusche" für die Ökumenische Bewegung, und es sehe so aus, als ob mutwillig „fünfzig Jahre ökumenischer Arbeit beiseite geschoben" würden[7]. Denn hier wird die sicherlich immer notwendige „Bekehrung zum Herrn" nicht auf das Heil der Menschen und ihrer Beziehung zu Gott bezogen, sondern in äußerst fragwürdiger Weise in den Dienst eines konfessionsegozentrischen Zieles gestellt. Der Buchstabe wird an die höchste Stelle gesetzt, der „Herr", der der „Geist" ist, zu seinem Diener umfunktioniert.

Das gemeinsame Offenbarungszeugnis aber meint den Geist des Herrn. Dieser war, ist und bleibt in seiner Erscheinungsform als biblisches Zeugnis das hervorragende, allen Christen gemeinsame Fundament und das Medium, das Ökumenische Spiritualität vermitteln und die christliche Identität allein begründen kann. Zusammen mit dem Credo und den Hauptsakramenten befördert es auch das christliche Leben.

---

[7]) Vgl. Deutsche Allgemeines Sonntagsblatt, 28.August 1992, S. 15. Vgl. Herder-Korrespondenz, Juli 1992, 319 ff.

Voraussetzung freilich ist, daß wir bereit sind, ehrlich (und ehrlicher!) mit unseren Erfahrungen und mit den Worten zueinander und übereinander umzugehen und die Möglichkeiten des meditativ-intuitiven Gewahrseins auch tatsächlich in der genannten Richtung auf den gemeinsamen Wurzelgrund hin anzuwenden.

So kamen zum Beispiel theologisch gebildete und ökumenisch engagierte Freunde von mir vor etwa 20 Jahren bereits durch das Miterleben eines intensiven evangelischen Abendmahlsgottesdienstes *intuitiv* zu der Überzeugung, daß es sich hier um dieselbe Realität[8] handelt wie in der katholischen Kirche. Von da an bekamen die dogmatischen Lehrunterschiede für sie einen anderen Stellenwert. Und ich denke, daß viele Gläubige in allen Kirchen ähnliches erfahren haben oder ahnen, daß nämlich die offizielle Lehre und Gesetzgebung oft nicht mehr mit der spirituellen Wirklichkeit und Erfahrung im Einklang ist, z.B. beim Verbot der Abendmahlsteilnahme in anderen christlichen Kirchen. Viele Menschen können daher offizielle Entscheidungen innerlich nicht mehr ratifizieren und neigen dazu, dem kirchlich-religiösen Leben überhaupt den Rücken zu kehren.

Von Karl Barth, dem berühmten und nach wie vor maßgebenden evangelischen Theologen ist bekannt, daß er einmal gesagt hat, er könne sich mit dem Gedanken an ein für die ganze Christenheit bestelltes Papsttum durchaus anfreunden, aber nur dann, wenn es möglich wäre, durch die Stimme Roms die „Stimme des Guten Hirten Jesus Christus" zu hören. Damit überschreitet er die Ebene der Dogmatik und weist auf etwas Wichtigeres hin. Jenseits der Ebene dogmatischer Lehraussagen, die man miteinander rational vergleichen und deren Übereinstimmung oder Nicht-Übereinstimmung man beurteilend abklären kann, gibt es die andere, die spirituelle Dimension. In ihr geht es um die „erfahrbare" Durchlässigkeit für die „Stimme Christi", die aus den Quellen des christlichen Glaubens gegenwärtig werden und für uns „hörbar" sein sollte. Über Verstand und Willen hinaus ist so etwas wie eine intuitive Antennenkorrespondenz gefragt. Denn der Glaube selbst ist „eine Funktion des intuitiven und nicht des rationalen Bewußtseins", wie Bede Griffiths (204) sagt. Nur intuitiv kann das Ganze einer Wirklichkeit erfaßt und seine Einheit erfahren werden. Das gilt auch für die christliche Einheit.

Freilich, was die „Stimme Jesus Christi" ist oder wie die Wirklichkeit seiner Präsenz im Abendmahl wahrgenommen wird, das wird vermutlich nach wie vor jeder Christ erst einmal in der Konfession kennenlernen, in die er hineingeboren wurde. Sie dient sozusagen als Spür- und Geschmacksschule. Der so geschulte Geschmackssinn und Gehörssinn soll ja ein Leben lang angewandt werden können. Ökumenische Spiritualität erwartet dann aber eine Anwendung dieser geschulten Intuition gerade auch über die konfessionellen Grenzen hinaus. Nur dann kann die „Stimme Christi" über die Konfessionsgrenzen hinaus gehört und über die dogmatisch eingeengten Grenzen hinaus befolgt werden.

---

[8]) Dieselbe Überzeugung drückt der verstorbene evangelische Dogmatiker Edmund Schlink in einer visionären Erzählung aus, in der er den Papst inkognito nach Jerusalem wandern läßt, um dort an einem evangelischen und einem orthodoxen Gottesdienst teilzunehmen. Vgl. Sebastian Knecht, Die Vision des Papstes, Graz-Göttingen 1975.

Um ein Bild zu gebrauchen, läßt sich abschließend sagen: unsere konfessionellen Trennmauern sind zwar hoch und scheinen manchmal den Himmel zu verdecken. Schaut man aber auf das Wesentliche des Christentums, so wird klar, daß sie gar nicht so tief in den Erdboden eingelassen sind. Es gibt reichlich gemeinsames Grundwasser, das allen zugänglich ist. Statt sich aus dem abgestandenen und oberflächlichen Zisternenwasser der konfessionell abgegrenzten Sondertraditionen zu ernähren, kann man die tiefer reichenden Brunnen benutzen. Gräbt man tief genug, dann erreicht man den spirituellen Quellgrund, und der ist glücklicherweise allen Konfessionskirchen gemeinsam. Richtig genutzt, kann er alle Ländereien ausreichend befruchten und die überhöhten Trennmauern wie Eisblöcke schmelzen lassen.

Doch es gibt noch eine zweite Stufe, die sich mir vor allem in den letzten Jahrzehnt etwas mehr erschlossen hat. Eine tiefere Dimension ökumenischer Spiritualität kann erreicht werden, wenn Menschen – um im Bild zu bleiben – dazu bereit sind, nicht nur das Wasser in Eimern aus dem Brunnen zu schöpfen, sondern selbst in den Brunnen zu springen (wie Hubertus Halbfas seine Gebetsschule „Der Sprung in den Brunnen" genannt hat). Man springt hinein, nicht um dort zu bleiben, sondern um sich „aus dem Wasser und dem Geist" (Joh 3,5) verwandeln zu lassen, d.h. um sich einzulassen auf das, was Gottes Geist mit einem Menschen macht, wenn er bereit ist, alles loszulassen und sich auf eine neue Identität vom Geiste Gottes her einzulassen. Gemeint damit ist der Weg und die Spiritualität der Mystiker.

Johannes Tauler beschreibt ihn als eine Art „zweite Bekehrung" und nennt die geforderte Voraussetzung dafür die „wesenhafte Kehr" (Predigten II,332). Die erste Bekehrung und damit der erste Schritt ökumenischer Spiritualität geschieht gleichsam „kata gramma", in Entsprechung zur biblischen Welt der Buchstaben; die zweite hat „kata pneuma" zu erfolgen. Dieses Sich-Einlassen auf den Quellgrund des göttlichen Geistes, aus dem ja die Schriften selbst entstanden sind, hat zur Voraussetzung und ermöglicht zugleich die Befreiung von allem Verhaftetsein an die Welt der Buchstaben, sei es der individuellen, sei es der konfessionellen.

Konfessionsspezifische Zugangswege können zwar bei den ersten Schritten helfen, gleichsam, um den göttlichen Geist erstmals zu schmecken. Sie spielen aber dann keine „identitätsstiftende" Rolle mehr. Das Individuum bezieht seine Identität und seinen Auftrag in zunehmendem Maß aus der göttlichen Quelle selbst. So sollte es eigentlich auch in den kirchlichen Gruppen, Gemeinschaften und Organisationen sein.

So war es jedenfalls bei Jesus der Fall, bei Paulus, den Aposteln, den christlichen Heiligen und Mystikern, ja den Mystikern und Heiligen eigentlich aller Religionen. Aus dem Hören auf diese Quelle ließ sich Jesus vom Pneuma/Geist in die Wüste führen und in den Tempel, auf den Berg Tabor und ans Kreuz, aber auch zur Auferstehung. So sehr Jesus Jude war und blieb, dem jüdischen Buchstaben war er nicht verhaftet. Er wäre sicher auch heute nicht einem konfessionsspezifischen Buchstaben verhaftet, sondern würde sich an der intuitiven Wahrnehmung dessen, was die Bibel den Geist nennt und er „Abba" nannte oder wir mit Paulus Pneuma nennen, orientieren.

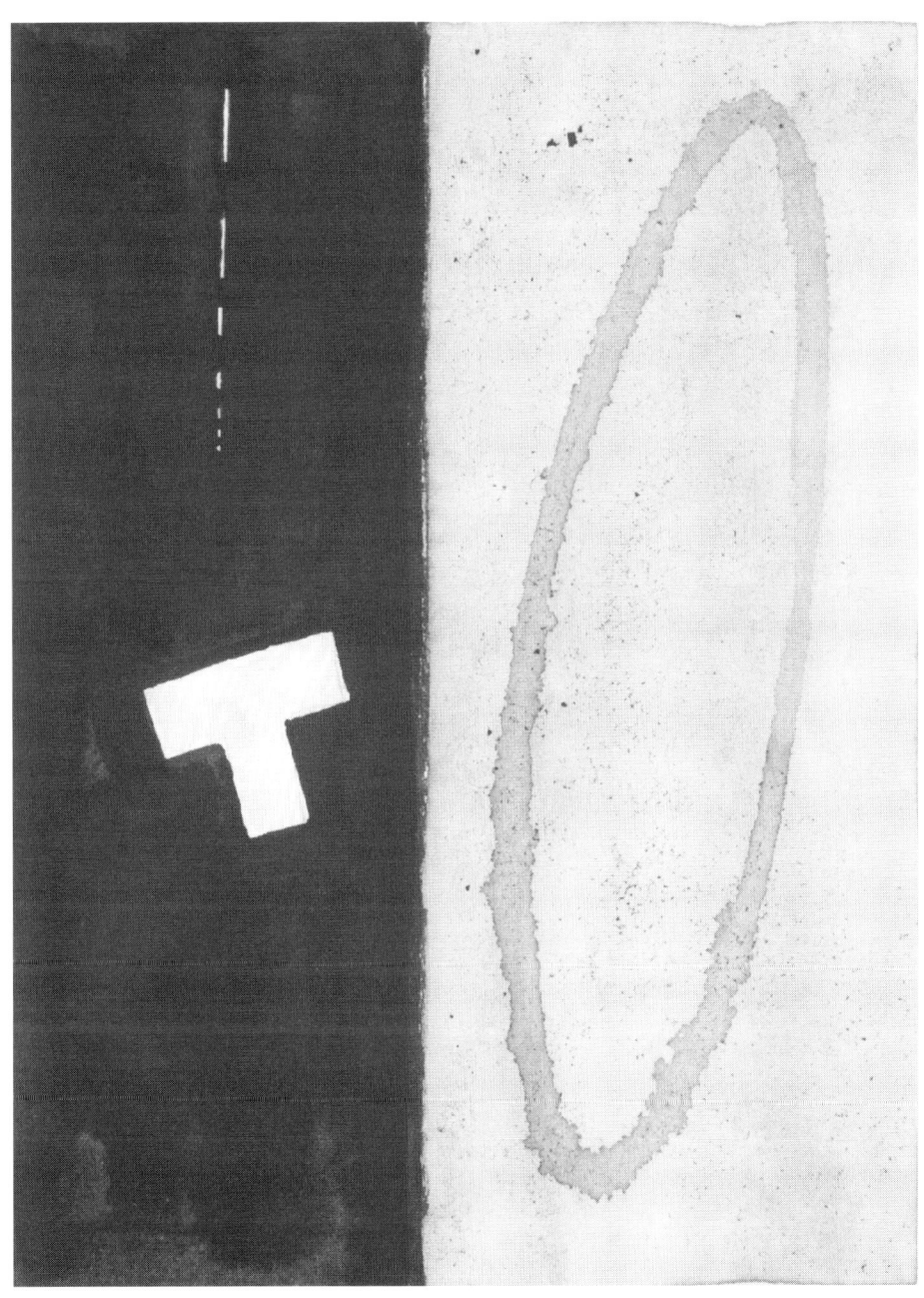

Feste Form – vor dem Brunnen der Wandlung

Der in Indien lebende Benediktiner Bede Griffiths[9] beschreibt den Bewußtseinsstand Jesu so: „In der Tiefe seines Geistes wußte er sich eins mit dem ewigen Grund
des Seins, den er Vater nannte." Glaube ist nach Bede Griffiths nämlich nicht als Akt
des Intellekts, schon gar nicht als ausgedachtes Denkgebäude von doktrinären Formulierungen zu verstehen, sondern als ein Vermögen der viel tiefer reichenden
ganzheitlichen Intuition (204). Glaube erreicht seine Tiefe und Reife in der intuitiven Erfahrung des Einsseins mit dem einen transzendenten Urgrund, zu dem die
Mystiker aller Religionen Zugang[10] gefunden haben.

Eigene Erfahrung und Forschung im letzten Jahrzehnt haben mir gezeigt, daß die
großen Religionen neben den Schriften und Lehren für die allgemeine religiöse Praxis auch Anleitungen für den inneren Weg besitzen. Alle kennen Wege der Initiation
in die Erfahrung des Göttlichen, wie sie auch unsere christlichen Mystiker gegangen
sind. Für mich war vor allem der Zen-Buddhismus in Japan prägend, aber ich fand
auch vergleichbare Elemente im Hinduismus und in taoistischen Traditionen, im
islamischen Sufismus und der jüdischen Kabbalah.

Alle Religionen haben ihre Heiligen und Mystiker. Alle Religionen kennen Wege
zur Erfahrung des Großen Geheimnisses des Absoluten. Denn „überall auf der Welt
hat der allerhöchste Geist Zeichen seiner Gegenwart hinterlassen" (ebd.,207). Alle
Religionen haben ihre esoterischen, d.h. auf diese innere Umwandlung, die zweite
Bekehrung ausgerichteten Wege. Auch wenn sie bei der Wegbeschreibung unter-
schiedliches Vokabular und Kartenmaterial benutzen, gibt es doch wesentliche
Gemeinsamkeiten.

Geht es doch immer darum, daß Menschen, die sich in der Todesverfallenheit
ihres begrenzten Ich-Erlebens als relativ erleben, eine erfahrbare Identitätsfindung
und Identitätsgründung im Absoluten finden. Von daher kann man sogar von einer
„strukturellen Identität" der esoterischen Wege in allen großen Religionen sprechen.

Um das Gemeinte in einem Bild auszudrücken, läßt sich sagen: Jenseits der
Sprachgrenze, die man mit der Waldgrenze bei einer Gebirgswanderung vergleichen kann, atmen alle dieselbe Luft. Alle erleben dieselbe Nebelwand und denselben Sonnenschein, von welcher Seite des Berges auch der Aufstieg begonnen
wurde. Die Erfahrungen des Einsseins mit dem Absoluten, die sich mit dem Erreichen des Berggipfels vergleichen lassen, sind in ihrem Wesen „strukturell gleich".
Kurz vor dem Höhepunkt erlischt jede Struktur. Die letzte Erfahrung ist wesenhaft
ohne Struktur, nicht mehr „dualistisch". Deswegen sind die Wegerfahrungen, so
unterschiedlich die Anmarschwege auch waren, im Gipfelbereich auch nicht mehr
konfessions-*spezifisch* oder religions-*spezifisch*. Sie sind jenseits der Gramma-
Reichweite und daher auch nicht mehr konfessionell zu vereinnahmen. Erst wenn
das Erlebte nachher in Worte gekleidet wird, also in „Gramma"-Form buchstabiert

---

[9] B. Griffiths, Die Hochzeit von Ost und West. Hoffnung für die Menschheit, Salzburg 1983, 194. Vgl. dazu
die anderen Bücher von ihm: Rückkehr zur Mitte, München 1987, und: Die Neue Wirklichkeit. Westliche
Wissenschaft, östliche Mystik und christlicher Glaube. München 1990.

[10] Vgl. dazu auch Georg Schmid, Die Mystik der Weltreligionen. Ein Einführung, Stuttgart 1990, sowie Lex
Hixon, Eins mit Gott. Mystik jenseits von Religion und Zeit, München 1992.

werden soll, bekommt die Ausdrucksweise unvermeidlich wieder kultur- oder religionsspezifische Züge, seltener auch konfessionsspezifische Besonderheiten.

Man weiß heute mehr darüber als früher. Was die Erfahrung selbst betrifft, so hat die Tiefenpsychologie manches und die Transpersonalen Psychologie vieles darüber zu berichten, bei weitem mehr als die moderne Theologie. Auf Einzelheiten kann ich jetzt nicht eingehen. – Psychologen sprechen von X-Erfahrung (E.Fromm) oder Gipfel-Erfahrung, einer Kosmischen oder Ganzheitserfahrung. Und, wie es scheint, erleben heute viel mehr Menschen außerhalb der Kirchen etwas, was als echte mystische Erfahrung bezeichnet werden muß, als innerhalb bekannt ist und anerkannt wird. Auch darum erleben viele Menschen die kirchliche Lehre und Praxis nicht mehr als genügend „transparent" für die Erfahrung des göttlichen Geistes, die sie suchen. Und ich glaube, diese Tatsache ist auch von ökumenischer Bedeutung.

Auch aus diesem Grund wird eine ernsthafte Wiederbelebung der Traditionen, wie sie von Meister Eckart, Johannes Tauler, Johannes vom Kreuz, Theresa von Avila, Jakob Böhme oder Gerhard Tersteegen beschrieben wurden, uns auch für die Entfaltung einer wahrhaft ökumenischen[11] Spritualität hilfreich sein. Echte mystische Erfahrung kann vor allem die Kopflastigkeit, die mit der Buchstaben-Verhaftung zusammenhängt, korrigieren und das allgemeine Erfahrungsdefizit auffüllen.

Denn „Eine Religion ohne Mystik ist tot", wie der indische Jesuit Sebastian Painadath sagt.

Zu echter Mystik, die nicht bloß eine mystizistische Verbrämung theologischer Gedanken oder esoterisches Getue ist, gehört freilich das Sich-Einlassen auf eine geistig strenge, oft auch körperlich disziplinierte und entsagungsvolle Übungspraxis. Mystische Erfahrung und Einsicht wird nicht durch diskursives Denken erworben, schon gar nicht durch Bücherlesen. Erst wenn das Geschwätz im Kopf und jegliches Denken, das ja immer „dualistisch" ist, ganz zur Ruhe gekommen ist, erschließt intuitives Gewahrsein neue Dimensionen. Darauf zuzugehen aber bedarf der tagtäglichen meditativen Übung, vor der viele zurückscheuen, der Schulung und Anleitung durch erfahrene Lehrer, von denen es nur wenige gibt. Die auf diesem Weg gewonnene tiefere Einsicht kann dann aber oft auch für die theologische Erkenntnis und Reflexion von Bedeutung sein.

Vor allem aber soll jetzt gesagt sein: Echte mystische Erfahrung und Einsicht ist in ihrem Wesen ganz von selbst „ökumenisch". Sie ist nicht dem konfessionsspezifi-

---

[11]) Tersteegen (1697 – 1769) schreibt z.B. in einem Brief: „Ich glaube und bin darin gewiß, daß sowohl in der Partei der Römisch-Katholischen, als unter den Lutheranern, Reformierten, Mennoniten usw. und bei allen den besonderen Meinungen und Gebräuchen dieser Parteien, die Seelen nicht weniger als unter den Separatisten zu dem höchsten Gipfel der Heiligkeit und Vereinigung mit Gott gelangen können ... Meine Person anlangend, so hange ich keiner Religionspartei sektiererischerweise an, habe mich aber auch von keiner Partei förmlich separiert, bin auch nicht Sinnes, solches zu tun ... Gleichwie unter allem Volk, wer Gott fürchtet und Recht tut, demselben angenehm ist, so ist er auch mir angenehm, er habe sonst dieses oder ein anderes Religionsröcklein an; und so gehe ich wirklich mit allerhand Religionsverwandten um, ich rede zu ihnen öffentlich und sonderlich von der Gnade Gottes in Christo, von der Verleugnung, vom Gebet, von der Liebe zu Gott und lasse indessen dabei das ganze Gebäude ihrer besonderen Kirchenverfassungen und Meinungen unangetastet, so lang es Gott stehen läßt." Und an anderer Stelle: „Ein wahrer Mystiker wird nicht so leicht ein Separatist, er hat wichtigere Sachen zu tun". Aus: W.Nigg, Große Heilige, Zürich 1946, 381.

schen Buchstaben verhaftet, sondern hat sich eingelassen auf das Wirken des göttlichen Pneuma, auf den Geist, der befreit und eint.

Nach meiner Überzeugung ist dies auch für die ökumenische Identitätsproblematik wichtig, um die es in unserem thematischen Zusammenhang geht. Sollten unsere getrennten Kirchen nicht eigentlich ihre Identität viel deutlicher in der transzendeten Wirklichkeit Gottes selber haben und das bezeugen? Instrumente und Vermittler eben dieser Einheit mit Gott sein und den Menschen diese Erfahrung eröffnen? Wäre das der Hauptakzent unserer kirchlichen Lehre, Verkündigung und Alltagspraxis, dann hätte sich jede Sorge um konfessionsspezifische Identitäten von selbst erledigt. Doch wo sind die Lehrer und wo ist die praktizierte und für mehr Menschen praktizierbare Lehre, welche die Menschen anleitet, Gott weder auf dem Berg noch im Tempel, sondern wirklich „im Geist und in der Wahrheit anzubeten", wie der johanneische Jesus (4,21–23) es wünschte? Aus einer solchen spirituellen Erfahrungsbasis zu leben, wäre ein Zeugnis ökumenischer Spiritualität, welche die Begegnung mit Menschen anderer Konfessionen und auch die Begegnung mit anderen Religionen und ihrer religiösen Praxis nicht scheuen müßte.

Ja, ich bin persönlich der Überzeugung, daß uns diese Begegnung mit anderen Religionen gerade um unserer eigenen meditativen Praxis willen nottut. Da können wir viel lernen. Vor allem können wir etwas lernen über die Einbeziehung des Leibes, der Körperhaltung und des Atemvorgangs in unsere Spiritualität. Haben wir wirklich so sehr vergessen und verdrängt, daß unser Körper ein „Tempel des Heiligen Geistes" ist? So sehr, daß wir diejenigen, welche mit und in diesem Tempel leben und arbeiten (z.B. mit Yoga-Übungen, Zazen oder autogenem Training), deswegen für weniger gute Christen halten? Auch wenn sie diese Übungen mal einem offiziellen „kirchlichen" Gottesdienst vorziehen?

Ich persönlich glaube, daß wir als Theologen trotz all unserer Gelehrsamkeit doch keine guten Antennen für das Wirken des Göttlichen Geisites besitzen und noch viel zu wenig wahrgenommen haben von den Impulsen, die wirklich von ihm herkommen. Aufgrund der jahrhundertealten Leibfeindlichkeit, die mit der Vorherrschaft patriarchaler Bewußtseinsstrukturen zusammenhängt, ist uns da viel verloren gegangen. Die Chance, das nachzuholen, ist in der gegenwärtigen Phase der Christentumsgeschichte gerade dadurch gegeben, daß andere Religionen uns nähergekommen sind.

Ich lese das ab an Persönlichkeiten, die durch die Begegnung mit der meditativen Übungspraxis anderer Religionen zu tiefer Erfahrung und wesentlichen Einsichten gekommen sind. Das Interesse an der christlichen Mystik hat auch deswegen zugenommen. Doch wird vermutlich erst die konkrete Begegnung mit anderen Religionen uns zu jener Erfahrungstiefe verhelfen, welche innerhalb des Christentums zur Befreiung von konfessioneller Eigenbrödelei und Engstirnigkeit und vom Anhaften am konfessionsspezifischen Buchstaben führt.

Dabei denke ich an Menschen wie Teilhard des Chardin, dessen Begegnung mit den Religionen Chinas m.E. zu wenig beachtet wird, Thomas Merton und Hugo Ennomiya-Lassalle, die viel vom japanischen Zen-Buddhismus gelernt haben, Raimondo Pannikar, der Erfahrungen mit dem hinduistischen und der islamischen

Glaubenspraxis in die Theologie eingebracht hat, und vor allem an P. Bede Griffiths, den in England geborenen Benediktiner, der fast 40 Jahre in einem Ashram in Indien lebte. Er beeindruckte mich besonders, weil er aus dem Sich-Einlassen auf die hinduistische Tradition zu einer ausgereiften Synthese westlicher und östlicher Theologie und Spiritualität gekommen ist. Nach ihm muß die westlich-rationale Religiosität mit ihrer Neigung zur patriarchalen System- und Buchstabengelehrsamkeit unbedingt zu einer tiefen Begegnung mit der östlichen, mehr weiblich-intuitiven Weisheit kommen, ja es sollte eine Vermählung zwischen westlicher Ratio und östlicher Intuition, eine „Hochzeit zwischen Ost und West" (vgl. das gleichnamige Buch) stattfinden.

Zur ökumenischen Problematik schieb er in diesem Buch: „Die Engstirnigkeit, die die christlichen Kirchen untereinander getrennt hat, ist auch für die Trennung zwischen der christlichen Religion und den anderen Religionen verantwortlich" (205). Sie kann erst überwunden werden, wenn wir lernen, die Welt der „Worte, Bilder und Begriffe" wirklich zu überschreiten (209) und das Wehen des Geistes Gottes in allen Religionen, besonders auch denen des Ostens wahrzunehmen. Denn: „Heute müssen wir uns der Wahrheit öffnen, die in allen Religionen zu finden ist" (205).

So glaube ich auch, daß das Vorankommen der innerchristlichen Ökumene sehr wesentlich mit dem Fortschreiten der inter-religiösen Ökumene zusammenhängt, und zwar vor allem durch die Begegnung der spirituellen und mystischen Traditionen miteinander. Auf lange Sicht hin dürfte das Sich-Einlassen auf diese zweite Ebene der spirituellen Erneuerung und Transformation das tragfähigere und schon heute wichtigere Geschehen sein, auch wenn die Zahl derer, die sich ernsthaft darauf einlassen, klein ist und wohl auch für längere Zeit klein bleiben wird.

Weil diese beiden Ebenen, die der vertieften Gramma- und der noch tiefer weisenden Pneuma-Spiritualität, jedoch miteinander zusammenhängen, läßt sich von der tieferen Ebene auch neue Fruchtbarkeit für die Ebene der religiösen Praxis, der Reflexion und der Theologie, des Gramma also, erwarten.

Einheit und Erfahrung

Im Zen

Mit der Erfahrung sind alle Dinge wie von einer Familie.
Ohne die Erfahrung ist jedes gesondert und verschieden.
Ohne die Erfahrung sind alle Dinge wie von einer Familie.
Mit der Erfahrung ist jedes gesondert und verschieden.

Zen-Meister Mumon[12] († 1260)

In der Ökumene

Wahre Pneuma-Erfahrung eint.
Ohne sie bleiben alle getrennt.
Erfahrungsloses Familiengetue führt zur Gleichmacherei.
Mit der Erfahrung gebührt jeder Tradition Respekt.

---

[12]) Aus: K. Yamada, Die torlose Schranke.Mumonkan, 31. Die Idee zur Anwendung dieses Gedichts auf die ökumenische Problematik stammt von Ana Maria Schlüter, Barcelona.

Was ist Spiritualität für mich?

Aussagen von Studenten

Es ist eine Erfahrung, die uns mit dem universellen, kosmischen Aspekt unseres Geistes in Verbindung bringt – mit Gott. Wo wir uns so öffnen, daß unser Wesen von der kosmischen Kraft durchdrungen wird. Es überschreitet unser alltägliches Wachbewußtsein. Der Geist öffnet sich der Unbegrenztheit. Es kann eine Verbundenheit mit allem Seienden auftreten. Es ist von Stille, Harmonie, Frieden, unendlicher Freude begleitet. Es kann aber auch der Abgrund, der Schrecken, das Dunkel des Todes sein, wo uns die Erfahrung unserer gewohnten, vertrauten, sicheren Umgebung entreißt. Diese Erfahrung kann graduell verschieden in uns eindringen. Momente der Harmonie oder der inneren Stile – bis zur völligen Ichauflösung und Verschmelzung im ewigen Sein, wo Schauender und Geschautes eins werden.

Sie kann zwar bei der Arbeit aufblitzen, als innere Losgelöstheit, wo man spürt, daß man nicht Handelnder, sondern nur ausführendes Werkzeug ist. Wo man durchlässig wird, die Energien durch uns in die Welt fließen zu lassen. Aber im Beginn ist sie doch leichter in der zurückgezogenheit oder Sammlung erfahrbar. Im Gebet, in Meditation, Tai Chi, Tantra ...

Ein spirituelles Leben ist eines, wo spiritus – der Geist – Platz hat, d.h. wo wir offen sind für den universalen Geist, wo wir Raum schaffen (dies ist die wichtigste aktive Handlung dabei, das andere ist alles geschehen lassen) für die spirituelle Erfahrung. Dadurch werden wir das im Leben lernen, was wir noch nicht kapiert haben.   *S.E. (ev.Student)*

Spiritualität ist für mich das, was sich durch einen wachen Tag zieht, was das Verstehen über Worte hinaus ausmacht. Dazu gehört hauptsächlich die Bereitschaft, sich zu öffnen, aufmerksam zu sein, damit die feinen, leisen Zeichen und Stimmen nicht im Getöse verschwinden. Spiritualität fordert ständig, und in jeder Situation neu, Entscheidungen und kennt nur Aufrichtigkeit als ewiges Prinzip. Sie kann in Rivalität zu festen Normen und Werten stehen. Sie ist völlig kompromißlos.

Ich erfahre Spiritualität als verbindend, übergreifend und Gegensätze aufhebend. In der Begegnung zwischen Menschen fühle ich sie wie eine das Zusammensein leise untermalende Musik. Wo sie fehlt, wird das Schweigen unerträglich.

Sie setzt sich über Raum und Zeit hinweg und trägt auch den, der in ihr lebt, zeitweise mit sich fort in Raum- und Zeitlosigkeit. Wer hört und wartet, findet durch sie den rechten Zeitpunkt. Spiritualität – sie zeigt mir manchmal die Welt wie ein in tausend Farben schillerndes Kaleidoskop. Bei der kleinsten Drehung entsteht ein neues, zusammenhängendes Bild, und keines gleicht dem anderen. Diese Vielfalt, die im Menschen ruht, wird durch sie geweckt, sie macht neugierig und durstig und kann berauschen. Und sie kann ernüchtern, denn sie erkennt falschen Glanz. Sie weckt die Sehnsucht nach Einklang mit der Welt und dem ewigen Urgrund allen Seins, mit Gott.

Sie ist die nie versiegende Quelle, die nach allen Seiten ihr Wasser hervorspru-delt, wie reines Lebenselixier. Und trotzdem – manchmal scheint sie sich zu verstek-ken. Bis ich merke, daß ich sie einfach nicht gesucht hatte.

A.S. (ev. Studentin)

Spiritualität, das ist für mich Gebet, immer noch, immer wieder. Gebet, das ist für mich Dasein vor dem Göttlichen Geist, manchmal zu ihm sprechend, meist mich mit ihm in Einklang spürend.

Seit ich um diesen Einklang mit mir selbst, mit dem Göttlichen Geist weiß, suche ich öfter das Alleinsein, die Stille auf, und ist meine Stille anders, gefüllter ge-worden.

Vor allem mein Herz ist es dann, was schlägt, und mein Blick, der schaut, ergrif-fen von dem Unbedingten und doch nicht Manifesten. Es ist das Feuer, das brennt und mich doch nicht verbrennt. Es ist das Wissen um das Gehen meines Weges, wenn auch nicht um das Ziel.

Spiritualität, etwas theoretischer, weniger poetisch ausgedrückt, ist das Sich-Öffnen für den Göttlichen Geist und das Leben im Einklang mit ihm. Wie diese Öff-nung für den einzelnen geschieht, das mag wohl verschieden sein, von der psy-chischen Konstitution, von der Lebensgeschichte und vom sozio-kulturellen Hinter-grund des Menschen abhängen.

Teresa hat gesagt, und ich glaube, das gilt für uns Christen, oder jedenfalls für mich, immer noch, daß das Gebet das Tor zum Inneren, zur Seele, zu Gott ist.

Das Gebet ist ein Weg zunehmender Vergeistigung. Das Gespräch zwischen Ich und Du wird zunehmend intensiviert in der Liebe und transformiert in der Sphäre der Einheit dieser beiden Größen. Ich und Du, ergreifen und ergriffen werden: Das ist eine Begegnung, eine Spannungsbewegung, die beide nicht mehr losläßt, Gott und Mensch, und sie zur mystischen Einheit führt.

Das ist es, was der Mensch am meisten ersehnt und vor dem er am meisten zurück-schreckt. Das ist das Gottesfeuer, was nicht zu früh ertragen werden kann, und was das Ego des Menschen, sein getrenntes Sein unwiederbringlich anbindet an sein wahres Selbst, an sein wesenhaftes Sein, an Gott. Das ist es, was das Ego zum Werk-zeug, zum Willen Gottes werden läßt.

Letztlich sagen zu können „Dein Wille geschehe, mir geschehe nach Deinem Wort", das ist das Ziel von Mystik und Spiritualität. Das Ziel eines religiösen Lebens ist es dann weiterhin, diesen Willen auch in der Praxis, im Alltag, im Han-deln manifest werden zu lassen.

A.E. (kath. Studentin)

Religionsgespräche
in
Asien

von

Susanna José

Zur Einführung

Zwei Reisen in die Philippinen, die eigentlich den dort entstandenen christlichen Zen-Gruppen galten, haben mir (P.L.) gezeigt, daß innerhalb der überwiegend katholischen Bevölkerung dieses Landes auch andere Religionen ihren Platz haben, zum Teil schon seit Jahrhunderten. In einer Hafenstadt wie Cebu z.B. sieht man außer den hochragenden Türmen christlicher Kirchen nicht nur viele kleinere Gebetshäuser christlicher Sekten, sondern auch die leuchtenden Fassaden eines buddhistischen und eines taoistischen Tempels.

Freunde, die ich in einem Zen-Zentrum in Kamakura (Japan) kennengelernt hatte, führten mich durch die verkehrsreiche Stadt zu diesen schön gelegenen Tempelanlagen. Während der taoistische Tempel von Besuchern frequentiert war, die beteten oder Orakelhölzer warfen und sich das Ergebnis von Tempelpriestern deuten ließen, war der buddhistische Tempel fast leer. Im Gartenhaus aber waren einige Menschen dabei, Stühle für ein Sommerfest oder einen Empfang zu arrangieren. Als sie erfuhren, daß wir aus Japan kamen und dort in einem Zen-Zentrum längere Zeit geübt hatten, wollte man unbedingt mehr davon erfahren. Und so kam es zu einer improvisierten Einführung in die Praxis des Zen, einer interreligiösen Begegnung besonderer Art: eine philippinische Ordensfrau und ich, zwei Katholiken also, erzählten und demonstrierten den anwesenden Buddhisten, wie man Zazen übt, dabei sitzt und den Atem reguliert und was sonst dabei zu beachten ist und worauf das Ganze hinauslaufen kann. Das Interesse war groß, und es wurde ein späteres Wiedertreffen vereinbart. Ob es dazu kam und ob daraus eine neue Zen-Gruppe entstanden ist, entzieht sich allerdings meiner Kenntnis. Symptomatisch daran scheint mir zu sein, daß ein „interreligiöser Dialog" im Alltag so leicht zustande kommen kann, ja daß in diesem Fall die Angehörigen einer Religion, die Buddhisten, über Mitglieder einer anderen Religion auf dem Weg über die Praxis etwas Wesentliches aus ihrer eigenen Tradition erfahren konnten.

Vielleicht ist dergleichen in Asien eher möglich als in Europa oder Amerika. Möglicherweise sind die Menschen dort mehr an der religiösen Praxis interessiert und weniger an rein theoretischen Diskussionen als im Westen. Vielleicht kommt den Asiaten eine Vorreiterrolle zu, von der westlich geprägte Menschen lernen können. Natürlich wurden auch theoretische Fragen gestellt. Aber es ging dann um das Verstehen des praktischen Tuns und den möglichen Ertrag, nicht um abstrakte Lehren und Begriffe als solche.

Ähnliches gilt sicher auch für die Grundperspektive der folgenden Religionsgespräche. Der Grund, weshalb sie mir einer Übertragung ins Deutsche würdig erschienen, ist nicht primär akademischer Natur. Zwar werden Lehren und Glaubensanschauungen auch hier miteinander verglichen, aber das Ziel ist nicht der Vergleich als solcher, sondern die Bedeutung der Lehren für die spirituelle Praxis und Erfahrung.

Ein Vergleich kann das Gemeinte noch etwas verständlicher machen. Nehmen wir an, drei Menschen wollen einen breiten Fluß überqueren, jeder in einem Boot und mit einer bestimmten Vorstellung vom anderen Ufer. Nun kann man sich sicherlich lange über die Vorstellungen von der anderen Flußseite unterhalten, sie miteinander vergleichen, Ähnliches feststellen und Unterschiede ausmachen, ja man kann auch die Boote in ihrer Ähnlichkeit und Unterschiedlichkeit in den Vergleich mit einbeziehen und auf diese Weise lange reden und gescheit diskutieren. Ohne die Probe der Praxis wird der Dialog vermutlich kein Ende finden. Solange nicht jeder sein Boot auch benutzt und losfährt, das Boot dem Wellengang aussetzt und sich selber erprobt während der Reise auf die andere Seite, entbehrt das Gespräch der existentiellen Verbindlichkeit. Man muß sich also auf die Reise begeben, am besten im Blickkontakt miteinander, so daß man von einander lernen und sich gegenseitig helfen kann. Wer die besseren Vorstellungen wirklich gehabt hat, kann man erst drüben wissen oder erfahren, wenn einer zurückkehrt und aus eigenem Erleben berichtet. Dabei ist es genauso wichtig, daß einer mit seinem Boot wirklich drüben ankommt, wie auch, daß er den Rückweg in den Alltag findet. So bekommt ein Vergleich der Vorstellungen erst dann existentiellen Sinn, wenn man die Erfahrung der Fahrt und des Aufenthalts am anderen Ufer mit einzubringen vermag. Aus Erfahrung kann mit größerem Nutzen gesprochen werden, sowohl über den Sinn und die Stimmigkeit der zuvor gepflegten Vorstellungen vom anderen Ufer, als auch über den Bau und die Funktionstüchtigkeit des Bootes und die Anstrengungen und Gefahren sowie die schrecklichen und schönen Erlebnisse, welche die Reise mit sich brachte.

Der Vergleich läßt sich erweitern, wenn man die Religionen als Systeme betrachtet, die Menschen zum anderen Ufer geleiten wollen. Dafür bieten sie nicht nur Vorstellungen von der anderen Seite, von den Gefahren und Hilfsmitteln des Weges, Seekarten und Reiseverpflegung, sondern auch ein bestimmtes Training für das Verhalten bei der Überfahrt selbst. Die zu besprechenden Themen lauten in dem Fall dann nicht mehr: „Wer hat die besseren oder gar schöneren Karten, Ansichten und Vorstellungen?", und auch nicht: „Wer bietet die bequemere Schiffspassage, ganz gleich wohin die Reise letztendlich führt?", sondern: „Welchen Anforderungen muß ein Boot genügen und wie müssen die Menschen ausgerüstet und eingeübt sein, was können und sollen sie unterwegs in bestimmten Situationen selber tun oder worauf vertrauen, um wirklich das Ziel zu erreichen? Und wie sieht die Bewährung im Alltag aus?" Ja, wohin geht eigentlich die Reise und was muß man zurücklassen am einen Ufer, was mitnehmen und wie sich verhalten, um ans andere Ufer zu gelangen?

Die folgenden Gespräche sind Teil einer umfangreicheren Studie von Susanna José, die 1983 unter dem Titel „The Asian Religious Sensibility and Carmelite Spirituality" in Manila erschienen ist und mit Unterstützung der Aktion Misereor (MISSIO) in zwei Bänden (mit zusammen 1126 Seiten) gedruckt wurde.- In manchen Passagen wird die spezifische Situation des Katholizismus in den Philippinen besonders deutlich. Kirchbauten und Frömmigkeitsformen sind sehr stark von spanischen Katholizismus geprägt. Denn zu Beginn des 17. Jahrhunderts waren es Spanier, welche die philippinische Inselwelt missioniert haben, und zwar, wie kritische Katholiken meinen, in einer recht oberflächlichen Weise. Tiefgreifende Glaubenskämpfe, wie sie in Europa durch die Reformation und die Französische Revolution, durch Aufklärung und Kulturkampf hervorgerufen wurden, blieben dem

Lande erspart, die Abhängigkeit von europäischer Theologie und ausländischen Missionaren aber erhalten. So kommt es, daß überzeugte Katholiken, besonders Ordensleute, Priester und Menschen, die ein Bekehrungserlebnis hatten, sich dem breiten Volk gegenüber häufig sehr missionarisch gebärden und hoffen, die an der Oberfläche gebliebene Katholisierung tiefer verwurzeln zu können. Daß dennoch eine so große Aufgeschlossenheit gegenüber anderen Religionen anzutreffen war, gehört zu den Elementen, die mir besondere Hochachtung abgenötigt haben.

Susanna José hieß vor ihrem Ordenseintritt Josefina Constantino und war Professorin für „English and the Humanities" an der University of the Philippines, Mitglied des Internationalesn PEN-Clubs und über sieben Jahre Kolumnistin für die Zeitung „The Manila Chronicle". 1974 trat sie in den Karmel ein und ist seitdem als Sr. Teresa of Jesus-Mary Mitglied des Carmelite Monastery of St. Therese in Quezon City (Manila). Sie hat sich mit der Übertragung ins Deutsche einverstanden erklärt und bei der Verifizierung von Zitaten geholfen, soweit sie die Fundorte in Erinnerung hatte.

Der englische Text ist ohne Fußnoten gedruckt worden. Für die deutsche Ausgabe wurde er an einigen Stellen gekürzt, im Ganzen überarbeitet und mithilfe der Verfasserin um die Quellenangaben soweit als möglich ergänzt. Einige Zitate waren nicht auffindbar. An manchen Stellen sind Erläuterungen und Hinweise auf weitere Literatur hinzugefügt worden. Die Verantwortung für die Anmerkungen und Fußnoten liegt beim Übersetzer und Bearbeiter. Für wesentliche Hilfen bei allen Arbeitsvorgängen habe ich Frau Elisabeth Dieckmann und Herrn Dr. Eckard Wolz-Gottwald zu danken.

Fünf Gespräche
über Religionen in Asien

von Susanna José

Vor einigen Jahren fand an einer Universität in Hongkong ein interreligiöser Dialog über Religionen in Asien statt. Gesprächsteilnehmer waren
1) ein Hindu, Verwaltungsbeamter in Indien,
2) ein Buddhist[1], Wissenschaftler u. Schriftsteller aus Japan,
3) eine Taoistin, chinesische Rundfunk-Kommentatorin,
4) eine Katholikin, Professorin in den Philippinen und
5) als Gesprächsleiter: Prof. Mark Van Doren, amerikanischer Dichter, ehemaliger Professor der Columbia Universität für „Poesie und die Kunst der Tragödie", Bruder des Romanciers Carl Van Doren und enger Freund des verstorbenen Trappisten Thomas Merton (Fr. Louis OCSO).

Die Gespräche fanden an einem Wochenende von Freitag abend bis Sonntag nachmittag vor 25 amerikanischen und europäischen Studentinnen und Studenten der Columbia Universität statt. Da es sich um ein fiktives Gespräch handelt, wird auf Namen und persönliche Merkmale der Gesprächsteilnehmer nicht eingegangen; sie werden idealtypisch vorgestellt entsprechend der Religion, die sie vertreten.[2]

---

[1] Im englischen Original wird der Buddhismus von zwei Personen vertreten, die hier zu einer zusammengefaßt sind.
[2] Wer die Gespräche mit einer gewissen Offenheit für die anderen Religionen und die Verständigungsangebote über Grenzen hinaus liest, wird nicht zuerst danach schauen, ob die Darstellung der eigenen Position ganz in seinem Sinn ist. Den meisten Gewinn dürfte man haben mit einer Einstellung wie der zu einem dichterischen Kunstwerk, einem Gedicht, einer Novelle oder einem Drama, bei dem sich aus dem Dialog gegensätzlicher Anschauungen der Protagonisten allmählich eine Lösungsrichtung andeutet, die der Autor bzw. die Autorin zum Weiterdenken und Weiterarbeiten anbietet.

Erstes Gespräch
Am Freitagabend

(Allgemeiner Überblick)

GESPRÄCHSLEITER: Zu Beginn möchte ich meinen Dank dafür zum Ausdruck bringen, daß Sie so freundlich waren, hierher zu kommen, um diese Gespräche vor 25 europäischen und amerikanischen College-Studenten zu führen. Die Studenten möchten die Religionen Asiens tiefer und gründlicher kennenlernen. Sie möchten sehen, wie sie sich von ihrem eigenen christlichen (katholischen bzw. protestantischen) oder agnostischen Hintergrund her profilieren. Wie wir Ihnen in unserem Rundbrief mitgeteilt haben, handelt es sich hier um einen Sommerkurs für Studenten der Columbia Universität. Wir haben bereits zwei Wochen in einem Ashram mit einem hinduistischen Guru verbracht, waren eine Woche in einem buddhistischen Tempel in Thailand, eine Woche in einem taoistischen Tempel und eine weitere Woche bei einem zen-buddhistischen Sesshin mit drei zusätzlichen Tagen in der zen-buddhistischen Rinzai-Schule. Ein Land, in dem wir noch nicht waren, sind die Philippinen. Wir möchten hier noch zwei Wochen verbringen, bevor wir in die Vereinigten Staaten zurückfliegen. Wir haben etwas Yoga geübt und an allen besuchten Orten auch meditiert.

Wie Ihnen in unserem Einladungsschreiben zu diesem Wochenende über die „Religiöse Sensibilität Asiens und christliche Spiritualität" mitgeteilt wurde, haben wir einige Fragen, die Sie vielleicht mit uns zusammen erforschen möchten. Es sind Fragen, welche der verstorbene Trappist Thomas Merton in seinem Buch „Zen and the Birds of Appetite"[3] erwähnt hat. Wie zuvor verabredet, können wir vielleicht unseren buddhistischen Freund bitten, sie für uns als Ausgangspunkt für unser Gespräch vorzulesen.

BUDDHIST (liest laut):

„Kann man aus der religiösen und mystischen Erfahrung zusatzfreie Elemente ‚aussieben', die sich überall, in allen Religonen finden? Oder ist das grundlegende Verständnis des Wesens und der Bedeutung von Erfahrung von den mannigfaltigen Doktrinen her so festgelegt, daß uns ein Vergleich der Erfahrungen notwendigerweise in einen Vergleich der metaphysischen und religiösen Bekenntnisse verstrickt? Das ist keine leichte Frage. – Wenn ein christlicher Mystiker eine Erfahrung macht, die phänomenologisch mit einer Zen-Erfahrung verglichen werden kann – macht es etwas aus, wenn der Christ tatsächlich glaubt, er sei vereint mit Gott und der Zen-Anhänger seine Erfahrung als Sunyata oder Leere deutet, die ihrer selbst bewußt ist? In welchem Sinn kann man diese beiden Erfahrungen ‚mystisch' nennen?"[4]

---

[3] Deutsch enthalten in dem Band: Thomas Merton, Weisheit der Stille. Die Geistigkeit des Zen und ihre Bedeutung für die moderne christliche Welt. Bern, München, Wien (O.W.Barth) 1975, 9–136.
[4] Vgl. a.a.O., S.50 f.

GESPRÄCHSLEITER: Sie können sehen, wie anspruchsvoll wir sind! Wir haben aber keinerlei Illusionen darüber, was wir hier erreichen können. Mag es auch wenig sein, wird es doch ein Beitrag für andere werden, die besser qualifiziert sind als wir und die diese Gedanken mit mehr Zeit und mit anderen wissenschaftlichen Hilfsmitteln, die ihnen zur Verfügung stehen, weiter vertiefen. Einen Umstand können wir freilich hier an diesem Wochenende mit gutem Grund herausheben, nämlich, daß diejenigen, die wir zum Gespräch eingeladen haben, in besonderer Weise dadurch qualifiziert sind, daß sie das, was sie in ihrem Glauben bekennen, auch durch ihr Leben zum Ausdruck bringen. Wir erwarten also von jedem von Ihnen ein lebendiges Zeugnis Ihres Glaubens oder der Philosophie, nach der Sie leben. Und wir rechnen natürlich auch damit, daß nicht alle Ihre Landsleute, die nach denselben Lehren wie Sie zu leben behaupten, tatsächlich in gleichem Maß wie Sie daran glauben oder sie genauso glaubwürdig leben. Das ist eine ganz normale Situation, überall und in jedem Glauben.

KATHOLIKIN: Wenn ich an dieser Stelle unterbrechen darf, möchte ich auch in aller Ehrlichkeit sagen, daß wir zwar die ideale Praxis unserer Glaubensrichtungen kennen und wissen, was von uns erwartet wird, aber nur sehr wenig von dem Idealverhalten erfüllen.

ALLE: Ja, wir sind derselben Meinung. Selbst wenn wir wissen, was unser Glaube von uns erwarten mag, möchten wir doch nicht behaupten, wir würden den Glauben auch in idealer Weise leben.

GESPRÄCHSLEITER: Um so besser! Dann kommen wir näher an die Realität heran, in der die durchschnittlichen, gutgesinnten und eifrigen Gläubigen ihren Glauben leben. Ich bin auch sehr erfreut darüber, daß Sie alle – das entnahm ich den biographischen Angaben, die Sie dem Sekretariat zugeschickt haben – nach Ihren Studien in den Vereinigten Staaten in Ihre Heimatländer zurückgekehrt sind und dort Ihre Berufe ausüben und daß Sie alle, wie die zusätzlichen Angaben übereinstimmend zeigen, anerkanntermaßen in Ihrer eigenen Kultur gut verwurzelt sind und ein gesundes Nationalbewußtsein haben. All das macht unsere Gespräche interessant und glaubwürdig. So können wir mit diesem ersten Punkt beginnen: Stimmen wir alle darin überein, daß jeder von uns ein klar definiertes Lebensziel hat? Wissen wir wirklich, *wohin* wir gehen, *warum* wir das tun und *wie* wir zum Ziel kommen?

BUDDHIST: Ich nehme an, daß wir wohl alle in diesen drei Kategorien denken. Unser Ziel ist die Erlösung, die Vereinigung mit der absoluten Wirklichkeit. Nennen Sie es Gott, wenn Sie wollen. Der Grund, weshalb wir dieses Ziel erreichen wollen, ist offensichtlich: wir wissen, daß dies das Ziel unseres Lebens ist. Das ist es, was uns Glück und Erfüllung bringt. Nur die Art und Weise ist durch unsere jeweils eigenen Wege bestimmt. Für uns Buddhisten ist es unser Achtfacher Pfad auf der Grundlage der Vier Edlen Wahrheiten. Was dies beinhaltet, kann ich, wenn es gewünscht wird, später erläutern.

Wie Sie wissen, erkennen wir keinen Gott als Schöpfer oder Lenker aller Dinge an. Bei uns gibt es auch die Tradition des Zen-Buddhismus, der stark vom chinesischen Taoismus beeinflußt wurde. – Nehmen Sie nicht auch wie dieser an, daß diese Existenz hier gut ist? Tatsächlich besteht unser ganzes Verhalten einfach im *Sein*.

Das bedeutet doch die reine Achtsamkeit auf das Leben als einfaches *Sein.* Die Hingabe an die Qualität eines jeden Augenblicks als *Sein in diesem Moment* setzt voraus, daß dieses Dasein in sich gut ist. Es macht uns vollständig; es macht unser Leben in diesem Moment sinnvoll. Zen-Anhänger genießen und leben die Qualität des jeweiligen Augenblicks; sie erfahren das Sein in diesem Moment.

GESPRÄCHSLEITER: Wie wunderbar! Aber ist das nicht eine Lösung, die etwas zu früh kommt und vielleicht auch ein bißchen zu viel für die meisten von uns ist?

BUDDHIST: Nein, ich denke nicht, daß das zu viel ist. Es ist gut so, wie es ist. Natürlich, in unserer Zentradition ist es immer nur das *Jetzt* – die Erfahrung des Augenblicks. Doch frage ich, wie wollen Sie da noch Ihre Gottesvorstellung unterbringen? Setzen Sie Sein gleich mit Gott? Absolute Wirklichkeit ist doch einfach Sein. Unsere Ordensschwester hier wird unsere absolute Wirklichkeit sicherlich Gott nennen. Wir Buddhisten sprechen nicht von Gott, sondern eher vom Absoluten, und dieses Absolute ist das universale und wahre Selbst. Es ist alles in Allem. Wir glauben an die Einheit alles Seienden. Wir alle streben danach, zu diesem Sein, zu dieser Absoluten Realität zu erwachen, sofern wir noch nicht dazu erwacht sind. Und einige von uns, die eine Satori-Erfahrung gemacht haben, die also schon erleuchtet sind, suchen unablässig danach, mehr und mehr von dieser Wahrheit, dieser Absoluten Wirklichkeit, zu verwirklichen, um immer mehr von der Buddhaschaft Buddhas zu realisieren.

Dabei verlassen wir uns auf das *Jetzt.* Das ist alles, was existiert: das ist auch unsere Freiheit zu *sein, wie wir sind,* einfach *sein in diesem Moment*[5]. Das ist alles, was es zu leben gilt.

TAOISTIN: Das gleicht genau auch unserer Glaubensauffassung! Auch wir leben *ganz im Hier und Jetzt.* Ich glaube, das gehört sogar mehr zu unserem Glauben als zu Ihrem. Oder vielleicht ist dies der Taoismus in Ihrem Zen. Denn wir Taoisten streben danach, mit diesem *Tao,* mit dem *WEG,* ganz eins zu sein, uns im Einklang zu befinden mit dem *Tao,* das für unseren buddhistischen Freund schon alles ist: unsere Freiheit, in jedem Moment zu *sein* wie wir sind, mag dies absolute Wirklichkeit oder einfach Sein genannt werden. Aber anstatt von der Wirklichkeit schlechthin zu sprechen, glauben wir Taoisten, daß es ein *Gesetz des Tao* gibt. Das ist der Rhythmus allen Lebens. Man kann es auch Sphärenmusik nennen. Es ist die inkarnierte Harmonie.

BUDDHIST: Hier also – in dem Punkt stimmen wir überein, und doch sind wir nicht wirklich eins; denn wir brauchen es nicht zu wissen oder versichert zu bekommen, daß wir eins sind mit dem *Tao,* wie Sie das nennen. Ihr Tao gleicht dem, was die Christen Gott nennen. Und was Sie das *Gesetz des Tao* nennen, das mögen die Christen den Willen Gottes nennen, der immer gut ist. Stimmt das nicht so? (Wendet

---

[5]) Wer meint, das sei leicht, kann sich anhand einer Übung kontrollieren: 10 Minuten auf den Sekundenzeiger seiner Uhr schauen, nur jeden Zeigersprung anschauen und sich mit nichts anderem befassen als dem, was von Moment zu Moment vor seinen Augen geschieht. Er wird erstaunt sein zu erleben, wie viele Gedanken, Wünsche und Gefühle sich einmischen, um das Bewußtsein aus dem jeweiligen Moment herauszulocken. Ähnliches kann bei der Wahrnehmung des Atemvorgangs, dem Anschauen einer Blume, eines Sternes oder einer Tapete beobachtet werden.

sich fragend zur katholischen Professorin.) Aber in Wirklichkeit sind wir freier. Wir *sind* einfach und warten nicht ängstlich auf eine Zusicherung, daß wir mit dem *Tao* eins werden. Wir überlassen uns einfach – wir geben uns der Qualität des Augenblicks hin. Und mit Qualität meine ich die aktuelle Wirklichkeit, die Wahrheit des jeweiligen Augenblicks, das *Jetzt* – nicht irgendetwas in der Zukunft.

Das Gemeinte kann ich am besten veranschaulichen mit einer oft wiederholten Zen-Anekdote. Kennen Sie die? Ein Mensch wurde von einem Tiger verfolgt. Darum rannte er weg, so schnell er konnte. Und als er an einen Abgrund kam, sprang er über den Rand und klammerte sich an den Ast eines Baumes. Das ist *dukkha*[6] oder das Leiden, welches durch diese Gefahr für sein Leben verursacht wird. So hing er über dem Abgrund in einiger Entfernung von der Stelle, wo der Tiger stehenblieb und nur noch sehnsüchtig auf seine Beute warten konnte. Währenddessen stand unten im Abgrund ein anderer Tiger, der gierig nach ihm schaute, weil er in ihm seine wohlschmeckende Mahlzeit sah. Natürlich hatte der Mensch den Wunsch, sein Leben zu retten. Das ist *trishna,* die Gier nach dem Leben. Der Mann war voll Angst und Furcht. Um sein Leben zu retten, mußte er da fest hängen bleiben. Offensichtlich hatte er keine andere Wahl. Noch schlimmer war, daß er auch zwei Mäuse sah, die an einem Zweig des Astes knabberten, an dem er sich festhielt. Jeden Moment konnte der Ast abbrechen. Sein Verlangen *(trishna),* dieser Gefahr zu entkommen, wurde immer heftiger. Der sichere Tod schien nahe. Doch unmittelbar vor ihm am selben Zweig des Astes waren auch einige Brombeeren, die er mit dem Mund erreichen konnte. Das war für ihn in diesem Moment *nirvana!*

Dies ist die Art und Weise, wie wir jeden Augenblick leben. Wir theoretisieren nicht. Wir machen uns keine Sorgen. Wir tun einfach, was getan werden muß.

TAOISTIN: Hier möchte ich mich einschalten. Ob Sie das anerkennen oder nicht: wenn Sie sich so verhalten, sind Sie in Wirklichkeit ganz eins mit dem *Tao*. Denn das *Tao* war in dieser Situation genau das – die Wirklichkeit im gegebenen Moment, und Ihr Einssein mit dem *Tao* ist die höchste Hingabe an das Gesetz dieses Augenblicks. Die Gegensätze von Tod und Leben sind dem Gebot der totalen Hingabe an das *Tao* unterworfen.

KATHOLIKIN: Was Sie da sagen, ist genau das, was wir mit der völligen Hingabe an die Gnade und den Willen Gottes meinen. Wenn die kleine heilige Theresa so oft sagt „Alles ist Gnade", bedeutet das: was Sie Absolute Realität oder Tao nennen, ist bei uns die Gnade. Und das bedeutet für uns Teilhabe am Leben Gottes. Ja, ich stimme völlig mit der taoistischen Freundin überein, und ich kann auch unseren buddhistischen Freund verstehen. Das Tao kann das sein, was wir Christen Gott oder Gottes Willen nennen, vielleicht etwa dasselbe, was die Buddhisten Absolute Wirklichkeit nennen.

Ob unser buddhistischer Freund anerkennt, daß die Wirklichkeit seines Augenblicks ein Geschenk Gottes und eine Manifestation des göttlichen Seins ist oder nicht, das ist für ihn wirklich nicht wesentlich. Aber ich bin mit ihm einig, daß auch

---

[6]) Näheres zu diesem und anderen Begriffen, die aus dem Sanskrit stammen, ist zu finden im: Lexikon der östlichen Weisheitslehren, Bern, München, Wien (O.W.Barth) 1986; dort ist auch ein ausführliches Literaturverzeichnis zu den einzelnen Religionen Asiens, ab S. 479.

ein Zen-Anhänger seine Hingabe an den Augenblick oder seine Erfahrung des Augenblicks auf die unerkannte und uneingestandene Tatsache gründet, daß alles Leben gut ist. Wenn Sie daher das Leben leben, so wie es in jedem Moment ist, dann sind Sie sich selber und dem Augenblick treu. Für uns würden wir sagen, Sie sind Gott und seinem Willen treu. Da gibt es nichts, wonach man noch verlangen könnte. Denn was ist, ist gut; gut nicht im moralischen Sinn als Gegensatz zu böse, sondern gut in dem Sinn, daß es einfach „ist", was es ist, genau in diesem Moment: die Wahrheit des Augenblicks.

Auch wenn Sie es nicht zugeben, verrät Ihre Einstellung doch die Vorausetzung oder Annahme, daß das Leben gut ist. Alle Augenblicke sind gut. Oder, wie der englische Dichter William Blake sagt: „Alles, was *ist,* ist heilig", wobei „heilig" bedeutet „von Gott" oder „geheiligt".

BUDDHIST: Aber, Schwester, ich glaube nicht, daß Ihr christlicher Gott wirklich dasselbe ist, was wir mit Absoluter Realität meinen. Unsere Absolute Wirklichkeit ist nicht etwas oder jemand, den man kennen kann. Für uns ist „Gott" nicht ein Wesen von der Art, wie Sie an ihn als Schöpfer und Erlöser denken. Es scheint so, als wüßten Sie sehr viel über Ihren Gott, unsere Absolute Wirklichkeit dagegen ist ganz und gar jenseits allen Wissens, ein Geheimnis, über das wir nichts sagen können, ebenso wie Brahman. Daher kommt es auch, daß unser Weg, etwas über die Absolute Realität zu erfahren, nicht durch unser Wissen von uns als *atman* (Selbst) führt, wie es für unseren hinduistischen Freund der Fall ist, sondern durch *anatman* (durch das Nicht-Selbst).

Alles, was wir wissen, ist unsere Vierfache Wahrheit: 1) *dukkha,* daß es Leiden gibt, 2) *trishna,* daß das Leiden von dem Begehren herkommt, 3) *nirvana,* der Zustand der Wunschlosigkeit: der ideale Zustand, in dem man an der Buddhaschaft Buddhas teilhat und in dem man *satori* erreicht, und 4) der Weg unseres Achtfachen Pfades:

1) rechtes Verstehen	5) rechter Lebensunterhalt
2) rechte Einstellung	6) rechte Anstrengung
3) rechtes Reden	7) rechte Achtsamkeit
4) rechtes Handeln	8) rechte Meditation.

Buddhas persönliche Anweisung an seine ersten Schüler war: „Mit aller Kraft arbeitet für Eure Erlösung!" Die Verantwortung ist ganz und gar unsere: In eine Welt des Leidens sind wir hineingeboren, und unsere Erfüllung finden wir im Mitgefühl für alle Leidenden.

KATHOLIKIN: Ja, ich kann das alles ganz gut verstehen. Zu dem einen Punkt jedoch, nämlich zum Erkennen Gottes durch Nicht-Wissen möchte ich darauf hinweisen, daß der Heilige Johannes vom Kreuz einen ähnlichen Weg lehrt. Auch wir glauben, daß unser lebendiger, ewiger, dreifaltiger Gott ein absolutes Geheimnis ist, jenseits allen Wissens. Aber Gott erlaubt, daß er nach und nach erkannt wird, hauptsächlich durch das, was Jesus Christus über sich selbst und den Vater geoffenbart hat, aber auch durch das, was der Heilige Geist uns in unserem Leben unablässig zu lernen gibt. Wir können über Gott Vater nur sprechen, weil Gott in Jesus Christus Mensch geworden ist. Als Gott und Mensch hat er in der Geschichte gelebt und alles gelehrt, was wir über die Trinität wissen sollen. Darüber möchte ich später mehr sagen.

HINDU: Wie seltsam! Genau das denken wir auch über unseren Zugang zu Gott – durch *atman,* durch das Selbst. In der Tat glauben wir, daß das Selbst durch mehrere Reinkarnationen gereinigt und immer mehr vervollkommnet wird, bis dieses Selbst *(atman)* schließlich Brahman wird. Das Selbst löst sich auf in die Absolute Wirklichkeit, die Brahman ist.

KATHOLIKIN: Dieses Selbst aber, das mehrere Reinkarnationen durchlebt, bleibt es immer dasselbe Selbst durch die verschiedenen Wiedergeburten? Unser buddhistischer Freund glaubt auch an Reinkarnation, ohne jedoch an Seelenwanderung zu glauben, während Hinduisten auch an Seelenwanderung glauben – stimmt das?

GESPRÄCHSLEITER: Darf ich, bitte, ein wenig Ordnung in den Verlauf unseres Gesprächs bringen? Sind wir mit der Gottesfrage schon zu Ende? Wir sprechen gerade über das Selbst. Sollen wir jetzt die Frage nach dem Selbst in Angriff nehmen und die Gottesfrage beim erreichten Stand belassen? Können wir eigentlich den Ausdruck „Höchstes Wesen" benutzen, wenn wir von Gott, Tao, Brahman und Absoluter Wirklichkeit sprechen?

HINDU: Keineswegs! Ich glaube nicht, daß wir uns schon über die Natur Gottes oder eines Höchsten Wesens, worüber wir sprechen, im klaren sind. Mein buddhistischer Freund und ich zumindest stimmen in der Annahme der grundlegenden Einheit aller Dinge, also der Wirklichkeit, die wir Brahman nennen, überein. Dafür besitzen wir unsere Veden, und unser Glaube ist fast 5000 Jahre alt (begründet etwa 3000 v. Chr.). Brahman aber ist für uns Hindus nicht einmal ein unpersönlicher Gott. Es ist reines Sein, reines Bewußtsein, reine Glückseligkeit.

BUDDHIST: Wenn Sie die mündliche Überlieferung mitrechnen, können wir die Zeit um 3000 v. Chr. akzeptieren, aber erst um 1200 v. Chr. war der Brahmanismus eine organisierte Religion. Auf der anderen Seite lieben es die Christen, den Ursprung ihres Glaubens Millionen Jahre zuvor, nämlich mit der Erschaffung des ersten Menschenpaares, anzusetzen. Stimmt das nicht? Und unsere taoistische Kollegin datiert den Ursprung ihres Glaubens ebenfalls von der „Nicht-Zeit", der Zeitlosigkeit her. Ist es nicht so? Und unsere zen-buddhistischen Tradition, so denke ich, kümmert sich wahrscheinlich überhaupt nicht um solche Fragen wie Ursprungszeiten.

GESPRÄCHSLEITER: Kommen wir hier nicht wieder auf Abwege mit der Betrachtung von Ursprungszeiten? Ich dachte, wir wollten die Gottesfrage diskutieren? Unser Hindu-Freund hatte gerade etwas herausgestellt, was Sie überhört haben könnten. Er sagte, daß Brahman für Hindus reines Sein *(sat),* reines Bewußtsein *(cit)* und reine Glückseligkeit *(ananda)* ist. Können wir von da aus weitergehen und so unser Gespräch darüber, was wir „Gott" nennen, zu Ende bringen?

KATHOLIKIN: Ja, ich denke, daß es ein guter Augenblick ist, um dahin zurückzukehren. Als ich vorhin sagte, daß unser gemeinsames Konzept von Gott als Absoluter Realität für mich akzeptabel ist, meinte ich damit die höchste, absolute, totale Wirklichkeit, welche Gott für uns hinsichtlich des Geheimnisses seiner Göttlichkeit ist. Aber selbstverständlich ist Gott auch für uns in dieser Absolutheit und Totalität dreifaltig: drei Personen in einem Gott. Ist es nicht bezeichnend, daß unser Hindu-Freund drei Attribute seines Brahman herausstellt, welche unseren drei Personen in etwa entsprechen? Reines Sein kann bei uns Gott Vater zugeordnet werden. Reines Bewußtsein kann Gott Sohn (oder: dem Wort, dem Logos, der Vernunft) zugeordnet werden und reine Glückseligkeit unserem Heiligen Geist, dem Band der Liebe zwischen Gott, dem Vater, und Gott, dem Sohn, und der Quelle dieser Liebe: der Geist birgt das Geheimnis, *wie* die Drei eins sind und der Eine drei. Tatsächlich ordnen wir gewöhnlich den drei göttlichen Personen folgende drei Aufgaben zu: Leben und Macht – Gott, dem Vater; Licht – Gott, dem Sohn; und Liebe – Gott, dem Heiligen Geist, der alles heiligt. Damit Sie es leichter im Gedächtnis behalten können, sehen Sie es als ein gleichschenkliges Dreieck an mit drei großen „L":

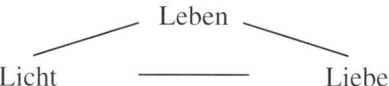

Das ist sicher eine übermäßige Vereinfachung des Mysteriums. Vielleicht können wir es ein bißchen besser verstehen, wenn wir uns die Beziehungen genauer vorstellen. Lassen Sie uns das Geheimnis der Drei und des Einen vergleichen mit der Sonne, nicht wie die Wissenschaftler sie erklären, sondern wie gewöhnliche Sterbliche sie sehen: Die Sonne ist Leben, Licht und Wärme, alles Formen von Energie. Wenn wir auf die Sonne schauen, können wir die Leben spendende Kraft nicht unterscheiden oder abtrennen, ebensowenig das Licht oder die Wärme, so als ob wir jede Kraft für sich allein sehen könnten. In gewisser Weise freilich spüren und sehen wir jeden Aspekt für sich. Dasselbe gilt für unsere Dreifaltigkeit. Wir können die Leben spendende Kraft der Sonne mit Gott Vater vergleichen, die Licht oder Liebe spendende Kraft der Sonne mit Gott Sohn und die Wärme spendende Kraft der Sonne mit dem Heiligen Geist. Können Sie mir folgen bei alledem?

Um es noch klarer zu machen, lassen Sie mich eine andere sehr einfache, aber doch hilfreiche Analogie benutzen: Gott ist LIEBE, welche LEBEN ist. In dieser Hinsicht ähneln wir den Buddhisten, die sagen, daß Leben selber Liebe ist, gut ist und Liebe hervorbringt. Und – vielleicht behaupten alle Religionen von ihrem höchsten Wesen oder der Absoluten Wirklichkeit Gottes, daß er ein Gott der Liebe ist. Es gehört aber zum Wesen von Liebe, daß es einen Geliebten gibt, und zum Wesen von Leben, daß es Leben zeugt, hervorbringt. Tod ist tot und kann nicht Leben erzeugen; nur Leben kann Leben zeugen. So ist es für Gott, der Leben ist, welches Liebe ist, ganz natürlich, daß er sich ausgießt und nach einem Objekt seiner Liebe sucht – nach einem Geliebten. Dieses Überfließen von Liebe und Leben ist Gott, der Sohn. Er ist Gott selbst nach außen gesetzt als „Objekt" seiner selbst. Es ist so, als ob Gott Vater in einen Spiegel geschaut und darin sich selbst – sein Spiegelbild – gesehen hätte und nun zu seinem Spiegelbild sagen würde: „Ich bin Du. Und Du (mein Spiegelbild) bist Ich." – Und dann gibt es zwischen Gott, dem Vater, dem zeugenden Ursprung von Leben und Liebe, und Gott, dem Sohn, dem Geliebten, dem Eingeborenen, dem gezeugten Leben, das Band der Liebe, den Heiligen Geist, die dritte Person in unserer Dreifaltigkeit. Der Geist ist das LIEBES-LEBEN des Vaters und des Sohnes.

HINDU: Wunderbar! Alles kann ich verstehen, allem auch zustimmen mit einer Ausnahme: Ich kann dieser Geschichte, daß Gott sich selbst anschaut, nicht zustimmen.

BUDDHIST: Oh, diesen Punkt kann ich gut verstehen. Es ist genau so, wie wir die reine Absolutheit des Augenblicks beschreiben.

KATHOLIKIN: Na schön! Nehmen Sie es so. War das nicht der Dichter Longfellow, der gesagt hat: „Liebe geht niemals verloren. Wenn sie nicht das Herz eines anderen bereichert, kehrt sie zum Ursprung zurück und erfüllt ihn mit Frische"? Was ich damit sagen will, ist, daß der Logos, die zweite Person, Gott Sohn, als Entäußerung und Ausdruck des Seins des Vaters angesehen werden kann. Er ist Gott. Er ist dem Vater gleich, aber er muß sich in der Zeit verwirklichen, denn es gehört wiederum zum Wesen des Logos, daß er sich in der Zeit entfalten und ausdrücken muß, weil es die ganze Schöpfung spiegelt. Und Zeit, die Totalität des Menschen und die Ganzheit aller vom Menschen wahrnehmbaren Wirklichkeit, alles also, was Menschen durch den Gang der Zeitalter bis zum Ende aller Zeiten sehen, wissen, fühlen, tun, erleiden, schaffen, aufbauen und zerstören – diese gesamte Wirklichkeit in der Zeit ist der vollständige Ausdruck des Logos als des „Anderen" von Gott, als der Sohn Gottes; oder: als das Spiegelbild seiner selbst, das in der Zeit verwirklicht ist.

Eine andere Ausdrucksweise dafür begreift Gott, den Vater, als reines Sein und Gott Sohn als das Bewußtsein dieses Seins: Der Sohn ist das ausgedrückte, nach außen gesetzte oder in die Existenz gebrachte Sein. Und die Liebe und Wahrheit, welche zwischen Gott, dem Vater, und Gott, dem Sohn, existiert und subsistiert, ist die dritte Person, der Geist der Wahrheit (der beiden anderen Personen) und der Liebe, das nach außen gesetzte Sein dieses Bandes zwischen Vater und Sohn.

Dann, an einem bestimmten Punkt der Zeit, in Gottes eigener Zeit, – oder, in der Sichtweise Teilhard de Chardins: als alle Kreaturen so weit herangereift waren, daß die menschlichen Fähigkeiten die göttliche Güte verstehen konnten, nahm der Logos Fleisch an. Der Logos trat als Mensch in die Geschichte ein, in die Zeit, und Jesus Christus wurde geboren.

HINDU: Was Sie über Ihre Dreifaltigkeit dargelegt haben, das haben wir in unserem Glauben auch! Wir sprechen nicht von Gott im absoluten Sinn, wie Sie es tun, Schwester. Wir sprechen von Göttern. Wir haben Brahma als den Schöpfer, Vishnu als Erlöser, der immer hilft, und Shiva. Sie bilden unsere *Trimurti* (Trinität). Brahma darf nicht als Gegenstand irgendeiner Art von Verehrung angesehen werden. Als Schöpfer ist er gleichsam neutralisiert, denn sein Schöpfungswerk ist vollendet, während die Aufmerksamkeit der Sterblichen von Vishnu, dem Erhalter, und vom gefürchteten Shiva, dem Zerstörer, absorbiert wird. Andere freilich sprechen beide Attribute, Erhalter und Zerstörer, dem Shiva zu und sehen in Vishnu den Erretter. Nach R. Friederich[7] z. B. gilt es als sicher, daß nach Bali niemals Vishnu-Ver-

---

[7]) Vgl. R. Friederich, An Account of the Island of Bali, in: Journal of the Royal Asiatic Society of Great Britain and Ireland, London,1876, Bd. VIII (New Series), 157-218, sowie Bd. IX (New Series), 59-120.

ehrer kamen und daß alle charakteristischen Namen und Attribute Vishnus dort dem Shiva gegeben wurden.

Aber das führt mich zu weit ab. Im Grunde ist es nicht mein Thema, was Bali für den Brahmanismus bedeutet. Ich dachte aber, ich sollte Ihnen diese Trinitätsidee mitteilen. Ähnlich wie in der christlichen Trinität ist Brahma für uns, was Gott Vater für Sie ist. Ist es nicht bei Ihnen auch so, daß Sie nichts über Gott Vater aussagen können mit Ausnahme dessen, was Jesus (wie es Ihnen Ihr Neues Testament zeigt) über ihn gesagt hat? Stimmt das nicht so?

KATHOLIKIN: Ja, das ist wahr. Die Gottheit bzw. die Einheit der Trinität ist für uns ein Mysterium. Aber wir können die letzte Wirklichkeit erkennen. Darin unterscheidet sich das Christentum von allen anderen Religionen. Jede der drei Personen gibt sich uns zu erkennen durch Jesus Christus, der gesagt hat: „Wer mich sieht, sieht den Vater" (Joh 14,9). Nur das Christentum erhebt für Jesus von Nazareth den Anspruch, daß dieser Mensch Gott ist (und deswegen sterben mußte). Ich denke: Kein anderer Sterblicher hat so von der Absoluten Wirklichkeit gesprochen.

BUDDHIST: Es ist aber auch schrecklich, die Tatsache akzeptieren zu müssen, daß Euer Gott am Kreuz wie ein gewöhnlicher Verbrecher gestorben ist. Wenn er wirklich Gott war, warum hat er das nicht gegenüber seinen grausamen Folterknechten unter Beweis gestellt, indem er sie töten oder auf der Stelle tot umfallen ließ, einfach durch ein Wort oder eine Handbewegung?

KATHOLIKIN: Das genau ist der Stein des Anstoßes, auf den sich Jesus bezieht: die Torheit des Kreuzes. Wenn er das getan hätte, wenn er seine Macht in dieser Weise gezeigt hätte (was er leicht hätte tun können), dann wäre er bloß ein großer Mensch gewesen, ein Super-Held, nicht Gott, der die Auferstehung will. Außerdem, wie könnte er von uns erwarten, daß wir ihm nachfolgen durch unsere Selbst-Kreuzigung? Wenn er, der Gott ist, sich selbst entleerte, um ein Diener der Menschen zu werden, dann wird auch unser eigenes Selbst-Leer-Werden, unsere Kenosis, sinnvoll und notwendig. Er wurde Mensch, um uns zu zeigen, wie man als Mensch leben soll.

BUDDHIST: Aber was für ein Leben war das, wenn es mit seinem Tod am Kreuz – wie es ja geschehen ist – geendet hat? Wofür hat er eigentlich gelebt?

KATHOLIKIN: Er lebte für seinen Vater – er lebte für die Wahrheit – für seine Sendung, den Vater und seine Liebe bekannt zu machen, so daß die Menschen ihn wiederlieben können! Er lebte als Mensch, um den Vater zu verherrlichen, um vom Vater zu erzählen, wie er uns liebt und sich danach sehnt, daß wir seine Freundschaft für immer genießen. Und Jesus hat danach gelebt, indem er wirklich für andere da war, ja sich selbst für andere dahingab und gehorsam nach dem Willen des Vaters gelebt hat bis zum Kreuz.

BUDDHIST: Aber was bedeutet das für Sie – in Ihrem täglichen Leben? Tun Sie dasselbe?

KATHOLIKIN: Ja. Mit Gottes Gnade versuche ich, genauso zu leben wie Jesus sein Leben gelebt hat, wenngleich natürlich in meiner eigenen unendlich geringeren Weise. Auch ich gehorche dem Willen Gottes, meines Vaters. Ich bin Professorin geworden, weil dies sein Wille für mich war, daß ich meinen Glauben sakramental lebe, d. h. mein tägliches Leben wie das heilige Opfer der Messe darbringe, und mit seiner Gnade zur bestmöglichen Professorin werde. Wie wir alle wissen, ist es nicht leicht zu lehren. Jeder Student ist eine eigene Seele, ein Selbst, wie Sie sagen würden. Und ich bin dazu da, ihr geistiges und sittliches Leben so gut, wie es mir möglich ist, zu fördern. Jeden Tag zu leben versuchen wie Christus – das kann die tägliche Kreuzigung bedeuten für mein Ego, für meine egoistischen Wünsche, so legitim sie sein mögen. Das bedeutet auch zu versuchen, mit Gott im kontemplativen Gebet verbunden zu sein, auch wenn jemand mit seiner unverdienten Gnade ein sehr aktives Leben führt, ein Leben der Kontemplation in der Aktion, wie wir sagen.

BUDDHIST: Oh, dazu möchte ich erwähnen, daß Alan Watts dasselbe sagt, wenn er über das Koan spricht und wie man damit fertig wird. Nach ihm sind damit typisch asiatische Vorstellungen über die Beziehung zwischen Meister und Schüler verbunden. Ich bin betroffen von dem, was Sie über Ihr Ideal als Lehrerin sagen. Alan Watts sagt genau das gleiche und nennt es eine heilige Beziehung, in welcher der Meister für das Karma des Schülers verantwortlich ist und vom Schüler Ergebenheit und absoluter Gehorsam gegenüber dem Meister erwartet wird. Er soll ihm mit größerem Respekt als seinem eigenen Vater begegnen.

KATHOLIKIN: Nein, ganz so verhält es sich nicht. Ihr Koan hat immer mit einer Erleuchtungserfahrung zu tun und soll ein religiöses Erwachen bringen. Darüber habe ich nicht gesprochen. Ich wollte nur sagen, daß für eine Katholikin, die ihren Glauben lebt, jedes Ding, besonders jemandes Aufgabe oder Lebenswerk, übernatürlich erhöht werden kann. Das ganze Leben ist ein Opfer, eine Art der Hingabe. Es ist nicht eine Übung in einer Kunst oder Fertigkeit.

GESPRÄCHSLEITER: Noch einmal glaube ich, Sie hier unterbrechen zu müssen. Sollen wir nicht zu unserem Gespräch über das Absolute zurückkehren? Wie Sie bemerken, ist es wahr, daß man beim Christentum die Trinität behandeln muß, wenn man das Wesen Gottes erläutern will. Können wir uns nicht wenigstens zuerst auf diesen einen Punkt konzentrieren: das Verständnis von und der Glaube an Gott als Vater für den Christen oder das Universale Selbst für den Buddhisten und der ungeborene Geist oder die Absolute Realität, Brahman, für den Hinduisten oder das Tao für den Taoisten. Können wir wenigstens dieses eine Verständnis von Gott als gemeinsamen Ausdruck ansehen und auf das Höchste Reine Sein anwenden?

HINDU: Ja, ich denke, darin stimmen wir einigermaßen überein, mit Ausnahme dessen – ich wiederhole –, daß Brahman für uns nicht ein personaler Gott ist. Wir nennen es das Absolute, dies ist die grundlegende Wirklichkeit. Brahman ist alles und jedes.

BUDDHIST: Ich stimme unserem Hindu-Freund zu. Dasselbe gilt auch für uns. In diesem Sinn wäre Brahman weder ein personaler noch ein unpersönlicher Gott. Brahman wäre jenseits aller sprachlichen Ausdrucksmöglichkeit. Alles, wonach wir streben können, ist, zu sein wie Buddha – erleuchtet zu werden, Satori zu erlangen. Das ist für uns Erlösung. Wir sind verantwortlich für unser eigenes Wachstum in Richtung auf die Buddhaschaft. Aber wir unterscheiden uns insofern von den Hindus, als sie ein substantielles Selbst im Menschen annehmen, das durch Wiedergeburt und Seelenwanderung ein Wachstum erfährt, während wir ein solches Selbst nicht anerkennen. Für uns gibt es nur den jeweiligen Strom von Gedanken, Gefühlen, Wahrnehmungen und Handlungen, aber es gibt kein individuelles Selbst, das dies alles erfährt; daher auch kein Selbst, das im Tod zu einem anderen Geschöpf weiterwandert. Wir glauben an Wiedergeburt, aber nicht an Seelen-Wanderung.

HINDU: Wenn es aber kein substantielles Selbst gibt, was denkt, fühlt, wünscht und wahrnimmt, wer ist es dann, der denkt und fühlt und wahrnimmt?

BUDDHIST: Oh, das ist eine Frage ohne Substanz. Man stellt diese Frage einfach nicht. Denn es ist eine Illusion, dieses Selbst. Das ist der Grund für alles Leiden, dieses Denken, daß Sie ein substantielles Selbst haben. Darum ist die Lehre vom *anatman* (Nicht-Selbst) grundlegend für unseren Glauben.

HINDU: Aber, mein lieber Freund! Gerade jetzt in diesem Moment spreche ich zu Ihnen. Ich bin es, der denkt, ich bin es, der fühlt, ich bin es, der spricht. Das ist mein „Ich", dieses mein Selbst – und wenn dieses Ich gereinigt ist, wird dieser Atman zu Brahman.

BUDDHIST: Nein, es gibt kein Selbst. Es gibt nur einen Strom von Prozessen im jeweiligen Augenblick, welchem Sie Ausdruck geben. Aber das sind nicht „Ihre" Gedanken. Sie sind einfach Elemente des Prozesses und so der Fluß der Wirklichkeit des Seins.

KATHOLIKIN: Kann ich an diesem Punkt helfen? Der Trappist Thomas Merton, über den John Wu scherzhaft sagte, er sei in einem anderen Leben wohl ein Mönch in China gewesen (auch wenn beide nicht an Reinkarnation glauben), hat zu dem Thema etwas sehr Klares und Zutreffendes gesagt. Merton sagt, das Sein bzw. reines Sein sei, ontologisch gesehen, früher als die Subjekt-Objekt-Spaltung und jenseits von ihr, welche das individuelle Selbst entweder zum Zentrum seiner selbst oder zum Strom in einem Prozeß macht. Jenes jenseitige Selbst, das eigentlich der existentielle Grund des Seins ist, das weder als individuelles Selbst noch als Strom definiert werden kann, ist zentriert in Gott (Reines Sein), dem einen Zentrum von allem, das überall ist und alles in sich vereinigt. So vertritt Merton die Ansicht, daß sowohl die östlichen Religionen als auch die christliche Mystik dieses selbstbewußte Subjekt nicht als etwas Endgültiges oder Absolutes ansähen. Es übe seine Tätigkeit nicht als ein eigenständiges Zentrum aus, sondern „von Gott her" und „für andere", wobei der christliche Ausdruck „von Gott" das einschließe, was nichttheistische Religionsphilosophien als ein singuläres hypothetisches Zentrum alles Seienden begreifen und was der Dichter T. S. Eliot den „Ruhepunkt der sich bewegenden Welt" nennt, was aber die Buddhisten nicht einen „Punkt" nennen, sondern die „Leere".

Kann dies uns vielleicht alle in unserem Verständnis des Selbst jetzt einig sein lassen, auch wenn ich nachher dazu noch mehr zu sagen habe?

Ein konkretes Beispiel, auf das Merton sich bezieht, um zu zeigen, was er meint, ist das, was er von der hl. Theresa von Lisieux sagt:

„Die hl. Theresa ist ein klassisches Beispiel der christlichen Erfahrung. Obgleich sie eine Mystikerin mit ihrem eigenen besonderen Charisma war, hat man es lange als erwiesen angesehen, wenigstens bei traditionsbewußten Katholiken, daß ihr mystisches Bewußtsein sie Wirklichkeiten wahrnehmen ließ, welche allen Christen gemeinsam, ihnen aber zugleich verborgen sind. Was andere glaubten, hat sie in sich selbst erfahren. Das mystische Bewußtsein der hl. Theresa impliziert eine gewisse Grundhaltung gegenüber dem Selbst. Das denkende und fühlende und wollende Selbst ist nicht der Ausgangspunkt aller Erfahrung und aller nachweisbaren Wirklichkeit. Die erste Wahrheit, der Grund allen Seins und aller Wahrheit, ist in Gott, dem Schöpfer von allem, was ist. Der Ausgangspunkt allen christlichen Glaubens und Erfahrens ist (in diesem Zusammenhang) die ursprüngliche Wirklichkeit von Gott als Reinem Sein."[8]

GESPRÄCHSLEITER: Ich meine, wir haben uns nun lange genug bei diesem Selbst aufgehalten. Und ich denke, wir sollten unsere Diskussion über das höchste Sein noch zu Ende bringen. Müssen wir also sagen, daß wir keinerlei Übereinstimmung über dieses höchste Sein haben?

BUDDHIST: Im Gegenteil! Ich denke, wenn der Begriff Sein genau in der Weise verwendet wird, einfach als Realität, wie sie ist, und ohne einen Zusatz im Bezug auf ein Erschaffen oder Gebieten, dann, so meine ich, können wir den christlichen Glauben an Gott gut verstehen. Für uns aber gibt es keine Gottesfrage: Wir haben keine Vorstellung von ihm. Alles, was wir wissen, ist unsere Erfahrung der Realität als ein Weg zur Buddhaschaft.

HINDU: Ja, dem stimme ich zu. Denn genau so definieren wir auch unser Ziel, Brahman als Reines Sein *(sat)*, Reines Bewußtsein *(cit)* und Reine Glückseligkeit *(ananda)*. Wenn einer alle drei Aspekte des Seins erreicht, dann ist er wirklich angekommen.

TAOISTIN: Ich zögere, dem zuzustimmen. Während Ihr Verständnis der Absoluten Wirklichkeit gut zu unserer Lehre vom Tao, dem Weg, paßt, und das Tao auch kein personaler oder unpersönlicher Gott ist, ist Tao doch der gesetzmäßige Wille in allen Dingen, auch wenn Tao von sich selbst her keinen Willen hat. In diesem Sinn ist die Realität, wie sie ist, Tao. Aber es gibt auch den Willen des Törichten, der sich in dem, was wir das Gesetz des Tao nennen, manifestiert, und das unterscheidet sich von dem, was Sie sich unter einem Gesetz denken, dem man wie einem Gebot gehorchen muß. Nein, das Gesetz des Tao ist das Gesetz der Identität der Gegensätze, z. B. daß Sie und ich in Wahrheit eins sind.

GESPRÄCHSLEITER: Das ist nun wieder eine andere Kategorie von Realität, eine Ordnung der Wirklichkeit, die nicht auf eine Erlösung des Menschen ausgerichtet ist, eine Erlösung in dem Sinn, wie wir hier davon gesprochen haben, als Befreiung von Illusionen. Sollen wir also wieder zur Schwester zurückgehen und das Gespräch über das höchste Sein zu Ende bringen?

KATHOLIKIN: Ja, außer daß wir vielleicht entsprechend der Erklärung unserer taostischen Gesprächspartnerin in ihrem alles übergreifenden Willen bzw. dem universalen Tao annäherungsweise den Logos, die Vernunft oder das WORT erkennen können, auf das ich mich vorher bezogen hatte. Andererseits finde ich keine Schwierigkeit, die anhaltende Verneinung eines Höchsten Seienden durch unseren bud-

---

[8]) Das Zitat war nicht auffindbar.

dhistischen Freund zu verstehen und zu akzeptieren, zumal er doch so ehrlich vom Wert einer beharrlichen Annäherung an den Nirvana-Zustand überzeugt ist. Auch wenn wir wegen der Diskussionsordnung zwei Personen in der Trinität auslassen, kann ich dem einen Punkt zustimmen, nämlich Gott als Höchstes Sein, Reines Sein zu verstehen, und auch der sich daraus ergebenden Tatsache, daß er dadurch unaussprechlich wird, weil er ein Mysterium ist.

GESPRÄCHSLEITER: Gut, so haben wir wenigstens diesen einen Punkt genügend klar herausgearbeitet. Für unsere zweite Gesprächsrunde lassen Sie uns über das Wesen des Universums und die Natur dieser kosmischen und fundamentalen Wirklichkeit sprechen.

TAOISTIN: Aber vielleicht ist es besser, zuerst das Verständnis von Gott etwas zu vervollständigen. Aus der zen-buddhistische Tradition z.B. haben wir nichts über einen höchsten Gott oder ein höchstes Gut gehört. Wir hingegen können es uns nicht leisten, davon so abzusehen wie Sie. Wir möchten sehen, wie wir wieder zusammenkommen können.

GESPRÄCHSLEITER: Dann also zur Geschäftsordnung: Sind wir mit der Frage nach einem Höchsten oder Reinen Sein, genannt Gott, zu Ende oder nicht?

BUDDHIST: Ach ja. Ich habe die Erfahrung unseres ernsthaften Austausches sehr genossen. Das ist Leben für mich: wiederum die Erfahrung des Augenblicks. Natürlich wissen Sie alle, daß wir die vermutlich revolutionärsten Bilderstürmer im Zen haben. Ich habe aber auch gesagt, wir glauben an nichts mit Ausnahme dessen, was ist: wie etwa die Qualität dieses Augenblicks. Für mich: so leer – und doch so voll. Und wenn man von mir nicht erwarten würde, wie man das ja tut, daß ich an Ihrem Gespräch teilnehme, dann würde mich der Augenblick noch näher an der Leere finden, am Nirvana, der eigentlichen Wirklichkeit.

Wir waren freilich übereingekommen, unsere katholische Gesprächsteilnehmerin nur über den Begriff des höchsten Seins als Ausdruck für Gott, den Vater, sprechen zu lassen; und das ließ ihre Darstellung des trinitarischen Gottes unvollständig. Auf der anderen Seite gibt es auch die Sache mit unseren Boddhisattvas. Ich möchte das gerne aufgreifen, weil sie in gewissem Sinn den anderen Personen der Trinität, wie sie die Schwester erklärt hat, ähneln.

KATHOLIKIN: Keineswegs! Ihre Boddhisattvas sind, soviel ich weiß, künftige Buddhas. Sie sind Mittler. Sie versuchen, den Menschen zu helfen. Sie könnten höchstens mit der Rolle verglichen werden, die bei uns der Jungfrau Maria und unseren Heiligen zugeschrieben wird. Die anderen beiden Personen unserer Trinität hingegen sind Gott, so wie Gott, der Vater, Gott ist. Alle drei sind gleich und untrennbar. Und Ihre kleineren „Götter" sind Boddhisattvas, fast Göttern gleich, aber in Wirklichkeit Menschen, die auf ihr Nirvana verzichten, um den Menschen in ihrem Elend zu helfen. Ist das nicht so?

GESPRÄCHSLEITER: Danke sehr, Schwester, daß Sie diesen Punkt zu klären versucht haben. Aber vielleicht können wir jetzt einen Schlußpunkt setzen und den Tag für abgeschlossen erklären? Möchte jemand in bezug auf den heutigen Gesprächsverlauf irgendeine Bemerkung machen, vielleicht um die Dynamik unseres Austauschs zu verbessern?

TAOISTIN: Ja. Ich möchte einen Vorschlag machen. Ich denke, wir haben heute mit großem Schwung angefangen; er entsprach ganz unserem Wunsch, etwas zu erreichen, nämlich gewisse Bereiche möglicher Verständigung zu definieren. Offensichtlich sind wir da mit dem Tao im Einklang. Das Tao in jedem von uns ist darauf aus, dem anderen zu versichern, daß wir ihn schätzen und die Ansichten eines jeden anderen respektieren. Weil wir aber jetzt feststellen – vielleicht sehen Sie alle das auch so –, daß wir nicht über unsere Vorstellungen vom Absoluten sprechen können, ohne daß wir uns auch notgedrungen auf die Begriffe einlassen, die diesen Bereich umkreisen, wie etwa die Fragen nach dem Selbst, der Wirklichkeit als solcher, der Lebensführung usw., wäre es dann nicht besser, wenn jeder von uns zuerst die wichtigsten Punkte seines Glaubens zusammenfassen würde und wir am Ende aller unserer Darlegungen dann Fragen an jeden stellen könnten? Auf diese Weise können wir jedem erst einmal zuhören und die ganze Struktur seiner Ansichten sehen und zu verstehen versuchen, ehe wir Fragen stellen. Ich habe den Eindruck, daß wir in der heutigen Diskussion gewisse Punkte wiederholen mußten, weil sie nicht im Gesamtzusammenhang einer jeden Glaubenslehre voll verstanden worden waren.

GESPRÄCHSLEITER: Das scheint eine gute Idee zu sein.

BUDDHIST: Ich denke jedoch, daß es für uns, die wir uns in manchen Punkten schon klar ausgedrückt haben, nicht nötig sein wird, dieselben Punkte morgen noch einmal zu wiederholen oder diesbezügliche Fragen zu stellen.

HINDU: Dem stimme ich zu. Ich habe dasselbe Empfinden. Überdies müssen wir uns bewußt sein, daß wir nur drei Tage zu Verfügung haben, um alles zu diskutieren.

TAOSTIN: Mit gebotener Höflichkeit gegenüber unserer katholischen Gesprächsteilnehmerin möchte ich vorschlagen, daß wir den ganzen morgigen Tag nur den drei östlichen Religionen widmen und dann der Professorin den ganzen Morgen des letzten Tages überlassen, und zwar aus zwei Gründen: erstens, weil keiner von uns anderen an einen persönlichen Gott glaubt; das bringt uns näher zueinander, als die Professorin je einem anderen nahe sein könnte. Zweitens scheint die Professorin sehr viel von ihrem eigenen Glauben zu wissen und auch etwas von uns gelesen zu haben, woraus sich ihre Fähigkeit ergibt, Konvergenzpunkte und Unterschiede zwischen uns zu erkennen. Und drittens könnte es möglich sein, daß ihr Tao in der Tat mehr enthält und umfaßt, als wir bisher zu begreifen vermochten. Daher können die Fragen, die wir nach unserer Diskussion mit ihr diskutieren möchten, vielleicht aus einigen bei uns gemeinsamen Ansichten resultieren.

ALLE VIER: Einverstanden.

Zweites Gespräch

Am Samstagvormittag
(Hinduismus und Buddhismus)

GESPRÄCHSLEITER: Wie wir zuvor vereinbart haben, soll heute der Hinduismus bzw. Brahmanismus behandelt werden: er scheint das älteste religiöse System darzustellen (seit 3000 v. Chr.), auch wenn unsere taostische Gesprächsteilnehmerin dagegen ins Feld führen mag, daß die Brahmanas (das Buch der Riten und Gebete) erst im 12. Jahrhundert v. Chr. entstanden sind. Immerhin stammen die taoistischen Lehren des Lao-tzu erst aus dem 6. Jahrhundert v. Chr. Unsere taoistische Freundin hat daher zugestimmt, daß sie danach an die Reihe kommt. – Also bitte, nun haben Sie unser Ohr!

HINDU: Danke sehr. Ich werde Ihnen heute vor allem die Dinge vortragen, die ich in der gestrigen Diskussion nicht behandelt habe. Ganz besonders möchte ich auf das Wesen des Selbst eingehen, das in unseren Augen das Wesen der Wirklichkeit ist, und dazu meine persönliche Erklärung geben. Vermutlich wissen Sie, daß die höchste autoritative Quelle für uns die Veden sind, die um 2000 v. Chr. entstanden sind; sie sind unsere Heilige Schrift. Allerdings gibt es im Hinduismus viele Denkschulen.

Unsere beiden Hauptlehrsätze können am besten aus den Upanischaden entnommen werden. Aus ihnen liebe ich besonders folgenden Text[1]: „Mein Sohn! In dieser Welt gibt es nichts, was nicht Gott ist. Er ist Handeln, Reinheit, immerwährender Geist. In diesem Körper, in dieser Stadt des Geistes gibt es ein kleines Haus in Lotusform, und in diesem Haus gibt es eine kleine Kammer – diese Kammer ist das Heim des Geistes. Jeder Wunsch ist dort. Da ist das Selbst, jenseits von Verfall und Tod, Sünde und Leid, Hunger und Durst. Sein Ziel – Wahrheit. Sein Wille – Wahrheit." Dieses Selbst ist Brahman.

Alle Wirklichkeit ist Brahman bzw. das universale Sein oder Selbst. Das ist für uns das Absolute, das, was die Philosophen die allererste Wahrheit nennen würden. Alles andere, was ich sagen möchte oder was Sie verstehen können, sind Wahrheiten zweiten Ranges; denn sie gehören zum Bereich geschaffenen Seins – Gedanken, Symbole, Worte, welche die letzte Wirklichkeit repräsentieren. Sogar meine Erfahrungen im Alltagsleben sind zweitrangig. Wollte ich sie als höchstrangige Wahrheiten ansehen, würde ich einer Illusion erliegen. Und wenn ich diese Illusion als die Wirklichkeit mißverstehe, dann leide ich. Alles, was wir um uns herum sehen, sind nur Formen der göttlichen Energie, der letzten Wirklichkeit, des transzendenten Brahman.

Unser Lebensziel ist also, die Wahrheit unseres eigenen Seins zu suchen, welches in sich selbst nur eine Manifestation Brahmans ist. Wenn wir durch Yoga zum reinen Bewußtsein kommen, wenn ich zum Beispiel ein Wissen meines wahren Selbst,

[1]) Der Text ist zusammengesetzt aus der Mundaka-Upanischad 2.1,10 und der Chandogya-Upanischad 8.1,2 und 5.

51

meiner Realität, erreiche, dann bin ich eins mit dem Absoluten: Atman ist Brahman geworden. Tatsächlich kommen alle Schmerzen, alles Leiden und alles Unglück aus der Unwissenheit: aus der Unkenntnis unseres wahren Selbst.

Wir Hindus glauben an das Karma, d.h. alle unsere früheren Handlungen, Gedanken, Wünsche und Verhaltensweisen beeinflussen notwendig unser gegenwärtiges Leben. Und wenn wir in unserem gegenwärtigen Leben nicht versuchen, uns spirituell weiterzuentwickeln – sei es durch Meditation und Kontemplation oder durch ein andere Form des Sterben des Ich, durch eine zunehmende Wirklichkeitserkenntnis oder hingebungsvolle Gottesverehrung – dann werden wir nach dem Tod in ein niedrigeres Wesen wiedergeboren. Wenn ich aber in meinem Leben ein besserer Mensch werde, als ich es jetzt bin, dann werde ich in ein besseres, höheres Wesen wiedergeboren.

Das Leben ist eine Schule für die Seele. Hier lernen wir, wie wir spirituell wachsen können, wie unsere Begierde abnimmt und wie wir unserem Ich sterben. Es ist das fehlende Wissen über mein wahres Selbst und meine Unterwerfung unter die Illusionen, was mich an das Rad von Geburt und Wiedergeburt (Samsara) bindet.

Solange ich von meinen Leidenschaften und allen Arten von Ich sucht nicht befreit bin, bin ich fortwährend ruhelos und unglücklich.

Unsere religiöse Praxis ist sehr vielfältig und umfangreich: es gibt Götter und Göttinnen, Tempel, Rituale, Opfer und Gebete. Durch all das wissen wir, daß es unser einziges Ziel ist, mit Brahman eins zu sein. Und wir wissen, daß das nur durch mehrere Inkarnationen und Wanderungen des Selbst zu erreichen ist.

Unterstützt wird unsere Spiritualität, die wir leben, durch die Philosophien von Vedanta und Yoga. Diese sind Hilfen. Man kann sie als Methoden bezeichnen, durch die wir das vollziehen, was Sie vielleicht auch als Ihre Methoden betrachten können: Konzentration, Ich-Unterwerfung und Hingabe.

Nehmen Sie z. B. Patanjalis[2] acht Stufen. Es sind acht Stufen, um zum Selbst hinabzusteigen: die erste ist *yama* oder Selbst-Kontrolle in allen Dingen; die zweite ist *niyama* oder Kultur, Erweiterung des Selbst, Kultivierung aller der Dinge, welche die dem Selbst entsprechenden guten Eigenschaften entfalten können, wie gutes Benehmen und das Lesen religiöser Bücher; die dritte ist *asanas* oder körperliche Gesundheit durch wirksame Mittel wie rechte Haltung, körperliches Training und geistige Gelassenheit, so daß der Geist frei und effektiv arbeiten kann; die vierte ist *pranayama,* die Regulierung des Atems, die auf geistige Konzentration ausgerichtet ist; die fünfte ist *pratyahara* oder Kontrolle der Sinne; weil eine vollkommene Kontrolle schwer zu erreichen ist, können wir vernünftigerweise nur von einer Regulierung der Sinnestätigkeiten sprechen. Sie soll mit möglichst großer Strenge geschehen, und ich möchte betonen, daß wir nach der vollkommenen Sinneskontrolle streben müssen. Denn wir sind nur nach Erfüllung dieser äußeren Erfordernisse imstande, schließlich mit dem Yoga des Geistes anzufangen.

---

[2] P. lebte im 2. Jahrhundert v.Chr. – Vgl. Patanjali, Die Wurzeln des Yoga, übersetzt von Bettina Bäumer, München [5]1985.

Die innere Disziplin bewirkt das Hinabsteigen in mein Selbst und führt zu der Erfahrung, daß das Selbst, nach dem ich suche, wirklich im Inneren liegt. So wie es wohl auch bei der christlichen Form der Reinigung des Selbst der Fall ist, kann ich das in der Tat nur verwirklichen, indem ich alle Gedanken an mein Ich loslasse. Und weil unser Ich das Zentrum bzw. der Sitz aller unserer Wünsche, Ängste, Bestrebungen und egoistischen Interessen ist, konzentriere ich mich darauf, die letzte Tiefe meines Seins zu erreichen. Das macht mich freier auf der Suche nach meinem wahren Selbst. Dann komme ich zu *dharana* (Aufmerksamkeit) und *dhyana* (Kontemplation), bis ich schließlich *samadhi* (Vereinigung: Identität mit meinem wahren Selbst bzw. Atman) erreiche. Hier erkenne ich mich selbst, bin das All-Selbst, und ich sehe und höre nichts: ich bin vollkommen verwirklichtes Selbst: Atman ist Brahman. Nachdem ich in dieser Weise erleuchtet und befreit bin, kehre ich von hier aus in meine Alltagswelt zurück, aber jetzt kenne ich den Unterschied zwischen dem Wirklichen und dem Unwirklichen. Ich weiß, was Maya und Illusion und was Brahman ist. Und ich versuche, mein Leben entsprechend dieser Wahrheit zu leben.

Außerdem möchte ich noch einen wichtigen Gedanken aus unserer *Sankhya*-Philosophie[3] erwähnen: sie gibt uns eine Erklärung der Schöpfung und aller geschaffenen Dinge. Die Schöpfung umfaßt auch Verstand, Ego, Körper und Sinne: All dies stammt von *prakriti,* was wir Natur oder Materie nennen können. Dies ist in der Schöpfung eines von zwei Prinzipien. Das andere ist *purusha,* was man am besten versteht als Geist. Wir Hindus glauben, daß es die andauernde Schöpfung immer schon gab und immer geben wird. Es ist ein ununterbrochener Prozeß, bis alles als Brahman zusammengefaßt wird. Durch alle Zeitalter jedoch gibt es die Zyklen von Geburt, Wachstum und Tod, ähnlich dem, was sich für eine Person, ein Selbst ereignet.

Prakriti ist definiert worden als unbewußter, aktiver, grundlegender Urstoff oder als Urmaterial, aus dem Geist, Körper und alle Dinge gemacht sind. *Prakriti* besteht aus drei Kräften, die *gunas* genannt werden. Und jedes geschaffene Seiende wird zu dem, was es ist, entsprechend den Anteilen dieser *gunas* bei seiner Erschaffung. Diese *gunas* sind 1) die Auftriebskraft, Gelichtetheit oder Lebendigkeit *(sattva),* 2) die Energie oder Kraft *(rajas),* was das aktivste Element der *gunas* darstellt, und 3) die Masse oder Festigkeit *(tamas).* Man sagt, daß diese drei Kräfte oder Elemente vor der Erschaffung von irgendetwas im Gleichgewicht waren, jedes genau im gleichen Verhältnis zum anderen. Wenn aber irgendetwas erschaffen wird, wenn der Geist oder das Selbst mit *prakriti* zusammenkommt, beginnen diese drei Kräfte, sich in verschiedenen Proportionen zu verbinden. Die Qualität eines Gegenstandes wird durch das Element bestimmt, das in einem Objekt vorherrschend wird. So hat z. B. der Verstand mehr von *sattva,* während Holz mehr von *tamas* hat und Feuer mehr von *rajas.*

---

[3]) Eines der sechs traditionellen religiös-philosophischen Systeme Indiens, das sich besonders mit der Entstehung des Universums befaßt.- Zu den einzelnen Begriffen vgl. das Lexikon der östlichen Weisheitslehren, Bern, München, Wien (O.W.Barth) 1986.

Unsere Vorstellung von der Erschaffung des Universums, auch wenn kein Zeitelement darin vorkommt, ist in der Tat der christlichen Version auffallend ähnlich. Wir glauben, daß *purusha* (Geist oder reines Bewußtsein) den ersten Schritt getan hat, um das Gleichgewicht der *gunas* zu verändern. Und weil *rajas* das lebhafteste Element der drei *gunas* ist, hat es seinerseits die beiden anderen zur Vibration angeregt. Das erste Ergebnis der Schöpfung ist der Geist *(citta)*. Darum bezeichnen einige die erste Ausdehnung von Brahman als ewigen Geist. Als geschaffener Geist ist dieser Geist ganz und gar angefüllt mit *prakriti*, er ist mit Materie vermischter Geist. Schöpfung ist im Grunde das Eindringen von Bewußtsein in die Materie.

Aus diesem Grund war ich so betroffen, als unsere katholische Freundin erklärte, daß Gott der Sohn dem Bewußtsein des Vaters gleicht, sofern es in der Schöpfung verwirklicht ist. Das ist unserer Sichtweise sehr ähnlich. Dieser Geist, den Westler heutzutage auch gern das kollektive Unbewußte nennen, sammelt und registriert Eindrücke, welche durch die äußeren Sinne zusammengetragen werden *(manas* bedeutet Registrator); er sichtet und klassifiziert sie *(buddhi* bedeutet Klassifizierer) und ordnet sie einem bestimmten Ego oder Individuum zu *(samskara* bedeutet Ego-Empfindung). *Purusha,* das reine Bewußtseinsprinzip, sieht seinen Widerschein im Spiegel des Geistes und hält diesen Widerschein für das Original und fängt daher an, sich selbst „Ich" zu nennen; so entsteht das „Ego-Bewußtsein". Klingt das nicht so wie die Darstellung unserer katholischen Gesprächspartnerin?

In der Tat habe ich gestern geglaubt, sie hätte unsere Geschichte übernommen, als die Schwester das Bild von Gott, dem Vater, benutzte, der im Spiegel auf sich schaut, sich selber sieht und sein Spiegelbild als Gott, den Sohn, erkennt. Aber wahrscheinlich ist auch das Umgekehrte wahr. Vielleicht haben wir geeignete christliche Vorstellungen dazu benutzt, um das zu erklären, was vorher für uns unerklärlich schien. Letzte Nacht aber, als ich über das von ihr Gesagte nachdachte und mir bewußt wurde, daß sie es nur als Vergleich gemeint hatte und daß das Spiegelbild in Wahrheit die Zweite Person ist, Gott dem Vater wesensgleich, da erkannte ich, daß es einen großen Unterschied zwischen der Wirklichkeit des Logos und der Illusion des Ego-Bewußtseins gibt. Ich kann diese Differenz verstehen, aber ich glaube nicht daran. Und das ist der Grund, weshalb ich kein Christ bin. Dennoch kann diese Differenz für uns sinnvoll sein im Hinblick auf Gott, den Sohn, wenn er die ganze Menschheit, alle Träger eines Ego-Bewußtseins und die ganze Schöpfung darstellt. Unser kollektives Unbewußtes bzw. der ewige Geist oder Brahman ist nämlich letztendlich auch die ganze Menschheit und die ganze Schöpfung: Dies könnte auch der christliche Logos sein.

Aber lassen Sie mich mit der Darstellung unserer Lehren fortfahren! Je mehr *purusha* in die Materie eintaucht, desto weiter ist jedes geschaffene Ding von Brahman bzw. der Reinheit entfernt. Das ist der Grund dafür, daß Yoga, die Disziplin von Körper und Geist, das Ziel verfolgt, *purusha* von *prakriti* zu befreien. Alle menschlichen Leidenschaften, Wünsche und Sinneserfahrungen sind Manifestationen des *prakriti.* Mensch und Schöpfung zu vergöttlichen heißt, *purusha,* das Selbst bzw. den Geist, zu befreien. Darum erstreben wir mit der Wahl eines gestrengen und wesenhaften Lebens und der Absage an egoistische Genüsse einzig das volle Hervorkommen des Geistes. Wenn einmal alle Menschen und das ganze Universum vergöttlicht sind, dann wird das Rad von Geburt, Tod und Wiedergeburt gänzlich zerbrochen und jeder Mensch ein Heiliger sein.

Meinen Sie nicht, ich habe für heute genug gesprochen? Herzlichen Dank für Ihre freundliche und großzügige Aufmerksamkeit.

GESPRÄCHSLEITER: Ja, gut! Dankeschön! Jetzt bin ich neugierig, ob Sie sich nicht genau dasselbe fragen wie ich, nämlich: ob es nicht für uns nützlicher wäre, weil die Darstellung so gehaltvoll (nicht nur „prakritisch") war, in Abänderung unserer Verfahrensabsprache unsere Fragen schon jetzt zu stellen anstatt erst, nachdem alle vier von Ihnen gesprochen haben? – Wenn alle unsere Vorträge so detailliert und umfassend sind wie die unseres Hindu-Freundes, werden wir es alle schwerer finden, unsere Gedanken später zu entfalten. Stimmen Sie dem zu?

ALLE: Einverstanden! Jeder von uns sollte aber nur eine Frage stellen und die anderen für die allgemeine Diskussion morgen aufheben.

GESPRÄCHSLEITER: Sehr gut! Bitte also der Reihe nach, von einem zum anderen! Und vergessen Sie bitte nicht, Fragen und Antworten so kurz wie möglich zu halten!

BUDDHIST: Mein lieber Freund! Ist Ihr *purusha* nun ein personales kosmisches Prinzip oder nicht? Wenn Ihr Selbst oder Geist Person ist, dann muß man an einen persönlichen Gott glauben, der die Ursache von allem ist, denn Ihre Schöpfungsgeschichte zeigt ihn als jemanden, der die Initiative ergriffen hat, um sich in die Materie zu ergießen. Und als Sie gestern Ihre Trinitätsvorstellung erwähnten, gilt in Ihrem Glauben nicht Ramakrishna als die Inkarnation des Vishnu, den Sie Erlöser nennen? Auch Ramakrishna ist für Sie eine Art persönlicher Gott. Stimmt das oder nicht?

HINDU: Ja, Ramakrishna ist eine Inkarnation von Brahman, und er ist ein personaler Gott. Dasselbe gilt für Kali, unsere Göttin der Barmherzigkeit; tatsächlich ist sie auch die Beschützerin Indiens; oder, wie die Schwester sie nennen würde, seine Patronin. Wir haben viele Götter und Göttinnen verschiedener Stufen; sie sind unsere Fürsprecher. Die Mehrheit unseres Volkes hat diesen Glauben. Und weil Atman, unser Selbst, Brahman ist, können wir sagen, daß wir eine anthropomorphe Vorstellung von Brahman haben und daß *purusha* als Schöpfer des Geistes eine Art personales, aber zugleich auch kosmisches Prinzip ist.

KATHOLIKIN: Aber, einmal angenommen, daß Ihr *purusha* oder Geist eine Art personales Prinzip ist, leugnen Sie dann nicht eigentlich die Allheit, Einheit und Unpersönlichkeit von Brahman? – Wie dem auch sei, für mich wäre noch höchst interessant zu wissen: Glauben Sie an Himmel und Hölle?

HINDU: Oh ja, für uns sind das letztgültige Wirklichkeiten. Weil wir an das Gute und das Böse sowie die Belohnung des Guten und Bestrafung des Bösen glauben, sind Himmel und Hölle auch für uns letzte Wirklichkeiten, abgesehen davon freilich, daß sie nicht nach einer einzigen Lebensspanne, sondern nach mehreren Inkarnationen erfahren werden.

TAOISTIN: Um an diese Frage anzuknüpfen, ich kann Himmel vernünftigerweise als Erlangen von Satori bzw. Atman und Verwirklichung von Brahman verstehen. Aber was machen Sie mit den Menschen, die zur Hölle gehen?

HINDU: Das sind diejenigen, die niemals wirklich versuchen, gut zu sein, die sogar nach mehreren Reinkarnationen auf dem Bösen beharren und sich selbst für immer dem Bösen verschreiben.

TAOISTIN: Kann ein Hindu Atheist sein, ohne deswegen unreligiös zu sein?

HINDU: Sehr wohl, denn ein Hindu braucht nicht an einen göttlichen Herrscher, einen personalen oder auch unpersönlichen Gott zu glauben; insofern kann er Atheist sein. Aber seine ganze Haltung gegenüber der Schöpfung, dem Leben und der Wirklichkeit ist religiös, eine Haltung der Ehrfurcht und Dankbarkeit, weil alles für ihn Gott ist, sofern man Brahman so nennen mag.

GESPRÄCHSLEITER: Danke sehr. Sollen wir nicht alle weiteren Fragen für morgen aufheben? Lassen Sie uns also jetzt erst wie verabredet der Darstellung unseres buddhistischen Freundes über den Buddhismus zuhören!

BUDDHIST: Um etwa 600 v. Chr. waren die Menschen vom Hinduismus bzw. Brahmanismus sehr enttäuscht und konnten nicht mehr mit dem Gedanken leben, daß sie dazu verurteilt seien, hunderte von Reinkarnationen zu durchleben. Damals lebte Siddartha Gautama, der später Buddha genannt wurde. Er war als Königssohn von Kindheit an bis ins frühe Erwachsenenalter gegen den Anblick von Leid und Elend, die seinen Palast umgaben, abgeschirmt. Wie Sie wissen, bekam er schließlich doch alles das persönlich zu sehen, und das war es, was ihn auf die Suche nach einer Antwort auf das Problem des Leidens gehen ließ. Da er selbst es auf dem Weg persönlicher Anstrengung, einem sehr harten Weg, lernen mußte, besteht die Hauptforderung des Buddhismus für die persönliche Unabhängigkeit jedes Individuums darin, daß jeder für seine eigene Rettung die Verantwortung trägt, nämlich dafür, Nirvana zu erreichen: die Wunschlosigkeit, die auch Erwachen und Erleuchtung genannt wird.

Vielleicht sind Sie überrascht zu erfahren, daß der Buddhismus sehr erfahrungsorientiert und pragmatisch ist. Aus dem Grund besteht die Nagelprobe dafür, ob eine Erfahrung für jemanden gut ist, darin, ob sie seine Lebenspraxis einwandfrei macht. Was immer Ihnen zum Guten gereicht, ist gut. Im Unterschied zum Hinduismus hat der Buddhismus keine Autoritäten, denen man folgen muß. Jeder geht seinen Weg und tut, was er glaubt, tun zu sollen. Von Buddhas Schülern bekamen wir zwar eine Definition der Vier Edlen Wahrheiten, aber wiederum: Das sind nicht Wahrheiten, die Glauben fordern. Sie sind realistische, nachprüfbare Tatsachen. Niemand stellt Tatsachen infrage wie die Tatsache des Leidens, die Tatsache des Wünschens und Begehrens als Ursache des Leidens, die Tatsache der Befreiung, Gelassenheit und Erfüllung im Nirvana und die Tatsache, daß die Erfahrungen der Buddhisten im Laufe der Jahre die Gültigkeit des Achtfachen Pfades bestätigen.

Aber dies ist für Buddhisten kein Muß. Es gibt diese Erfahrungstatsachen, und man kann sich dafür entscheiden, von ihnen geführt zu werden oder nicht. Tatsächlich läßt der dem Buddhismus eigene negative Weg zur Wahrheit oder zur Erleuchtung dem Menschen die Freiheit, seinen eigenen Bestrebungen zu folgen. Wir legen überhaupt nichts fest. Wir sind ehrlich überzeugt, daß alles im Fluß ist. Da gibt es nichts zu definieren oder festzuhalten.

Das Selbst, das im Hinduismus etwas erfährt, wie wir gestern herausgearbeitet haben, ist in Wahrheit kein Selbst. Im Grunde sagt der Buddhismus: Wenn man etwas begreifen, wenn man etwas definieren kann, dann ist es nicht das Eigentliche. Die Illusion eines Selbst, das etwas erfährt, wahrnimmt oder fühlt, ist in der Tat die Illusion, die das Leiden verursacht.

Die ganze Wirklichkeit ist Geheimnis, es gibt sie aber als ein dauerndes Fließen, eben als Leben. Also sind sogenannte Erfahrungen eigentlich nichts anderes als der Strom der Wirklichkeit, Prozesse von Gedanken, Handlungen, Gefühlen und Ereignissen, die das Leben konstituieren und unser Bewußtsein beeinflussen. Was immer wieder reinkarniert wird, sind die Wirkungen von Gedanken und Handlungen in diesem Strom, nicht das Selbst, das ja nicht existiert.

Nach Buddhas Tod entstanden zwei Richtungen des Buddhismus. Zum einen der *Hinayana*-Buddhismus (Kleines Fahrzeug[4]), welcher den strengen und schmalen Pfad praktiziert, der härter und mehr aszetisch ist und klösterlichen Lebensregeln folgt. Tatsächlich gibt es aktive Mönchsorden, die dies praktizieren und junge Menschen in dieses Leben einführen, ein Leben der Selbstkontrolle und Enthaltsamkeit, der auch eine strenge persönliche Verantwortlichkeit für das eigene religiöse Wachstum einschließt.

Zum anderen entstand der *Mahayana*-Buddhismus (Großes Fahrzeug), der liberaler, breiter und populärer in der Frömmigkeit ist. Hinayana-Buddhisten gibt es vor allem in Sri Lanka, Burma und Thailand, Mahayana-Buddhisten ihn China, Japan, Korea und Tibet; sie glauben, daß durch ihre Glaubenspraxis eine größere Anzahl von Menschen erlöst werden kann.

Wissen Sie eigentlich, daß der Buddhismus als die am meisten und zugleich auch am wenigsten „mystische" Religion von allen Religionen angesehen wird? Es ist wirklich sehr schwierig, Ihnen eine Kurzfassung unserer Lehren zu vermitteln. Aber man kann sich dabei nach den drei Hauptlehren über das Dasein richten: 1) die Vergänglichkeit aller Dinge, 2) die Tatsache des Leidens und 3) unsere *anatman*- oder *annata*-Lehre, daß es nämlich kein individuelles Selbst, keine „Seele" gibt. Hinzu kommen unsere Vier Edlen Wahrheiten: 1) *dukkha* oder die Tatsache des Leidens, 2) *trishna,* die Ursache des Leidens, die im Wünschen und Begehren besteht, 3) *nirvana,* das Aufhören des Leidens und die Erfahrung von Erleuchtung oder Erwachen, und 4) der Achtfache Pfad, welcher unseren Weg zum Erlangen von Nirvana darstellt; diesen Pfad kann man auch die erwünschte Lebensführung nennen.

Das klingt sehr einfach, aber ich kann Ihnen sagen, unser Glaube ist voll von paradoxen Aussagen, und ich könnte einen ganzen Tag damit verbringen, Ihnen darzulegen, was unser Glaube ist und was nicht.

Es beginnt zum Beispiel schon am Ursprungspunkt. Wie ich schon angedeutet habe, behaupten einige, der Buddhismus sei ein reformierter Hinduismus. Der Theravada-Buddhismus, der auch die Alte Weisheitsschule genannt wird, ist mehr ethisch und nicht so sehr mystisch orientiert. Aber die Neue Weisheitsschule, auch Mahayana-Buddhismus genannt, ist mehr geistig, kosmisch und mystisch orientiert. Innerhalb unserer Lehren kann man gewiß die vom Hinduismus übernomme-

---

[4]) Diese bisweilen abfällig gemeinte Bezeichnung wird immer weniger gebraucht und durch die Selbstbezeichnung *Theravada*-Buddhismus ersetzt.

nen Wahrheiten erkennen, wie Karma, Samsara (die Welt des Werdens), die relativen Wahrheiten und *nirvana,* die absolute Wahrheit, sowie *dharma,* das Prinzip der kosmischen Gesetzmäßigkeit und Einheit.

Manche Leute denken, daß Hinduismus und Buddhismus sich nur durch das Konzept des Selbst unterscheiden, denn das Selbst ist für uns, wie ich schon sagte, entweder das Universum (was Sie vielleicht Gott nennen) oder lediglich ganz pragmatisch der Fluß des Wirklichen. Im Hinduismus dagegen ist das Selbst substantiell. Es ist Atman; es ist Brahman. In gewissem Sinn, sofern nämlich die ganze Wirklichkeit Sein ist, So-Sein ist, die eine und einzige Wirklichkeit, die manchmal ewiger Geist oder ungeborener Geist oder (mit großen Buchstaben) SELBST genannt wird, kann man sagen, daß wir dasselbe glauben. Unser tibetischer Buddhismus nennt das, was man täglich lebt, in der Tat Reines Sein, *tzu-jan* oder das So-Selbst-Sein, das Wirkliche, Spontane und Natürliche.

Eine andere Weise, unsere Vorstellung von Erleuchtung zu erklären, besteht darin, *samadhi,* die kontemplative Identität mit dem wahren Selbst, als den Zustand zu betrachten, in dem es nichts gibt außer dieser totalen, reinen Klarheit des Geistes, zugleich passiv und aktiv, vibrierend und still, wobei alles im Fluß ist; und das bedeutet, daß man eins ist mit dem ewigen Geist, sich in ihm befindet, der dann wieder die einzige Wirklichkeit ist. Falsches Dhyana (falsche Kontemplation) oder falsche Weisheit wäre das bloße Leersein des Geistes, was man auch geistige Faulheit nennen müßte, aber echtes Dhyana bedeutet, seine ursprüngliche und reine Natur zu verwirklichen, seinen uranfänglichen Geist, wo Gedanken und Empfindungen kommen und gehen, ohne eine Spur zu hinterlassen, so wie Vögel, die im Winde fliegen und ebenfalls keine Spur hinterlassen. Der Eintritt in diese Erfahrung geschieht plötzlich, das Erwachen geschieht urplötzlich wie ein Blitz.

Wie könnte ich das sonst noch erklären? Lassen Sie uns dabei jedoch nicht vergessen, daß ein Buddhist innerhalb dieses ganzen Komplexes von Sein und Seiendsein sein Karma so freundlich, weise, selbstlos und mitfühlend lebt, wie Buddha es tat, und dabei nur den Achtfachen Pfad kennt und daß die Reinheit seines Seins ihn dazu bringt, an der Buddhaschaft aller Lebewesen teilzuhaben.

Vielleicht sollte ich mit folgendem Zitat schließen: „In unserem Geist gibt es einen Buddha, und dieser Buddha im Inneren ist der wirkliche Buddha. Wenn Buddha nicht im Inneren unseres Geistes gesucht wird, wo sollten wir dann den wirklichen Buddha finden? Zweifle nicht daran, daß Buddha in deinem Geist existiert, von dem getrennt nichts existieren kann." Das stammt aus dem Sutra des Wei-Lang[5].

Noch einen weiteren Punkt möchte ich ansprechen: unsere Boddhisattvas. Mit ihnen kommen wir dem Problem eines persönlichen Gottes am allernächsten. Sie haben Nirvana erreicht und sind darum vom Kreislauf von Geburt und Wiedergeburt befreit, haben aber dennoch die Wahl getroffen, auf Erden zu bleiben, um zu helfen, mehr Menschen näher an Nirvana heranzubringen. Dies ist eine Art Verzicht, wenn

---

[5] Wei-lang ist Hui-neng (jap. E'no), der Sechste Patriarch des Zen in China, der von 638 bis 713 lebte. Das Zitat wird hier nach dem Englischen wiedergegeben und findet sich ähnlich in: Hui-neng, Das Sutra des Sechsten Patriarchen, übers. von Ursula Jarand, O.W.Barth Verlag München 1989, 180.

man es so nennen will, und zugleich die beste Demonstration von Mitleid. Damit, denke ich, kann ich jetzt schließen und auf Fragen eingehen.

GESPRÄCHSLEITER: Gut, Danke sehr! Nun fragen Sie bitte!

HINDU: Ich hoffe, wir können hier zu einer gewissen Übereinstimmung kommen. Schauen Sie, wir haben die Brihadaranyka Upanischad: „Im Anfang war diese Welt Atman (das Selbst), allein in der Form von Purusha. Wenn er umher schaute, sah er nichts anderes als sich selbst. Er sagte als erster: ‚Ich bin'. Daher stammt das Wort ‚ich'. So auch heute noch: wenn jemand angesprochen wird, antwortet er zuerst einfach: ‚Ich bin's', und nachher nennt er seinen Namen"[6]. Wenn Sie also sagen, daß der ewige Geist manchmal auch Selbst genannt wird und daß das Selbst die gesamte Wirklichkeit im Fließen ist, dann besteht unsere Differenz lediglich in der Substantialität oder Nicht-Substantialität des Selbst. Und ich frage: Kann dann Ihre Schöpfungsvorstellung nicht letztlich auf den ewigen Geist bzw. auf unseren Purusha (Geist) zurückgeführt werden?

BUDDHIST: Das ist eine der Fragen, die wir uns eigentlich nicht stellen. Wie fing die Schöpfung an? Wir wissen es nicht. Wir können es nicht wissen. Alles dies ist ein Geheimnis.

TAOSTIN: Ich weiß nicht, ob das für die meisten Hindus und Buddhisten annehmbar sein mag, aber ich habe ein Zitat von Alan Watts, in dem dieses „große mythologische Thema von *atma-yajna*" erwähnt wird als „Akt des Selbstopfers, durch welchen Gott die Welt ins Leben ruft und die Menschen im Gefolge des göttlichen Handelns sich mit Gott wiedervereinigen ..., daß durch den Akt der Selbstentsagung ... Gott alles Seiende wird, aber zugleich nicht aufhört, Gott zu sein."[7]

BUDDHIST: Ich kann sagen, daß es manche Buddhisten glücklich machen würde, in dieser Weise zu denken. Wenn also die Befolgung des Achtfaches Pfades dadurch leichter gemacht werden kann, daß Sie das „So-Selbst" oder die natürliche Hingabe, die eine Art des „Selbst-Opfers" ist, in der Weise sehen, dann könnte ich dem wohl kaum etwas entgegen halten.

KATHOLIKIN: Da Sie so offen und anpassungsbereit für alle möglichen Sichtweisen sind, darf ich es auch wagen, meine vorzubringen? In unserem Glauben nennen wir Gott, den Sohn, die zweite Person der Dreifaltigkeit, der Logos, das nach außen gesetzte Sein des Vaters. In Ihrer Terminologie ist das: Gott als Vernunft oder Weisheit oder Reines Bewußtsein. Würden Sie dazu in der Lage sein, den Logos als ewige, ungeborene Vernunft und zugleich als das wahre Selbst Gottes, das für alle anderen erkennbar geworden ist, anzusehen?

BUDDHIST: Lassen Sie mich für Sie Thomas Merton zitieren. Er sagt, daß *prajna* beschrieben werden kann als Den-Buddha-Geist-Haben. Er fährt dann aber damit fort, Suzukis Interpretation von Meister Eckart zu zitieren, der sagt: „Das Auge, mit dem ich Gott sehe, ist dasselbe Auge, mit dem Gott mich sieht." Wie ich schon gesagt habe, können wir in allen Ansichten Vergleichbares finden. Alle Einsichten, die jeder einzelne Buddhist haben mag, kommen vom Geist. Mir scheint, daß

---

[6]) Brihadaranyaka-Upanischad 1.4,1.
[7]) Vgl. Alan Watts, Three, New York 1961 (Pantheon Books), 32.

dieser eine Punkt viel dazu beitragen kann zu verstehen, wie beide, ein Christ und ein Buddhist, für den Ewigen Geist, den Sie Logos nennen, aufgeschlossen werden können.

KATHOLIKIN: Und ist es nicht doppelt tiefsinnig, daß wir an die Stelle des ewigen Geistes auch „Wahrheit" setzen können? Gott ist Wahrheit. Aber für uns Christen heißt das: Der Fleisch gewordene Logos, Jesus Christus, ist die ganze Wahrheit.

GESPRÄCHSLEITER: Oh, Sie haben es schnell geschafft, eine Zusatzfrage zu stellen. Lassen Sie mich daran erinnern, daß nur eine Frage zu stellen erlaubt ist.

KATHOLIKIN: Verzeihung! Ich ließ mich von dieser aufregenden Möglichkeit hinreißen.

GESPRÄCHSLEITER: Danke! Sollen wir also weitergehen? Sehe ich das richtig, daß jetzt keine weitere Frage gestellt wird?

BUDDHIST: Unsere buddhistische Tradition sagt auch: „Besitze Dein Selbst als eine Lampe! Das Selbst sei Deine Zuflucht und keine andere Zuflucht! Oder: Durch das Selbst sollte man dem Ich zusetzen." Nennen Sie das Selbst das universale Lebensprinzip. Dieses Selbst allein ist ewig. Das empirische Selbst ist kein substantielles Selbst. Später können wir darüber vielleicht noch etwas mehr sprechen.

GESPRÄCHSLEITER: Bevor wir schließen, würde ich gern, wenn es gestattet wird, unserem buddhistischen Freund eine Zusatzfrage stellen. Sie bezieht sich auf die Übersetzung der buddhistischen Lehren in westliches[8] Denken. Könnten Sie, bitte, auf Koyamas[9] wunderbare Geschichte von dem Mann eingehen, der einen epileptischen Sohn hat und zu Jesus geht mit der Bitte um Heilung für ihn und dem Jesus dann sagt: „Wie sollte ich das ‚Ich‘ deines Sohnes wiederherstellen, ohne dasselbe auch für dich zu tun? (Das ‚Ich‘ des Sohnes war nämlich zerstört; er war von einem bösen Geist besessen.) Dein ‚Ich‘ ist vorhanden! Ich sehe es deutlich. Aber dein ‚Ich‘ muß sagen ‚Ich glaube‘!" – Wer also soll sagen: Ich glaube? Sie erinnern sich alle an die faszinierende, aber niederschmetternde Reaktion Koyamas auf die Lehre von der Nichtexistenz des „Ichs" und der Behauptung, dies sei bloß eine „mentale Verfassung, die hört, sieht und erfährt". Können Sie sich daran erinnern?

BUDDHIST: Ja, ich kenne das Kapitel, auf das Sie anspielen, sehr gut (Kapitel 13 seines Buches). Aber ich muß zugeben, daß dies für mich seit langem eine offene Frage ist. Es ist eine entscheidende Frage, die hoffentlich bald gelöst wird. Ich hoffe, Sie kennen To Thi Anhs Artikel: „Östliche und westliche Kulturwerte"[10], ja? Da behandelt sie die Frage des Selbst in der Terminologie moderner Psychologie. Das möchte ich gern genauer studieren.

GESPRÄCHSLEITER: Noch klarer scheint mir, was Thomas Merton sagt: „An dieser Stelle läßt sich der große Unterschied zwischen Christentum und Buddhismus greifen. Vom Metaphysischen her gesehen scheint der Buddhismus die ‚Leere‘ als vollkommene Verneinung jeglicher Personalität zu verstehen, während das

---

[8]) Die Autorin spricht hier von „Hebraisierung" und meint offenbar in Anlehnung an Koyama vor allem die jüdisch-christliche Tradition und Denkweise.
[9]) Koyama, Kosuke, Waterbuffalo Theology, London 1974, 151 f.
[10]) Anh, To Ti, Eastern and Western Cultural Values – Conflict or Harmony, Manila (East Asia Pastoral Institute) 1975.

Christentum in der Reinheit des Herzens und der ‚Einheit des Geistes‘ eine höchste und transzendente Erfüllung der Personalität findet. Dies ist eine äußerst komplizierte und schwierige Frage, die zu diskutieren ich nicht gerüstet bin. Mir scheint jedoch, daß bisher die meisten Gespräche hierüber äußerst irreführend waren. Christlicherseits identifizieren wir oft ‚Personalität‘ mit dem nur in der Illusion bestehenden und äußerlichen Ich, dem Ego-Selbst, das ganz bestimmt nicht die wahre christliche ‚Person‘ ist. Auf buddhistischer Seite scheint überhaupt keine positive Vorstellung von Personalität vorhanden zu sein: Dieser Wert scheint in der buddhistischen Gedankenwelt ganz zu fehlen. Einer Bemerkung von Dr. Suzuki ist jedoch zu entnehmen, daß man am Schluß der Zen-Übung ‚absolut nackt‘ ist und sich wieder als den alltäglichen ‚Jupp, Hans und Fritz‘ wiederentdeckt, der man immer gewesen ist. Also fehlt dieser Begriff in der Praxis ganz bestimmt nicht. Praktisch scheint mir dies der Vorstellung zu entsprechen, daß ein Christ seinen ‚alten Adam‘ verlieren und ‚in Christus‘ sein wahres Selbst finden kann[11]“.

[11]) Vgl. Thomas Merton, Weisheit der Stille, a.a.O. 117.

Drittes Gespräch
Am Samstagnachmittag

(Taoismus und Zen-Buddhismus)

GESPRÄCHSLEITER: Jetzt übernimmt unsere taoistische Freundin das Wort, und nach ihr wird unser buddhistischer Freund noch über den Zen-Buddhismus sprechen.

TAOISTIN: Beginnen möchte ich gern mit Lao-tzu. Er ist heutzutage eine legendäre Gestalt, hat vermutlich im 6. Jahrhundert[1] vor unserer Zeitrechnung gelebt und gilt als Autor des *Tao-te-ching* (oder *Tao te king*[2]). Lao-tzu glaubte, daß es eine göttliche Ordnung gibt, ein göttliches Modell oder Gesetz, dem die ganze Wirklichkeit in ihrem Dasein entspricht. In der Natur sah er dies am klarsten manifestiert. In ihr sah er vollkommene Ausgeglichenheit und Harmonie, das *Tao*.

Tao war für ihn die Wirklichkeit und zugleich auch der Ursprung aller geschaffenen Dinge. Sich selbst überlassen und ohne Fremdeinmischung ist die Natur oder das *Tao* vollkommen. Daher kann man sagen, daß der Taoist danach strebt, mit seiner Natur, mit seinem *Tao*, mit der ganzen Wirklichkeit in vollkommenem Einklang zu sein oder dahin zurückzukehren. Lao-tzu war deshalb niemals für Regeln, Reglementierungen, Konventionen oder Zwang. Wie die Natur, die sich einfach ganz natürlich weiterentwickelt, so sollte jeder Mensch *einfach sein*. Dieses einfache Sein des Taoisten ist freilich gleichbedeutend mit Freundlichsein und Höflichsein (Liebe), Maßvollsein, Demütigsein und vor allem Ehrlichsein. Der bekannteste Schüler von Lao-tzu ist Chuang-tzu (ca. 350–275 v. Chr.), manchmal auch Tschuang-Tse geschrieben, den Thomas Merton den größten taoistischen Schriftsteller nennt. Vielleicht ist es das Beste, ihn mit einem Gedicht vorzustellen, das Thomas Merton[3] einmal übersetzt hatte:

---

[1]) Er soll Archivar am Hofe des Königs Chou gewesen und zu Lebzeiten auch mit Konfuzius zusammengetroffen sein.

[2]) Wörtlich: „Das Buch vom Weg und seiner Kraft", vgl. im Deutschen die Ausgabe von Richard Wilhelm, Laotse, Tao te king, (Diederichts Gelbe Reihe Nr. 19) Düsseldorf 1978.

[3]) Hier wiedergegeben nach der englischen Übertragung, wie sie sich im Text bei S. J. findet. Eine deutsche Übersetzung ist zu lesen bei Martin Buber, Reden und Gleichnisse des Tschuang-Tse. Deutsche Auswahl von Martin Buber, Zürich (Manesse Verlag) 1951, 152 f.

Tung-Kuo-Tse fragte Tschuang-Tse: „Was Ihr Tao nennt – wo ist es zu finden?"

Tschuang-Tse antwortete: „Es gibt keinen Ort, wo es nicht gefunden werden könnte."

„Gebt mir ein Beispiel, wo Tao gefunden werden kann", sagte Tung-Kuo-Tse.

„Es ist in dieser Ameise."

„Tiefer!"

„Es ist in diesem Unkraut."

„Könnt ihr nicht noch tiefer gehen auf der Skala des Seins?"

„Es ist in diesem Tonscherben."

„Noch tiefer!"

„Es ist in diesem Kothaufen," sagte Tschuang-Tse. Da wußte Tung-Kuo-Tse nichts mehr weiter zu fragen und schwieg.

„Keine Eurer Fragen, Herr," sprach Tschuang-Tse, „rührt an das Wesen. Sie sind wie die Fragen von Huo, dem Oberaufseher der Märkte. Der befragte den Marktleiter über die Fettheit der Schweine. Und es wurde die Probe an den Teilen gemacht, von denen man Fettheit am wenigsten erwarten konnte.

Warum soll man nach dem Tao suchen, indem man die ‚Skala des Seins' nach unten geht? Als ob das, was wir als gering ansehen, weniger von dem Tao hätte. Tao ist in allen Dingen großartig, in allen vollständig, in allen vollkommen. Solcher Art ist das vollkommene Tao.

Unterschiedlich sind diese drei Aspekte: Großartigkeit, Vollständigkeit und Vollkommenheit. Aber die Wirklichkeit ist Eine."

Um nun etwas mehr Ordnung in meine Darstellung zu bringen, lassen Sie uns stichwortartig unsere vier Hauptlehren betrachten: 1) *Tao* ist der WEG, 2) *wu-wei* bedeutet Nicht-Tun oder aktives Nicht-Handeln, 3) *pu* meint unsere Lehre über unser uranfängliches Selbst, unsere ursprüngliche Natur und 4) *te* bedeutet Tugend oder Kraft.

Vielleicht ist es das beste, mit wu wei zu beginnen und mit *Tao, dem* WEG, zu enden, denn das gibt eine günstige Ordnung.

Wu-wei bedeutet Nicht-Tun und ist eine Haltung, eine Seinsweise, die einen sehen läßt, daß das Geheimnis des Tuns im Nicht-Tun besteht. Das ist sicher sehr ungewöhnlich. Vielleicht wollen Sie es einmal ausprobieren.

Wenn Sie einmal ein wirklich großes Problem haben, tun Sie einfach nichts. Auf irgendeine Weise wird es sich von selbst lösen, wenn Sie mit dem Tao im Einklang sind. Das möchte ich nun erklären mit meinen anderen Begriffen, nämlich *pu* (unser uranfängliches Selbst) und *te* (unsere Kraft oder Tugend), beides ergibt die Harmonie und Integration meines Seins; das ist mein Karma. Ich muß entsprechend handeln, denn ich praktiziere ja *wu-wei*. Und weil ich dementsprechend handele, bin ich immer in meinem natürlichen bzw. uranfänglichen Selbst. So ist *wu-wei* meine Art des Handelns, ein dynamisches Nicht-Handeln. Es ist eine Seinshaltung, die ansteckt. Was setzt dieses Nicht-Handeln voraus? Es setzt voraus, daß ich ehrlich nichts anderes tun will als das, was schon immer in der göttlichen Ordnung für mich als mein Tun festgesetzt ist. Mein uranfängliches Selbst, das mit dem *Tao* und meinem eigenen *te,* meiner Tugend und Kraft bzw. meiner Seinsfülle, eins ist, ist ganz und gar dem Tao hingegeben. Und ich wünsche, daß nur das geschehen soll, was vom *Tao* festgesetzt und verfügt ist. Da ich es also in gewissem Sinn auch selber „gewollt" habe, indem ich will, was das *Tao* will, lasse ich zu, daß mir etwas so geschieht, wie das *Tao* es bestimmt hat.

Alan Watts erklärt das in sehr verständnisvoller Weise. Er sagt: „Ich versuche nicht vergeblich, einen anderen zu einer Handlung zu bewegen. Ich ziehe ihn durch meine Haltung und mein Sein an. Durch Liebe und Mitgefühl bin ich für den anderen der Anlaß, daß er wünscht, was ich wünsche. Bin ich demütig und mitleidsvoll, hat der andere keinen Grund, mich zu fürchten, keinen Grund, mich niederzumachen. Es ist meine Haltung, nicht meine Handlung, welche die Reaktion des anderen bestimmt."[4]

Tao ist für uns das universale Gesetz von allem, was existiert, das Gesetz der ganzen Schöpfung. Man sagt, es hat keinen Namen. Es ist der Anfang von Himmel und Erde. Mit einem Namen ist es die Mutter aller Dinge. Aber auch jeder von uns hat sein *Tao.* Nennen Sie es Natur, nennen Sie es Gesetz unseres eigenen Seins, das Gesetz der Wirklichkeit. Manche nennen unser *Tao* Gott oder den ewigen Willen. Manche Dichter nennen es den Rhythmus des Universums oder die Sphärenmusik.

Ich bin mit einem katholischen Priester befreundet, der nennt es das Wort, den Logos. Ja, ja, das alles ist *Tao.* Es IST, was ist und was ist, ist gut, ist heilig, ist geheiligt; es ist, was es sein soll, weil es eben *ist.* Und darum nennen wir es die Einheit aller Gegensätze, denn wir können nicht wirklich das Gute begreifen, es sei denn als Gegensatz zum Bösen, oder Schönheit als Gegensatz zum Häßlichen oder Freude als Gegensatz zu Schmerz oder Freiheit als Gegensatz zu Zwang. Und wir denken in diesen Gegensatzpaaren; in Wirklichkeit sind sie nur die „Hälften" einer einzigen Wirklichkeit, und diese Wirklichkeit ist *Tao.*

Im *Tao* gibt es keine Form, keine Gestalt, keine Qualität, keine Unterscheidung; alles ist eins; alles ist. Es ist das, was unsere hinduistischen und buddhistischen Freunde die Absolute Wirklichkeit nennen.

Tao ist verglichen worden mit dem, was unsere christlichen Freunde die allgemeine Gnade nennen. Es ist überall; es macht keine Unterschiede; es gibt sich selbst und ist sowohl dem Sünder als auch dem Heiligen zugänglich. Es ist auch die Identität von Leben und Tod. Das „Buch der Wandlungen"[5] entfaltet diese Lehre von Yin und Yang (Yin bedeutet wolkig und mondhaft, Yang stark und sonnig). Danach sind alle Geschehnisse in der Welt durch das Zusammenspiel von Yin- und Yang-Kräften verursacht; so bin auch ich durch das Spiel dieser kosmischen Kräfte beeinflußt. Darum bin ich auch nicht voll verantwortlich für alles, was mir geschieht. Ich bin ein Produkt von Yin- und Yang-Kräften. Aber solange ich ganz auf das *Tao* eingestimmt

---

[4]) Vgl. die Darstellung von *wu wei* in: Alan Watts, Der Lauf des Wassers. Eine Einführung in den Taoismus, Bern/München/Wien (O. W. Barth), 1976, 113–146.
[5]) Vgl. die deutsche Übersetzung von Richard Wilhelm, I Ging. Text und Materialien (= Diederichs Gelbe Reihe Bd. 1) Düsseldorf 1973.

bin durch mein *te* (und durch Kontemplation erreiche ich das in zunehmendem Maße), ist alles so, wie es sein soll.

Das „Tao te King" enthält zur Erläuterung der taoistischen Phasen der Kontemplation die folgende Passage: „Die alles verändernde Unveränderlichkeit ist allumgreifend; alles zu umfassen heißt selbstlos sein; selbstlos sein heißt alles durchdringen; alles durchdringen heißt transzendent sein."[6]

Die folgende Geschichte mag oft erzählt worden sein: Als ein Meister nach dem *Tao* gefragt wurde, zeigt er nach oben zum Himmel und nach unten zu einem Wasserkrug und sagte: „Eine Wolke am Himmel und Wasser im Krug." Das ist das undifferenzierte Kontinuum. Vermutlich haben unsere College-Freunde hier Northrop[7] gelesen. Er unterscheidet drei Typen des östlichen Denkens. Erstens das „undifferenzierte ästhetische Kontinuum", die anfängliche, alles umfassende unmittelbar wahrgenommene Totalität; zweitens das „differenzierte ästhetische Kontinuum" und drittens die Idee von „Differenzierungen". Aber dies sind nur Kategorien einer Ganzheit – eine typisch westliche Sicht von etwas möglicherweise Unübertragbarem.

Wie R. G. H. Siu[8] gesagt hat: „Der Orient entbehrt die empirische Logik und Methodik, die für den materiellen und industriellen Fortschritt so notwendig sind. An deren Stelle hat er das unergründliche Lächeln des Negativen kultiviert." Oh, an dieser Stelle muß ich das Nicht-Wissen erwähnen. Damit ist keineswegs gemeint, daß man tatsächlich nichts weiß; das wäre reine Ignoranz. Unser Nicht-Wissen ist in Wirklichkeit sicheres Wissen. Es ist *Wu,* Nicht-Sein. Ein Wissen von diesem Nicht-Sein ist Nicht-Wissen.

Vielleicht sollte ich mit einer weiteren Erinnerung an das „Tao te King" schließen, um zu erklären, wie das *Tao* nicht wirkt, wenn man es planmäßig kultivieren will. „Das Tao, das genannt werden kann, ist nicht das Tao."[9] Damit glaube ich nun alles erklärt zu haben, was ich darstellen muß. Ich bin am Ende. Danke sehr.

GESPRÄCHSLEITER: Danke schön. Sollen wir nun mit Fragen und Austausch beginnen?

HINDU: Ich zögere, Fragen zu stellen oder Zweifel zu äußern, denn ich bin sicher, daß die Antwort ein und dasselbe Tao ist. Aber ich bin von Tschuang Tse begeistert. Können Sie uns, bitte, noch einen weiteren Text von ihm darüber geben, was von mir z. B. erwartet würde, wenn ich ein Taoist wäre. Es ist schwierig zu verstehen, wie man nach dieser Lehre lebt.

TAOISTIN: Gerne! Ich werde Ihnen nicht nur einen Text geben, sondern zwei; beide handeln davon, wie man als Taoist lebt.

---

[6]) Im Tao te King war der Text nicht zu finden.
[7]) Vgl. F.S.C. Northrop, Begegnung zwischen Ost und West. Verständnis und Verständigung, München 1951, 319 ff.
[8]) Vgl. Siu, R.G.H., The Tao of Science. New York, London 1957, 83.
[9]) Vgl. Laotse, Tao te king, übersetzt und mit einem Kommentar von Richard Wilhelm (=Diederichs Gelbe Reihe 19), Düsseldorf 1978, S. 41.

Der Mensch des Tao[10]

Der Mensch, in dem das Tao wirkt ohne Hindernis,
verletzt durch seine Handlungen andere Lebewesen nicht.
Auch weiß er von sich selber nicht,
daß er freundlich ist und gütig.
Der Mensch, in dem das Tao wirkt ohne Hindernis,
kümmert sich nicht um eigenen Gewinn.
Doch verachtet er auch andere nicht,
die solches tun.

Er streitet nicht um Geld und Gut
und macht aus Armut keine Tugend.
Er geht seinen Weg,
ohne sich auf andere zu stützen,
aber ist nicht stolz darauf,
alleine voranzukommen.

Während er selbst der Menge nicht folgt,
verurteilt er die anderen nicht, die das tun.
Anderer Lob und Belohnung
zieht ihn nicht an.
Anderer Mißgunst und Verachtung
ficht ihn nicht an.

Er beurteilt nicht ständig,
was richtig oder falsch sei
durch fortwährendes Ja- oder Nein-Sagen.
Darum sagten die Alten:
‚Der Mensch des Tao
bleibt unerkannt.‘

Vollkommene Tugend
bringt nichts hervor:
Ein Nicht-Selbst.
Der wirklich große Mensch
ist (ein) Niemand.

[10]) Die deutsche Übersetzung folgt hier wie auch bei den folgenden Gedichten dem englischen Text der Autorin; so ergibt sich eine größere Nähe zu den Worten der Gesprächsteilnehmer. Zum Vergleich sei auf die wortreichere Übertragung von Richard Wilhelm hingewiesen, und zwar in: Dschuang Dsi, Das wahre Buch vom südlichen Blütenland, München 1988 (Diederichs Gelbe Reihe Bd. 14), S. 182.

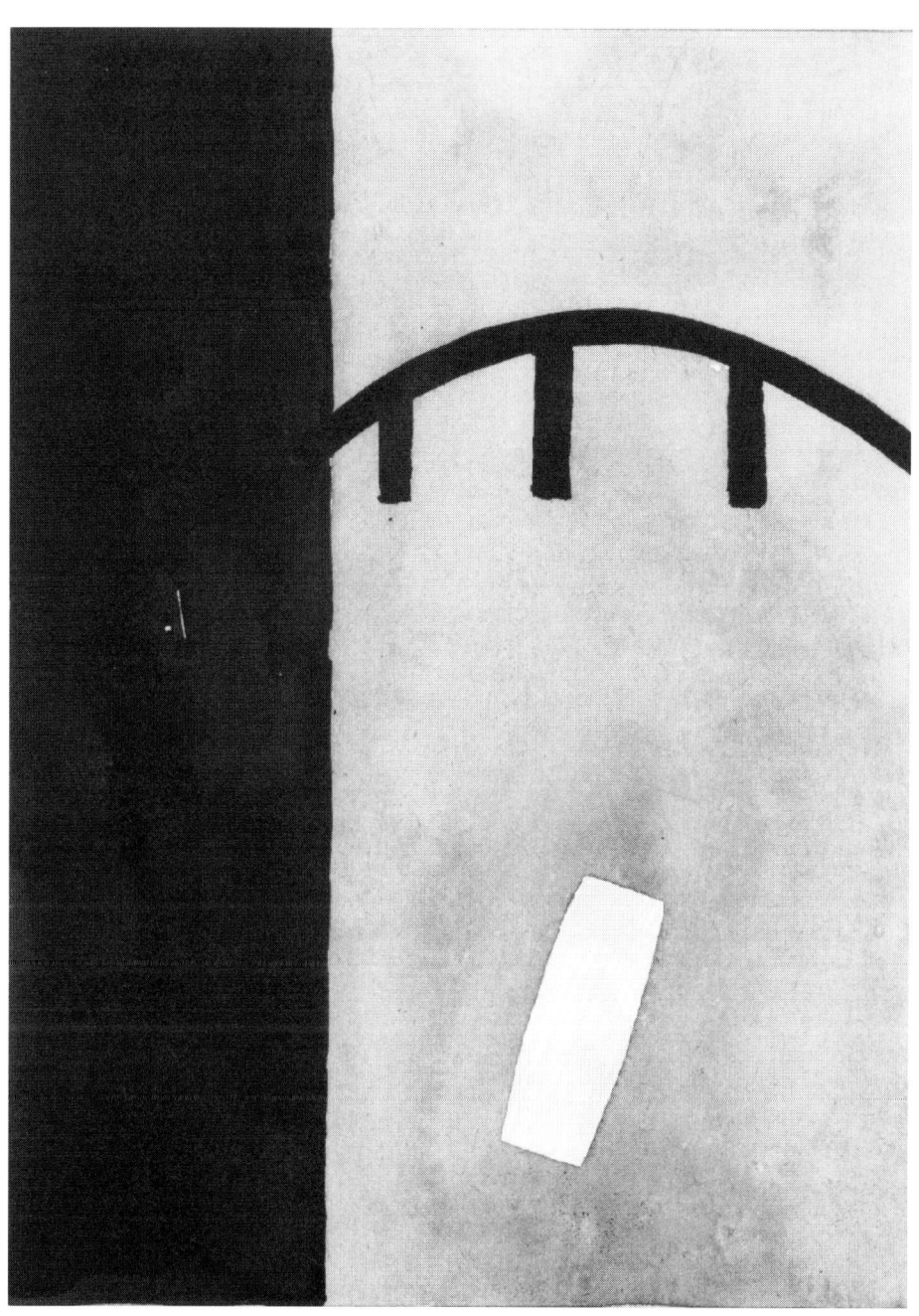

Das leere Boot – in der Mitte des Stromes

Das leere Boot[11]

Wer Menschen regiert, lebt in Verwirrung.
Wer von Menschen regiert wird, lebt in Kummer.
Darum verlangt das Tao,
weder auf andere Einfluß zu nehmen,
noch von anderen beeinflußt zu werden.

Der Weg, um frei zu werden von Verwirrung und Kummer,
heißt: mit dem Tao leben
im Land der großen Leere.

Wenn ein Mann im Boot einen Fluß überquert
und ein leeres Boot mit seinem kollidiert,
wird er nicht sehr ärgerlich sein,
selbst wenn er zum Jähzorn neigt.
Aber wenn er einen Menschen auf dem fremden Boote sieht,
wird er ihm zurufen, damit dieser ausweiche.
Wird der Ruf nicht gehört, ruft er nochmals
und nochmals und fängt zu schimpfen an.
Und das nur deswegen, weil jemand im Boot ist.
Wäre das Boot jedoch leer gewesen,
hätte er nicht mit Schimpfen und Ärger reagiert.

Kannst du dein eigenes Boot leer machen
beim Überqueren des Flusses der Welt,
wird niemand dir entgegenstehen,
niemand dich zu verletzen trachten.

Der gerade Baum wird als erster gefällt,
die Quelle mit klarem Wasser als erste ausgeschöpft.
Suchst du, deine Weisheit zu vermehren
und Nichtwissende zu beschämen,
dein Charakterbild zu pflegen
und andere in den Schatten zu stellen,
dann wird dich ein Licht umstrahlen,
als hättest du Sonne und Mond verschlungen:
doch dem Unglück wirst du nicht entgehen.

Ein Weiser hat einst gesagt:
‚Wer mit sich selbst zufrieden ist,
hat wertloses Werk getan.
Erfolg ist der Anfang des Fehlschlags,
Ruhm der Anfang der Schande.‘

[11]) Deutsche Fassung bei Richard Wilhelm ebd. S. 210 ff.

Wer kann sich von Erfolg und Ruhm freihalten,
herabsteigen in die Menschenmenge
und dort verloren sein?
Der wird fließen wie Tao, ungesehen,
er wandelt wie das Leben selbst
ohne Namen und ohne Heimstatt.

Einfach ist er und ohne Kalkül,
dem Erscheinungsbild nach: ein Narr!
Seine Schritte hinterlassen keine Spuren.
Er hat keine Macht, erreicht nichts
und hat kein Ansehen.
Da er niemanden beurteilt,
verurteilt ihn keiner.

Solcher Art ist der vollkommene Mensch:
Sein Boot ist leer.

BUDDHIST: Die ganze Zeit, während Sie sprachen, konnte ich fast keinen Unterschied zwischen uns sehen: Was die Texte ausdrücken, ist genau das, was Hingabe an das Absolute meint. Oder meinen Sie, daß zwischen uns ein großer Unterschied besteht?

TAOISTIN: Ja. Denn ich denke, daß Ihr Wunsch, anderen Menschen Gutes zu tun, unserem *wu-wei* widerspricht. Auch Ihre Boddhisattvas könnten in unserem System keinen Platz haben. Ihr Achtfacher Pfad scheint unter anderem Spontaneität und Freiheit zu behindern.

BUDDHIST: Jetzt möchte ich gern mein Recht, Fragen zu stellen, eintauschen gegen weitere Texte, zum Beispiel von Liä Dsi. Bitte, wählen Sie etwas aus!

TAOISTIN: Danke sehr. Ich glaube, Sie werden die folgenden Texte mögen.

Der Kampfhahn[12]

Gi Siau Dsi war bei König Süan ein Trainer für Kampfhähne. Als er dabei war, einen besonders schönen Hahn abzurichten, kam der König und fragte, ob der Hahn schon fertig sei zum Kampfe.
„Noch nicht," sagte der Trainer. „Er ist noch ganz feurig und bereit, mit jedem anderen Vogel einen Streit anzufangen. Er ist eitel und stolz auf seine eigene Kraft." Nach zehn Tagen antwortete er abermals: „Noch nicht. Er wird flatterig, wenn er den Ruf eines anderen Vogels hört."
Nach weiteren zehn Tagen hieß es: „Noch nicht. Er bekommt immer noch den zornigen Blick und spreizt seine Federn." Nach abermals zehn Tagen sagte der

---

[12]) Vgl. Liä Dsi, Das wahre Buch vom quellenden Urgrund, übertragen und erläutert von Richard Wilhelm, Düsseldorf 1972, (= Diederichs Gelbe Reihe) S. 70.

Trainer: „Jetzt ist er beinahe abgerichtet. Wenn ein anderer Vogel ruft, zuckt er nicht einmal mit den Wimpern. Unbeweglich steht er da wie ein Hahn aus Holz. Er ist ein reifer Kämpfer. Andere Vögel werden bei seinem Anblick davonlaufen."

Der Holzschnitzer[13]

Der Holzschnitzmeister King schnitzte einen Glockenständer aus kostbarem Holz. Als der Glockenständer fertig war, bestaunten ihn alle Leute und sagten, es müsse das Werk von Engeln sein.

Der Prinz von Lu sagte zum Schnitzmeister: „Was ist Euer Geheimnis?"

King antwortete: „Ich bin nur ein Handwerker. Ich habe kein Geheimnis. Nur auf eins kam es mir an: Als ich anfing, mich mit dem aufgetragenen Werk zu befassen, wachte ich über meinen Geist, ließ ihn nicht an Kleinigkeiten aus, die nichts mit der Sache zu tun haben. Ich fastete, um mein Herz zur Ruhe zu bringen. Nach drei Tagen des Fastens hatte ich Gewinn und Erfolg vergessen. Nach fünf Tagen waren Lob und Tadel vergessen. Nach sieben Tagen hatte ich meinen Körper und alle Glieder vergessen. Zu der Zeit waren auch alle Gedanken an Eure Hoheit und den Hof verblaßt. Alles, was mich vom Werk hätte ablenken können, war verschwunden. Ganz gesammelt hatte ich nur den einen Gedanken an den Glockenständer.

Dann ging ich in den Wald, um die Bäume in ihrem eigenen, natürlichen Wuchs zu betrachten. Als mir der rechte Baum vor Augen erschien, zeigte sich auch der Glockenständer in ihm, klar und ohne Zweifel. Alles, was ich noch tun mußte, war, meine Hand auszustrecken und anzufangen.

Was ist geschehen? Mein eigener konzentrierter Gedanke begegnete dem verborgenen Potential im Holz. Das schreibt ihr den Engeln zu."

KATHOLIKIN: Diese Texte sind wirklich wunderschön – und auch so voll Weisheit! Ich bin über die angedeutete Parallele zwischen dem, was Sie sagten, und gewissen Lehren unseres Glaubens sehr erfreut. Erstens haben wir zum Beispiel überhaupt keine Schwierigkeiten, Tao mit Gottes Ewigem Willen gleichzusetzen. Doch möchte ich das morgen diskutieren und jetzt nur eben darauf hinweisen. Zweitens ist Jesu Aufforderung, die linke Backe hinzuhalten, wenn man auf die rechte geschlagen worden ist, eine Art von *wu-wei*. Drittens ist Christi eigenes Leben der Einladung und Anziehung, nicht des Zwanges, sehr taoistisch. Das *te*, die Kraft der Tugend, so wie Sie sie beschrieben haben, ist eine Art mystischer Zustand, den wir das fortwährende Leben in der Gegenwart Gottes nennen würden. Dem Weg zu folgen oder allezeit auf das Tao eingestimmt sein, ist ein Eckstein unseres Glaubens, nämlich den Willen Gottes tun, mit Gott vereint sein, eins sein mit dem Geist Christi. Es gibt diese und viele weitere Vergleichsmöglichkeiten, aber auch einige große Unterschiede, die ich hoffentlich morgen ansprechen kann.

---

[13]) Ebd. 203.

Die Frage, die ich jetzt gern noch stellen möchte, bezieht sich auf den real gelebten Taoismus im heutigen China. Wird er dort praktiziert oder nicht? Könnten Sie das bitte kommentieren?

TAOISTIN: Ja, aber meine Kommentare sind wirklich nur die meinen. Ich sehe es von zwei Seiten. Einige Taoisten mögen das, was China zugestoßen ist, als Wirkungen des Tao ansehen und sich darum allem unterwerfen, denn es ist, was IST. Die vergangenen Jahre von Zwang und Gewalt freilich würde der Taoist schwerlich als das Tao akzeptieren können, aber er würde das Spiel von Yin und Yang auch in diesem Phänomen erkennen. Weil aber der Taoist an die ewige Gutheit aller Dinge glaubt, würde er darauf bestehen, dem Tao zu folgen, und *wu-wei* anwenden im Bewußtsein, daß Gewalt wieder Gewalt hervorbringt, während Freundlichkeit und Liebe auch wieder dasselbe erzeugen, nämlich Freundlichkeit und Liebe.

Lassen Sie mich am Schluß noch ein anderes Zitat von Tschuang Tse anführen: „Natürlich ist die Situation immer so, wie sie sein soll. Folgt jeder Taoist treu dem *wu-wei*, dem Tao, ist der Idealzustand rasch wiederhergestellt. Der Weise überläßt den Lauf der Welt sich selbst, er greift nicht ein. Die Dinge zu lenken, liegt ihm fern. Überläßt man die Dinge sich selbst, gerät man nie außer Fassung. Greift man nicht ein, wird auch der Mensch nicht gegen sein Wesen verändert. Werden Menschen nicht bis zur Unkenntlichkeit verdreht und verstümmelt, sondern wird ihnen einfach erlaubt zu leben, dann ist das Ziel der Regierung erreicht...

Gibt es zu viel Vergnügen, hat Yang zu großen Einfluß. Gibt es zu viel Leiden, hat Yin das Übergewicht. Hat eins von beiden die Übermacht, ist es, als ob die Jahreszeiten zur falschen Zeit kommen. Zerstört ist die Balance von kalt und heiß, und es leidet der menschliche Körper.

Zu viel Glück oder zu viel Unglück zu unerwarteter Zeit wirft die Menschen aus dem Gleichgewicht. Was wollen sie dann als Nächstes tun? Wild rasen die Gedanken und geraten außer Kontrolle. Alles wird angefangen, nichts vollendet. Hier beginnt der Wettkampf, da sprießt die Idee des Außerordentlichen hervor, und Räuber erscheinen in der Welt.

Jetzt wäre die ganze Welt nicht mehr genügend Belohnung für den ‚Guten‘, noch könnte der ‚Böse‘ genügend bestraft werden. Selbst das ganze Weltall würde als Lohn oder Strafe nicht ausreichen. Seit der Zeit der Drei Dynastien sind die Menschen in alle Richtungen auseinandergelaufen. Wie können sie noch Zeit finden, einfach menschlich zu sein?

Soll also der Weise regieren, dann weiß er, wie er nichts tut. Die Dinge sich selbst überlassend, ruht er in seinem ursprünglichen Wesen. Der Regierende hat nicht größere Achtung vor den Regierten als vor sich selbst. Liebt er sich selbst genügend, um sich die Ruhe seines ursprünglichen Wesens zu gönnen, dann regiert er die anderen, ohne sie zu verletzen. Laßt ihn Einkehr halten in die Tiefe seines Wesens, bevor er zu handeln beginnt!

Laßt ihn Stille halten, ohne etwas zu hören oder zu sehen! Laßt ihn tot dasitzen wie einen Leichnam, umgeben von des Löwen lebendiger Kraft. In tiefstem Schweigen erschallt seine Stimme wie Donnerhall. Unsichtbar sind seine Bewegungen wie die eines Geistes, aber die Kraft des Himmels geht damit einher. Unbesorgt und nichts machend sieht er, wie alle Dinge um ihn her zur Reife kommen. Wie soll er dann noch Zeit zum Regieren finden?"[14]

Wenn die Heilige Theresa von Avila Tschuang Tse gekannt hätte, würde sie wohl zum Problem allzu enger Freundschaften[15] aus seinem Gedicht „Der Flug des Lin Hui" zitiert haben. Da sagt er in einem Vers:

> „Die Freundschaft der Weisen
> ist wie Wasser ohne Geschmack.
> Die Freundschaft der Törichten
> wie Wein so süß.
> Die Geschmacklosigkeit der Weisen aber bringt wahre Zuneigung,
> während die Süße der Gesellschaft von Törichten endet in Haß."[16]

GESPRÄCHSLEITER: Jetzt haben wir wohl alle den Wunsch, etwas zitieren zu können aus einer Autorität wie Tschuang Tse!

Aufrichtigen Dank an Sie alle! Jetzt kommt unser buddhistischer Freund an die Reihe, um über Zen-Buddhismus zu sprechen.

BUDDHIST: Beginnen möchte ich mit der Aussage, daß Zen eigentlich nichts zu sagen und nichts zu lehren hat. Zen ist keine Theorie, kein Glaubenssystem, keine Religion in dem Sinn wie Buddhismus und Christentum sich als von einander abgegrenzte Religionen verstehen. Ganz einfach: sein, sehen, hören, aufstehen, schlafen. Es geht darum, die Wirklichkeit in ihrem Sosein zu sehen, jedes Ding in seinem wahren Sein, seinem Sosein in diesem Moment. Das ist es – so ist das. Wir sind hier – so sind wir hier. Das ist Zen. Es ist einfach SEIN – wie der Fisch, der im Wasser schwimmt, aber sich des Wassers nicht bewußt ist; oder wie der Vogel, der in die Luft hochfliegt, aber die Luft weder sieht noch kennt. Würden Sie nicht sagen, daß wir im Grunde auch so sind? Wir atmen Luft ein und atmen sie aus und sind uns dabei alle der Luft nicht bewußt.

Damit versuche ich weder schwierig zu sein, noch bin ich hochmütig. Nehmen Sie es als Unterschied zu einem Menschen, der sagt: „Nicht zufrieden, die Speise zu kosten, versuche ich auch, meine Zunge zu schmecken. Nicht zufrieden mit einem Gefühl von Glück, möchte ich auch fühlen, daß ich es bin, der glücklich ist; denn ich möchte nichts missen." Aber so muß es nicht sein.

Nehmen Sie als Beispiel diesen Gedankenaustausch hier: Genügt es nicht, daß wir hier miteinander unser Gegenwärtigsein teilen? Müssen wir auch noch die Erfahrung machen, was dieses Teilen bedeutet? Müssen wir darüber nachdenken, was es bedeutet, ähnlich zu denken, ähnlich zu fühlen? Das bedeutet doch, unser Ego-Bewußtsein aufzurufen, damit es uns beobachtet, wie wir, jeder von uns, versuchen zu SEIN, wie wir selber sind. Sie sehen aber, wie das den Augenblick verfälscht. Und das verfälscht uns selbst, denn wir werden uns unseres eigenen Verstandes bewußt, der uns beobachtet – und unser Sein wird befleckt. Es hört auf, rein zu sein.

---

[14]) Vgl. Dschuang Dsi, a.a.O., S. 74 f.
[15]) Gemeint sind die sogenannten Partikularfreundschaften, die besonders in klösterlichen Gemeinschaften als hinderlich gelten.
[16]) Vgl. Dschuang Dsi, a.a.O., S. 214.

So werden Sie vielleicht fragen wollen: Was sollen wir dann tun? Zen-Anhänger sagen: „Wer hungrig ist, mag essen; wer müde ist, schlafen!" Darum soll, wer ein Austauschbedürfnis hat, sich auch austauschen. Aber, ach! Sie alle schauen so neugierig aus und ich merke, daß ich mehr sagen muß.

Also: Zen ist die Befreiung vom Zwiespalt zwischen Denken und Handeln; denn Zen denkt, wie es handelt. Aber Zen beginnt erst, wenn man bewußt realisiert, daß es nichts gibt, nach dem weiterhin zu suchen oder dem hinterherzulaufen wäre; wenn man realisiert, daß nichts Äußerliches wichtig ist, und wenn man sich erlaubt, aktiv leer zu sein, völlig losgelöst, um vollkommen engagiert zu sein.

Aber lassen Sie mich – Ihnen zuliebe – weniger spontan und mehr planvoll vorgehen. Sie wissen natürlich, daß der chinesische Taoismus und der indische Buddhismus in China den buddhistischen Taoismus und in Japan den Zen-Buddhismus hervorgebracht haben. Man sagt, der Buddhismus sei der menschliche Vater und der Taoismus die menschliche Mutter des Zen. Wie man die taoistischen Elemente von den buddhistischen Elementen abgrenzen kann, das haben zuvor schon die Gespräche mit unserer taoistischen Freundin geklärt. Darum werde ich nur diejenigen Einzelheiten ansprechen, die in besonderer Weise zum Zen gehören.

Ich kann sagen, daß Zen-Anhänger mehr Zen-Menschen als Buddhisten sind, denn sie streben nicht danach, Buddha zu werden oder zu suchen. Nach draußen zu gehen mit dem Ziel, ein Buddha zu werden, heißt ihn verlieren, sagen sie. Sie haben von dem bekannten Ausspruch gehört: „Wenn du Buddha triffst, töte ihn!"

Sie müssen jetzt denken, dies sei unmöglich. Das entspricht genau dem, wie ich auch jetzt empfinde – wenn ich versuche, Ihnen zu erzählen, was nicht mitgeteilt werden kann. Ist Ihnen schon einmal Blyth's Vergleich für Zen begegnet: „Gerade als wir dabei waren, die Fliege zu schlagen, flog sie hoch und setzte sich auf die Fliegenklatsche."

Sie könnten meinen, ich wollte Sie zum Narren halten. Nein, wirklich nicht! Ich spreche so, wie es mir aus vollem Herzen kommt. Dabei bin ich tief im Frieden bei allen unseren Bemühungen, daß ich fühle, daß wir alle eins sind. Leben ist gut und wir alle sind gut. Das ist Zen: „Beim Sitzen, einfach sitzen! Beim Gehen, einfach gehen! Vor allem aber: nicht schwanken!" Beim Mitteilen, einfach mitteilen! Beim Sprechen, einfach sprechen. Denn alles das ist einfach: SEIN. Das heißt: sich am Augenblick erfreuen. Hier aber fürchte ich ein Risiko, denn Sie könnten denken, ich spräche von uns als separaten Individuen hier. Nein! Im Zen betrachten wir die individuellen Egos nicht als unser wahres Selbst. Unser empirisches Ego ist nur eine Erscheinung. Ich feiere nicht unsere individuellen Egos, sondern unser transzendentes Selbst. Wenn Sie mir wirklich folgen wollen, wenn Sie verstehen, was ich zu sagen versuche: es ist das wahre Selbst, das universale SELBST. Vielleicht nennen Sie es Gott. Wenn ich das Selbst ganz und gar in mir gefunden habe, dann bin ich wirklich nicht mehr Ich, sondern reines SELBST – oder Leere.

Hier und jetzt, während ich das sage, feiere ich diese Leere, diese Sunyata, diese Stunde. Im allgemeinen Buddhismus mag man dies die Buddha-Natur nennen, unser Hindu-Freund nennt es Brahman oder die Absolute Wirklichkeit, unsere taoistische

Freundin ihr Tao und unsere katholische Freundin das Leben in der Gnade oder das Leben in der Gegenwart Gottes.

Kitarô Nishida, ein japanischer Wissenschaftler und Zen-Philosoph, hat es den GEIST genannt. Zen-Anhänger nennen es meistens die LEERE. Und im gleichen Moment, da ich es ausspreche, bin ich mir auch bewußt, daß es jetzt bereits weniger als das ist. Denn der Augenblick ist schon vorbei, und ich habe mich auf eine nicht zen-gemäße Aktivität eingelassen: auf das Analysieren. Denn im Zen sind Subjekt und Objekt eins: „Das höchste Gut ist die Verschmelzung des Selbst mit der höchsten Wirklichkeit." Nishida hat das in seinem Buch[17] so gesagt: „Gott ist nicht analytisch zu erschließen. Wenn wir annehmen, daß das Wesen der Realität etwas Personales ist, dann ist Gott erst recht personaler Art. Wir können Gott nur durch Intuition, Glaube und Liebe kennen. Daher kennen wir, die wir behaupten, daß wir Gott nicht kennen, sondern ihn nur lieben und an ihn glauben, ihn auch am besten."

Ich denke, wir alle bejahen diese Wahrheit, welchen Namen wir dieser Höchsten Wirklichkeit auch geben. Es gibt hier niemanden unter uns, der wahrhaft sagen könnte, daß er Gott erkenne. Und doch ist es so, wie Nishida sagt, daß Menschen wie wir, die sagen, daß sie Gott nicht kennen, ihn wirklich kennen. Das klingt wie ein Paradox, ist es aber nicht mehr, wenn wir in die erste Aussage das Wort „vollständig" einfügen und in die zweite Aussage „ein bißchen". Aber: wer weiß – vielleicht nähern wir uns immer mehr einem weiteren, lichtvolleren und wunderbareren Augenblick der Begegnung. Bei uns zählen allein die Augenblicke wirklich.

Habe ich nun alles gesagt? Nein, ich muß Ihnen noch von Bodhidharma erzählen, dem am meisten geschätzten und verehrten Namen nach Buddha. Er war der 28. Patriarch in Indien und brachte Zen (oder Ch'an im Chinesischen) nach China. Sie haben sicherlich die oft erzählte Geschichte von ihm gehört, daß er im Shao-lin-Kloster auf dem Berge Sung neun Jahre in ununterbrochener Meditation mit dem Gesicht zur Wand gesessen hat, bis seine Beine verdorrten. Er wird als der Vater dieser Meditationsmethode angesehen, die *Zazen* genannt wird. Sie alle sind damit vertraut und ebenso mit der Lehre von der stufenweisen Erleuchtung, welche später zum Unterscheidungsmerkmal zwischen der Rinzai- und der Soto-Schule des Zen geworden ist. Ich weiß, daß ich all' das nicht im einzelnen für Sie darstellen muß, weil Sie das schon wissen[18], mit Ausnahme vielleicht unserer katholischen Freundin.

Die Rinzai-Schule ist mehr durch ihre Übung mit Koans gekennzeichnet. Das sind paradoxe und geistvolle Aussagen, die Ergebnisse plötzlicher Erleuchtungserfahrungen sind. Die Soto-Schule sieht sich mehr in der älteren Tradition, weil sie die buddhistischen Schriften und die Geschichte verehrt und schätzt. Die Rinzai-Schule hat ihrerseits mehr Freude am gegenwärtigen Moment und konnte sich die taoistischen Lehren leicht aneignen. Im 6. Jahrhundert strömten diese beiden Zen-Rich-

---

[17]) Vgl. Kitarô Nishida, Über das Gute, Frankfurt 2. Aufl. 1990, 220.
[18]) Aus beiden traditionsreichen Schulen ist in diesem Jahrhundert eine dritte zusammengewachsen, die sich Sanbo Kyodan (Orden der Drei Schätze, gemeint ist: Buddha, Dharma, Sangha) nennt. Begründet von Harada und Yasutani Roshi, hat sie sich unter Yamada Kun Roshi († 1988) auch nach Amerika und Europa ausgebreitet. Näheres dazu bei: Ph. Kapleau, Die drei Pfeiler des Zen, 4. Auflage München (O. W. Barth-Verlag) 1979, sowie Robert Aitken, Zen als Lebenspraxis (Diederichs Gelbe Reihe Nr. 78) München 1988 und ders., Ethik des Zen (Diederichs Gelbe Reihe Nr. 79) München 1989.

tungen nach Japan. Aber erst im 13. Jahrhundert hat Zen in Japan wirklich Wurzeln geschlagen. Hakuin (1685–1768) von der Rinzai-Schule wird als Vater des typisch japanischen Zen angesehen. Nur Dogen[19], der größte Meister der Soto-Schule des Zen, wird höher geschätzt als er. Hakuin ist es gewesen, der das Koan populär machte, ein Hilfsmittel, um den Geist so zu schütteln und wachzurütteln, daß er von den gewöhnlichen Denkbahnen losläßt. Dadurch wird er so gerüttelt und geschüttelt, daß er anfängt wirklich zu sehen und von Licht durchdrungen zu werden.

Was wir zu verstehen versuchen, wird besser klarwerden, wenn ich Ihnen etwas über Hakuins eigene Erleuchtungserfahrung mitteile. Es wird erzählt, daß Hakuin die buddhistischen Sutren studierte, als ihn eines Tages das Summen einer Biene von seiner Konzentration aufschreckte. Plötzlich schrie er auf und weinte. Unmittelbar erlangte er direkten und einfachen Einblick in das Herz aller Dinge. Das Licht, das er sah, ist eingefangen in seinem Zen-Ausspruch: „Sitzen in Ruhe, nichts tun. Frühling kommt, und das Gras wächst von selbst."

Zen erfreut sich an der Natur; denn sie ist, wie sie ist, es gibt nichts außer der konkreten Erfahrung: Natur, Erfahrung und Jetzt. Das sind drei wichtige Elemente des Zen. Das ist die Wirklichkeit in ihrem unmittelbaren Sosein.

> „Ein kleiner Mensch ist klein; ein großer Mensch groß."
> „Was ist der Ton einer Hand?"

Natürlich haben Sie das schon einige Dutzend Male gehört. Unsere jungen Leseratten hier dürften diese Zitate in allen Zen-Büchern gefunden haben. Es ist sicher gut, diese Darstellung mit einem anderen Zitat[20] abzuschließen. Sie werden wohl verstehen, warum ich es für den Abschluß aufgehoben habe:

> „Bevor ich 30 Jahre lang Zen studiert hatte, sah ich Berge als Berge und Flüsse als Flüsse. Als ich zu einem tieferen Verständnis gelangte, kam ich an einen Punkt, wo ich sah, daß Berge nicht Berge sind und Flüsse nicht Flüsse. Aber jetzt, da ich sein wahres Wesen erreicht habe, bin ich in vollem Frieden. Denn es ist gerade so, daß ich Berge wieder sehe als Berge und Flüsse als Flüsse."

Und jetzt denke ich, Sie haben inzwischen einige Eier ausgebrütet! Nun zerschlagen Sie die Eier und machen Sie ein Omelette daraus!

GESPRÄCHSLEITER: Oh, versteh' ich das richtig? Es bedeutet wohl, daß Sie jetzt hungrig sind. Ist das ein Koan? Oder wäre das viel zu offensichtlich?

BUDDHIST: Die Vögel sind schon weggeflogen!

GESPRÄCHSLEITER: Jetzt denke ich anders. Wir müssen trotzdem mit unseren Fragen weitermachen. Soviel ich weiß, gilt es speziell in der Zen-Kunst, Disziplin in Spontaneität und Spontaneität in Disziplin zu üben, ist das nicht so? Wer ist jetzt der erste?

KATHOLIKIN: Sie sagten: Einfach – sein! Ja, Gott segne Sie! Das ist wirklich alles, was Gott von uns erwartet, in jedem Augenblick. Sind Sie überrascht? Aber genau das bedeutet für uns das immerwährende Leben in seiner Gegenwart, in jedem

---

[19]) Dogen Zenji lebte von 1200 bis 1253.
[20]) Vgl. dieses Zitat bei D.T. Suzuki, Satori. Der Zen-Weg zur Befreiung, München 1987, 28.

einzelnen Augenblick. Ich bin besonders beeindruckt von der Ähnlichkeit unserer Sichtweisen in bezug auf die Wirklichkeit, welche ich das reine Sein Gottes oder die totale Wirklichkeit nenne, die überströmende Gnade, die eigentlich die Luft ist, die wir atmen. Da Zen spontanes, natürliches Sein ist, einfach vollständiges Sein, das So-Sein in jedem Moment, denke ich, daß es auch nötig ist zu verstehen, daß diese Haltung oder Einstellung zum Leben nur durch gänzliche Integration der Welt der äußeren Wirklichkeit (und des öffentlichen Lebens) bzw. der objektiven Ordnung und der inneren Welt (des privaten oder inneren Lebens) bzw. der subjektiven Ordnung der Wirklichkeit in einem selbst erlangt werden kann, und zwar so, daß die eine ganze Wirklichkeit eben „Gott" ist. Sein Sein ist *die* Wirklichkeit – und wir sind Manifestationen seines reinen Seins, personalisierte Manifestationen, sofern wir uns seiner Gegenwart in uns bewußt geworden sind. Und so können wir ganz in ihn verwandelt werden.

In unserer christlichen Terminologie: Christus (oder Gott) ist der, in dem wir leben, uns bewegen und sind. Oder wie der Trappist Thomas Merton sagt: „Unser Selbst, auch unser wahres Selbst, das durch unser empirisches Ich verhüllt wird, ist metaphysisch von dem Selbst Gottes verschieden, jedoch durch Liebe und Freiheit völlig mit diesem Selbst identifiziert, so daß es nur ein Selbst zu geben scheint"[21]. Das ist es, was wir „transzendente Erfahrung" oder Weisheitserleuchtung (sapientia, sophia oder prajna) nennen. Wie Thomas Merton weiter sagt, heißt „diese Erfahrung erlangen, die Wirklichkeit von allem, was ist, durchdringen, den Sinn der eigenen Existenz begreifen, seinen richtigen Platz in der Anordnung der Geschöpfe finden, vollkommen in Bezug stehen zu allem, was ist, in einem Identitäts- und Liebesverhältnis."[22]

Der englische Dichter Alfred Lord Tennyson[23] hat dies wundervoll ausgedrückt in seinem Gedicht:

„Blume in der geborstenen Mauer,
Ich pflücke dich aus den Mauerritzen,
Mitsamt den Wurzeln halte ich dich in der Hand,
Kleine Blume – doch wenn ich verstehen könnte,
Was du mitsamt den Wurzeln und alles in allem bist,
Dann wüßte ich, was Gott und Mensch ist."

Zen aber fragt nicht nach Erklärungen: „Weiden sind grün und Blumen rot."
BUDDHIST: Danke sehr. Ja, Sie verstehen es!
HINDU: Zwischen Ihren Lehren und unseren sehe ich nur ganz wenig Unterschied. Er liegt vielleicht in unseren Lebensweisen oder unseren religiösen Lebensstilen. Wir haben unsere Veden, die unsere Lebensweise bestimmen, aber Zen hat nichts, woran es sich halten kann. Ist das nicht so? Oder irre ich mich? Vorausgesetzt wird eine Reinheit des Herzens, der Seele und des Geistes im Menschen, so daß er

---

[21] Vgl. a.a.O., S.67.
[22] Ebd. 68.
[23] Die deutsche Übersetzung ist entnommen aus dem Beitrag von D.T. Suzuki in: Erich Fromm, Daisetz Teitaro Suzuki, Richard Martino, Zen-Buddhismus und Psychoanalyse, Frankfurt 1987 (Suhrkamp TB 37), S. 11.

76

auf das Geschenk des Lichtes eingehen kann. Doch haben Sie im Zen etwas wie Yoga, eine Weise der Schulung?

BUDDHIST: Oh, ja! Erinnern Sie sich bitte daran, daß die Grundlage dieser Spontaneität und Natürlichkeit ein natürlich gutes Leben ist, ein reines Herz und sehr lange Stunden der Konzentration und Meditation in völliger Offenheit für die Leere.

KATHOLIKIN: Wo wir jetzt über Disziplin und Tugend im Alltagsleben sprechen, möchte ich gern unseren japanischen Freund hier bitten, uns sein Verständnis von Dr. Kitamoris Ausdruck mitzuteilen, wenn er vom „Schmerz Gottes"[24] spricht. Es bezieht sich auf das Problem des Leidens in der Welt. Kitamori sagt, daß Gott leidet und Schmerz empfindet und ihn überwindet mit der Liebe, sofern er den ungehorsamen Sohn – für uns ist es Adam – nicht zurückweist; und daß er diese Liebe weiter entfaltet, indem er seinem eigenen Sohn gestattet, Mensch zu werden, am Kreuz zu sterben und so seine geliebten Kinder wieder heimzuführen. Meine Frage richtet sich auf die von Koyama herausgestellte Frage nach dem Schmerz „Gottes". Wer empfindet diesen Schmerz? Was versteht ein Buddhist unter Schmerz, wenn er doch glaubt, daß es kein Ich oder Selbst gibt, welches Schmerzen empfindet?

BUDDHIST: Oh, als Japaner kann ich zwar die benutzten Ausdrücke verstehen. Weil Sie jedoch nach dem tieferen Verständnis des christlichen Gottes-Gedankens fragen und ich kein Christ bin, sollten Sie uns vielleicht besser Ihre Meinung zu diesem Punkt mitteilen. Bitte tun Sie das!

KATHOLIKIN: Das wird dann aber notwendigerweise eine christliche Auslegung sein. Würde Ihnen das etwas ausmachen?

ALLE: Einverstanden.

KATHOLIKIN: Als erstes möchte ich gern sagen, daß ich den Ausdruck „Schmerz Gottes" schon lange sehr gern mag. Er stammt von einem meiner Lieblingsdichter, dem englischen Dichter Shelley: „Musik – voll Sehnsucht wie ein Gott im Schmerz." Und jetzt bei Kitamori denke ich, was er sagen wollte, ist, daß der Schmerz Gottes von allen Menschen ohne Ausnahme erfahren wird, so wie der Regen erfahren wird von Heiligen und Sündern. So ist in diesem Leben der Schmerz der Menschen in Wahrheit der Schmerz Gottes. Und dieser Schmerz Gottes ist auch Gottes Liebe und Mitleiden. Dies scheint mit jener buddhistischen Lehre übereinzustimmen, daß die ganze irdisch-welthafte Wirklichkeit Leid und Schmerz ist. Das christliche Element, der eigentliche Kern der Wahrheit, ist dann, daß dieses Leiden zugleich Gottes Liebe ist. Wird es im Glauben angenommen, aufgeopfert und damit transzendiert, dann wird es zum Zeugnis für dieselbe Liebe, welche vom Gott der Schmerzen kommt, der ja auch der Gott der Liebe ist. Seine Menschenliebe ist bekanntlich der Grund für die Sendung Jesu.

TAOISTIN: Wissen Sie: Wir sind wirklich Geschwister im Geist und in den Lehren. Wenn ich das bedenke, was Sie früher gesagt haben, glaube ich, daß auch Sie

---

[24]) Kitamori, Kazo, Theologie des Schmerzes Gottes, Göttingen 1972; vgl. dazu: Koyama, Kosuke, Waterbuffalo Theology, London 1974, 115–125 sowie Song, Choan-Seng, Theologie des Dritten Auges. Asiatische Spiritualität und christliche Theologie, Göttingen 1989.

über Gut und Böse hinausgehen, über Recht und Unrecht, Leben und Tod. Bei uns Taoisten sagt man, das Tao habe das alles aufgelöst, diese gütige Ewige Ordnung hat alles zu Einem gemacht. Dem entspricht (wendet sich zum Buddhisten) Ihr Leersein bzw. Ich meine die Leere, von der z. B. Ihr Zenmeister Kyogen Chikan[25] sagt:

> „Die Armut des letzten Jahres war noch nicht vollkommen. Die Armut dieses Jahres ist absolut. In der Armut des vergangenen Jahres gab es noch Platz für eine Nadelspitze. Die Armut dieses Jahres hat auch die Nadel verschwinden lassen."
>
> Alles ist weg! Dies ist die totale Armut: die Leere.

Und nun zu meiner Frage. Was wollte ich fragen? Ach, ja. Was machen Sie mit den unseriösen Zen-Jüngern? Wie halten Sie die unechten Zen-Anhänger, die einfach unwissend oder disziplinlos sind, von den echten Zen-Gläubigen fern?

BUDDHIST: Wir halten niemanden zurück. Wir klassifizieren nicht. Wir wissen, daß sie früher oder später merken werden, daß sie letztendlich sich selber betrügen. Das wäre dann deren Erwachen. Aber vielleicht würden sie auch angesteckt, wenn sie Taoisten wie Sie treffen, deren *te* sie genügend stark erzittern läßt.

TAOISTIN: Jetzt habe ich noch eine Frage an Sie. Wie Sie sagten, ist das Selbst oder die Leere, in der ein Zen-Mensch lebt, die Buddha-Natur. Darüber hinaus hat das individuelle Selbst eigentlich keine eigene Identität. Es ist nur eine Art Prisma für den Seinsfluß, welcher die totale Wirklichkeit ist. Warum aber wollen Sie diese totale Wirklichkeit „Leere" nennen? Oder Ihre Erleuchtung als totale Leerheit bezeichnen?

BUDDHIST: Ja, es ist eine Leerheit vom Sein und allen Gedanken insofern, als Ihr empirisches Ich gemeint ist. Sie werden „Teil" des wahren SELBST (mit großen Buchstaben). Sie „sind" diese Leere, wenn Sie es so nennen wollen, und es gibt nichts außerhalb davon, auch nicht ein davon abgespaltenes Ich. Ich bevorzuge den Ausdruck Leere, weil ich weiß, daß ich – abgesehen von dieser LEERE, die zugleich die FÜLLE aller Möglichkeiten ist – nichts und niemand bin, und darüber bin ich froh. Ich denke nicht, daß das wirklich eine Besonderheit unserer Zen-Tradition und der Zen-Erfahrung ist. Ich denke, im Grunde glauben das alle von uns. Vielleicht soll ich sagen, daß unsere Zen-Tradition nur ein bißchen mutiger in dem Sinn damit umgeht, daß man versucht, es wirklich zu erfahren und so zu bennen und danach zu leben? Es wirklich zu leben, ist ein totales Risiko und zugleich die größte, von allem befreiende Freude; man hat und braucht überhaupt keine Sicherheit. Ich übersehe natürlich nicht, daß die Martyrer und Heiligen der christlichen Kirchen und Ihre indischen Gurus und Mönche das vermutlich auch leben. Aber ich vermute, daß es für die meisten Menschen nicht in das gewöhnliche Alltagsleben zu passen scheint. Auch viele Zen-Anhänger glauben heute, daß unser Zen mehr in unseren Künsten und in den Klöstern als in unserem Alltagsleben existiert. Insofern sitzen wir alle im gleichen Boot. Der Regen ist gekommen!

---

[25]) Japanischer Name für den chinesischen Zenmeister Hsiangyen Chih-hsien (gest. 898). Das Gedicht findet sich auch bei H. Dumoulin, Geschichte des Zen-Buddhismus Bd. I, Bern/München 1985, 199.

GESPRÄCHSLEITER: Ich denke, daß ist ein schöner Abschluß für diese Sitzung. Danke sehr. Vielleicht ist jetzt klar, daß wir alle ähnliche Muster von Gedanken und Glaubensvorstellungen haben. Oder ist es besser in der Weise formuliert, daß wir gewisse Ähnlichkeiten, aber auch Unterschiede haben? Lassen Sie uns Gott dafür preisen! Und in unserer letzten Vorstellungsrunde werden wir dann unsere katholische Freundin hören. Danach kommt die Besprechung aller Systeme im Überblick, unser zusammenfassendes und abschließendes Gespräch – und dann können wir sagen: Allelujah!

Viertes Gespräch
Am Sonntagvormittag
(Christentum, Katholizismus)

GESPRÄCHSLEITER: Unsere letzte Darstellung handelt vom Christentum, insbesondere vom Katholizismus. Erfreulicherweise sind Sie alle mit den allgemeinen Grundlehren des Christentums bereits vertraut, wie Sie mir früher mitgeteilt haben. Daher wird unsere Ordensschwester vermutlich jetzt nur solche Lehren ansprechen, die für Sie bedeutsam sein können. Schon bisher war es hilfreich, daß sie alle Themen großzügig kommentiert hat. Die bereits behandelten Punkte kann sie nun überspringen. Da sie einen vollen halben Tag zur Verfügung hat, bekommen auch Sie, wie bereits angedeutet, eine längere Fragezeit.

KATHOLIKIN: Ich danke Ihnen für diese hilfreiche und klärende Einführung. Beginnen möchte ich gerne mit Jesus Christus, Mensch und Gott: Denn in ihm liegt der Hauptunterschied zwischen dem Christentum und allen anderen Religionen. Die Gemeinsamkeiten, die wir bislang in einigen Beiträgen festgestellt haben, sind vor allem philosophischer Natur. Theologisch dagegen, haben wir, wie alle wissen, große Unterschiede – und diese konzentrieren sich alle in entscheidender Weise in dem WORT, das Fleisch geworden ist.

Wir Christen glauben, daß Jesus Christus Gott ist, wesenseins mit Gott, dem Vater, der ersten Person, und Gott, dem Heiligen Geist, der dritten Person in der Dreifaltigkeit. Darüber habe ich schon zuvor gesprochen. Und Jesus Christus ist, wie unsere taoistische Freundin bereits bemerkt hat, der einzige Religionsstifter, der unter dem Anspruch steht, selber Gott zu sein. Wie ein gewöhnlicher Verbrecher starb er am Kreuz, ein Bild der Niederlage, Schmach und Machtlosigkeit, in der äußersten Armut des Geistes ein Bild echter Leere. – Macht ihn das nicht zu einem vollkommenen Vorbild völliger Ego-Vernichtung? Dieser ist freilich derselbe Christus, der jetzt, auferstanden und hoch erhaben, als Herr über die ganze Schöpfung regiert und zugleich die Seele und die Grundstruktur des ganzen Universums ist – und das durch alle Zeiten hindurch bis zum Ende aller Zeit, bis die Fülle der Menschlichkeit aller Menschen vollendet ist, die Fülle des Seins des mystischen Leibes Christi; dieser umfaßt alle Menschen, die in der Gnade leben und das Leben Christi teilen.

Bevor ich aber einen Schritt weitergehe, ist es vielleicht das beste, mein persönliches Glaubensverständnis[1] näher zu beschreiben. Wahrscheinlich könnte ich ein gutes Beispiel für eine Person abgeben, die ihren Glauben im gewöhnlichen Alltag, so wie er ist, zu leben versucht und die dennoch in Glaubensfragen keine spezielle Schulung erfahren hat. Sehen Sie, ich habe keine katholische Schule besucht und habe keine formelle theologische Ausbildung gehabt. Aber ich habe eine Konversionserfahrung gemacht oder was Sie vielleicht eine Gotteserfahrung nennen mögen bzw. ein Erwachen oder eine Erleuchtungserfahrung. Sie kam 22 Jahre nach meiner

---

[1]) Die folgenden Abschnitte sind gekürzt.

Taufe über mich. Durch die Taufe hatte ich die Anfangsgnade der Teilhabe am Leben Gottes erhalten. Dann folgte eine einfache, typisch philippinische, auf Gott gerichtete Erziehung in einer Pfarrei. Das Leben entfaltete sich rund um die Kirche in einer Form von folkloristischem Katholizismus (wie intellektuelle Katholiken das nennen würden). Dazu erhielt ich eine gute und solide Berufsausbildung. So wurde ich durch die Jahre hindurch für das persönliche Geschenk Gottes vorbereitet, welches der göttliche Geist mir gegeben hat.

Meinen Glauben betrachte ich ausschließlich als ein Geschenk Gottes. Ich muß sagen, daß es auch das Leiden war – wie Sie ja auch alle die Tatsache bestätigt haben, daß das Leiden der gemeinsame und universale Untergrund des Glaubens ist. Das hat mich aufgerüttelt bzw. (in buddhistischer Ausdrucksweise:) zum Erwachen gebracht für die Wirklichkeit Gottes. Und durch die Gnade Gottes geschah es eines Tages ganz plötzlich, daß alles, was ich zuvor von Gott gehört hatte, wie zu einem einzigen Lichtstrahl wurde, einer Flut von Liebe! Es kam wie das Schwert des Geistes. Wissen Sie, mein Vater bekam plötzlich einen Herzschlag, mein Vater, der völlig gesund und kräftig war. Er wurde von anderen als mein „Urbild" angesehen und ich als seine „Kopie" sowohl der körperlichen Gestalt nach als auch in bezug auf Herz und Geist und Seinsweise; er bekam einen Herzanfall. Und nachdem er einige Stunden im Koma gelegen hatte, starb er. Unsere Nachbarn kamen mit ihren Beileidswünschen, die sie nicht zurückhalten konnten, bei uns vorbei und bemerkten glücklich: „Wie wunderbar ist das! Gott hat ihn heimgeholt an seinem Festtag, am Christkönigsfest!"

Dieser plötzliche Tod meines Vaters, die Schrecken des Krieges, das weitverbreitete Leiden und das Elend unseres Volkes, die Krankheiten und viele Unglücksfälle in meiner Familie, alles das trieb mich dazu, nach dem Warum des Lebens zu fragen und nach dem Herrn zu suchen. Dies war mein erstes Erwachen zu diesem König des Himmels und der Erde, dem Herrn über Leben und Tod.

Und was glaube ich jetzt, hier, da ich zu Ihnen über mich spreche? Ich glaube, daß wir alle, genau hier und jetzt, einfach *sind,* und zwar in Zeit und Ewigkeit zugleich: in der Zeit (hier und jetzt, in Raum und Zeit) und zugleich sind wir auch *seiend* in Gott. Wir haben Anteil an seinem Leben; wir partizipieren, kraft der Menschheit Christi durch den Heiligen Geist, an dem alles durchdringenden Leben Gottes, und zwar als sein das ganze Universum beseelender Atem. Dieser Atem ist seine Gnade, sein Leben. Das ist es, was Sie die Absolute Wirklichkeit genannt haben, den ewigen Geist, den Heiligen Geist, die Leere, die gesamte Wirklichkeit, in einer Erfahrung von Sunyata oder Zen, in die wir alle jetzt hineingenommen sind. Ich nenne es die *Gegenwart Gottes.*

Als Katholikin glaube ich von ganzem Herzen, daß Gott, das reine, überall gegenwärtige Sein, hier gegenwärtig ist; für mich ist es die Dreifaltigkeit, die den Tempel meines eigenen Seins bewohnt; sie wohnt auch in Ihrem Tempel, aber nur potentiell, d. h. in dem Maße, als Sie bereit sind, Gottes Gegenwart in Ihnen anzuerkennen.

So sagt mein Glaube: Mein wahres, ursprüngliches und absolutes Selbst ist persönlich und unterscheidet sich von meinem empirischen Ich oder Ego. Aber Gott in mir ist sein eigener Atem in mir, mein absolutes ursprüngliches wahres Selbst, das unsterblich ist und das mich während dieser Lebensspanne beseelt. Die Yin- und Yang-Kräfte unserer taoistischen Freundin wirken in uns durch unsere Gebete, Opfer, guten Werke, ja sogar durch schlechte Taten, aus denen Gott für uns Gutes entstehen läßt, durch gute Gedanken, gute Charaktereigenschaften nicht nur der heute lebenden Menschen, sondern auch unserer Toten. Das ist der *Strom des Seins,* der Prozeß, über den unser buddhistischer Freund gesprochen hat, in den unser eigenes Leben eingetaucht ist. Wir nennen es die Gnade, in der *Gemeinschaft der Heiligen* zu leben.

Ja, das glaube ich, und darum bete ich um Kraft, auch wenn alle Umstände einer Situation mich entmutigen können. Und ich empfange von der unendlichen Gnade, die Jesus Christus für alle Menschen am Kreuz erworben hat.

Wenn wir uns in unserem täglichen Leben beharrlich als mutig und großzügig erweisen, werden auch wir mit ihm, Christus, der Opfergabe, für alle Menschen gekreuzigt. Die persönliche Kreuzigung unserer eigenen Egos, welche dem Sterben des Ich im Zen und dem Verlöschen der Begierde sehr ähnlich ist, macht uns fähig, ein größeres und reineres Leben für den ganzen mystischen Leib hervorzubringen. Wir sind nicht nur erfüllt „von" Gott, sondern wirklich durch seine Barmherzigkeit und Gnade „in" ihn verwandelt.

Leiden an sich ist nicht gut, nein; es ist schlecht. Aber wir alle sind überzeugt, daß es Leiden gibt. Leiden ist eine Realität. Trotzdem hat Gott gesagt: „Leiden müssen zwar sein; aber wehe dem Menschen, durch den sie kommen"[2] oder der sie verursacht hat. Wir können uns also nur der Tatsache stellen, daß das Leiden unvermeidlich in unser Leben kommt. Wie wir darauf reagieren oder antworten, das ist es letztlich, was eine Person von der anderen unterscheidet, vor allem einen gläubigen Menschen von einem ungläubigen. Für uns Christen gibt es keinen anderen Weg, als Christus am Kreuz nachzuahmen. Aus meiner persönlichen Erfahrung weiß ich, daß Leiden, wenn es in Glaube und Dankbarkeit aus Liebe zu Gott und den Menschen akzeptiert wird, der brennende Dornbusch ist, aus dem Gott immerdar zu uns kommt. Dann sind wir Christus am ähnlichsten.

Wenn diese Haltung mit seiner Barmherzigkeit und Gnade zu einer dauerhaften Verfassung unserer Seele wird, dann sind wir wirklich imstande, mit dem heiligen Paulus zu sagen: „Nicht mehr ich lebe, sondern Christus lebt in mir" (Gal 2,20).

Aber wir wissen: das ist nicht leicht. Anders als Sie glauben wir daran, daß unsere ursprüngliche Natur durch die Sünde der Ureltern der Menschheit befleckt ist. So wurde unser Verstand verdunkelt und unser Wille geschwächt. Darum hat Jesus Christus nach seiner Auferstehung sich selbst als Speise für unsere Seelen hinterlassen in der Eucharistie. Durch die Messe sind wir in der Lage, im Glauben das ewige Brot zu empfangen, den Leib und das Blut Christi: Gott selber als unsere Nahrung, die uns mehr Glauben, Hoffnung und Liebe schenkt. Dadurch wird unser natürliches Leben in das übernatürliche Leben verwandelt, nicht nur zur Ehre Gottes, den wir unablässig anbeten, sondern auch zum Heil anderer Menschen.

[2]) Nach Luk 17,1.

Vielleicht sollte ich mit Maria, der Mutter Gottes, abschließen. Es genügt zu sagen, daß Maria für mich die höchste Blüte aller Generationen der Menschheit seit Jahrtausenden darstellt, die höchste Blüte der Menschen, die in ihren Kulturen und Zivilisationen danach strebten, vollkommen zu sein – der Menschen also, die ihr Leben der Reinheit, der Wahrheit und dem Glauben gewidmet hatten. Maria ist die Quintessenz menschlicher Sehnsucht nach dem göttlichen Leben. Daher wurde das Wort, die zweite Person in Gott, durch sie Fleisch und wohnte unter uns wie jeder gewöhnliche Mensch.

Was ist vollkommene Freude für uns? Am Leben der Trinität teilzuhaben, am Leben der Gottheit teilzunehmen, dessen Fülle nur als Geschenk Gottes zu uns kommen kann, durch das vollkommene Geheimnis der Verwandlung im Tod zur Auferstehung des ganzen Christus. Hier möchte ich aufhören. Ich entschuldige mich für die Länge und die persönliche Prägung meiner Darstellung, meines Glaubenszeugnisses. Ich danke Ihnen.

GESPRÄCHSLEITER: Danke, Frau Professor. Ich bemerke, daß man darauf drängt, zu einigen Punkten nachzufragen.

BUDDHIST: Ja, nun, der Augenblick, wie er ist! Ich bin froh. Das ist meine Nahrung. Ich mag ihr Sosein! So, wie sie ist! Ich denke, die persönliche Darstellung der Lehren hat es für mich so einfach und echt werden lassen. Ich muß die Lehren nicht analysieren. Ich mußte nur *sie* werden während der Erzählung. Aber ich wußte nicht, daß der Katholizismus so universal und so unmittelbar, natürlich und spontan ist. Aber wenn ich jetzt, nach diesem Erlebnis des Soseins, darüber nachdenke, was sie über Jesus Christus gesagt hat, daß er Gott und Mensch sei und daß Leib und Blut Christi in diesem Stück Weißbrot sein sollen, das in katholischen Kirchen während der Messe ausgeteilt wird, da weiß ich wirklich nicht, wie ich das alles mit Buddhismus[3] und Zen zusammenbringen kann. Möchten Sie darauf antworten, Professorin?

KATHOLIKIN: Ja! Ich bin froh, daß Sie so offen und direkt sind. Sie können tatsächlich nicht dazu kommen, diese beiden Kernpunkte unseres Glaubens zu akzeptieren, wenn nicht Gott selber in seinem geheimen Plan Ihnen diesen Glauben schenkt.

HINDU: Schwester, können Sie genauer erklären, inwiefern unsere „purusha-prakriti"-Lehre von der Schöpfung Ihrer Schöpfungslehre ähnelt? Ich kenne die Schöpfungsgeschichte Ihrer Bibel in der Genesis, aber ich verstehe den Unterschied zwischen unserer Theorie über die Schöpfung und Ihrer Schöpfungslehre nicht.

KATHOLIKIN: Vielleicht ist es am besten, mit den Worten des Johannesevangeliums „Im Anfang war das Wort und das Wort war bei Gott und Gott war das Wort" (Joh 1,1) zu beginnen. Beachten Sie, daß zuerst „das Wort" erwähnt wird und nicht Gott. Das kommt daher, daß sich „Im Anfang" auf die Zeit bezieht (d. h. die Ewigkeit, sofern sie den Menschen zugewandt und erkennbar ist) und daß die Schöpfung mit diesem „Wort" entstand: als Gott *sich selber* aussprach. Alle Möglichkeiten der

---

[3]) Von einem als religiöse Weltanschauung verstandenen Buddhismus her dürften die Schwierigkeiten größer sein als von einer authentischen Zen-Erfahrung her. Vgl. dazu J.K.Kadowaki SJ, Zen und die Bibel. Ein Erfahrungsbericht aus Japan. Salzburg 1980.

Schöpfung entstanden mit diesem Sich-Äußern. Als Logos ist dieses Wort, wie ich früher sagte, die zweite Person in Gott, wesenseins mit ihm, sein „Anderer". Und das Band der Liebe und Wahrheit zwischen der ersten und zweiten Person ist ebenfalls wesenseins mit diesen: die dritte Person, der Geist dieser Einheit zwischen Vater und Sohn, der Geist der Wahrheit, der Logos, und der Geist der Liebe bzw. des Lebens, nämlich des Vaters. In der Tat können wir sagen, weil es in Gott ja keinen Unterschied zwischen Vergangenheit, Gegenwart und Zukunft gibt, daß der Vater ewiglich den Sohn erzeugt und daß aus dem Vater und dem Sohn ewiglich der Heilige Geist hervorgeht. Das ist so und war immer so vom Nicht-Anfang an und wird so sein bis zum Nicht-Ende.

Einzig und allein mit der Schöpfung entstanden Zeit und Geschichte; letztere entstand nicht mit den Menschen, sondern mit den Elementen, den anorganischen Substanzen, dann den organischen, dann den Tieren, dann den Fischen und den anderen Kreaturen, dann mit den Menschen, unseren Ureltern Adam und Eva, wie die Schrift sie nennt: den Ureltern der ganzen Menschheit. Während der ganzen Zeit war es der Logos, welcher alle Menschen erschaffen hat; und im Geist ist die Schöpfung, die andauernd geschieht, das ewige, nicht vergehende Aussprechen des Wortes: das Wort des Vaters durch den Geist, der die ganze Schöpfung heiligt und ihr Wahrheit und Liebe schenkt. Im Grunde sind alle Kreaturen, alle Arten und Gestalten, wie es in der Genesis beschrieben ist, erschaffen worden – und damit ist die Schöpfung bis zum Ende der Zeit gemeint –, weil der Dreifaltige Gott, Vater, Sohn und Heiliger Geist, sagte: „Laßt uns also den Menschen schaffen als *unser* Abbild" (Gen 1,26). Und damit war hier im Geist des Dreifaltigen Gottes das vollkommene Bild des Menschen geboren; und das ist Jesus Christus. Adam aber wurde in der Zeit geboren, der Urmensch der menschlichen Rasse. In Adam wurden alle Menschen, Frauen eingeschlossen, geschaffen, und weil Adam sich durch die Sünde des Ungehorsams von Gott abwandte, sind alle Menschen notwendigerweise, da sie ja aus Adam stammen, mit der Erbsünde[4] befleckt.

Die Wiederherstellung des Menschengeschlechtes mußte durch Gott selbst, durch den Logos, geschehen, in dem er durch Gottes Wirken Mensch wurde, der neue Adam also, Jesus Christus, das Fleisch gewordene Wort, dessen Selbstentäußerung in der absoluten Schwäche und Ohnmacht am Kreuz vollendet wurde. Denn in der Ganzheit seines Innersten nahm er alle Sünden der Menschheit vom Anfang der Zeit bis zum Ende in sich auf und machte sich selbst zur Sünde, um den physischen und geistigen Tod zu überwinden. Durch sein Leiden und seinen Tod hat er die ganze Schöpfung geheiligt. Jetzt ist er König und herrscht triumphierend und für immer. Die Erlösung, die er uns ermöglicht hat, gilt für alle Zeit, bis zum Ende der Zeiten, wenn wir uns erlösen lassen.

Das ganze Volk Gottes, auch wenn es noch einige Millionen Jahre bis zum Ende der Zeit lebt, wird nur deswegen zur Fülle Christi gelangen können, weil er bereits die ganze Schöpfung und die ganze Menschheit *ist*. Außerhalb der Zeit ist er der Logos, Gottes Sohn in seiner heiligen Menschheit und als Logos vom Vater gezeugt.

---

[4]) Vgl. dazu J. K. Kadowaki, a.a.O., 19.

Außerhalb des Logos gibt es keine Schöpfung. Das „Wort" ist die Äußerung Gottes; es ist das Geheimnis Gottes, sofern es in der Zeit erkannt werden kann. Jesus ist das Antlitz Gottes, das uns zu sehen gestattet ist.

Der große Unterschied, den ich zwischen Ihrem Glauben und meinem sehe, besteht in unserer Überzeugung, daß wir nicht Gott *sind,* sondern daß wir Geschöpfe sind und Gott unser Schöpfer ist. Durch sein Erbarmen und seine Gnade können wir *wie* Gott sein, *in* Gott verwandelt werden; wir können verschwinden und in Gott wieder gefunden werden, in vollkommener Vereinigung mit ihm, aber wir sind nicht Gott und können nicht Gott sein. Gott ist Gott, die Fülle der Gottheit, die dreifaltige Einheit, die wir als unaussprechliches und unergründliches Geheimnis anbeten. Obgleich wir nur wir selber sind, geschaffene Wesen, wird es uns doch ermöglicht, am Leben Gottes Anteil zu erhalten, denn wir sind auch Söhne und Töchter des Vaters, und Jesus ist sowohl unser Bruder als auch unser Erlöser und Gott.

TAOISTIN: Ich zögere, eine Frage zu stellen, denn ich denke, Sie werden wieder zur Erklärung viel Zeit benötigen. Aber vielleicht können Sie eine kurze Antwort geben, und wenn ich weitere Erklärungen brauche, werde ich Sie persönlich ansprechen. Meine Frage bezieht sich auf Ihre Bemerkung, die Sie früher gemacht haben, daß nämlich unser Tao bzw. der „Weg" für Sie dem Ewigen Willen gleicht. Wie ist das zu verstehen?

KATHOLIKIN: Oh, ja! Diese Frage bräuchte eine lange und komplexe Erläuterung, aber ich hoffe, das Folgende kann im Moment genügen: Gott ist Liebe. Gott ist Wille. Alles, was er von uns erwartet, ist, daß wir unseren Willen dem seinen anpassen, denn er hat uns nur für sich erschaffen, damit wir ewige Glückseligkeit mit ihm genießen. Die Menschen können zwar behaupten, daß sie seinen Willen nicht kennen. Dies kommt daher, daß die Freiheit, seinen Willen zu erkennen und zu tun, wirklich ganz und gar von Gott respektiert wird. Wenn wir also klug sind und Gott wirklich lieben oder wenn wir wenigstens in Dankbarkeit erkennen, daß wir ihm unser Leben verdanken, dann werden wir fortwährend sagen: „Mein Wunsch ist, daß Dein Wille, o Herr, an mir geschehe."

Bruder Charles de Foucauld hat ein wunderschönes Gebet[5] zu genau diesem Thema verfaßt. Lassen Sie mich das zitieren, nein besser: beten:

„Mein Vater, ich überlasse mich dir.
Mach mit mir, was dir gefällt.
Was Du auch mit mir tun magst, ich danke dir.
Zu allem bin ich bereit, alles nehme ich an.
Wenn nur Dein Wille sich an mir erfüllt
und an allen Deinen Geschöpfen.
So ersehne ich weiter nichts, mein Gott.
In Deine Hände lege ich meine Seele.
Ich gebe sie dir, mein Gott,
mit der ganzen Liebe meines Herzens,

---

[5]) Deutsche Fassung aus: Gotteslob. Katholisches Gebet- und Gesangbuch, Münster 1975, 27.

weil ich dich liebe und
weil diese Liebe mich treibt,
mich dir hinzugeben,
mich in deine Hände zu legen
ohne Maß, mit grenzenlosem Vertrauen.
Denn du bist mein Vater."

BUDDHIST: Mir ist aufgefallen, daß Sie Wahrheit immer auf Gott beziehen und damit die zweite Person, den Logos, meinen. Welcher Art Wahrheit ist die Wirklichkeit dieses Logos?

KATHOLIKIN: Vielleicht werden Sie in meinen Ausführungen auch bemerkt haben, daß ich Wahrheit auch auf Jesus Christus bezogen habe. Erinnern Sie sich an die oft zitierte Aufforderung: „Betet Gott im Geist und in der Wahrheit an"[6]? Ich denke, daß alle hier Versammelten darin übereinstimmen, daß wir Gott im Geiste anbeten. Auch unsere zen-buddhistischen und taoistischen Freunde können die Leere und das Tao Geist nennen. Wären aber Geist und Wahrheit dasselbe, warum sagt man dann nicht bloß Geist? Für mich als Katholikin meint dieser Ausdruck die Anbetung des Geheimnisses des dreifaltigen Gottes, des Vaters, des Sohnes und des Heiligen Geistes. Denn wir wissen nichts außer dem, was Christus uns gesagt hat, die wesentliche Wahrheit des Logos, die konkret wurde in der Wahrheit, die Jesus Christus ist, die allererste und allerletzte Wahrheit.

Alle anderen Wahrheiten sind zweitrangig; so die Wahrheiten der Naturwissenschaften, der Geschichte, der Kunst, der Philosophie und der Anthropologie, der Zoologie. Alle Natur- und Geisteswissenschaften enthalten Wahrheiten, die zu der einen Wahrheit hinführen, zur vollkommenen Wirklichkeit, zu Christus, dem Fleisch gewordenen Wort. Jesus ist die Wahrheit und zugleich auch der personale Gott, mit dem jeder Mensch eine tiefe persönliche Freundschaft haben kann. Ich sage das, weil wir dazu neigen, Wahrheit immer abstrakt und unpersönlich zu denken. Aber Jesus Christus ist lebendige, personale Wahrheit, inkarniert in einer menschlichen Natur wie die unsrige. Sein Erscheinen als lebendige Wahrheit befähigte ihn zu sagen: „Wer mich sieht, sieht den Vater" (Joh 14,9). Und jemand, der leidenschaftlich die Wahrheit sucht, wird so durch Jesus Christus im Heiligen Geist weitergeführt zum Vater.

BUDDHIST: Verzeihen Sie, auch wenn ich alles, was Sie gesagt haben, rein verstandesmäßig begreife, kann ich doch nicht Ihren Glauben an Christus teilen. Aber ich meine, daß wir sagen müssen, daß für uns alle „Gott" ein Geheimnis bleibt.

KATHOLIKIN: Ja, gewiß! Ich bin sicher, wir alle können ehrlich sagen, daß Gott ein Geheimnis bleibt. Doch erlauben Sie mir, Ihnen an dieser Stelle von dem „Gespräch zwischen zwei Menschen", einem Heiden und einem Christen, zu erzählen, das Nikolaus von Kues verfaßt hat und das ich bei Ladislaus Boros zitiert fand.

„Der Heide betritt eine Kirche und sieht dort einen Christen im Gebet. Er ist tief gerührt ob solcher Andacht und redet den Christen folgendermaßen an.

---

[6] Joh 4,24: „Gott ist Geist, und alle, die ihn anbeten, müssen ihn im Geist und in der Wahrheit anbeten."

Heide: Ich sehe, wie du voll Ehrfurcht niedergebeugt, aus tiefstem Herzen Tränen der Liebe vergießt, ohne zu heucheln. Bitte, sage mir, wer du bist!

Christ: Ich bin ein Christ.

Heide: Wen betest du an?

Christ: Gott.

Heide: Wer ist der Gott, den du anbetest?

Christ: Das weiß ich nicht.

Heide: Wie kannst du mit solchem Ernst etwas anbeten, das du nicht kennst?

Christ: Eben weil ich ihn nicht kenne, bete ich ihn an."[7]

Ich vermute, Sie werden die christliche Antwort sehr asiatisch finden. Der Gott, den wir anbeten, bleibt für uns alle ein Geheimnis. Ich kann Ihnen aber folgendes sagen: Hätte sich diese Geschichte in den Philippinen ereignet und Sie würden einen Philippino, der aus der Kirche kommt, so befragen, er würde vielleicht eher antworten: „Ich habe Jesus Christus angebetet, meinen eucharistischen König im Tabernakel. Das ist die Wahrheit, die mein ganzes Sein verkündet, auch wenn ich weiß, daß meine ganze Hingabe an Gott, den Vater, den Sohn und den Heiligen Geist, für mich ein absolutes Geheimnis und zugleich ein große Geschenk bleiben wird."

[7]) Deutsche Übersetzung aus: Nikolaus von Kues, Philosophisch-Theologische Schriften, hgg. von Leo Gabriel, Bd. I, Wien 1964, 301.

Fünftes Gespräch
Sonntagnachmittag

(Zusammenfassung und Ausblick)

GESPRÄCHSLEITER: Wir kommen jetzt zu unserer zusammenfassenden Abschlußsitzung. Wie wir Ihnen schon früher gesagt haben, werden die Studenten über das ganze Projekt einen Bericht ausarbeiten. Er soll auch einige Texte, die gelesen wurden, und die Gespräche, denen sie hier mit großer Aufmerksamkeit zugehört haben, enthalten. Auch wenn sie alle sehr aufgeschlossen sind, scheinen manche auch besorgt zu sein wegen der Ausbreitung der sogenannten „östlichen" Meditations- und Gebetszentren in Amerika und Europa. Darum ist diese letzte Sitzung, die wir haben, für sie besonders wichtig. Denn es geht darum, einen Zusammenhang zwischen dem Verständnis der religiösen Lehren und den Problemen der Jugend des 20. Jahrhunderts herzustellen, die sich um die Einheit der Welt auf der Basis menschlicher Verständigung bemüht.

Gehen Sie also bitte in Ihren zusammenfassenden und abschließenden Bemerkungen auf dieses Anliegen ein. Wir können aber auch die Fragen von Thomas Merton aufgreifen und sie noch einmal besprechen. Oder wir können wie unsere taoistische Freundin einfach sagen: Stellen wir uns auf das Tao ein und schauen wir, was sich entwickelt! Also, bitte, fangen Sie an! Dies ist eine Sitzung ohne festgelegte Ordnung.

BUDDHIST: Ich bin froh darüber, an den Hauptzweck unserer Gespräche erinnert zu werden: Sie sollen unseren Studenten hier helfen, ihr inneres Leben ernsthaft weiterzuentwickeln und diese Entwicklung mit Gleichgesinnten zu teilen. Ich denke, dies ist ein besonders wichtiger Gesichtspunkt. Auch wenn es zunächst notwendig war, die Lehren kennenzulernen, wozu unsere bisherigen Diskussionen sicher etwas beigetragen haben, sollte unsere abschließende Sitzung auf die heutige Jugend und deren Lebenswelt ausgerichtet sein. Sicher gibt es genug Möglichkeiten, Bücher über Religionen in Asien zu lesen. Aber ich denke, jetzt ist es wichtiger, unsere Gespräche diesem Thema zuzuwenden, um die jungen Menschen in ihrer eigenen Lebenswelt mit ihren besonderen Lebensbedingungen zu erreichen.

So möchte ich Ihnen zum Beispiel von einem Brief erzählen, den ich kürzlich von der Oberin eines Karmelitinnenklosters in Indien erhalten habe. Was sie von den jungen Frauen sagt, die den Wunsch haben, Karmelitinnen zu werden, ist unter anderem folgendes: „... um von der Gegenwart zu sprechen ... Was finden wir bei den Mädchen, die zu uns kommen? Ein großes Verlangen nach dem Absoluten und eine ehrliche Bereitschaft, alles dafür zu opfern. Sie kommen zu uns mit einem Ideal, das sie noch nicht verstehen, nach dem sie aber suchen, auch mit dem Instinkt ihrer Taufe, und wir müssen sie sehr sorgfältig führen, so gut, daß Stolz und Egoismus, der noch in ihren Seelen sein mag, nicht gefördert, sondern auf Ihn hingelenkt werden, der uns schon gerettet und erlöst hat. Was wir ihnen zuerst zu geben haben, ist das Wissen von und die Liebe zu Jesus Christus, durch den Gott alles in allem ist."

Diese besondere Offenheit der Jugend und ihr Mut, ein sehr hartes und nahezu hero-isches Leben auf sich zu nehmen, ist wohl ein weltweites Phänomen. Das gilt sicher für einen Teil der Jugend hier, in den Vereinigten Staaten und in Europa. Ein anderer Teil der Jugend flieht vor der Wirklichkeit, tendiert dazu, sich an Drogen zu klam-mern oder, was auch bei einigen vorkommt, mystische Erfahrungen sogar wissent-lich vorzutäuschen.

KATHOLIKIN: Wenn ich mich hier einmischen darf: Was meinen Sie mit diesen pseudo-mystischen Erfahrungen?

BUDDHIST: Oh! Das tut mir leid! Das muß sehr dogmatisch und verurteilend geklungen haben. Aber ich habe hier und in Indien einige Jugendliche getroffen, die sich selbst mit dem Gedanken betrügen, sie hätten die konventionelle Gesellschaft, die zu einer Ellenbogengesellschaft verkommen sei, wie sie sich ausdrücken, hinter sich gelassen. Sie haben sich Gruppen angeschlossen, die in einer Art hinduisti-schem oder buddhistischem Ashram leben und dort angeblich den ganzen Tag dem Sein Gottes überlassen sind, die aber – seltsam genug – in aller Offenheit sich unmo-ralischer Praktiken erotischer und hypnotischer Art unterziehen. Was ich damit sagen will, ist, daß ein echt religiöses und mystisches Leben auf dem soliden Funda-ment eines Alltagslebens in Tugend und Heiligkeit aufgebaut sein muß.

TAOSTIN: Ich bin vollkommen derselben Meinung. Vielleicht ist das der Punkt, den wir betonen sollten: Ein authentisch religiöses Leben ist ein Leben in den Bedin-gungen, in denen man sich befindet. Der einzige Unterschied zwischen solch einem gewöhnlichen, natürlichen, aber vielleicht unbefriedigenden Leben und einem reli-giös gelebten Leben ist die religiöse Überhöhung der alltäglichen und gewöhnlichen Tätigkeiten, die Vergöttlichung dessen, was ansonsten völlig natürlich und mensch-lich ist. Und das erfordert einen gänzlichen Wandel der Grundeinstellung, eine (neue) Lebensphilosophie, wie man sagen könnte, einen (neuen) Lebensstil, um es anders auszudrücken.

An dieser Stelle möchte ich einen unserer Lieblingsautoren einführen, einen Chi-nesen, der zum Katholizismus konvertiert ist: John Wu. In seinem Buch „Innerer Karmel"[1], das ich von einem Freund geschenkt bekam, gefiel mir besonders der Gedanke des Wachstums. „Man muß wachsen zur Reife." Zu dem, was wir über einen „gänzlichen Sinneswandel" bzw. einen Wandel des Lebensstiles gesagt haben, paßt sehr gut, was er über das Gesetz des Wachstums geäußert und am Leben des Konfuzius veranschaulicht hat. Konfuzius sagte:

Mit 15 setzte ich mein Herz auf die Suche nach Weisheit.
Mit 30 stand ich gefestigt da.
Mit 40 war ich von Illusionen befreit.
Mit 50 verstand ich den Willen des Himmels.
Mit 60 war mein inneres Ohr lernbereit.
Mit 70 konnte ich allen Wünschen meines Herzens folgen, ohne die Grenzen des Rechts zu verletzen.[2]

[1]) Wu, John C. H., The Interior Carmel: The Three-fold Way of Love, New York (Sheed and Ward) 1953.
[2]) Die Übersetzung folgt der englischen Vorlage. Vgl. Kungfutse, Gespräche. Lun Yü, aus dem Chinesi-schen übertragen und herausgegeben von Richard Wilhelm, Düsseldorf 1980, 42.

Von Konfuzius wechselt er zum heiligen Thomas von Aquin und zitiert ihn mit den Worten: „Es ist ganz natürlich für den menschlichen Geist, stufenweise vom Unvollkommenen zum Vollkommenen voranzuschreiten." Solches Wachstum im spirituellen Leben ist nicht für das Christentum allein charakteristisch. Im Buddhismus beginnt man mit der Vermeidung des Bösen, geht durch eine Phase der Betätigung der Tugenden und kommt schließlich in ein Stadium der Weisheit. Im Konfuzianismus spricht man vom „Eintreten durch das Tor", dem „Hinaufgehen zur Halle" und dann von der „Zulassung zur geheimen Kammer".

GESPRÄCHSLEITER: Darf ich zu diesem Punkt etwas sagen? Bitte! Da unsere letzte Sitzung die hier versammelte Jugend unmittelbarer betreffen soll, erbitte ich für zwei Anliegen Ihr Einverständnis. Einmal möchte ich gern freier – und ich hoffe auch mit mehr Kreativität –, aber dann auch stärker eingreifend den Lauf unserer Diskussion lenken, zum anderen bitte ich um die Erlaubnis, selbst an der Diskussion teilnehmen, d.h. eigene Beiträge einbringen zu können.

ALLE: Aber natürlich! Bitte, tun Sie das! Wir würden uns sehr darüber freuen.

GESPRÄCHSLEITER: Gut, zu diesem Lebensstil, den Sie erwähnt haben: Schließt das nicht alles ein, was wir gewöhnlich „Kultur" nennen? Die Ideale der Menschen, ganz besonders ihre Wertvorstellungen, ihre Lebensweise, ihre Gebräuche und Traditionen, ihre Sprache – kurz, alles, was sozusagen die alltägliche Lebensatmosphäre ausmacht?

BUDDHIST UND TAOISTIN: Ja, ja! Alles das.

GESPRÄCHSLEITER: Darum also nehme ich an, daß unsere Studenten in Anbetracht der Tatsache, daß die Lebensatmoshpäre der Jugend heute weltweit ähnlich ist, gerne wissen möchten, was die asiatische Jugend, sofern sie nach ihrer Religion lebt, auf die Nöte ihrer Völker antworten würde?

Im Anschluß an unsere Indienreise hat diese Gruppe zum Beispiel in einem Gespräch die Meinung vertreten, daß die dramatische Darstellung von Matthew Levi[3] über „Asiens Suche nach Christus" für sie in viel lebendigerer Weise bedeutungsvoll geworden ist. Wenn Sie sich erinnern, heißt die Frage, die Asiens Suche nach Christus zum Ausdruck bringt, nicht „Wer ist Er?" oder „Was ist Er?", sondern „Was bringt uns in Kontakt mit Ihm?". Sie suchen Christus, nicht Christologie; denn sie kommen, um Ihn kennenzulernen. Was ihnen hilft, sind Erfahrungen, nicht Erklärungen. Weder Gottes Wort in der Bibel noch das Volk Gottes in Jerusalem stellt die Erfüllung des asiatischen Pilgerweges dar, auch wenn beide im Lauf des Suchens zu Rate gezogen werden. Sie dienen den asiatischen Pilgern Christi wie Sakramente und laden sie ein, darüber hinauszugehen. Das alles sagte Matthew Levi. Wir kamen überein, dies zu unserer Orientierung zu benutzen. Was sagt es Ihnen?

---

[3]) In der Form eines satirischen Dramas wird die Geschichte der drei orientalischen Weisen (Magier, Könige) bei ihrer Suche nach dem neugeborenen Heiland auf die gegenwärtige religiöse Situation Asiens ausgedeutet. Vgl. das Resumé und die Auseinandersetzung mit diesem Paradigma in dem Abschnitt „Ökumenismus heute und Asiens Suche nach Christus" bei Aloysius Pieris, Theologie der Befreiung, Freiburg 1986, 239–260, insbes. 248 ff.

BUDDHIST: Was Sie anscheinend besonders betonen wollen, ist, daß unsere Religionen die ganze Lebenswirklichkeit der Menschen im Blick haben müssen, hier und jetzt.

KATHOLIKIN: Aber natürlich! Auch wenn wir unsere Gespräche auf die Glaubenslehren beschränkt haben, möchten wir doch unseren jungen Freunden hier versichern, daß wir niemals die Tatsache vergessen haben, daß wir das gewöhnliche Alltagsleben unserer Völker teilen.

HINDU: Jawohl, wenn Sie irgendeinen von uns hier fragen würden, könnten wir sagen, daß die Wertvorstellungen, nach denen wir im Alltag zu leben versuchen, jeweils durch unsere Religion definiert werden.

KATHOLIKIN: In der Tat hat mich das ganze Problem sehr beschäftigt. Letztes Jahr erhielt ich mit der Post einen sehr interessanten Artikel von P. Aloysius Pieris S. J. Es war ein Arbeitspapier, das dem Kongreß der Ökumeniker der Jesuiten Asiens in Manila vorgelegt worden ist. Der Titel lautet „Ökumenismus und Asiens Suche nach Christus". Da beschreibt Pieris den Unterschied zwischen protestantischen und katholischen Fehlformen der Evangelisierung als *Bibliolatrie* (außerhalb der Bibel keine Erlösung) und *Ekklesiolatrie* (außerhalb der Kirche keine Erlösung). Er spricht auch vom „biblischen Fundamentalismus" der Protestanten und vom „kirchlichen Fundamentalismus"[4] der Katholiken. Beide kämen jetzt aber zusammen und bilden einen einzigen am Evangelium orientierten Strom, um der nachchristlichen Welt des Westens und der nichtchristlichen Welt des Ostens, die beide nach ihren Maßstäben als heidnisch gelten, Jesus von Nazareth als Gottes Sohn und Erlöser der Menschen zu verkünden. Das eigentliche Problem ist, *wie* man ihnen Christus, den armen, aber gerechten Christus verkündet. Mit Bezug auf die Jugend, die sich von der Sozialethik des Evangeliums besonders angezogen fühlt, sagt er, sie würde mit all' ihrer Energie „die organisierte Ungerechtigkeit in und außerhalb der Kirche"[5] anklagen. Daher ist wirklich der Kampf gegen die soziale Ungerechtigkeit bei unseren Bemühungen um Evangelisation eine wichtige Aufgabe.

Das Problem umfaßt allerdings mehr als bloß die Verkündigung der Botschaft oder das verstärkte Bemühen um soziale Befreiung. Ich erinnere mich auch, einen Artikel in der Zeitschrift „Impact" von Nalini Nayak über das Marianad-Entwicklungs-Projekt in Kerala in Indien[6] gelesen zu haben. Da wird im einzelnen der langsame, aber stetige Fortschritt bei der Verbesserung der Wirtschaftslage von ungefähr 150 000 Fischern beschrieben, die durch eine Kooperative mit Hilfe des Verfassers selbst bewirkt wurde.

In diesem Artikel gibt der Verfasser zu, daß die steigenden Einkommen und eine größere Beteiligung der Menschen an den Angelegenheiten des eigenen Dorfes besondere Probleme aufwerfen. Er berichtet, daß die Menschen angesichts der ausreichenden Grundversorgung jetzt nach Luxusgütern Ausschau hielten und daß sie auf diese Weise rasch durch dieselbe Konsumorientierung geprägt würden, die so viele Länder der Dritten Welt belastet. Er kommt zu dem Schluß, daß es äußerst

---

[4]) Ebd. 243.
[5]) Ebd. 245.
[6]) Vgl. Impact, 40 (1976) Heft 8 (Erscheinungsort Manila).

schwierig ist, ein neues Individual-Bewußtsein wachzurufen, solange das soziale Bewußtsein noch auf dem früheren Stand bleibt. Da er das Wesen von Veränderungsprozessen sehr genau kennt, vertritt er die Ansicht, daß wahrer Fortschritt von prophetischer Führerschaft begleitet sein oder damit zusammengehen sollte.

TAOISTIN: An dieser Stelle lassen Sie mich bitte auf ein anderes, sehr ermutigendes Seminar bzw. eine Konferenz über Frieden und Religionen in Asien hinweisen. Sie wurde von mehreren interreligiösen Gruppen in Singapur veranstaltet. Die Anregung dafür kam zufällig (um unserem japanischen Freund ein Kompliment zu machen, sei das festgestellt) von einer japanischen Gruppe unter Führung von Nikkyo Niwano. Ich war besonders berührt von der umfassenden Zielsetzung, die man sich gegeben hatte, und die mir als Asiatin vollkommen entsprach. Man hatte mich zur Konferenz eingeladen, aber ich konnte nicht teilnehmen.

Die Konferenz hatte das Ziel, kritische und kreative Wachsamkeit bezüglich der politischen, ökonomischen, sozialen und kulturellen Veränderungsprozesse zu fördern und die Bemühungen um Menschenwürde und Gerechtigkeit unter den Völkern Asiens zu unterstützen, und zwar durch Kommunikation zwischen allen religiösen Gemeinschaften und durch den Entwurf eines angemessenen Konzepts für eine integrierte Entwicklung auf der Basis einer religiösen Perspektive, die auf den Traditionen Asiens gründet; durch Erforschung der inneren und äußeren Zerstörungskräfte, die in Asien wirken, und durch Empfehlungen von Hilfsmaßnahmen und positiven Schritten, die jene Störungen verhindern könnten.

Aber glauben Sie nicht, daß unsere Diskussion jetzt zu sehr auf Spezialfragen konzentriert ist? Angefangen haben wir mit dem Wichtigsten, den Grundzügen der Glaubensvorstellungen, die jeden von uns auf dort festgelegte Werte verpflichtet.

BUDDHIST: Ich möchte auch etwas dazu beitragen. Auf dem Bücherregal hier fand ich eine sehr interessante Publikation; und beim Durchblättern sah ich einen Artikel von P. Francis X. Clark S. J. mit dem Titel: „Das Evangelium in asiatischer Kultur heimisch machen". Ich kann Ihnen jetzt keine vollständige Zusammenfassung geben. Aber er gibt folgende bedeutsame Einsicht: „Asiens Menschen haben über die Maßen ihre Kraft im Leiden unter Beweis gestellt, bis in den Tod für Christus. Aber sie hatten noch keine Chance zu beweisen – und die Welt bedarf eines solchen Beweises –, daß asiatische Christen so sehr zur Kultur und zu den Traditionen Asiens gehören, daß sie das Evangelium und die Kultur in Harmonie und Schönheit miteinander verschmelzen können."[7]

Das ist doch ein guter Beitrag für Sie, oder nicht?

HINDU: Das ist sicher auch bei uns ein Problem. Besonders für unsere Jugend. Die Veden, unsere Heiligen Schriften, bedeuten uns viel. Sie sind unsere höchste Autorität. Aber wie man heute nach solchen Heiligen Schriften lebt, das scheint das Problem zu sein. Das gilt für alle unsere Glaubensauffassungen.

GESPRÄCHSLEITER: Für uns alle gilt wohl, daß unsere nationale und individuelle Integrität auf eine Unterstützung durch die Gemeinschaft angewiesen ist. Ich

---

[7] Clark, Francis X., Making the Gospel at Home in Asian Cultures. Some Questions, Suggestions, Hopes, in: Teaching All Nations XIII (1976) 131–149, hier 139 f.

denke, das ist ein nahezu universales Bedürfnis. Wir haben uns aber mit dieser Betrachtung recht weit vom Ausgangspunkt, der Lebenskultur, entfernt.

BUDDHIST: Nein, der Meinung bin ich nicht. Wir haben das Gespräch ganz logisch da wieder aufgegriffen, von wo wir ausgegangen waren. Wir waren ja bei der Frage: Wie können wir dazu beitragen, daß die Menschen für den notwendigen Wandel der Grundeinstellung und der Lebensweise sensibler werden.

KATHOLIKIN: Ich denke, da ist der Hinweis Koyamas, daß es sich um ein Problem der Werte handelt, sehr erhellend. Er sagt, das gegenwärtige Zusammenprallen zweier historischer Kräfte, der Kraft der technologischen Zivilisation auf Weltebene und der Kraft des überlieferten kulturellen und religiösen Lebens auf lokaler Ebene, bringe in den Menschen ein Gefühl der Wertkrise hervor. „Der Mensch muß ,spirituell ineffizient' werden (Selig die Armen im Geiste!), um zu erkennen, in welche apokalyptische Situation der ,Ohnmacht' er hineingeraten ist. ,Auf der Höhe unserer Macht mit ungeheuren technologischen Möglichkeiten erleben wir Momente tiefster Unsicherheit.'"[8]

„In dieser unheimlichen Frustration erscheint Gott als ein effizienter Gott. Im Durchgang durch den Prozeß der Ohnmacht erweist er sich selbst als der Allmächtige. Er hat sein Ziel erreicht. Seine Macht ist freilich nicht eine gewöhnliche Macht. Es ist Macht in einem sehr paradoxen Sinn, die Macht des Gekreuzigten. ,Gekreuzigte Effizienz' heißt die Botschaft, die sowohl den Menschen hinter dem Ochsenkarren als auch den Menschen in Überschallflugzeugen vermittelt werden muß. Verborgen in dieser ,gekreuzigten Effizienz' ist neues Leben im Hinblick auf die großen vor uns liegenden Aufgaben im Rahmen der technologischen Zivilisation, die Probleme der Entwicklung, der sozialen Gerechtigkeit, der Glaubenskrise und der Suche nach dem Sinn des Lebens. ,Gekreuzigte Effizienz' lehrt uns, ob wir uns nun mit einem Ochsenkarren auf einer unwirtlichen Landstraße dahinschleppen oder ob wir in die Tiefe des furchteinflößenden Weltraums eindringen, daß die technologische Effizienz durch den Geist der ,Effizienz des Gekreuzigten' erleuchtet werden muß."[9]

TAOISTIN: Um das aber zu erreichen, muß man zuerst erkennen, daß eines notwendig ist: Diese Erkenntnis muß auf der Ebene der tatsächlich wahrgenommenen Bedürfnisse aufsteigen. Man muß in sich selber hineinschauen: Weiß man eigentlich, was man nötig hat?

BUDDHIST: Aber wo soll man anfangen? Angenommen, Menschen kommen zusammen und leben gemeinsam in einer Gruppe, um durch Selbsterkenntnis herauszufinden, was sie brauchen?

TAOISTIN: Ja, vielleicht! Wie sehr wünschte ich, sie könnten sensibel sein für das Unsichtbare, was immer es sein mag: für das Tao, für Christus oder Gott, für Buddha, für Brahman, für die Leere oder wie immer man die höchste Wirklichkeit nennen mag!

[8]) Koyama, Kosuke, Waterbuffalo Theology, London 1974, 68. Der letzte Satz ist ein Zitat aus dem Vorwort von S. Radhakrishnan, Religion in a Changing World, Allen and Unwin, 1967.
[9]) Koyama, Kosuke, a.a.O., 68 f.

BUDDHIST: Ich bin sicher, sie sind es! Solche Empfindsamkeit ist naturgegeben, ganz natürlich, besonders bei der Jugend. Ich vertraue auf das einfache Sich-Öffnen-Lassen für die gesuchte Wirklichkeit, natürlich ohne Drogen und Hypnose.

HINDU: Ich möchte noch einmal Kosuke Koyama erwähnen. Als er das erste Mal nach Thailand kam und drei Jahre dort geblieben war, so sagt er, habe er gedacht, der Buddhismus hätte dort mit seiner Lehre von der Entsagung und Ruhe nur geringe Zukunftschancen. Als er aber nach drei weiteren Jahren dorthin zurückkehrte, habe er bemerkt, daß das, worauf es wirklich ankommt, nicht ein Paket von buddhistischen Lehren sei, sondern Menschen[10], die versuchten, nach der Lehre des Buddhismus wirklich zu leben.

KATHOLIKIN: Ich denke, hier haben wir einen sehr guten ersten Punkt erreicht, den wir festhalten sollten. Ich bin sicher, daß wir alle dem zustimmen; und dennoch ist es hilfreich, erneut daran erinnert zu werden.

Darf ich aber noch etwas mehr über Koyama[11] sagen? Er meint, Buddhas große Lehren über das Leiden, die Vergänglichkeit allen Daseins und die Ausmerzung des „Ich", das als Illusion die Quelle aller Übel ist, können aufrechterhalten werden. Aber sie sollten in Beziehung gesetzt werden zu dem Gott Israels oder zu Jesus Christus im Sinn des Neuen Testaments, der allein allen drei Lehrgrundsätzen in einer Weise Bedeutung geben kann, die dem Menschen Ganzheit und Zukunftshoffnung zu geben vermag. Und wenn er sagt, die Anpassung der drei Lehren an japanische, indische oder philippinische Spiritualität könne nicht gelingen, wenn sie nicht in dieses Verhältnis eingeordnet wird, dann neige ich dazu, dem vollkommen zuzustimmen. Allerdings muß ich sagen, daß das für die Philippinen schon geschehen ist; denn wir sind ein christliches Land. Doch bin ich sehr neugierig zu erfahren, wie das in Japan und Indien verwirklicht werden könnte. Das hat mit dem Problem einer personalen Gottesvorstellung zu tun.

Ich denke, unsere Studenten hier müßten schon jetzt erkannt haben, daß es Anpassungsmöglichkeiten bezüglich einiger Lehren über Leiden, Erleuchtung und das Wesen der Wirklichkeit gibt, der fundamentale Unterschied aber zwischen der personalen Gottesvorstellung der Christen und einer Art Pantheismus in der buddhistischen und hinduistischen Religion liegt.

HINDU: Um zu dem Problem des ernsthaften Suchens nach dem Absoluten zurückzukommen, denke ich, daß man einen Guru oder Führer haben muß, jemanden, den man bei Bedarf um Rat fragen kann. Man hat Führung nötig.

KATHOLIKIN: Ja, ich denke auch, unsere Jugend sucht nach Idealen und Glaubenslehren, die *gelebt* werden. Was unsere Jugend braucht, ist gelebtes Evangelium. Das Zeugnis des Lebens wirkt bei ihnen am meisten. Zur gleichen Zeit sehnen sie sich sehr nach einem Verständnis der Erfahrungen, die sie machen, denn sie entstammen einer hochentwickelten wissenschaftlich-technologischen Kultur. Was unsere Jugend also braucht, ist *Lehre* und *Zeugnis*. Wie jetzt bei diesem Gespräch: Wenn wir ihnen zeigen können, daß wir selber Männer und Frauen des Glaubens, der

---

[10]) Koyama, Kosuke, a.a.O., 129.
[11]) Koayama, Kosuke, a.a.O., 152–158.

Hoffnung und der Liebe sind und daß wir ungeachtet unserer religiösen Differenzen im wesentlichen an dasselbe glauben, was dem gemeinsamen Wohl aller Menschen dient, dann finden sie vielleicht einen Sinn in unserem Leben, der manche Dunkelheit erhellen kann, die letztlich eine Einladung Christi zu mehr Licht bedeutet.

Ich schlage Ihnen vor zu überprüfen, ob es aufgrund unserer Gespräche nicht eine offensichtliche Übereinstimmung darin gibt, daß ein authentisch gelebtes religiöses Leben ein Leben der Selbstverleugnung ist, ein Opfer des eigenen Ich an eine transzendente Wirklichkeit, die wir für kostbarer erachten als unser eigenes kleines, geringes und enges Ego. Das ist ein wichtiger Punkt, oder vielleicht sind es zwei, denn darin eingeschlossen ist auch die Gegenwart der transzendenten Wirklichkeit selbst, die ja die Quelle unseres Wachstums im Leben ist.

Ich benutze gern das Symbol des Kreuzes: Es zeigt unsere zweifache Verpflichtung an Gott und an den Tod des Ich (die persönliche Kreuzigung des Ego) als wesentlich für jedes Leben in Heiligkeit. Vielleicht kann ich noch weitergehen und sagen: Wenn wir die Botschaft von der Herrlichkeit des Kreuzes wirksamer verbreiten könnten, dann wären wir wohl imstande, eine Kultur des Seins für eine solche Gemeinsamkeit der Werte zu schaffen: eine liebevolle und tief bedeutungsreiche Hingabe des Ich im Gegensatz zu dem heutigen materialistischen Ideal des großen „Erfolgsmenschen". Ich weiß, daß es Menschen gibt, die nicht gern an das Kreuz denken. Sie meinen, das sei negativ und pathologisch. Aber verstanden als Auszeichnung und Freude, kann die Hingabe des Ich auch zu jener Herrlichkeit werden, in die ein Mensch sein Leben gern verwandeln möchte.

BUDDHIST: Meinen Sie, die Jugendlichen würden so weit gehen wollen? Glauben Sie, daß dies die Jugend anziehen kann, wenn Sie mit der nackten Aufforderung zur totalen Selbstverleugnung zugunsten anderer so brüskierend herauskommen? Das klingt sehr unwissenschaftlich und unverständlich.

KATHOLIKIN: Wie seltsam! Haben Sie nicht vorhin ganz Ähnliches gesagt, als sie den Brief der Priorin des indischen Karmel zitiert haben!

BUDDHIST: Gewiß, doch betrifft das nur wenige auserwählte Seelen. Ich frage mich, ob unsere Jugend im allgemeinen diese Herausforderung zu einem heroischen Leben für sich als bedeutsam ansehen kann.

KATHOLIKIN: Aber das ist doch die heutige Kultur des Seins, die Grundstimmung der gegenwärtigen Daseinsweise, die in der Luft zu liegen scheint. Meine Absicht ist es, diese Herausforderung für die Menschen verständlich zu machen. Daher betone ich auch die Notwendigkeit, alles Positive in unserer heutigen weltweiten Kultur und alles Gute aus der Vergangenheit zusammenzutragen und in die Gegenwart zu integrieren für eine Zukunft, die fordernd und spirituell attraktiv sein sollte, damit die Menschen ihr eigenes Leben, das persönliche und gesellschaftliche, sinnvoll gestalten können.

HINDU: Ja, dem stimme ich völlig zu. Aber da liegt auch das Problem. Wie kann das verwirklicht werden?

BUDDHIST: Nicht darüber nachgrübeln! Einfach: *sein!* Oder, wie unsere taoistische Schwester sagen würde: *wu wei!* Nichts machen wollen, und es wird von selbst geschehen. Meinen Sie das?

TAOISTIN: Ja und nein. Ja, es wird getan werden, weil das Tao in jedem von uns und in jedem von ihnen es verwirklichen wird. Aber ihr *te*, ihre Kraft und Tugend muß ausgedrückt werden. Gerade so, wie wir hierher zusammengebracht werden mußten, damit wir einander mitteilen konnten, was jeder zu sagen hatte. Darum ist das, was unsere katholische Freundin zu betonen versuchte, ganz wichtig: helfen, eine Kultur des Seins zu schaffen.

KATHOLIKIN: Oder mit den Worten Teilhard de Chardins: helfen, das göttliche Milieu hervorzubringen, so daß eine sinnvolle Selbstverleugnung zum Ziel eines jeden Menschenlebens wird.

HINDU: Mit Verlaub würde ich gern die Schwester bitten, ein Beispiel für solch eine erhoffte Integration oder Synthese aus unseren verschiedenen Weltanschauungen darzustellen.

HINDU: Ja, ich hätte auch gern ein konkretes Beispiel. Ich bin entmutigt durch die Begegnung mit christlichen Jugendlichen, die nach Indien kamen, vermutlich mit der Absicht, tief religiöse Menschen zu werden, am Ende eines sechs- oder zwölfmonatigen Aufenthalts aber eingestehen mußten, daß sie keine Möglichkeit erkennen konnten, diese Erfahrung in ihr weiteres Leben zu integrieren. Sie gaben zu, daß die Erfahrungen mit Yoga und mit hinduistischen Riten und Zeremonien, die sie kennengelernt hatten, ihnen wirklich geholfen haben zu lernen, wie man den Geist beruhigt und meditiert und wie man es erreicht, daß einige spirituelle Werte für sie attraktiver werden; aber sie sagen, dies sei zwar eine gute Erfahrung, eine äußerst notwendige Unterbrechung und Einkehr gewesen, aber es bleibe eine fremdartige Einzelerfahrung für sie. Darum pflichte ich der Schwester bei, daß eine Synthese bzw. eine Integration der Einsichten notwendig ist in Richtung auf etwas, was eine solide und ausbalancierte, weltweit lebbare, sinnvolle und beständige Weltanschauung oder Lebensphilosophie werden könnte. Fahren Sie also fort, Schwester, und beschreiben Sie jene Synthese aus ihrer Sicht, vielleicht mit Konzentration auf einen oder zwei Leitgedanken.

KATHOLIKIN: Zuerst möchte ich erwähnen, daß unsere Jugend mit Yoga oder einigen anderen Meditationsformen, deren Ziel die totale Leere ist, allein nicht vorankommt. Ganz allgemein möchte ich darauf hinweisen, daß echte Christen ja ständig in der Gegenwart Gottes leben. Dies steht oft anstelle einer förmlichen Meditation. Weil sie in die Wirklichkeit des lebendigen und ewigen, gekreuzigten und auferstandenen Christus sozusagen „eintauchen", eine Wahrheit, die für immer, in jeder Minute an jedem Tag, existiert und ihrem Leben Sinn verleiht. Darum finden manche es irgendwie künstlich, wenn nicht gar rein ritualistisch, ihren Geist von dem zu befreien, in das sie gerade transformiert werden wollen: die heilige Menschheit Jesu Christi.

Und jetzt möchte ich, da vorhin Teilhard de Chardin erwähnt wurde, auf einige seiner Ansichten zurückgreifen. Wir wissen vermutlich alle, daß P. Teilhard de Chardin 30 Jahre als Paläontologe in China war und daß seine Bemühungen und Erfahrungen in China die eines Wissenschaftlers waren. Weil er aber auch ein Priester war, haben wir hier ein gutes Beispiel für die vollkommene Integration dessen, was C. P. Snow die „zwei Kulturen" nennt, Naturwissenschaften und Geisteswissenschaften.

Lassen Sie uns diese beiden Aspekte seines Daseins als typisch oder symbolisch nehmen für zwei anscheinend gegensätzliche Kulturen, die wir zu integrieren versuchen. Als Naturwissenschaftler fühlte Teilhard de Chardin tiefen Respekt und eine klare Verpflichtung gegenüber den beobachtbaren wissenschaftlichen Daten. Seine wissenschaftliche Laufbahn hatte sein ganzes Sein durch die kompromißlosen Suche nach den Tatsachen und ihren Konsequenzen geschult zu Wahrhaftigkeit, Mut und Kühnheit. Seine Leidenschaft galt der Exaktheit, der Präzision, dem Unpersönlichen und der Objektivität. Er besaß unerbittliche Ausdauer und Fleiß. Für dieses sein Lebenswerk waren seine intellektuellen Fähigkeiten, Verstand, Gedächtnis und Vorstellungskraft, fein geschliffen.

Gleichzeitig war er aber auch ein Priester, der täglich die Messe las; er war seinem Gebetsleben treu und kultivierte sein inneres Glaubensleben mit Eifer, ein Mann, der ganz und gar Gott ergeben war, ein Mann von großer Glaubenskraft, Hoffnung und Liebe.

Dieser Mann lebte ein Leben der Selbstverleugnung mit zwei gebieterischen Herren, nämlich Gott und dem geringeren Herrn, der Wissenschaft. Was ich meine, ist die Kombination dieser zwei Ausrichtungen: ein Leben kindlichen Glaubens und Staunens, ein Leben universaler Weite und Barmherzigkeit, eine lebenslange, persönliche, innige Freundschaft mit Christus; und zugleich auch ein strenges und unnachsichtiges, ganz und gar der Wissenschaft gewidmetes Leben, um seine wissenschaftlichen Funde zu seinen eigenen Opfergaben zu machen.

Ja, Teilhard de Chardin war ein Mystiker – das ist ganz klar. Ich bin auf diese Aspekte seines Lebens eingegangen, um zu zeigen, daß man eigentlich nicht ein Priester sein muß, um eine solche Integration zu erreichen. Denn in jedem von uns gibt es einen Heroismus, der dem zum Priestertum erforderlichen ähnelt, wenn wir nur so viel Gottesliebe hätten wie er besaß. Seine Wahrheitsliebe als Wissenschaftler hat seine Liebe zur Arbeit für das Reich Gottes auf Erden sowohl materiell wie spirituell noch tiefer und universaler werden lassen. Wissen als solches ist nicht schlecht, sondern gut. Wissenschaft und Technologie als solche wie auch Disziplin können Gutes hervorbringen. Was am meisten zählt, ist, was jemand als Ziel der menschlichen Bemühungen ansieht: Welchem Ziel sollen sie dienen? Dem Aufbau oder der Zerstörung von Menschen? Um Liebe und Mitgefühl oder um Haß und Gewalt zu erzeugen? Um den erweiterten Freiheiten der Menschen zur Fülle zu verhelfen oder um sie zu verkürzen, zurückzuschrauben und zu entmenschlichen? So können die heutigen Errungenschaften in der Technologie und der Wissenschaft in großartiger Weise genutzt werden, wenn sie den menschlichen und religiösen Werten der ganzen Menschheit zum Dienst gewidmet werden – und eine solche Motivation kann der Jugend helfen, ihre Talente zu entfalten und ihre Persönlichkeiten zu verwirklichen.

BUDDHIST: Jetzt erinnere ich mich an einen Artikel über Robert Oppenheimer, den Vater der Atombombe, den ich einmal gelesen habe. Er sagte, das japanische No-Theater habe ihn sehr tief berührt, obwohl er die Worte, wie er sagte, überhaupt nicht verstehen konnte. Nach seiner Meinung war dieses Theater dennoch eine sehr wirkungsvolle Methode, Menschen in meditativer Stille zusammenzubringen. Sehr beeindruckt war ich auch von seiner Aussage, die Verbreitung von Liebe in der Welt sei eine Frage der Fähigkeit der Menschen, von anderen zu lernen, eine Frage, ob und wieviel sie aufzugeben bereit sind und ob sie den Willen haben, ungeachtet der Liebe zum eigenen Land einander kennenzulernen.

GESPRÄCHSLEITER: Ja, und ich erinnere mich, was er nach dem Abwurf der ersten Bombe auf Hiroshima gesagt hat, daß nämlich die Wissenschaftler dadurch erkannt haben, was Sünde ist. Es muß ein tiefes Gefühl von Tragik gewesen sein, das ihn zu dieser Aussage veranlaßt hat, denn er sagte auch, daß die Menschen gleich nach dem Krieg meinten, die Entdeckung der Atomkraft sei etwas Gutes. Sie hätte eine großartige Gelegenheit zur Verteidigung der Menschenwürde geschaffen, weil man mit solchen Größendimensionen des Bösen zu tun bekam, und daß es für den Menschen nur eine Möglichkeit der Reaktion darauf gibt, nämlich das Böse durch das Gute, eben diese Atombombe, zu besiegen.

BUDDHIST: Robert Oppenheimer war immer wie besessen von Problemen der Ethik und der Werte im Bereich der Wissenschaft. In seiner Person gab es einen Wissenschaftler, der dem Reden über Transzendenz sehr nahe kam, als er sagte, Wissenschaft müsse mit dem Problem von Gut und Böse ernstlich rechnen.

KATHOLIKIN: Genau! Das haben wir schon die ganze Zeit gesagt. Das Allerwichtigste sind die *Werte.* Sind wir überzeugt, daß spirituelle Werte höher einzustufen sind als materielle, selbst wenn wir die materiellen Werte, die etwas zur Lebensqualität, zum Wohlergehen und zur Freiheit des Menschen beitragen, auch sehr hoch schätzen und als legitim ansehen, aber eben doch nur in ihrer Beziehung zu den spirituellen Werten?

Aber Werte werden nur als verbindlich empfunden, wenn die *Vision,* die allgemeine Lebensphilosophie eines Menschen umfassend und innerhalb der allgemeinen Möglichkeiten der Menschheit realisierbar ist. Und darum liegt mir daran, eine Art Vision mitzuteilen, die Glaube und Wissenschaft vereinigt. Verzeihen Sie mir, aber bislang habe ich diese Synthese auf dem Gebiet der leitenden Einsichten noch nicht wirklich dargestellt und erklärt.

Lassen Sie mich das Tao, den WEG bzw. den ewigen Willen Gottes im Licht eines Vergleichs betrachten: Denken Sie einmal an einen Film, der auf eine Leinwand projiziert wird! In der Realität gibt es zwei Spulen: die Spule A, auf der der Film schon immer ist, und die Spule B, auf die derselbe Film aufgerollt wird, sobald er auf der Leinwand erlischt. Spule A ist die gesamte Geschichte der Schöpfung, wie sie schon immer von Gott gewußt wird – vollendet, als ob sie schon gelebt worden wäre. Sie auf die Leinwand zu bringen, ist das „Entfalten der Geschichte". Die Entfaltung der Schöpfungs- und Erlösungsgeschichte ist das Lebensdrama aller Kreaturen und Menschen, die gesamte Existenz vom Anfang bis zum Ende der Zeit. Alles ist darin eingeschlossen. Jede Einzelheit des gesamten Lebens der Schöpfung ist enthalten. In Ausübung seines freien Willens baut der Mensch auf und zerstört. Und alles, was er tut, wird zu dem Film, der auf die Leinwand kommt bis zur Vollendung der Welt. Bis zur Fülle der Zeit bei der zweiten Ankunft Christi wird alles auf die Spule B gespult sein.

Alles ist von Gott und führt zu ihm hin. Darum ist letztlich klar, daß Gott in sich selbst vollkommen und für sich genügend ist. Man kann ihn betrachten als jemanden, der es erlaubt, wie auf einem Film selbst „gesehen" zu werden, da seine Geschichte (als Film) die Geschichte seiner Schöpfung ist. So kann Gott rein „gesehen" werden nur jenseits der Geschichte, er allein, in, durch und für sich selbst subsistierend. Der Logos, welcher der Schöpfung zugrundeliegt, aber ist das Bewußtsein des ewigen Vaters, als ob Gott sich ein wenig Zeit genommen hätte, um auf sich selbst zu schauen, und dann erfreut war, sich selbst zu sehen, und „er sah, daß es gut war".

In dieser Sichtweise kann ein Christ, der Gott wirklich liebt und sich selber ehrlich als nichts und niemanden ansieht außer einer Möglichkeit, die Gott sich in die Existenz hinein ausgedacht hat, nur frohlocken im Wissen, daß er ein „Spielzeug" ist, dem Gott zu seinem eigenen Wohlgefallen das Dasein geschenkt hat. – Warum nicht? Wenn Gott mir nicht das Dasein geschenkt hätte, wäre ich absolut nichts. Warum sollte ich also nicht vollständig zu ihm gehören als jemand, mit dem er etwas macht, mit dem er herumspielt? Ich existiere nur zu seinem Vergnügen – alle Ehre sei ihm! Ein Christ aber, der in sich selbst verliebt ist und sich an sein Ego hängt, der wird es ablehnen, „wie ein Spielzeug behandelt" zu werden; er wird Groll empfinden gegen Gott, der es ihm nicht ermöglicht, dauernd nur um sich selbst zu kreisen.

Das ist freilich nur eine Art, das Dasein zu betrachten. Obwohl nicht viele Christen den ewigen Willen Gottes in dieser Weise sehen, ist sie doch in unserem Glauben enthalten, und zwar in der Lehre, daß nichts Gott verborgen bleibt und alles nach seinem Willen geschieht, auch wenn der Mensch wirklich frei ist, seine eigene Wahl zu treffen. Darum ist es möglich, mit T. S. Eliot (in seinem Stück „Mord im Dom") zu sagen, daß das Schicksal ganz und gar in Gottes Hand liegt und daß weder der Handelnde handelt noch der Leidende leidet, sondern beide in einer ewigen Handlung und einem ewigen Erleiden verankert[12] sind. Daher kommt die Aussage: Dem Gesetz des Tao zu gehorchen, heißt dem ewigen Willen Gottes folgen, dem göttlichen Gesetz der Liebe.

TAOISTIN: Wie faszinierend das alles ist! Niemals habe ich in der Weise darüber gedacht, aber ich stimme zu. So kann man unser Tao wirklich deuten: als der WEG schlechthin – Ihr ewiger Wille Gottes, ja!

KATHOLIKIN: Ich bin froh, daß Sie es so verstehen können! Aber sehen Sie, in einem Punkt unterscheiden wir uns dennoch sehr: Wir Christen sind nur deswegen zu solchen Aussagen imstande, weil Christus, die zweite Person in Gott, Fleisch geworden ist als ein persönlicher, lebendiger Gott, der uns dies geoffenbart hat. Er hat uns belehrt über den Vater und den Heiligen Geist, die dritte Person in Gott, welche uns kontinuierlich heiligt und den Glauben an die Wahrheiten, die Christus uns geoffenbart hat, erhält. Tatsächlich ist es der Geist, der Emmanuel (Gott mit uns) ermöglicht hat. Der auferstandene Christus kommt zu uns als der Geist, die eigentliche Substanz unserer Realität, die wahre Luft, die wir atmen.

---

[12]) Vgl. T.S. Eliot, Mord im Dom, in: ders., Werke, Bd. 1, Frankfurt 1966, 34: „Sie wissen und wissen's nicht, daß Handeln Leiden ist und Leiden Handeln. Auch leidet der Handelnde nicht, noch handelt der Leidende. Beide sind beschlossen in ein unendliches Handeln, unendlich Erleiden." Vgl. auch ebd., 49.

Ihr Tao aber ist ein unpersönliches Gesetz, es ist der WEG schlechthin, von dem Sie anscheinend außerdem glauben, selbst wenn Sie es noch nicht gesagt haben, daß es auch die Quelle von Güte und Licht ist. Ist es nicht so?

TAOISTIN: Ja, das ist es, was ich meine. Ich denke auch, daß diese Erklärung des ewigen Willens Gottes für uns Taoisten ein Gegenstand weiterer Studiums und Nachdenkens sein kann. Am Ende, denke ich – aber da spreche ich nur für mich selbst und nicht für die anderen Teilnehmer hier –, werden alle Religionen irgendwie die Existenz einer lebendigen und irgendwie personalen Gottheit postulieren oder anerkennen können. Denn oft sind die Bezugnahmen auf das Absolute, die Leere, den ungeborenen Geist oder die letzte Wirklichkeit sehr anthropomorph gewesen.

BUDDHIST: Ja, ich verstehe, was Sie meinen. Auch ich bin der Meinung, daß die Menschheit im ganzen sich in eine Richtung bewegt, welche einen Erlöser-Gott personaler Art allgemein anerkennen kann. Ich glaube, daß viele von uns Buddhisten implizit so etwas wie eine liebende Vatergestalt anerkennen, die glücklicherweise für sie dennoch ein vollständiges Geheimnis bleibt.

KATHOLIKIN: Ebenso ist auch für uns der ewige Vater ein Geheimnis. Auch die Gottheit, die heilige Dreifaltigkeit, ist für uns ein Geheimnis, natürlich abgesehen davon, daß Jesus Christus uns davon erzählt hat. So wie es im Johannesevangelium heißt: „Die Worte, die ich zu euch sage, habe ich nicht aus mir selbst. Der Vater, der in mir bleibt, vollbringt seine Werke! Glaubt mir doch, daß ich im Vater bin und daß der Vater in mir ist" (Joh 14, 10–11).

HINDU: Auch ich kann das verstehen. Was für uns besonders anziehend sein könnte, ist Ihre Erwähnung des Logos, das Sich-Äußern Gottes, das ewig sprechende *Wort,* und zwar in dem Sinn, daß es das unaufhörliche Sein Gottes ist, das ausgedrückt ist als *Licht.* Darum kann ich erkennen, wie unsere Glaubensüberzeugung, daß unser Brahman, das universale Selbst, die grundlegende Einheit alles Seienden, die absolute Realität als der ungeborene, ewige Geist, Ihrer Vorstellung vom *Logos* sehr nahe steht. Doch unterscheiden wir nicht zwischen *purusha* (Geist) und dem ungeborenen Geist. Wenn wir also sagen, daß *purusha* und *prakriti* (Materie) sich begegnen, ergibt sich daraus: Schöpfung. Wir nehmen das an für jedes einfache geschaffene Ding in jedem Augenblick der Schöpfung, ganz ähnlich Ihrer Lehre, daß die ganze Schöpfung von Gott herkommt als eine Äußerung seiner selbst im Wort, als Entäußerung Gottes, wie Sie sagen. Bis zu diesem Punkt dürften wir also wahrscheinlich wiederum kein Problem haben, ausgenommen die Aussage, daß es einen Schöpfer gibt, die gewöhnlich in unserem Glaubensverständnis nicht enthalten ist. Für uns hat das Universum schon immer existiert, und alles ist Brahman. Das scheint nicht ausgeschlossen zu sein, wenn wir Ihre Lehre von der Inkarnation des Wortes betrachten, das Fleisch geworden ist, und wenn wir bedenken, daß Jesus Christus gleichermaßen Gott ist wie der Vater und daß er weiterhin als personaler, lebendiger Gott existiert.

KATHOLIKIN: Ja, hierin liegt wohl der entscheidende Unterschied zwischen unseren Religionen.

BUDDHIST: Ich muß aber nochmals betonen, daß Buddha für uns nicht Gott ist. Er hat es uns überlassen, an unserer Erlösung mit eigenen Kräften zu arbeiten, und zwar im Einklang mit dem, was wir für uns selbst und für die Erfüllung der Hauptaufgabe, universale Liebe und Mitleid, als wahr empfinden. Ein Buddhist, der eifrig nach der Wahrheit seines eigenen Daseins strebt und dem Achtfachen Pfad treu ergeben lebt, mag in Jesus Christus vielleicht ein Vorbild für die Vollkommenheit sehen, die wir Buddhisten anstreben. Denn die Kreuzigung und Opferhaltung Christi stellen für uns ein unvergleichliches Beispiel der Selbstentsagung dar, von dem die Christen sagen, daß es sich um die Selbstentleerung Gottes selbst als Diener für die Menschen handelt.

Da wir anscheinend alle den Wunsch haben, der Schwester gewisse Ähnlichkeiten oder Anpassungsmöglichkeiten zwischen unseren und ihren Lehren, und sei es auch nur im Bereich des Verstehens, aufzuzeigen, möchte ich Ihnen auch noch etwas sehr Persönliches mitteilen.

Ich habe etwa zwei oder drei Versionen des Lebens Jesu Christi gelesen. Als Schriftsteller war ich durch das Ausmaß der Trostlosigkeit des vierten Wortes Jesu am Kreuz: „Mein Gott, mein Gott, warum hast du mich verlassen?" (Mt 27,46) sehr betroffen. Ich denke, in diesem Moment hatte Jesus die absolute Leere erreicht. Und ich muß gestehen, daß ich in meinen Gedanken nie darüber hinausgegangen bin, weil ich jedesmal, wenn ich mich an die Stelle Jesu versetze – Sie müssen wissen, daß es für Schriftsteller ganz normal ist, stellvertretend die Rolle eines anderen zu übernehmen –, wenn ich mich also in sein viertes Wort hineinversetze, geradezu er „werde", dann fühle ich mich gleichsam „vergöttlicht", wenn das das Wort ist, das Sie, Schwester, in Ihrem Glauben benutzen würden. Im Zen aber ist das *sunyata,* die absolute Leere, die ich erreicht habe.

KATHOLIKIN: Oh, wie vollkommen haben Sie sich da ausgedrückt! Auch für mich ist das der allertiefste Augenblick, die äußerste Zerreißprobe. Für mich ist es der Schrei Gottes nach Gott, und das ist zugleich die Agonie, die Gott jedesmal erlebt, wenn sich ein Mensch von ihm abwendet, wenn er sündigt und ungehorsam ist, eine voll überlegte Zurückweisung Gottes begeht. Wenn ein Mensch in äußerster Selbstzerstörung sich selber aufgibt, nicht im Tod des Ego, der Leben ist in Gott, sondern im Tod des Seele sich der äußersten Zerstörung, der Öde und dem Verfall überläßt.

Aber sehen Sie: Wir alle sprechen von einem personalen Gott, einem Gott, der leidet, der weint und liebt, der vergibt, der dem Verlorenen nachgeht, der will, daß wir auf ewig mit ihm glücklich sind. Könnte es also sein, daß wir in Jesus Christus die vollkommene Gestalt auch Ihrer Glaubensvorstellungen besitzen? Ist es nicht seltsam, daß wir so weit abgekommen sind von unserer ursprünglichen Absicht? Dennoch muß ich zugeben, daß wir in Jesus Christus wirklich auch unsere Unterschiede sehen und respektieren.

GESPRÄCHSLEITER: Oh nein! Ich denke nicht, daß wir unseren Weg verloren haben. Ich glaube, wir sind dahin gegangen, wohin uns der Herr führen wollte. Wir sind auch nicht zu weit abgeschweift. Die Fragen von Thomas Merton, die wir für unsere Gespräche als gemeinsame Grundlage gewählt haben, berühren ja alles das, was wir diskutiert haben. Seine Frage war, wie Sie sich vielleicht erinnern: „Kann man aus der religiösen und mystischen Erfahrung zusatzfreie Elemente ‚aussieben', die sich überall, in allen Religonen finden? Oder ist das grundlegende Verständnis des Wesens und der Bedeutung von Erfahrung von den mannigfaltigen Doktrinen her so festgelegt, daß uns ein Vergleich der Erfahrungen notwendigerweise in einen Vergleich der metaphysischen und religiösen Bekenntnisse verstrickt[13]?"

Ist Ihnen klar, daß wir genau das, ohne immer daran zu denken, jetzt getan haben? Wir haben mit den Lehren begonnen und wurden dazu geführt, Erfahrungen auszutauschen. Das ist wunderbar! Ich nehme an, daß Ihre Gesprächsbeiträge auf Ihren Erfahrungen mit diesen Lehren basieren. Es ist schade, daß wir keine weiteren Tage für eine weitere Gesprächsrunde zur Verfügung haben. Denn es ist so offensichtlich, daß Sie alle Ihre persönlichen Erfahrungen mit Ihrem Glauben gemacht haben und wir alle davon lernen könnten. Die Erklärung des ewigen Willens, welche die Schwester gab, ist ihre eigene Deutung. Und die Mitteilung unseres buddhistischen Freundes über das vierte Wort des Gekreuzigten als seine eigene *sunyata*-Erfahrung ist wunderbar.

Ich bin kein Fachmann in allen diesen Dingen. Alles, was ich für mich beanspruchen kann, ist meine ehrliche Überzeugung, daß am Zen nichts Exklusiv-Buddhistisches ist und daß Zen in der Tat zu einer tieferen Erleuchtungserfahrung auch im Christentum führen kann. Lassen Sie mich wiederholen, was William Johnston SJ zusammenfassend darüber gesagt hat. Er sagte, P. Enomiya-Lassalle SJ habe der Meinung zugestimmt, daß die Übung des Zen zu einer christlichen Erleuchtung führen würde. Er berichtet aber auch, ein anderer Autor, ein gewisser Herr Humphrey, behaupte, Satori könne dem Christen nicht widerfahren, weil er notwendigerweise an seinen Ideen, Glaubensvorstellungen und Dogmen festhalten müsse, die nach Herrn Humphreys Meinung Hindernisse für die Erleuchtung sind. P. Johnston hingegen widerspricht dem und sagt, ein Christ, der mit seinem Glauben in gereifter Weise vertraut ist, habe es nicht nötig – und wenn er ein Mystiker ist, ist es ihm auch nicht erlaubt –, an seinen Glaubensvorstellungen, Sichtweisen und Dogmen festzuhängen. Die katholischen Dogmen sind immer wahr und sind Teil seines ganzen seelischen Daseins geworden, aber er kann sie faktisch in der mystischen Erfahrung transzendieren.

Eine noch seltsamere Bemerkung von ihm bezieht sich auf die Aussage des karmelitischen Mystikers Johannes vom Kreuz, daß ein echter, in seinem Gebetsleben fortgeschrittener Christ mit aller Kraft vorwärtsgehen und sich in der Tat von allen Ideen loslösen muß, auch von den wirklich guten spirituellen Gedanken, wenn er das Ziel hat, Gott ganz rein zu erfahren.

KATHOLIKIN: Ich bin glücklich, daß Sie das erwähnt haben. Ich wollte gerade selber darauf hinweisen. Jeder katholische oder christliche Kontemplative kann uns sagen, daß diese „vertikale Meditation", wie P. Johnston das nennt, lange Zeit in der Kirche eine Tradition gewesen ist, nicht für den durchschnittlichen, gewöhnlichen Christgläubigen, aber für diejenigen, die z.B. der Autor der *Wolke des Nichtwissens*[14] die Fortgeschrittenen nennt, diejenigen, die im Gebetsleben schon Fort-

---

[13]) Vgl. Th. Merton, Weisheit der Stille, a.a.O., 50.
[14]) Vgl. Die Wolke des Nichtwissens, übertragen von Wolfgang Riehle, Einsiedeln (Johannes-Verlag) 1980, 33 sowie Willi Massa (Hg.), Die Wolke des Nichtwissens, Mainz (Matthias-GrünewaldVerlag) 5. Aufl. 1980, 29.

schritte gemacht haben. In der Tat findet sich beim heiligen Johannes vom Kreuz die ausführlichste und vollständigste psychologische und theologische Darstellung dieses Entwicklungsprozesses.

Ich möchte aber jetzt nicht weiter darauf eingehen, weil ich dann in der Folge noch mehr vom Gebet sprechen müßte. Und wir müssen doch diese Zusammenhänge erst einmal in angemessenerer Weise verstehen.

Ach, und dennoch sei wenigstens etwas noch gesagt. Was ist das eigentlich: Gebet? Vielleicht können wir sogar alle darin übereinstimmen und sagen: Gebet ist „Einssein mit dem Absoluten" oder „Verlorensein im Absoluten" oder auch: „in Gott". Es ist die allgemeingültige Erkenntnis einer sehr persönlichen Erfahrung: Ich bin getragen; ich bin angenommen vom Absoluten. Ein Christ wird vielleicht sagen: Ich tue zuvor etwas, ich versetze mich in die Gegenwart Gottes, weil ich mich nach ihm sehne, oder, wie Sie vielleicht sagen mögen: Ich lasse das Absolute an mir wirken, verschmelze mit ihm. Oder einfach: *Ich bin.* Das Gemeinsame dieser beiden Sätze ist unser Bewußtsein eines heiligen Geschehens: Gott bzw. das Absolute und ich sind in Kontakt[15] und letztlich eins. Das ist Gebet.

GESPRÄCHSLEITER: Das ist wunderbar! Ich fürchte aber, daß dies zu längeren Ausführungen führen wird, die wir wirklich auf unser nächstes Treffen verschieben müssen.

HINDU: Ich weiß ja, daß wir keine Zeit haben, das weiter zu diskutieren. Aber lassen Sie mich noch dies hinzufügen. Haben Sie bemerkt, daß unsere katholische Freundin durch ihre Beiträge versucht hat, einen gemeinsamen Nenner herauszuarbeiten, indem sie uns alle jetzt in das gemeinsame Unternehmen des Gebets steckt? Ich stimme dem grundsätzlich zu, hätte aber noch einiges dazu zu sagen und andere wohl auch.

Bevor wir jetzt jedoch schließen müssen, möchte ich im Namen von uns allen noch dies sagen: Ganz tief und ehrlich wissen wir die eifrige und höchst respektvolle Weise zu schätzen, in der unsere katholische Schwester versucht hat, das zu erkennen, was uns alle zu Brüdern und Schwestern in unserem gemeinsamen Glauben an Gott macht. Möge der Urheber allen Lebens uns alle in seiner liebevollen Fürsorge bergen!

BUDDHIST: Da Sie schon für uns alle gesprochen haben, möchte ich nur dies noch anfügen, daß wir auch unserem kompetenten Gesprächsleiter aufrichtigen Dank schulden, dem es in so großartiger Weise gelungen ist, für den guten und reibungslosen Ablauf dieser Gespräche zu sorgen.

GESPRÄCHSLEITER: Aber nicht doch! Sie waren es, Sie alle haben mir diese Aufgabe sehr leicht und angenehm gemacht.

TAOISTIN: Jawohl, Gott, das Tao hat uns im Tao gehalten.

---

[15]) Diese Aussagen weisen m. E. auf die tiefste gemeinsame Grundfunktion aller Religionen und Konfessionen hin. So unterschiedlich die Beschreibungen und praktischen Wege je nach kultureller und historischer Bedingtheit auch sein mögen, letztes Ziel und wesentliche Aufgabe aller Religionen ist die Hinführung der Menschen zum Bewußtsein der Einheit mit dem transzendenten Urgrund des Seins, der Gott, das Absolute, Sunyata, Leere, Brahman oder Allah genannt werden kann. Über die verschiedenen Arten und Möglichkeiten dieses „Kontaktes mit dem Absoluten" muß bei der Öffnung für wahrhaft ökumenische Spiritualität gehandelt werden.

GESPRÄCHSLEITER: Wir möchten Ihnen allen aufrichtig Dank sagen, jedem von Ihnen, für diesen äußerst instruktiven und erfreulichen Gedankenaustausch. Wir möchten Ihnen auch für die besonderen Materialien und Aufzeichnungen danken, die Sie für uns zur weiteren Lektüre zusammengestellt haben. Der Titel des Päckchens heißt „Pabaon", ich vermute, das bedeutet „Geschenk zum Mitnehmen". Mir wurde gesagt, dies sei ein typisch orientalischer Dankbarkeitserweis.

Als Gegengabe versprechen wir, Ihnen die Berichte und einige Exemplare der nächsten Ausgaben vom „Echo Forum" zu schicken, welche unsere jungen Freunde hier zwei Monate nach unserer Rückkehr herstellen werden. Bitte, helfen Sie uns mit guten Gedanken! Nochmals vielen Dank und auf Wiedersehen!

Nachwort

Was mich bei diesen Religionsgesprächen besonders beeindruckt hat, war neben der schriftstellerischen Eleganz der Darstellung der Mut der Verfasserin, einige für die Ökumene der großen Religionen wichtige Perspektiven klar zu erkennen und auszudrücken. Offenbar geht es ihr wirklich um das Wesen von Religion und damit auch um das Wesen des Menschen und um das Wesentliche für den WEG des Menschen zu Gott, zur absoluten Wirklichkeit. Zwar ist der christliche (und katholische) Standpunkt der Verfasserin deutlich erkennbar und die bisweilen enthusiastische Begeisterung für die eigene Konfession nicht zu übersehen, aber die nicht-christlichen Religionen des Hinduismus, Taoismus und Buddhismus werden doch mit so großem Respekt und so eindringlichem Verständnis vorgestellt, daß die Leser einem echten Gespräch folgen und ihm wertvolle Anregungen entnehmen können.

Die dogmatisch so unterschiedlichen Lehren der genannte Religionen werden zusammen mit dem Christentum in Grundzügen lebendig vorgestellt. Nachfragen und Vergleiche erschließen den Gehalt aus verschiedenen Gesichtswinkeln. Durch beharrliche Orientierung an der von Thomas Merton entliehenen Ausgangsfrage ergibt sich ein roter Faden für alle Gesprächsphasen, der das Abdriften ins Uferlose verhindert. Die Frage nach dem möglicherweise gemeinsamen Kern mystischer Erfahrung hinter den unterschiedlichen Formulierungen zwingt zur Konzentration. Die Darstellung der religiösen Systeme wird auf wesentliche Merkmale zusammengedrängt. Dadurch rückt das Gespräch nahe an den Punkt heran, der als gemeinsames Geheimnis aller Religionen angesehen werden kann und von dem her sie sich auffächern und differenzieren.

Um dies klarer zu erkennen, ist es freilich notwendig, den Blick auf die spirituelle Dimension zu richten. Das Gemeinsame kann nicht an der Oberfläche liegen. Es ist weniger in den Worten und Begriffen zu suchen, als in der Wirklichkeit, auf die sie hinweisen. So unterschiedlich die Worte und Wegbeschreibungen auch sind, welche von den einzelnen Religionen und ihren Vertretern gegeben werden, geben sich doch im Lauf der Gespräche viele Parallelen und Konvergenzen zu erkennen. Manchmal bekommt man den Eindruck, als verhielten sich die Gesprächsbeiträge wie die Speichen eines Rades, welche von der Peripherie auf die Nabe zeigen. Doch die Nabe ist in sich selbst geheimnisvoll, unsichtbar und letztlich unaussprechlich. Gleichwohl stellt sie den Mittelpunkt dar, um den alle Äußerungen kreisen. So etwa, wenn der Buddhist sich mit den überlieferten letzten Worten Jesu am Kreuz identen-fiziert und darin seine Erfahrung der Leere[16] erkennt.

Schon dieses Beispiel kann zeigen, daß es möglich ist, im Anderen das Ureigene zu erkennen, wenn man nicht an Worten kleben bleibt, sondern sich von verbalen Zeugnissen in die gemeinte Wirklichkeit gleichsam hineinkatapultieren läßt. Wie leicht hätte der Buddhist an dem Wort „Gott" und den damit verbundenen Vorstel-lungen Anstoß nehmen und nach der Art oberflächlicher Logik argumentieren kön-nen: Das Wort „Gott" sagt mir nichts; so kann ich auch nicht verstehen, was es hei-ßen soll, wenn jemand im Sterben ausruft: „Mein Gott, mein Gott, warum hast du mich verlassen?" In diesem Fall ließ sich der Buddhist vom Wort „Gott" nicht abschrecken und erkannte die dort beschriebene Erfahrung als die seine, auch wenn er sie in anderem Kontext sicher anders ausgedrückt hätte.

Bei solchen Erwägungen ist es nützlich, sich der asiatischen Weisheit zu erinnern, die Worte und Begriffe als ausgestreckte Finger bezeichnet, welche auf den Mond (die wahre Wirklichkeit) hinweisen, die aber niemals mit dieser Wirklichkeit selbst verwechselt werden dürfen. Dieser Verwechslungsgefahr scheinen das westliche Denken und die westlichen Formen von Religiosität wohl eher ausgesetzt zu sein als die östliche Spiritualität und Weisheit, von denen wir hier lernen können.

Doch auch in der westlichen Tradition werden wir gemahnt, die aus der sinnlichen und begrifflichen Welt entnommenen Vorstellungen und Begriffe nicht univok auf die göttliche, transzendente Wirklichkeit zu übertragen. Die mittelalterliche Lehre, daß menschliche Begriffe nur analog[17] auf Gott übertragen werden dürfen, besagt ja, daß bei solcher Übertragung die Unähnlichkeit größer ist als die Ähnlichkeit. So bleibt in jener Wirklichkeit, auf die menschliche Begriffe wie Finger auf den Mond hinweisen, immer etwas für alles menschliche Begreifenwollen Unerreichbares und Geheimnisvolles, was dennoch nicht unwirklich ist, ja im Verhältnis zu dem, was begriffen werden kann, sogar das eigentlich Wirkliche darstellt.

Bei den theologischen Meinungsverschiedenheiten im innerchristlichen Dialog begegnet uns immer wieder dasselbe Phänomen: die Inadäquatheit des menschli-chen Begriffs- und Ausdrucksvermögens im Verhältnis zur gemeinten Sache und Wirklichkeit. Die gleiche Sache kann verschieden ausgedrückt werden. Darin besteht ja eine wesentliche Erkenntnis der ökumenischen Bewegung, daß die Ver-schiedenheit der Kleider, die Frage und Antwort umhüllen, nicht den Bezug zur Wirklichkeit, die dieselbe sein kann, verschleiern darf. Natürlich können auch umgekehrt mit demselben Ausdruck verschiedene Sachverhalte gemeint sein. Ein Finger muß nicht notwendig auf den Mond zeigen, bloß weil er ausgestreckt ist. Die einzige Möglichkeit, das zu überprüfen, ergibt sich aus der Erfahrung des eigenen

---

[16]) Vgl. dazu H. Waldenfels, Absolutes Nichts. Zur Grundlegung des Dialogs zwischen Buddhismus und Christentum, Freiburg (Herder) 1976, bes. den letzten Abschnitt „Bausteine zum Gespräch" (155–207).
[17]) Vgl. die Aussage des 4. Laterankonzils von 1215: „Von Schöpfer und Geschöpf kann keine Ähnlichkeit ausgesagt werden, ohne daß sie eine größere Unähnlichkeit einschlösse" (Nr. 280).

Hinschauens. Das setzt freilich den Willen und die Bereitschaft voraus, das auch tatsächlich zu tun. Viele Gespräche bleiben deshalb unfruchtbar, weil man nicht hinschauen will oder mögliche Konsequenzen scheut.

Das Erscheinen bestimmter Grundfragen und -antworten des interreligiösen Dialogs im Gewand einer philippinischen Denk- und Ausdruckweise sollte uns westliche Christen nicht am Zuhören und Hinschauen hindern. Hinter den Dialogen lassen sich unschwer auch viele unserer Fragen erkennen.

Sicherlich kann man sich Dialoge zwischen den Weltreligionen auch ganz anders vorstellen[18]. Und selbst ein fiktives Gespräch wie das vorliegende würde anders ausfallen, wenn der Autor Buddhist, Hindu oder Taoist wäre. Anders auch, wenn aus dem Raum des Christentums ein orthodoxer, anglikanischer oder ein evangelischer Christ die Gespräche formuliert hätte. Das Fehlen der reformatorischen Gesichtspunkte empfinde ich als besonders großen Mangel. In den Philippinen ist die Zahl der Protestanten sehr klein und durch die Aufsplitterung in kleine Sekten (meistens importiert aus den USA) auch wenig repräsentativ für europäische Verhältnisse und den ökumenischen Dialog. Man muß es wohl offen lassen, ob und wie sich die Einbeziehung des Protestantismus auf das Dialoggeschehen, seine spirituelle Struktur und seine Ergebnisse ausgewirkt haben würde.

Auch die anderen Religionen werden nur in wenigen Grundzügen vorgestellt und kommen keineswegs in allen ihren Variationen zur Sprache.

Dennoch lenken die Gespräche, so wie sie vorliegen, das Augenmerk auf wichtige Aspekte des innerchristlichen und des interreligiösen ökumenischen Dialogs. Sie ergeben sich aus der Konzentration auf die spirituelle Dimension.

Ein erster wichtiger Aspekt betrifft die allgemeinmenschliche Ausgangsfrage nach der Funktion von Religion überhaupt. Offenbar fühlen sich alle Religionen und Konfessionen einer bestimmten Grundfrage des menschlichen Daseins verpflichtet, der Frage nach der absoluten Wirklichkeit, nach Gott. Der andere Aspekt betrifft die von ihnen angebotene Antwort, den Weg, um Kontakt und Verbindung (re-ligio) mit dieser Wirklichkeit zu finden. Beide Aspekte erlauben – bei aller Unterschiedlichkeit der Begriffe und Vorstellungen – von einer Identität der spirituellen Struktur der Religionen und Konfessionen zu sprechen. Die Einsicht in die strukturelle Identität auf der spirituellen Ebene kann helfen, auch im Bereich der religiösen Lehren und Rituale sowie der ethischen Anweisungen Ähnlichkeiten zu entdecken, welche dem theoretischen Dialog und der erwünschten praktischen Zusammenarbeit hilfreich sind.

Als ein Ergebnis des vorliegenden Dialogs kann man feststellen, daß die das menschliche Individualbewußtsein bewegende religiöse Grundfrage in etwa überall die gleiche ist: es ist die Frage nach dem „Weg zu Gott", der Grundwirklichkeit des Daseins, und dem „Leben aus" dieser letzten Wirklichkeit. Gewiß, diese Frage wird von jeder Religion in unterschiedliche Gewänder gekleidet, und auch innerhalb

---

[18]) Zum Vergleich können dienen: H.Küng, J.van Ess, H.von Stietencron, H.Bechert, Christentum und Weltreligionen, München 1984; H.J. Loth, M. Mildenberger, U. Tworuschka, Christentum im Spiegel der Weltreligionen, Stuttgart 1978; W. Strolz, Heilswege der Weltreligionen 3 Bde, Freiburg 1984.

jeder Religion mag es noch sehr viele verschiedene Farben, Muster und Facetten geben.

Auf der Suche nach Grundelementen ökumenischer Spiritualität aber gilt es, durch diese Verschiedenheiten hindurch nach der grundlegenden Struktur zu suchen und von daher die Verschiedenheiten in ihrer Relativität zu erkennen.

Wie schon angedeutet, läßt sich die allen Religionen zugrundeliegende Frage etwa so formulieren: Wie findet der in seinem eingeschränkten Ego-Bewußtsein gefangene und daher von Leid, Tod und innerer Zersetzung bedrohte Mensch zum Kontakt, ja zur Gemeinschaft und Einheit mit der absoluten Wirklichkeit? Und wie kann er von einem so befreiten und erlösten Bewußtsein her friedvoller, harmonischer und glücklicher leben?

Die Antwort, die im letzten der fünf asiatischen Religionsgespräche gegeben wird, lautet: durch Gebet. Und Gebet wird nicht nur als Beziehung und Gespräch, sondern als Einswerden bzw. Einssein mit der absoluten Wirklichkeit und Leben aus dieser Einheit heraus beschrieben. Gebet, Meditation und Kontemplation, die man hier sicher zusammensehen muß, stehen nicht im Gegensatz zur Befolgung von Geboten oder zum Sich-Einlassen auf Rituale, Gottesdienste und Zeremonien, auch nicht im Widerspruch zu sozialer Aktivität und zum Berufs- und Alltagsleben, sondern nur zu deren seelenlosem Vollzug. Gebet, Meditation und Kontemplation stellen das Herzstück[19] religiöser Praxis und schließlich von Religion überhaupt dar, sofern sie nicht zu einer bloß äußerlichen Technik entartet sind oder für andere als religiöse Ziele mißbraucht werden. Entsprechende Anleitungen für eine authentische religiöse Praxis finden sich in allen Religionen. Dabei ist in spiritueller Hinsicht nicht entscheidend, welche Form die Gebetsübung hat, welche Worte benutzt werden, ob individuell oder gemeinschaftlich, und ob überhaupt Worte benutzt werden, wenn nur der intendierte „Kontakt" und letztlich die Erfahrung des Einsseins mit der absoluten Wirklichkeit tatsächlich zustande kommt.

Natürlich hängen der Weg bis zu einer solchen Erfahrung und die Ausdrucksweise für das Erfahrene ganz wesentlich von der individuellen Prägung des einzelnen Menschen, von seinen religiösen Vorstellungen und seinem Entwicklungsstand, von der Gemeinschaft, in der er lebt, und von der religiös-kulturellen Umwelt ab. Von daher läßt sich die Vielfalt der Erscheinungsformen von Religion zumindest generell verstehen, d. h. die Notwendigkeit, daß es sehr viele unterschiedliche Formen geben muß, durch die und in denen Menschen jenen Kontakt mit dem Absoluten finden. Ebenso ist verständlich, daß diese Manifestationsweisen des einen Wesens von Religion nach Völkern und Kontinenten, aber auch nach Geschichts- und Evolutionsphasen unterschiedlich sein müssen – wenn das letztendlich gleiche Ziel tatsächlich erreicht werden können soll. Was aber läßt uns erkennen, daß es sich in allen diesen unterschiedlichen Erscheinungsformen wirklich um die im Grunde identische Erfahrung handelt? Das kann nicht der Name, nicht die Bezeichnung,

---

[19]) Friedrich Heiler nennt das Gebet „das zentrale Phänomen", „das Herz und den Mittelpunkt aller Religion" und „die Seele aller Frömmigkeit". Vgl. ders., Das Gebet, München 5. Aufl. 1969, 1,2 u. 495. – Denn „Nicht in den Dogmen und Institutionen, nicht in den Riten und ethischen Idealen, sondern im Beten erfassen wir das eigentlich religiöse Leben" (ebd.,2).

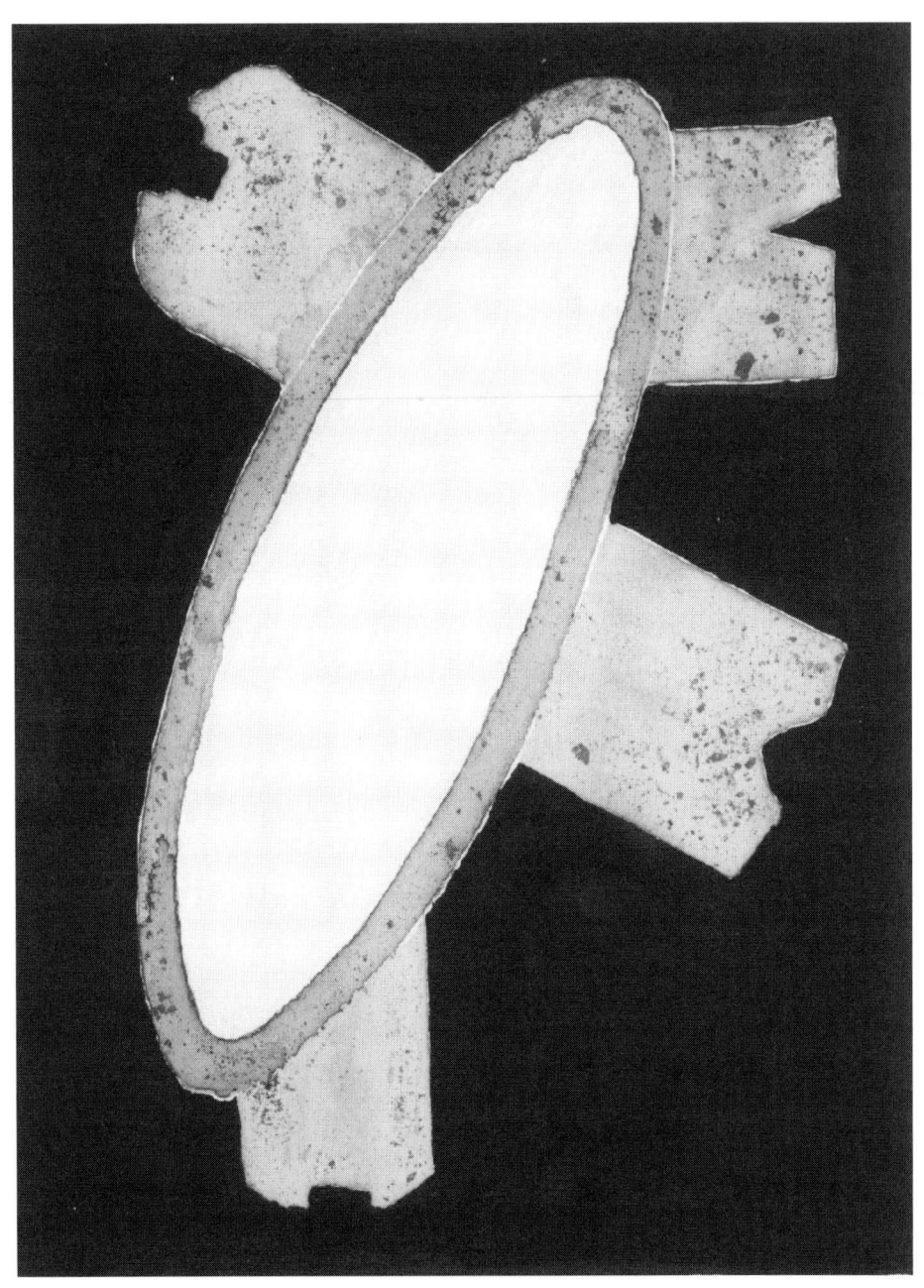

Zugang zum Einen – von vielen Seiten

nicht die äußere Form zu erkennen geben, die ja gerade in der raumzeitlichen Auf-fächerung so immens unterschiedlich ist, es kann nur die in allen Erscheinungsformen identische spirituelle Struktur sein, die – in der hier benutzten Terminologie – als Kontakt mit dem Absoluten und Aufhebung jener Trennung des relativen Bewußtseins vom Absoluten bezeichnet wird. Entscheidend ist die Bewußtseins-veränderung, der Bewußtseinswandel, der im Inneren des Individualbewußtseins stattfindende Kontakt mit dem Absoluten. Dies bedeutet konkret, daß der Mensch, so wie er ist, wie er in allen Kontinenten und Religionen existiert, jenes Absolute in sich selbst wahrnehmen soll. Er kann es auch, wenn er aufhört, das Absolute als nur außerhalb seiner selbst existierende Wirklichkeit zu denken, und stattdessen instandgesetzt wird, die absolute Wirklichkeit „in sich selbst" und von daher auch in allen Dingen und allen Menschen (und Religionen!) zu erkennen.

Schaut man näher auf die möglichen Stufen zwischen dem Gebetskontakt (wie Bitte, Dank, Anrufung) über meditative Formen der Annäherung (Dialog, Wahrneh-mung von Licht- und Tonqualitäten) bis zur Einheitserfahrung (Nirvana, unio mystica), dann läßt sich bei aller Unterschiedlichkeit der Bezeichnungen ein – ver-mutlich in allen Religionen auffindbares – Spektrum entdecken, dessen Grundmu-ster für das Konzept ökumenischer Spiritualität von eminenter Bedeutung ist. Davon soll an anderer Stelle dieses Buches ausführlicher gehandelt werden (vgl. den Abschnitt über die sieben Wege).

Der eine für ökumenische Spiritualität besonders wichtige Aspekt, der in den vor-liegenden Gesprächen deutlich wird, betrifft also die individuelle (oder gemein-schaftliche) Ausrichtung des Menschen auf die letzte, absolute Wirklichkeit, der zu dienen sich alle Religionen verpflichtet fühlen.

Der zweite bei den asiatischen Religionsgesprächen besonders auffällige Aspekt hat mit den Bezeichnungen für diese Wirklichkeit zu tun.

Nachdem die Gesprächspartner ihre jeweils eigenen Glaubensvorstellungen beschrieben haben, war man sich – bei aller Unterschiedlichkeit der Vorstellungen, besonders in den Schöpfungsideen – verhältnismäßig rasch darin einig, daß die unterschiedlichsten Namen für die absolute Wirklichkeit letztendlich dieselbe Wirklichkeit meinen. Sprache und Vorstellungskraft versagen. Auch Bilder und Vergleiche können das Gemeinte nur andeuten. Es ist, als ob die letztlich gemeinte Wirklichkeit des Absoluten gleichsam „hinter" den unterschiedlichen Bezeichnun-gen aufscheint, zumindest so weit, daß ihre Identität von allen Gesprächspartnern bejaht werden kann. Wenn in christlicher Sprache vom Geheimnis Gottes, dem Reich Gottes, in buddhistischer Ausdruckweise von der Sunyata-Leere, in taoisti-scher Redeweise vom namenlosen TAO oder in hinduistischen Begriffen von Brah-man und Atman gesprochen wird, war es allen Teilnehmern offenbar möglich, hinter den fremden Ausdrucksweisen etwas zu erkennen, was ihnen vom eigenen Glau-bensverständnis her wichtig war und als Fingerzeig auf „dieselbe Wirklichkeit" angenommen werden konnte. Selbst „hinter" abstrakteren Ausdrucksweisen wie das Sein, das reine Sein oder das absolute Sein konnten die Teilnehmer jene letztlich gemeinte Wirklichkeit des Absoluten erkennen. So verdichtet sich der Eindruck, daß, welcher Name auch immer gewählt wird, im Grunde nur die eine und selbe absolute Wirklichkeit gemeint sein kann. Bildlich gesprochen: wo immer rings um den Erdball ein Menschenfinger auf den Mond zeigt, mag er nun in dieser oder jener Form und Farbe erscheinen, mit diesem oder jenem Namen verbunden werden und der Finger ein krummer oder gerader, langer oder kurzer Finger sein, es ist derselbe Mond, dieselbe Wirklichkeit, auf die da gezeigt wird. Und – wenn es erlaubt ist, das Bild noch etwas weiter auszumalen – jeder Raumfahrer, der sich auf den Weg dorthin begibt, steuert auf das gleiche Ziel zu, auch wenn er unterwegs verschiedene Gedanken im Kopf hat. Und er unterliegt, wenn er dort landet, denselben atmosphärischen Bedingungen, demselben Grad der Schwerelosigkeit, des Sauerstoff- und Temperaturmangels usw. wie alle seine Kollegen, die in einer anderen Kapsel sitzen und woanders gestartet sind. Die letzte Wirklichkeit ist als Wirklichkeit ein- und dieselbe. Sofern sie nicht von Vorurteilen, mitgebrachten Gedanken, Konzepten und Glaubens-*Vor-Stellungen* oder Ideologien überlagert wird, wird sie auch, wo und wann immer sie wirklich erfahren wird, als ein- und dieselbe erfahren. „Es besteht eine Affinität zwischen Parmenides, Plotin, Eckehart, Nikolaus von Kues und Johannes vom Kreuz, um nur einige zu nennen. Die gleiche Wahrheit leuchtet bei allen auf.“[20] Von daher läßt sich die Beobachtung verstehen: „Mystische Menschen können einander im allgemeinen sehr gut verstehen, selbst dann noch, wenn die Ausdrucksformen des anderen den eigenen widersprechen.“[21]

In der interreligiösen Begegnung sollten daher die Mystik und die mystische Erfahrung nicht ausgeklammert werden. Besonders fruchtbar kann es sein, wenn Menschen, die selbst solche Erfahrungen haben, miteinander ins Gespräch kommen. Denn nur wer die eigenen Vorstellungen und Begriffe im lebendigen „Kontakt“ mit der gemeinten Wirklichkeit hinter sich lassen kann, ist imstande, im Dialog mit anderen zu erkennen, ob dieselbe Wirklichkeit gemeint ist oder nicht. Die Übereinstimmung in Vorstellungen allein besagt und bewirkt ja noch nicht viel, wie wir im ökumenischen Gespräch innerhalb des Christentums laufend bemerken. Im interreligiösen Dialog ist es ähnlich. Überall gilt, daß der „Kontakt“ mit der Realität, sei es im zwischenmenschlichen, interkonfessionellen oder interreligiösen und numinosen Bereich, die Hoffnung auf ein Weiterkommen der ökumenischen Prozesse begründet. Hier wie da gilt deshalb: „Die mystische Erfahrung scheint die einzige Hoffnung für eine Ökumene der Weltreligionen zu sein.“[22]

Auch wenn die von Thomas Merton entliehene Formulierung der Leitfrage für die vorliegenden Gespräche in den Gesprächen selbst nicht ausdrücklich beantwortet wird, scheint sich doch eine Antwort nahezulegen. Denn es bleibt auffällig, daß es der Verfasserin relativ leicht fiel, in den Gesprächen öfter Tao und Wille Gottes, Gott und Sunyata, Brahman und absolutes Sein so nebeneinander zu setzen, daß der Eindruck entstehen mußte, hier handele es sich um dieselbe Wirklichkeit. Nur so konnte das Gespräch weitergehen. Die Namens- und Begriffsunterschiede wurden nicht zu einem Hindernis, um die spirituelle Dimension, um die es eigentlich ging, im Blick zu behalten.

[20]) W. Jäger, Kontemplation. Gottesbegegnung heute, Salzburg 1982, 116.
[21]) Ebd.
[22]) Ebd.

Kabir

Es ist nutzlos, einen Heiligen zu fragen
nach dem Stand, dem er gehöre;
denn der Priester, der Krieger, der Händler
und alle die sechsunddreißig Stände
suchen gleichermaßen nach Gott.
So ist es eine Torheit zu fragen,
welches der Stand eines Heiligen sei.
Der Barbier hat Gott gesucht,
die Wäscherin und der Zimmermann –
Sogar Raidas war ein Gott Suchender,
Rishi Swapacha war ein Gerber
nach seinem Stand.
Hindu und Muslim haben gleichermaßen
erreicht jenes Ende,
wo kein Zeichen des Unterschieds bleibt[1].

[1] Aus: Kabir, Im Garten der Gottesliebe, Heidelberg, 1984, 2.

Religionsgespräche
in
anderen Regionen

von

Bernardo Saviatoge[1]

[1]) Der Autor, der mir (P.L.) diese Gespräche hat zukommen lassen, möchte nicht, daß bibliographische Angaben über ihn veröffentlich werden. Er hat jedoch die Erlaubnis zur Publikation der beiden Texte und des Briefauszugs (vgl. Anm. 2) erteilt.

Gespräch
der weißgewandeten Wesen

Jenseits der schweren Erdatmosphäre treffen sich in einem tempelartigen, nach oben offenen Raum fünf weißgewandete Wesen zu einer Konferenz. Würdig und schwerelos schweben sie zu ihren Plätzen und begrüßen einander mit ihren Blicken. Hinzugeladen sind auch einige Berichterstatter, welche mit der Situation auf dem Planeten Erde vertraut sind. Alle lauschen zunächst hingegeben einer Musik, die aus den Tiefen des Universums zu ihnen kommt und harmonisch ihre feinstofflichen Körper durchdringt. Als gegen Ende einige dissonante Spannungen länger anhalten und sich nur langsam der Harmonie des Ganzen einordnen, kennen sie das Thema, das es jetzt zu besprechen gilt. Schweigend sammeln sie ihre Gedanken, bis der Raum von einer dichten Schwingung erfüllt ist.

Nach geraumer Weile beginnt der Vorsitzende das Gespräch, das sich in irdischer Sprechweise mit folgenden Worten wiedergeben läßt: „Wir sind gewohnt, von Zeit zu Zeit zusammenzukommen und unsere Wahrnehmungen auszutauschen. Gegen Ende haben wir Beschlüsse gefaßt, welche die Entfaltung des Universum vorantragen und die Entwicklung bestimmen sollten. Dabei war es immer unser Bestreben, der Menschheit auf dem Planeten Erde zu helfen. Bei unserer letzten Konferenz – vom Blickwinkel der Menschen sind seitdem etwa 4000 Jahre vergangen – hatten wir den Beschluß gefaßt, die ewige Weisheit durch einige Seher in Indien aufschreiben zu lassen. Danach haben wir einige hervorragende Gestalten zur Erde gesandt. Sie haben der Menschheit zuliebe Religionen ins Leben gerufen, Jünger um sich gesammelt und ihre Anhänger beeinflußt. Laotse und Konfuzius, Siddharta Gautama, genannt Shakyamuni, der Buddha, und Jesus von Nazareth, genannt der Logos-Christus, sowie der Prophet Mohammed und einige andere. Ihre Namen sind nun fast allen Menschen bekannt. Viele folgen ihren Lehren und Weisungen. Heilige und erleuchtete Menschen haben ihr Werk aufgenommen und weiter verbreitet. Andere haben auch in kleinerem Umfang ein ähnliches Werk getan. – Dennoch ist die Menschheit gegenwärtig in eine kritische Phase geraten. Darüber gilt es nun zu sprechen."

Ein Berichterstatter fügt hinzu: „Noch immer werden Kriege im Namen dieser oder jener Religion geführt. Noch immer werden Menschen aus religiösen Gründen mißachtet und verfolgt, gefoltert und getötet. Noch immer gibt es anmaßende Machthaber, welche die von oben gestifteten Religionen für eigene Ziele mißbrauchen. Auch aus reiner Macht- und Geldgier werden Menschen mißhandelt, geknechtet und ermordet."

Ein anderer Berichterstatter: „Hunger nach Brot und Gerechtigkeit sind weit verbreitet, Flüchtlingselend und Heimatlosigkeit hat viele Menschen getroffen, Unterdrückung, Folter und neue Formen der Knechtschaft sind zu Merkmalen des Jahrhunderts geworden. Doch habe ich auch Erleuchtete, Heilige und Weise gesehen, deren Tun der Menschheit weiterhilft in unserem Sinn. Es gibt sie auch in der

Gegenwart. Viele nähren sich aus der Tradition der alten Religionen und lernen alles, was sie nötig haben, von dort. Sie sind imstande, den Weg zu gehen und anderen Menschen den Weg zum höchsten Ziel zu zeigen."

Unerwartet tritt jetzt ein Clown in die Mitte, stellt sich frech und breitbeinig vor die beiden Berichterstatter und macht ihnen eine lange Nase. „Bäh – bäh – bäh! Ich sehe was, was ihr nicht seht! Ätsch – ätsch – ätsch! Und höre was, was ihr nicht hört! Ätsch – ätsch – ätsch!" Dann verneigt er sich vor den Berichterstattern mit verschränkten Armen und dreht sich auf dem Absatz um. Dann verneigt sich erneut mit ausgebreiteten Armen zu den Weißgewandeten. Leise murmelt er dabei „Euer Diener!" Dann reckt er den Kopf und schaut zu ihnen hoch: „Und was sagt Ihr?"

Die Weißgewandeten schweigen und schauen. Schauen und schweigen. Lange Zeit.

Schließlich sagt einer von ihnen: „In letzter Zeit – für die Erdenmenschen waren es wohl etwas mehr als zweitausend Jahre – hatten wir mit unserem Hinschauen auf die Erde eine bestimmte Entwicklung des Bewußtseins unterstützt, welche der Menschheit weiterhelfen sollte."

Ein Berichterstatter knüpft an und berichtet: „Nach einigen Rückfällen in mythologische und sogar magische Abhängigkeiten entstand so in der Menschheit eine neue Art des Bewußtseins, welche das rationale Denken genannt wird. Philosphen haben es in der östlichen und westlichen Hemisphäre haben es zu einer gewissen Perfektion entfaltet. Man entdeckte Gesetze des Denkens mit dem Verstand und fand korrespondierende Elemente in der Natur. Man lernte Recht und Gerechtigkeit schätzen und schließlich auch Selbstbestimmung, Würde und Freiheit des einzelnen. Dadurch ist der Wohlstand und das Wohlbefinden vieler gewachsen. Ein Gutteil der Menschheit ist jetzt dabei, den Wohlstand und die Werte, die aus dem rationalen Denken kommen, allen Menschen zuzugestehen. Auch den ärmeren Völkern wird daran Anteil gegeben. Manche nehmen es gerne an, andere haben Schwierigkeiten damit, oft sogar sehr große Schwierigkeiten. Dieser Prozeß sollte durch neue Vorhaben nicht gestört, sondern weiter unterstützt werden."

Darauf ein anderer Weißgewandeter: „Ja, ich sehe, daß es noch große Unterschiede zwischen den Völkern und zwischen einzelnen Menschen in der Entfaltung des Bewußtseins gibt. Manche halten sich auf diese Unterschiede etwas zugute. Es wird noch einige Zeit brauchen, bis die Menschheit sich wirklich als Einheit empfindet und alle Kräfte auf dem Planeten Erde im Ganzen des kosmischen Geschehens zufriedenstellend kooperieren."

Wieder tritt eine Phase des Schweigens ein. Es scheint, als ob die Weißgewandeten innerlich in verschiedene Richtungen schauen, ohne dies äußerlich merken zu lassen.

Schließlich sagt einer von ihnen, anfangs ziemlich leise: „Etwas macht mich sehr betroffen: Wenn wir nachsinnen und schauen, dann sehen wir doch zugleich nach innen und außen. Und wir tun erst dann unsere Gedanken kund, wenn beides übereinstimmt." Dann fährt er etwas lauter fort: „Tun die Menschen das auch? Es sieht so aus, als täten sie es nicht. Anders kann ich mir die Vereinzelung des Bewußtseins, die in Gestalt so unsagbar vieler unterschiedlicher Monadenkugeln zu uns dringt, nicht erklären. Diese Wahrnehmung beschäftigt mich seit langem. Es scheint, als ob die meisten Menschen sich nach außen anders geben, auch anders reden, als sie innerlich sind und fühlen. Denn die Außenhaut dieser Monadenkugeln ist oft anders gefärbt als das Innere. Manchmal sind die Gegensätze so groß wie Licht und Finsternis, schwarz und weiß oder – wie die Menschen vielleicht sagen würden – Tag und Nacht."

Und ein Berichterstatter ergänzt: „Es ist wahr, daß unter den Menschen der Erde sehr viel Mißtrauen herrscht und das Innere oft nicht mit dem Äußeren übereinstimmt. Vor den Gerichten läßt man noch Eide schwören, um der Wahrheit gewiß zu werden. Im Wirtschafts- und Geschäftsleben werden schriftliche Verträge bis ins kleinste genau festgelegt, um vor unerwarteter Übervorteilung sicher zu sein. Und im politischen Leben gehören Selbstlob, Lüge und Schönfärberei sowie ungerechte Beschuldigung anderer zur täglichen Praxis. Bei den meisten ist die Fähigkeit zur wahrhaftigen Rede gering. Meist wird ein schöner Schein aufrecht erhalten aus Angst vor den anderen Menschen. – Doch zur gleichen Zeit wächst auch die Zahl der Menschen, die anders leben möchten, wahrhaftiger, einfacher und mehr verbunden mit der Natur, dem Lauf der Gestirne und den elementaren Energien der Schöpfung."

Ein Weißgewandeter greift das auf mit der Frage: „Sollten wir das nicht jetzt durch unser Hinschauen unterstützen? Auch wenn die Mehrheit der Menschen immer noch im Zwiespalt lebt und perspektivisch denkt, wodurch ja viel Energie vergeudet wird, sollten wir helfen, daß Menschen die räumliche Einheitsschau von uns lernen."

Der zweite Berichterstatter bestätigt das: „Die Bereitschaft ist bei vielen sehr groß. Sie wünschen, zum Wohl aller in der eigenen Entwicklung voranzuschreiten. Inneres Leiden hat sie geweckt und dafür reif gemacht. Sie sind des Suchens nach äußerem Glück und Erfolgen des rationalen Denkens müde. Wenn innen und außen mehr in Einklang käme, wären sie sehr glücklich und könnten auch anderen besser helfen."

Sofort nicken alle in tiefem Einverständnis. Und einer formuliert, was alle denken: „Nur wer tief genug nach innen schaut, kann im Einklang damit auch weit nach außen schauen. Wird diese Art des Schauens von vielen gelernt, dann wird die Menschheit dem Frieden näher sein."

Und ein Berichterstatter fügt hinzu: „Und der Friede wird nicht mehr nur von Waffen und Polizeigewalt abhängen, Harmonie nicht mehr auf Angst und Einschüchterung beruhen, sondern von innen her ganz natürlich erwachsen. Und sicherlich werden Mitgefühl und Liebe sich ausbreiten."

Wiederum beginnt der Clown einen Tanz, diesmal mehr in der Gestalt eines spitzbübischen Kobolds. Wieder plärrt er sein „Ätsch – Ätsch – Ätsch" in die Halle der Versammelten. Das „Ä" hallt lange nach und das „Tsch" flirrt wie ein Peitschenhieb durch den offenen Raum. Die Berichterstatter sind empört, blicken erst zueinander und dann zu dem, der am höchsten Platz sitzt, als erwarteten sie einen Ordnungsruf für den Kobold. Doch wagen sie nicht, etwas zu sagen. Rederecht haben sie nur, wenn ihnen ein Weißgewandeter zunickt.

Doch diese kümmern sich wenig um den Störenfried, schauen aufeinander und tauschen sich ohne Worte aus, bis einer das Ergebnis zusammenfaßt: „Wir müssen auch folgendes bedenken: Die meisten Religionen leiden noch an Krankheiten aus ihrer eigenen Vergangenheit. Auch da sind sie sich sehr ähnlich. Ein Übergewicht des flachen, linearen Denkens behindert die Wahrnehmung des Ganzen. Sie klammern sich an einzelne Lehren, die sie gern absolut setzen. So geraten sie mit ihren Denkgebäuden in die Nähe zur Idolatrie. Sie neigen dazu, ihr Eigendasein zu wichtig zu nehmen, besonders die gut organisierten sind in dieser Gefahr. Ihre Organisation ist ihnen wichtiger als der Schatz, den sie vermitteln sollen. Allzusehr bedacht auf die äußere Moral und Lehre, haben sie wenig Verständnis für das neue Lebensgefühl und die Intuition von Gruppen und einzelnen. So gerät das innere Wohl der gottsuchenden Menschen aus ihrem Blick. Deren Sehnsucht nach Heil und Heilung paßt nicht mehr in die von ihnen bereit gehaltene Hülsen."

Ein anderer ergänzt: „Es ist wahr. Verloren gegangen ist ihnen die immer gegenwärtige Offenheit für das gestaltlos Göttliche. Sie kennen es nur in vormals festgelegter Gestalt. So hängen sie an selbstgefertigten Bildern. Sie selbst werden zu Ikonen, die sich selbst anstarren. Doch sollten sie eigentlich selber mehr durchsichtig, ganz transparent sein. Durch sie hindurch sollten Menschen das unbegrenzbar Göttliche erfahren können. Mehr Durchlässigkeit für den Höchsten würde auch ihre Strahlkraft in die Gesellschaft vergrößern. Haben sie vergessen, daß Gott absolut ist und in allem und durch alle wirkt? Und daß er sein Werk vollendet sehen möchte? Warum hören sie nicht auf ihn und seine Boten?"

Einer der Weißgewandeten schaut nun besonders intensiv zum ersten Berichterstatter hin, dringt in ihn ein und liest aus dessen Inneren ab, was jener nicht in Worte zu fassen vermochte: „Die Kraft der Wahrnehmung für den allezeit und überall wirkenden Strom des Göttlichen ist verblaßt. Im Herzen derer, welche die Religionen verwalten, ist oft Blindheit für den Raum jenseits von Denken und Vorstellen. Ihr Gebet ist verstellt mit Gedanken und Bildern. Auch gibt es Dunkelheiten im Blick, Hilflosigkeit im Herzen und Machtwillen im Kinn, obwohl sie es gut meinen. Sie quälen sich ab mit Bildern, Regeln und Konzepten über das Göttliche. Sie können nicht mehr direkt den Klang seiner Stimme hören, die Köstlichkeit seiner Nahrung schmecken und die Nähe seiner Gegenwart spüren. Die Kunst, mit dem dritten Auge zu schauen und dem dritten Ohr zu hören, ist nicht mehr lebendig, ja sie wird oft nicht verstanden und sogar verachtet."

Ein anderer von den Weißgewandeten hat es inzwischen dem Sprecher nachgetan und sich in den anderen Berichterstatter versenkt. Doch bevor er die Analyse mit seinen Worten ergänzen kann, fährt der Kobold, der jetzt eine grünschillernde Kappe aufgesetzt hat, noch einmal dazwischen: „Ätsch – das seht ihr's! Ätsch – das hört ihr's! Ätsch – da riecht ihrs!" Dreimal tanzt er im Kreis herum und verschwindet dann aus der Mitte des Raumes mit einem langen, allmählich leiser und tiefer klingenden: „Äääätsch!"

Jetzt kann der Weißgewandete in Worte fassen, was er geschaut hat: „Mit dem Ausbau des Verstandesdenkens ging offenbar ein Verkümmern der intuitiven Wahrnehmung einher. Die Fähigkeit der Geistes wurde auf Bilder und Begriffe eingeschränkt und von der im Inneren wirkenden Wirklichkeit, dem immerzu gegenwärtigen Wirken des göttlichen Energiestroms abgezogen."

Der Berichterstatter kommt nun wieder zu sich und vermag jetzt mit eigenen Worten fortzufahren: „Die Zahl der Menschen, die ein neues Zeitalter auf Erden heraufkommen sehen, wächst. Nur schwer jedoch findet das Neue Eingang in die verfestigten Religionen. Oft ist es mehr außerhalb oder an ihren Rändern wahrzunehmen. Vieles von dem Einen und Notwendigen erscheint den Religionsvertretern noch fremd, unverständlich und unannehmbar. Klein ist die Gruppe der Menschen, die Neues und Altes recht vereinbaren können. Noch kleiner die Zahl derer, die vermitteln und übersetzen können. Ihre Kraft sollte verstärkt werden von Euch, Ihr weißgewandeten Diener des Höchsten. Dann finden die Menschen auch zu einem friedlichen Einklang mit der Natur, den Tieren, den Pflanzen, dem Land und den Schätzen der Erde."

Darauf hält der Berichterstatter inne, macht eine Pause, so als wollte er sich noch einmal den Zustand der Menschheit vergegenwärtigen und fährt dann fort: „Ja, so ist es. Ich sehe es tatsächlich so. Und manche Menschen sind schon so weit, die neuen Aufgaben anzupacken. Doch sind sie in Gefahr, wegen der Unklarheit über den einzuschlagenden Weg in die Irre zu gehen. Sie brauchen eure Hilfe, klare Wegweisung und neue energetische Impulse von Euch."

Nun fährt der andere Berichterstatter, der schon eine Weile verärgert an sich gehalten hatte, mit kräftiger Stimme dazwischen und sagt etwas unwirsch: „Die Mehrheit der Menschen schreit geradezu nach höherer, vielleicht göttlicher, Hilfe. Ihre Not ist groß. Ihnen brennt der Magen und das Herz verkrampft sich: Sie wollen endlich menschenwürdig, frei und gesichert leben. Sie brauchen eine sichere Wohnung und ausreichende Nahrung, vor allem für ihre Kinder; sie benötigen eine feste Arbeit, auch für den nächsten Tag, und endlich einen gerechten Lohn. Laßt doch dies alles erst mal erreicht sein! Was Ihr den Energie-Strom des rationalen Bewußtseins nennt ..., schön wär's ja, wenn der schon überall auf dem Planeten seine guten Früchte hervorgebracht hätte! Wirtschaftliche Sicherheit, Rechtsbewußtsein und Gerechtigkeit im Alltag. Die Religionen leisten Wichtiges dafür und sollten nicht zu schnell aus dieser Pflicht entlassen werden. Dann werden die Menschen auch zur Verehrung Gottes zurückfinden und ihre Geborgenheit in Gott wieder fühlen!"

Darauf der erste Berichterstatter, unmittelbar zum zweiten gewandt: „Ich will nicht, daß irgendetwas von dem, was du für wichtig erachtest, hintangestellt wird. Die Mehrheit muß tatsächlich erst lernen, das Göttliche auf dieser Stufe zu erfahren und mit den Mitmenschen zu teilen. – Aber die Avantgarde – wenn ich so sagen darf – muß weitere Schritte tun können. Sie muß über das hinausgehen, was als das rational Machbare bezeichnet wird. Der tiefere Friede in der Wirklichkeit des Einen und Höchsten, den sie dann findet, wird der Mehrheit besser helfen, als wenn alle auf der gleichen Ebene dasselbe erstreben und tun."

Einer der Weißgewandeten, der bis dahin noch nichts gesagt hatte, sinniert scheinbar ohne Kontakt zu dem Gesagten vor sich hin und äußert dabei folgende Worte: „Immaterieller Geist, reiner Geist, unbegrenzte Allvollkommenheit, hat sich einst veräußert. Dunkler werdend begab er sich ins Materielle. Was geschaffen erscheint, ist er selbst in vergänglicher Gestalt. Welch ein Geheimnis! Gehören doch auch wir dazu! In allen Formen und Gestalten begegnen wir ihm, nur ihm. Nichts gibt es, in dem er nicht enthalten wäre – von Anfang an. Seitdem entwickelt sich alles, vorwärts und aufwärts, und kommt langsam mit neuen Formen dem Ursprung entgegen. Ja, so entstand, so schuf er auch die Menschheit. Sie strebt höher, Stufe um Stufe sich wandelnd, ist ihm niemals fern gewesen und wird es niemals sein. Dennoch höher strebend, offenbart sie immer nur den Einen und bereichert sein entsagungsvolles Erscheinen mit der Frucht aller Stufen und Phasen, bis alles gänzlich in ihm aufgeht. – Wer kann das fassen? – Ich kenne niemanden. Wir selbst sind Teil davon." Und jetzt schaut er in die Runde seiner Mitversammelten: „ Als Teil dieses Prozesses sind wir der Erdenmenschheit verbunden, auch wenn uns kaum einer kennt. Ich wünsche, daß wir die Energien des einen reinen Geistes weiterhin durch unser Hinschauen der Menschheit zukommen lassen. Noch auch in der Weise des sogenannten rationalen Bewußtseins, zusätzlich aber das Neue fördern durch unser Hinschauen in neuer Art."

Der erste Berichterstatter klatscht erleichtert in die Hände und sagt: „Ja, danke! Ich war schon besorgt, daß der Übergang zum Neuen zerstörerisch werden könnte. Der bisher erreichte Fortschritt verdient auch Respekt. Immer ist die Menschheit in einem großen Wandlungs- und Lernprozeß, auf vielen verschiedenen Stufen und mit sehr unterschiedlichen Geschwindigkeiten. Nichts, was zum Guten weitergeht, sollte unterbrochen oder verhindert werden.

Viele Menschen brauchen noch eine ausreichende Basis in den materiellen Lebensbedingungen. Sie müssen damit umgehen lernen. Viele andere lernen, ihre emotionalen Bedürfnisse klarer zu erkennen und besser zu harmonisieren. Die Religionen leisten einen Beitrag dazu, hier und dort. Einige andere jedoch streben darüber hinaus nach mehr Macht und Einfluß oder sinnlichen Genuß – aber das bringt sie nicht wirklich weiter und wird zu Katastrophen führen. Wieder andere sind auf den genannten Ebenen gut zurechtgekommen, fühlen aber den Wunsch, sich zu vervollkommnen, sich selber weiterzuentwickeln. Denen muß auf neue Art geholfen werden. Der spirituelle Gewinn, den sie für sich erlangen, wird zurückfließen auf die übrigen und auch ihnen helfen."

Dazu fragt nun einer der Weißgewandeten: „Ist es wirklich so, daß die Menschen wünschen, *sich* zu entwickeln, nicht nur ihre Gedankenwelten, daß nicht nur die Welt zu ändern wünschen, sondern wirklich *sich selbst?* Sind sie bereit zu den nötigen Opfern? Möchten sie wirklich durch die Nacht und das Dunkel gehen, um in ihrer eigenen Entwicklung näher an die göttliche Wirklichkeit heranzukommen?"

Ein Berichterstatter antwortet: „Ich habe gesehen und kann berichten, daß es für religiöse Menschen wichtig wird, im Erfahren des Daseins zu wachsen (manche nennen es Selbst-Erfahrung). Es ist ihnen wichtiger als materieller Gewinn, wichtiger auch als die Anhäufung von Wissen und hehren Gedanken. Manche bringen große Opfer, um Meditation zu lernen, und geben sich einer strengen Übung hin. Viele auch suchen nach Lehrern und Meistern auf diesem Gebiet – da hat sich manches geändert in den letzten Jahrzehnten."

Darauf der Weißgewandete, der zuletzt gesprochen hatte: „So sei es denn, daß wir dies unterstützen. Durch unser Hinschauen werden wir höhere Energien in das Menschheitsgeschehen hineinsenden. Diese werden zur intuitiven Klarsicht führen. Doch soll das unterscheidende Bewußtsein, die Kraft rationalen Denkens erhalten bleiben. Das Licht des einen Geistes soll auch in der Form der kleinen Ratio innerhalb eines angemessenen Zuständigkeitsbereiches weiterwirken. Die Menschheit braucht es. Vor allem um die niederen Triebe zu bändigen, die materiellen Güter gerecht zu verteilen, allen Menschen Recht widerfahren zu lassen und eine Ordnung des Friedens vorzubereiten. In solcher Situation können die höheren Schwingungen besser gedeihen als in den kriegerischen Zeiten der Vergangenheit, da jeder um sein Leben bangen mußte. So dunkel das Licht des Verstandes auch ist im Vergleich zum Licht des reinen Geistes und seiner höheren Frequenzen, es ist von bleibender Wichtigkeit."

Gerade wollte der Kobold, jetzt mit einem blauen Überwurf gekleidet, zu einem neuen Tanz auftreten und sein provozierendes Gequäcke beginnen, da tritt eine zarte Gestalt, die bisher im Hintergrund verborgen war, nach vorn: „Mit Verlaub," meldet sie sich mit hoher Stimme zu Wort, „gestattet, daß ich mich einmische! Ich war in letzter Zeit auf dem Planeten Erde als Frequenzbeobachter der Menschheit tätig. Ich bitte, etwas mitteilen zu dürfen." Nachdem bei den Weißgewandeten zunächst ein Erstaunen, dann ein leichtes Kopfknicken wahrzunehmen war, fährt die Stimme fort: „Vor etwa sechs- bis viertausend Jahren menschlicher Zeitrechnung war die Frequenz, an die Ihr jetzt denkt, schon einmal der Menschheit gegeben worden. Sie mußte aber dann reduziert werden. Sie wurde auf sehr wenige beschränkt, weil allzu viel Mißbrauch geschah. Es sollte vorgesorgt werden."

Die Augen der Weißgewandeten wenden sich dem ersten Berichterstatter zu, der sofort seine Aufgabe versteht: „Ja, das ist richtig. Die hohen Energien wurden zum Eigennutz weniger und zum Schaden vieler Menschen verwandt. Ganze Kulturen verschwanden vom Erdboden. In nur wenigen Rinnsalen konnte das alte Wissen weitergegeben werden. In jüngster Zeit taucht es wieder auf, meist außerhalb der organisierten Religionen. In manchen Gegenden wimmelt es von Trägern solchen Wissens, echten Weisen, aber auch Scharlatanen. Oft dient das neu ans Licht gebrachte Alte mehr dem Gelderwerb und persönlichem Ruhm. Mißbrauch bringt alles in Mißkredit."

Der Weißgewandete, der zuvor die Entscheidung kundgetan hatte, ergreift noch einmal das Wort: „Die Menschheit wird nun selbst lernen müssen, die höheren Gaben vor Mißbrauch zu schützen. Manche Schätze ruhen noch im Verborgenen, auch in den Religionen. Die Menschheit bekommt auch Hilfe von oben. Das Neue, was jetzt dran ist, wird alle Religionen tiefer verbinden und seine höhere Kraft auch außerhalb ihrer Organisationen entfalten."

Ein anderer der Weißgewandeten fügt noch hinzu: „Es darf auch jeder Mensch, der anderen auf ihrem Wege hilft, dafür einen Beitrag zu seinem Lebensunterhalt erwarten. Nur Geldgier, Ruhmsucht und Werbung sollten ausgeschlossen werden. Mit Verständnis und Liebe werden die Menschen lernen, die höheren Wahrnehmungskräfte in ihr Leben zu integrieren. So werden sie sich vom nur materiellen, äußeren Fortschritt abkehren und dem inneren Fortschritt zuwenden, wie zu hoffen ist, auch in den Religionen."

Nun ergreift noch einmal derjenige das Wort, der die Entscheidung ausgesprochen hatte: „Und einigen wird es gegeben werden, das namenlose Geheimnis, vor dem wir uns alle verneigen, zu schauen. Mehr Menschen als zuvor werden es verstehen. Sie werden dies anderen vermitteln, sie lehren und von dorther für den weiteren Weg der irdischen Menschheit Rat bekommen. Bis wir uns wieder treffen, danke ich allen für ihr Erscheinen und Mitwirken."

Jetzt erst wurde bemerkt, daß nahe der Mitte des Raumes zwei fast unsichtbare Lichtwesen anwesend waren und alles aufgenommen hatten. Jetzt nicken sie mit ihren Häuptern, verneigen sich in der Runde und schweben auseinander, das eine Wesen nach oben, um den Entschluß am allerhöchsten Platz zur Billigung vorzulegen, das andere Wesen nach unten, um eine Konferenz auf niederer Ebene über dessen Durchführung anzuleiten.

Das Wesen aber, das sich bisher als Clown oder Kobold tanzend und schreiend gelegentlich dazwischengemengt hatte, tritt nun in aufrechter Haltung in die Mitte der Versammelten. Würdevoll verneigt es sich vor dem Vorsitzenden, zieht einen Kristall aus seinem Gewand und hält den geschliffenen Stein auf ausgestreckter Hand in die Höhe. Das Licht aller anwesenden Wesen spiegelt sich in diesem funkelnden Kristall, strahlt zurück und überschreitet den Kreis der Anwesenden weit in den Kosmos hinein. Als sich die Finger der ausgestreckten Hand wieder um den Kristall legen, ist der Raum wieder vom normalen Dämmerlicht erfüllt. Die weißgewandeten Wesen aber sind alle verschwunden.

Gespräch im Regenbogenraum

Das nach unten abgesandte Lichtwesen braucht nicht[2] lange, um in einen runden Raum zu gelangen, der nach oben offen ist wie das römische Pantheon, an den kreisrund geschwungenen Seitenwänden aber in allen Farben des Regenbogens schillert. Nicht grell sind diese Farben, sie wirken auch nicht aufgemalt, sondern wie pastellfarbene Abtönungen des weißen Lichts, das von oben einströmt und in diesen Wänden sanft von einer in die andere Farbe hinübergleitet. Rot und rosa, orange und gelb, grün und blau und violett gehen beinahe unmerklich in einander über. Es ist kaum möglich, die genauen Grenzen zwischen den Farben auszumachen, unmöglich auch, sie insgesamt zu zählen. Nur an einem Platz herrscht das weiße, von oben einfallende Licht vor. Hier nimmt das aus der höheren Region abgesandte Lichtwesen Platz und erkennt alsbald die an anderen Konzentrationspunkten des Farbkreises bereits angekommenen bunt schillernden Repräsentanten der einzelnen Religionen des Planeten Erde.

Der Schauende, der diesen Bericht verfaßt, weiß, daß es sich nicht um die irdischen Führer und Oberhäupter der menschlichen Religionsgemeinschaften handelt, auch nicht um ihre Gründer oder Stifter, sondern um überirdische Repräsentanten, welche ihre Menschenfreunde auf Erden unterstützen, leiten und inspirieren möchten. Ebenso wie bei den Weißgewandeten ist ihr Geschlecht nicht auszumachen. Vielleicht könnten sie als androgyne Wesen, Heilige, Devas oder nicht-inkarnierte Boddhisattvas bezeichnet werden, oder eben als „Seher". Dieser Ausdruck scheint noch am angemessensten, ohne daß „Seherinnen" damit ausgeschlossen sein sollen.

---

[2] Für den Berichterstatter, meinen Freund Bernardo S., lag dazwischen ein Erlebnis, das er erwähnt haben möchte: „Ich hatte," so schreibt er im beigefügten Brief, „mich für einige Tage allein in ein altes Haus in den Bergen zurückgezogen. Ich wollte mehr ungestörte Zeit für meine Meditation und Spaziergänge haben. In diesen Tagen geschah es eines Nachmittags, daß ich mich während einer Meditation plötzlich von einem höheren Wesen emporgehoben fühlte. Ich konnte meinen Körper und den Gang des Atems noch spüren, war aber zugleich in einem Schwebezustand über der Landschaft. Ich sah die Berge und mich da unten in diesem Häuschen sitzen. Zugleich wurde ich irgendwie schwebend oder fliegend um den Erdball getragen, so daß ich aus Flugzeugperspektive verschiedene Länder sehen konnte. Zuerst ging es über den italienischen Stiefel und Griechenland hinweg in Richtung Israel. Den Namen jenes Wesens, das mich da führte, erfuhr ich nicht, aber ich konnte ihm Fragen stellen. Und ich habe immer wieder gefragt, was das soll und warum mir das gezeigt wird. So erfuhr ich, daß es um die Ursprungsländer verschiedener wichtiger Religionen ging. Zuerst ging es nach Palästina und die Sinaihalbinsel. Ich bezog das auf Judentum und Christentum. Ich fragte und bekam das bestätigt. Dann sah ich die arabische Halbinsel, wohl wegen des Islam. Danach bekam ich zu meiner Überraschung einen Blick über Iran und sah vor allem den nördlichen Teil, und ich lernte, daß die Religion, die dort ihren Ursprung hatte, für wichtig gehalten wurde. Später wurde mir klar, daß es sich um den sog. Parsismus bzw. Zoroastrismus handelt. Dann sah ich Indien unter mir. Es waren auch wieder mehr die nördlichen Gebiete, und zwar wegen der Hindu-Religionen und auch wegen des Buddhismus. Schließlich bekam ich eine Landübersicht über China, was ich vor allem auf den Taoismus beziehen sollte. Ich ahnte, daß diese 7 Weltreligionen offenbar eine große Rolle spielen, ahnte aber noch nichts von den „Gesprächen", die ich aufzeichnen sollte. Erst das im folgenden Wiedergegebene beantwortete mir diese Frage. – Übrigens scheue ich mich, dem Ganzen irgendeinen Namen wie „Vision" oder „Audition" zu geben. Ich weiß ja, daß Du gern alle Dinge beim Namen nennst und ein großes Reservoir an Begriffen hast. Nein, mir ist lieber, wenn das offen bleibt. Nur möchte ich sagen, daß dem Geschauten mehr Wirklichkeitsgehalt zukommt als den von mir formulierten Worten, bei denen notgedrungen mein persönlicher Anteil größer ist. Oft hatte ich eher das Gefühl, nicht eigentlich ‚Worte', sondern so etwas wie ‚Gedankenströme' wahrzunehmen, Signalströme, die hin und her gingen und die sich erst bei mir in Worte und Sätze zusammengefügt haben. Ich fühlte jedenfalls, daß ich das Wahrgenommene in Worte fassen sollte. Stör' Dich also nicht an unbeholfenen Worten!"

Im Unterschied zu den grobstofflichen, sterblichen Menschenkörpern war ihren Gestalten irgendwie anzusehen, daß es sich um langlebigere oder fast ewige Wesen handelt, deren körperähnliche „personale Verdichtung" so lange anhält, als es die betreffende Religion auf dem Planeten Erde gibt.

Im Regenbogenraum ist ihre Anzahl nicht genau auszumachen, zumal jede größere Gestalt von kleineren Wesen annähernd gleicher Farbe umgeben ist. Offenbar hat jeder Repräsentant einige Berater oder Sprecher um sich geschart. Bei ihnen sind ebenso wie zuvor bei den weiß gewandeten und jetzt bei den farbig gewandeten Wesen weder Alter noch Geschlecht noch sonstige Persönlichkeitsmerkmale zu erkennen.

Auch diese Versammlung lauscht zuerst einer leisen Musik, welche sie einstimmt und sammelt für das, was geschehen soll. Ihre Weise ist stärker von rhythmischen Folgen geprägt und wandelt sich immer wieder. Im Gefolge der unterschiedlichen Ton- und Rhythmusarten enthält sie Anklänge an die heiligen Lieder und Hymnen der Religionen der Menschheit. Kaum merklich wechseln auch die Instrumente, und bisweilen sind Gesänge menschlicher Stimmen eingewoben. Menschliche Ohren würden wohl hie und da ein vertrautes Herzstück ihrer eigenen Tradition heraushören als auch manch Fremdes aus anderen Religionen erkennen. So werden sie durch das Vertraute aufmerksam auf das, was sie gern näher kennenlernen möchten.

Nachdem diese Symphonie, die man gut als eine Weltreligionssymphonie bezeichnen könnte, verklungen ist, ertönt die Stimme des abgesandten Lichtwesens und alle hören die Frage: „Erkennt ihr schon, um was es jetzt gehen soll?" Die meisten der Anwesenden nicken leicht und bedächtig, aber auch etwas zögerlich, als lauschten sie noch dem Nachhall der Musik im eigenen Innern, als forschten sie nach dem Sinn des Ganzen. Offenbar möchten sie dieselbe Musik noch einmal hören, ehe sie sich dazu äußern. So erklingt die Symphonie ein zweites und schließlich noch ein drittes Mal.

Als noch immer niemand zu sprechen wagt, erklingt eine helle posaunenartige Stimme, deren scharfe Artikulation etwas Schneidendes hat und die Aufmerksamkeit noch einmal erhöht. Und alle hören den geheimnisvollen Text:

„Wie im Einen – so im Anderen.
Wie im Anderen – so im Einen.
Das Vielfältige kommt aus dem Einen
und führt wieder zum Einen zurück."

Nun begreifen sie, wagen aber noch nicht selbst zu sprechen, bis das abgsandte Lichtwesen ihnen freundlich zunickt und sie mit einladender Geste zum Sprechen auffordert.

Nun füllt die Stimme eines Sehers den offenen Raum mit folgenden Worten: „Den Ursprung unserer Religion sehe ich in dem unschaubar-dunklen Einen, aus dem sich drei Gestalten erheben, die einander zugewandt sind. Dieselbe Liebe, die sie zu einander hegen, strahlen sie aus in alle geschaffenen Welten, in die unsichtbaren ebenso wie in die für Menschenaugen wahrnehmbare Welt des irdischen Universums. Vor einiger Zeit verdichtete sich die Liebe dieser drei Gestalten in einer einzigen. Für kurze Zeit besuchte sie den Planeten Erde und kehrte mit einer großen Schar ihr nachfolgender Menschenseelen wieder heim. Noch immer wächst diese

Schar. Doch ist das Wissen um die rechte Art dieser Nachfolge jetzt in einer kritischen Phase des Übergangs. Viel Kraft wird auf Nebensächliches verschwendet. So ensteht auch viel unnötiges Leid, Hader und Streit."

Ein Sprecher aus der gleichen Gruppe fährt fort: „Rund um den Erdball ist wenig Freude unter den Christen – denn um diese Religion handelt es sich. Sie leiden unter zu vielen Gesetzen, Vorschriften und einengenden Ideologien."

Dem fügt ein Seher aus einer anderen Gruppe hinzu: „Dennoch gewahre ich, daß diese Religion viel zum Wohl der planetarischen Menschheit beiträgt. Ich sehe Gemeinschaftssinn und Liebe als ihr besonderes Kennzeichen. Man ist bemüht, ehrlich das Brot miteinander zu teilen, sich unter den Worten göttlicher Weisheit zu vereinen und Mahl im Andenken an ihren Stifter zu feiern. Daraus wachsen Früchte für alle Religionen und alle Menschen."

Nach diesen Worten erfüllt ein großes Schweigen den erhabenen Versammlungsraum. Es ist, als würden alle das Gesagte in geistiger Weise kauen und andächtig damit eins werden.

Danach erhebt ein anderer Seher seine Stimme und spricht von seiner Religion in folgender Weise: „Den Ursprung unserer Religion sehe ich im unteilbaren Dämmerlicht, als wider alles Erwarten ein Wunder geschah: aus dem Unteilbar-Einen entstehen zwei gegensätzliche Pole ewiger Gültigkeit, das ewige Ja und das ewige Nein, das ewige Licht und die ewige Dunkelheit. Jeder Mensch befindet sich im Kampffeld beider Mächte und trachtet danach, vom Dunkel ins Licht zu gelangen, bis am Ende das Licht über alle Dunkelheiten gesiegt gaben wird."

Ein Sprecher aus der gleichen Gruppe fügt mit bescheidener Stimme hinzu: „Die Zahl unserer Anhänger ist immer klein gewesen. Aber der Einfluß unserer Wahrheit geht durch alle Religionen. Oder gibt es unter dem Himmel der irdischen Welt eine Religion, die nicht zwischen Tag und Nacht unterscheidet? Die nicht dazu mahnt, das Gute zu wählen und das Böse zu meiden, das Lichte zu stärken und das Dunkle zu überwinden und schließlich dem alles durchdringenden Frieden zu dienen?"

Nach diesen Worten geht ein erschütterndes Donnergrollen durch den Raum. Momente lang verlöschen alle farbigen Lichter und gleißend-weiße Blitze durchzucken das Rund der Versammelten. Doch alle bleiben unerschütterlich an ihren Plätzen. Sie schauen in die offene Mitte im Gewölbe des Kuppelraums und machen mit geöffneten Händen segnende Gebärden, die den ganzen Raum durchmessen. Als die Ruhe am Versammlungsort wieder hergestellt ist und die vertrauten Regenbogenfarben wieder klar zu sehen sind, nicken einige Gestalten einander verstehend zu.

Dann tritt ein anderer Seher aus seiner Gruppe heraus, schaut in den Kreis der Anwesenden und spricht: „Den Ursprung unserer Religion, die nur wenige Menschen einschließt und dennoch über den ganzen Erdball verteilt ist, sehe ich jenseits von Himmel und Erde im Verbund des ewige Gepriesenen Einen mit unserem Volk, das Er auserwählt hat. Durch viele Wüsten ist es gewandert und oftmals verfolgt und zerrissen worden. Doch die Menschen werden gestärkt durch die Machttaten des Einen, dessen Namen nicht ausgesprochen werden darf. Er gab uns ein Gesetz, dem anzuhangen uns geboten wurde. Die Gelehrten legen es aus für jede Zeit. Und im Volk werden viele Geschichten erzählt, bis der kommt, der da kommen soll."

Ein Sprecher aus der gleichen Gruppe fügt hinzu: „Durch uns hat die Menschheit viel gelernt. Die Menschenleben vieler Generationen fügen sich zu einer Bilderlinie zusammen, welche die Menschen Geschichte nennen. Sie glauben, daß diese Geschichte auf einen Endzustand hinausläuft, der den uranfänglichen Bund erfüllt und alles Dagewesene überragt. Auch bei uns ist die Zahl der Menschen, die unserer Religion treu sind, gering. Doch sind viele Gebote und Geschichten zur Befolgung des göttlichen Weges aus unserer Tradition in das allgemeine Bewußtsein der Menschheit eingegangen."

Wiederum erhebt ein anderer Seher seine Stimme und sagt: „Auch ich sehe den Ursprung unserer Religion in einem vom Himmel zur Erde übermittelten Gesetz. Es wurde einem bestimmten Volk gegeben zum Nutzen aller. Es kam durch einen Menschen, dem ein Engel des Himmels das Gesetzbuch übergab. Die meisten Anhänger unterwerfen sich ihm gern; anderen wird es aufgenötigt. Alle Ehre sei dem Einen!"

Jetzt rückt das Lichtwesen, das den Vorsitz dieser Versammlung schweigend ausgeübt hat, ein wenig vom vielfarbigen Kreisrand zur Mitte vor. Dort läßt es die Konturen seiner Gestalt kräftiger werden und verwandelt sein Farbkleid zu einem hell strahlenden Morgenhimmelblau. Seine Worte sind die folgenden: „Mein Blick auf den Planeten Erde sieht die Ursprungsländer der genannten drei Religionen eng beieinander. Von dort geht ihre Strahlkraft vor allem nach Westen und Norden und Süden, wird aber nach Osten hin schwächer. Was ist mit den Religionen, die im Osten an die Oberfläche des Planeten Erde gekommen sind?"

Jetzt rafft eines der farbigen Wesen sein Gewand zusammen, das in mehreren, unbeschreiblich schönen Farben schillert, erhebt sein Angesicht und schaut in einer Weise zu allen hin, als würde der Blick zugleich in große Ferne gehen. Aus seiner Stimme ist zu hören: „Nach irdischer Zeitrechnung reichen die Ursprünge der Religionen unseres Kontinents am weitesten zurück. Die Zahl der Götter und Göttinen, Kulte und Wege, denen sich die Menschen unseres Kontinents zuwenden, ist groß. Alle entspringen dem gleichen Grund und haben das gleiche Ziel: die verloren gegangene Einheit soll wiederhergestellt werden, die Einheit zwischen dem tiefsten Grund im Herzen der Menschen und dem Grund des Universums, aus dem alle – auch wir – hervorgegangen sind. Die Sehnsucht nach dieser Heimkehr bewegt die Menschheit ohne Unterlaß, und alle werden auch heimkehren, da sie den Urgrund niemals wirklich verloren haben. Unsere Götter und Göttinnen, Kulte und Wege dienen nur dazu, die Mauer im Bewußtsein der Menschen wieder duchlässig werden zu lassen, ihre Blindheit zu heilen, damit sie das große Spiel durchschauen und sich von den Illusionen befreien. Was ich Mauer oder Illusion nenne, ist in meinen Augen durchsichtig wie die Oberfläche eines klaren Bergsees, dessen Tiefe voll Licht ist. Nur das Gekräusel der Wellen hindert den Blick in die Tiefe bei den meisten Menschen, denen wir helfen wollen."

Nach einer langsamen Verneigung zieht sich der Seher zurück und ist fast nicht mehr zu erkennen im vielfarbigen Rund der heiligen Versammlung.

Da treten forsch und energisch gleich zwei Sprecher aus einer Gruppe hervor und wollen weitere Erklärungen abgeben. Doch der Seher bedeutet ihnen mit leisen Handzeichen, daß sie sich schweigend zurückziehen.

Nach einer Weile erhebt sich einer, der bislang schweigend mit verschränkten Beinen auf dem Boden gesessen hatte, ohne daß dies aufgefallen war. Auch jetzt ist er nicht größer als zuvor. Sein Gewand ist einfarbig und nur leicht getönt. Er spricht nur wenige Worte: „Auch unserer Religion Ursprung ist die Erfahrung jener Einheit, die wohl alle meinen. Wir geben nicht viel auf Götter und Göttinnen, Kulte und Riten. Unsere Lehrer lehren, das Auge für dieses Einssein durch Achtsamkeit zu öffnen." Und sogleich versinkt er wieder in seiner Sitzhaltung, ohne daß seine Gestalt dadurch kleiner oder seine Aufmerksamkeit für das ganze Geschehen geringer erscheint.

Jetzt tritt eine längere Stille ein. Nicht alle scheinen verstanden zu haben, vom wem da die Rede war. Darum fügt ein Sprecher aus seiner Gruppe hinzu: „Vom viel-farbigen Ursprungsland aus hat sich unsere Religion weit nach Osten und ein wenig nach Süden verbreitet. In jüngster Zeit strahlt ihr Licht auch zaghaft in westliche Länder."

Jetzt verstehen alle, wovon gesprochen wurde, und der siebente Seher, dessen Auftreten von besonderer Würde und Gelassenheit umgeben ist, kommt mit folgen-den Sätzen zu Wort: „Auch in den Religionen unserer Länder im fernen Osten sehen wir einen unbeschreiblichen Urgrund; ihn zu benennen heißt ihn zu verkennen. Wir achten jedoch darauf, daß er möglichst ungetrübt im Fluß des alltäglichen Lebens zum Ausdruck kommt. Wir freuen uns am fortwährenden Fließen des Einen, das in jedem Ding und Wesen seinen Weg sich bahnt. Wir ehren, was hinter der sichtbaren Welt sich verbirgt."

Als dieser Seher sich zurückgezogen hatte, platzt einem menschlichen Wesen, das unbemerkt anwesend war und alles mitzuschreiben versucht hatte, der Kragen. Mit hochrotem Kopf stürmt dieser Mensch ein paar Schritte weit nach vorn, bleibt aber bald, noch ehe er die Mitte des Raumes erreichen kann, wie angewurzelt stehen. Es ist, als ob er eine ihm unsichtbare Licht-Schranke nicht durchbrechen kann. So schreit er von dort in die versammelte Runde: „Es ist ja nicht zu fassen! Wie soll einer das verstehen! Auf Erden geben wir uns die größte Mühe, alle Religionen fein säuberlich auseinander zu studieren und ihre Geschichte und ihre Lehren genau aus-einanderzuhalten. Die unterschiedlichen Eigenarten müssen doch exakt herausprä-pariert werden! Und hier wird alles verwischt, so daß ich, der ich abgesandt war, um Protokoll zu führen und genauestens zu berichten, kaum noch begreifen kann, von welcher Religion jeweils die Rede ist. Wenn das so weitergeht, kann ich gleich meine Bücher durch den Reißwolf drehen und die Schnipsel beliebig neu zusam-menkleben!"

Schon bei den ersten Worten waren einige Begleiter aufgesprungen und hatten den Menschen mit dem hochroten Kopf zurückholen wollen. Doch das Lichtwesen, das die Versammlung leitet, hatte ein Zeichen gegeben, ihn ausreden zu lassen. Jetzt spricht es den Menschen, dessen Kopf und Schultern übrigens nahezu die Hälfte sei-ner Körpergröße ausmachten, direkt an und winkt ihn an seine Seite: „Komm zu mir, Menschenkind, und, nachdem Du gehört hast, ohne zu verstehen, schau jetzt nur zu!" Der Mensch begibt sich also an die Seite des Lichtwesens, das einen Arm liebe-voll um seine Schulter legt. So kann er nun sehen, was auch dem Berichterstatter zu schauen gegeben wird:

Das Kreisrund der regenbogenfarbigen Versammlungshalle mit dem geöffneten Loch nach oben gerät in kaum merkliche Schwingungen und verwandelt sich in eine riesige Kugel, auf der sich die farbigen Gestalten flächendeckend verteilen. In der Mitte der Kugel gleißt ein superhelles Licht, das meine Augen nicht aushalten können. Und ich bemerke, daß dasselbe Licht auch außerhalb der Kugel den Weltraum durchstrahlt. So kann ich nur die farbig schillernde Kugeloberfläche einigermaßen mit meinen Augen wahrnehmen, ohne daß sie schmerzen. Dort sehe ich – aber ich weiß gar nicht von wo aus ich das sehe, denn ich bin sowohl innerhalb als auch außerhalb dieser gläsernen Kugel und kann alles zugleich sehen – ich sehe also auf der Oberfläche dieser Kugel in etwa die Umrisse der Kontinente und einige größere Landesgrenzen unserer Erde. In einigen Kontinenten überwiegen bestimmte Farben. Aber kein Land oder Kontinent ist nur von einer Farbe gekennzeichnet. Und doch sind es dieselben Farben, die vorher das Rund des Versammlungsraums mit den vielen Gestalten der Religionsvertreter geschmückt hatten. Es ist, als ob das gleißende Licht, das vom Erdmittelpunkt in alle Richtungen ausstrahlt, zur Oberfläche hin immer dünner, dichter und kühler wird. So wird es unseren irdischen Farben ähnlicher. Unwillkürlich werde ich an die gleißende Glut des glühenden Feuerkerns in unserem Planeten erinnert, dessen Hitze nach der Erdkruste hin abnimmt und schließlich in menschenerträgliche Temperaturen übergeht. Ganz ähnlich ist es im äußeren Umfeld um den Erdball herum. Das gleißende, nicht anschaubare Licht, das den Kosmos durchdringt, wird in der Nähe zur Erdatmospähre dunkler, dichter und für meine Augen angenehmer. Schließlich geht es über in das vielfarbige Spektrum der Erdoberfläche selbst, die von innen her wie ein Globus erleuchtet wird und eine Art „Landkarte der Weltreligionen" erkennen läßt. Ein wunderbarer Anblick. Am herrlichsten anzuschauen sind die Übergänge, wo das gleißende Weiß erst langsam und dann kräftiger sich verwandelt in die kräftigen Farben der Erde, wie wir sie kennen. Da wird das Weiß zu Rosa und geht schließlich in kraftvoll strahlendes Rot über. An anderer Stelle entsteht das Hellblau, das dann zu Wasserblau wird und endlich im Dunkelblau verharrt. Wieder woanders bilden sich Gelb und Orange, Hellgrün und saftiges Grün. Es ist unbeschreiblich schön! Und alle Farben werden deutlich vom selben Lichtquell aus dem Erdmittelpunkt gespeist. Vor Glück und Freude kommen mir Tränen in die Augen, ich verneige mich tief vor diesem Geheimnis und sinke schließlich ganz auf die Knie, während meine Arme sich abwechselnd nach oben ausstrecken, mit den Händen die Augen bedecken und sich bald über meiner Brust kreuzen. Mein Atem geht tief und lang, und als schließlich ein dankbares Singen und Seufzen aus meinen Lippen hervorbricht, höre ich ein leises, aber intensives, wie aus der Tiefe des Weltraums strömendes Rauschen. Ich richte mich wieder auf und sehe in einiger Entferung das Lichtwesen und den Menschen mit dem überdimensionalen Kopf.

Das Lichtwesen fragt den Menschen: „Verstehst Du jetzt?" Der Mensch – noch benommen von dem erschütternden Anblick – nickt kurz und antwortet leise: „Ich glaube: ja. Aber es ist zu viel für mich. Ich muß es erst mal verarbeiten." Dann höre ich noch die Worte: „Nimm dir die Zeit, die du brauchst; aber säume nicht zu lange!"

Damit möchte ich meinen Bericht schließen. Aber, nein! Denn alsbald verschwindet der Mensch, den Kopf mit beiden Händen an den Schläfen haltend, von der Bühne, und es erscheinen sieben größere Gestalten und einige kleinere erneut in dem Rund des Regenbogenraums. Das Licht ist jetzt weniger stark als am Anfang. Meine Augen können klarer die Umrisse der Gestalten erkennen, die nun mehr den Formen der Menschen auf Erden gleichen.

Noch einmal ertönt die posaunenartige Stimme mit dem Gesang des Anfangs und dem geheimnisvollen Text, der jetzt weicher und versöhnlicher klingt:

„Wie im Einen – so im Anderen.
Wie im Anderen – so im Einen.
Das Vielfältige kommt aus dem Einen
und führt wieder zum Einen zurück."

Nach einer Weile erscheint auch wieder das Licht des strahlenden Lichtwesens, das die vorangegangene Versammlung geleitet hat. Seine Stimme ist kurz, aber freundlich: „Habt ihr verstanden, welche Botschaft ihr weiterzutragen habt?"

Eine der menschenähnlichen Gestalten antwortet: „Verwirrend ist es auch für uns. Doch wollen wir uns mühen, die Botschaft herauszufiltern." – Eine andere Gestalt fährt fort: „Ich glaube, die Botschaft zu erkennen, daß nämlich alle Religion aus derselben Quelle kommt. Das Achten auf diese gemeinsame Quelle wird das Verständnis und die Praxis in allen Religionen auf eine höhere Stufe führen."

„Ja und," fährt eine dritte Stimme fort: „das wird auch dem Überleben der Menschheit dienen. Dafür zu sorgen, gehört schließlich auch zu unseren Aufgaben. Wir sollen helfen, daß die religiösen Führer und Repräsentanten der Menschheit dies erfahren und erkennen."

Jetzt ergänzt die Stimme des Lichtwesens das Gesagte mit folgenden Worten, die auch mir, dem Beobachter und Berichterstatter notwendig schienen: „Vergeßt, bitte, nicht: es geht nicht nur um das Überleben der Menschenwelt, auch nicht nur um den Fortbestand des Planeten Erde, sondern auch darum, daß der Weg nach innen, den die Menschheit jetzt beschreiten muß, sie auch in größeren Einklang mit der untermenschlichen Natur und den übermenschlichen Kräften und Wesen des Universums bringt. Erst durch diese doppelte Öffnung nach unten und oben – was eine tiefere Öffnung auch zu den Mitmenschen einschließt – bekommen Liebe und Zusammenwirken aller Wesen jene Durchlässigkeit für den alles durchdringenden Quellgrund des Lebens, welcher Ursprung und Weg und Ziel zusammenhält . . . und für alle die Seligkeit ohne Ende erfahrbar macht. – Versteht, daß ich mich nicht der Sprache einer bestimmten Kultur und Religion bedienen möchte, sondern so allgemein wie möglich formuliere! Und tut euer Bestes für diesen aus dem Urgrund des Universums kommenden Impuls!"

Jetzt erst fühlte auch ich mich zufrieden. Das Unternehmen, dessen Zeuge ich sein durfte, scheint abgeschlossen. Und ich gebe den Bericht über das Gesehene und Gehörte weiter, kann mich aber selbst nicht um Einzelheiten des Verständnisses kümmern.

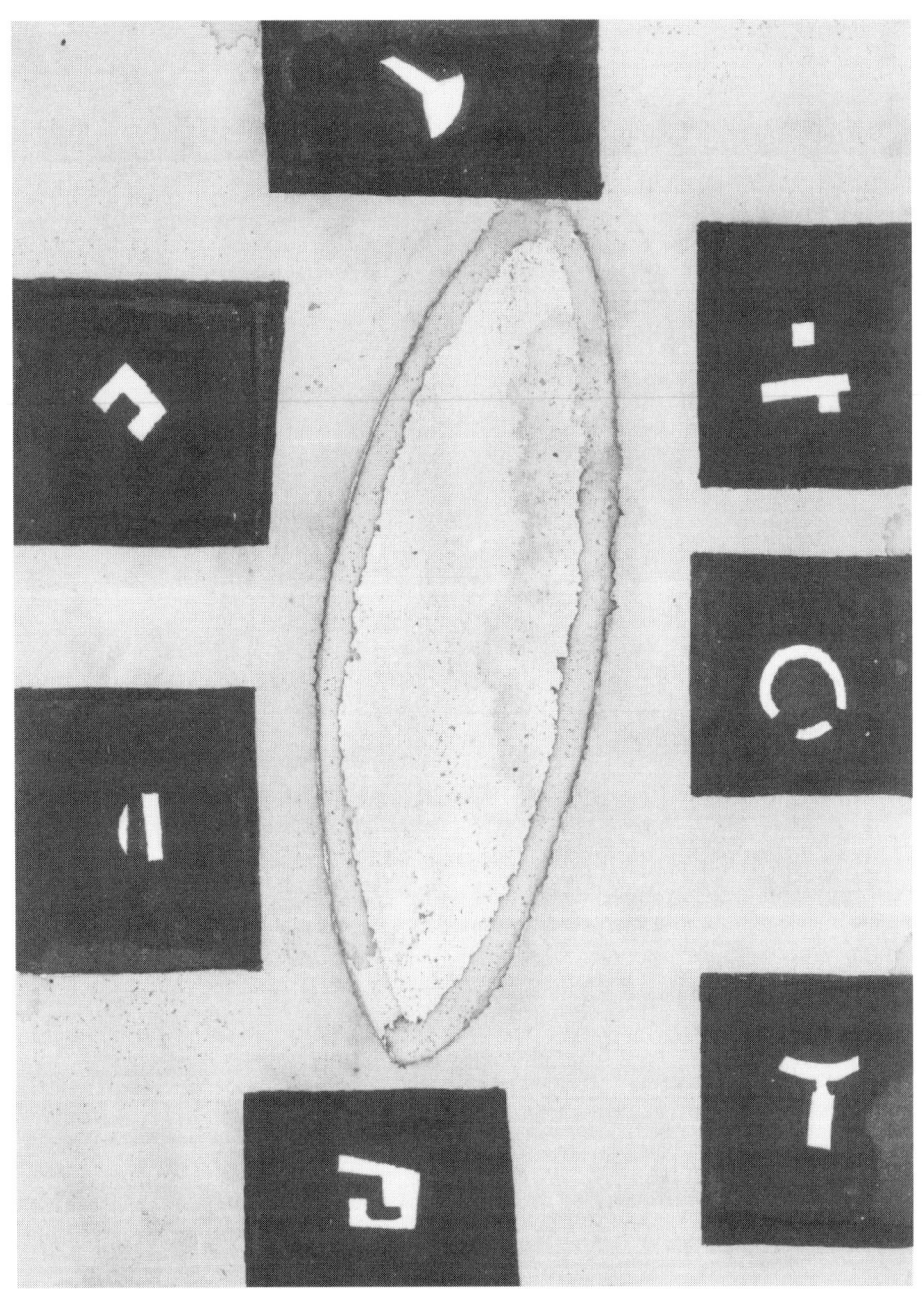

Alles zum Einen – alles vom Einen her

Nachwort

Als ich diese beiden Berichte bekam, war ich zunächst einmal sehr erstaunt über die Ähnlichkeit mit den „Religionsgesprächen in Asien". Hier wie da werden die bestehenden Religionen in einem Zusammenhang gesehen, der bei aller Unterschiedlichkeit in der Terminologie und der geistigen Grundstruktur auf eine Wirklichkeit hinweist, die als gemeinsamer Wurzelgrund erkannt oder zumindest erahnt werden kann. Doch die Perspektiven sind unterschiedlich. Wird dort mehr aus der Sicht der menschheitlichen Suche nach dem Absoluten gefragt, das trotz unterschiedlicher Benennungen von den Gesprächsteilnehmern als ein und dieselbe Wirklichkeit anerkannt wird, so kommt hier eine gleichsam überirdische Sichtweise zum Tragen, nach der die verschiedenen Religionen der Menschheit gemäß einem höheren (göttlichen) Plan durch geistige Wesen aus jenseitigen Dimensionen gelenkt und geleitet werden.

Die Frage, ob sich in den beiden Berichten um echte Schauungen, über die protokollartig berichtet wird, oder um eine symbolisch-poetische Ausdrucksweise für anderweitig Wahrgenommenes handelt, scheint mir nicht sehr wichtig zu sein. Ob es sich z. B. bei den Weißgewandeten Wesen tatsächlich – aber was heißt hier tatsächlich? – um überirdische Wesenheiten („Throne und Herrschaften" der biblischen Tradition etwa) handelt oder um so etwas wie langlebige, geistige Ingredienzien innerhalb der Bewußtseinsevolution der Menschheit, Ideen also, die im Kollektiv der Menschen latent verborgen waren und von den Religionsstiftern manifest gemacht wurden, die Bewegung zum Hervorkommen also entweder mehr vertikal oder horizontal vorgestellt wird, scheint mir unerheblich gegenüber der Gesamtaussage des ersten Berichts. Danach ist in der gegenwärtigen Zeitphase für alle Religionen ein Übergang in eine neue Epoche von Religiosität angezeigt. Interessant ist, daß sich dieser Übergang nach den Berichten des „Schauenden" von Seiten der Verursacher und Impulsgeber innerhalb einer hierarchischen Stufenfolge von oben nach unten dargestellt findet. Auf einer Ebene wird das Grundsätzliche beraten, auf der nächstniederen geht es mehr ins Detail, wobei die mitwirkenden Wesen aller Ebenen untereiander auf Konsens hinarbeiten und sich einem allerhöchsten Willen verpflichtet fühlen.

Immerhin findet das weitverbreitete Gefühl, daß sich im Bereich der Religionen etwas tut, was nach einem groß angelegten Übergang von einer Epoche in eine andere aussieht, einen derart sinnfälligen Ausdruck, daß die Frage nach der ‚Historizität' wenig zum Verstehen des inhaltlich Gemeinten beitragen dürfte.

Wer sich mit dem Inhalt befassen möchte, kann das unabhängig von einer historischen „Definition" der auftretenden Gestalten und unbekümmert um das Handwerkszeug historisch-kritischer Textanalyse tun. Eine tiefere Einsicht in das untergründige bzw. überirdische Verflochtensein der Religionen, wie es hier dargestellt ist, wird kaum durch die sonst so hilfreichen logischen Beweisführungen nach den Methoden der Religions-Wissenschaften oder der Theo-Logie erreicht werden können. Die geistig fruchtbare Frage scheint vielmehr die zu sein, ob jene Visionen und Auditionen religiös-geistig nachvollziehbar sind. Läßt sich so etwas wie eine innere

Plausibilität erspüren? Durch die visionäre Darstellungsform und die bisweilen abgehoben-erhabene Sprache könnte etwas zum Ausdruck kommen, was sich auf andere Weise – etwa in der Sprache einer Abhandlung oder eines Kommentars wie diesem – nicht so eindrücklich mitteilen läßt.

Wer sich also dem Schauenden, der den Bericht geschrieben hat, anschließen will, mag sich zum Nachvollzug anleiten lassen, also zum Hinschauen und Anschauen – vielleicht wird sich seine bisherige „Anschauung" dann verändern und entsprechende Früchte bringen.

Besonders überraschend war für mich, daß unter den sieben Religionen des zweiten Berichtes neben den monotheistischen Religionen Christentum, Judentum und Islam und den fernöstlichen Religionen des Hinduismus, Buddhismus und Taoismus (die ja in sich noch vielfältige Verzweigungen umschließen) auch der im Iran beheimatete Parsismus erwähnt wird, und zwar in seiner späten Form des strengen Dualismus zwischen einem guten (Ahura Mazda) und einem bösen (Ahriman) Prinzip. Obgleich die Zahl der Anhänger verhältnismäßg klein ist (etwa 100 000 werden geschätzt), wird diese wenig bekannte Religion hier in der Vision des Regenbogenraums als sehr wichtig vorgestellt. Warum wohl? An der zahlenmäßig Bedeutung kann es nicht liegen, an der religionsgeschichtlichen und kulturellen wohl auch kaum. Den Schlüssel zum Verständnis scheint mir ein kleiner Satz zu liefern, der zugleich dazu hilft, den Sinn des Ganzen deutlicher zu sehen.

Mit dem Satz „Der Einfluß unserer Wahrheit geht durch alle Religionen" ist offenbar der strenge Dualismus zwischen Tag und Nacht, Gut und Böse, Licht und Dunkel gemeint, der sich – in dieser oder jener Form – in allen Religionen findet. Freilich, nicht als objektiv-metaphysischer Dualismus, so als gäbe es diese zwei gleichstarken Prinzipien in einem absoluten Sinn. Dem würden die meisten nicht zustimmen können. Wohl aber gibt es eine Art ethischen Dualismus[3], durch den der Mensch dazu aufgerufen ist, Entscheidungen für die eine und gegen die andere Richtung zu treffen. Auch in der Evolution des Bewußtseins kann es aufwärts und abwärts gehen. Es gibt – wie im Biologischen so auch im Geistigen – Fortschritt und Rückfall.

Und es stellt sich die Frage, ob die Schwierigkeiten im interreligiösen Dialog nicht damit zu tun haben, daß man vorzüglich die „objektiven" Glaubensaussagen nebeneinander stellt – und natürlich keine oder nur geringfügige Übereinstimmungen findet. Übersehen wird dabei oft, daß innerhalb eines jeden religiös-dogmatischen Systems die objektiv-dogmatischen Aussagen immer eine religiöse Funktion haben. Sie wollen das im separierten Ich gleichsam eingeklemmte menschliche Bewußtsein öffnen und auf den Weg bringen zur Erfahrung (oder zumindest Annäherung) an das universale kosmische Einheitsbewußtsein. Mag man die Endstufe Erlösung oder Erleuchtung, Befreiung oder Erwachen oder anders nennen.

---

[3] Vgl. dazu neuerdings J. Campbell, Die Mitte ist überall, München 1992, 47 ff., der auf die Beeinflussung auch des Judentums durch den Parsismus aufmerksm macht: „Heute besteht kein Zweifel, daß zoroastrische Gedankengänge und Redewendungen vom pharisäischen und essenischen Judentum übernommen wurden." (Ebd. 48) – Bekanntlich waren beim interreligiösen Friedensgebet 1986 in Assisi auch einige Vertreter der Parsen anwesend. Vgl. zu diesem Ereignis: Die Friedensgebete von Assisi, Freiburg 1987.

Beim religionswissenschaftlichen Vergleich, wenn er als Basis eines Dialog genommen wird, wäre also darauf zu achten, daß immer diese Rückführung auf die grundlegend religiöse Funktion der Aussagen im Blick behalten wird. Eine solche Einbindung in den religiösen Vollzug kann m. E. helfen die innere Einheit aller Religionen besser zu verstehen bzw. wenigstens zu erahnen. Ich glaube, daß die beiden mitgeteilten Visionen letztendlich ein solches Vorgehen nahelegen wollen.

Kommt nicht etwas dazu Passendes auch in dem anderen Satz zum Ausdruck: „Jeder Mensch befindet sich im Kampffeld beider Mächte und trachtet danach, vom Dunkel ins Licht zu gelangen, bis am Ende das Licht über alle Dunkelheiten gesiegt haben wird"? Ist das nicht auch ein Grundmotiv, das sich in allen Religionen findet, die Sehnsucht nach Befreiung, Erlösung, Unvergänglichkeit, Einssein mit dem Absoluten, von dem sich der Mensch als Sünder, Verblendeter, Gefangener, vom Tode Gezeichneter, ins Exil Geschickter oder „ins Dasein Geworfener" getrennt fühlt?

Jedenfalls meine ich, daß die Begegnung und der Dialog der Religionen nicht so sehr durch den Vergleich der äußeren Gewänder, der Riten, Gebräuche, Dogmen, Normen und Glaubensvorstellungen zu seinem eigentlich fruchtbaren Kernpunkt gelangen wird, als vielmehr durch die Einsicht – die im Grunde von jeder Seite her zu gewinnen ist –, daß es letztlich nur um die eine Frage geht, wie nämlich das Bewußtsein der Getrenntheit vom Absoluten überwunden und die Erfahrung des Einsseins mit dem Absoluten erlangt werden kann. – Dies genau war doch auch der Kernpunkt der Religionsgespräche in Asien, dort kulminierend in der Frage nach Gebet und Meditation als Möglichkeiten, in „Kontakt" mit dem Absoluten, von dem sich der Mensch getrennt fühlt, zu gelangen.

Inzwischen gehört es zu meinen Überzeugungen, daß wir eine tiefgründige Identität des Ursprungs aller Religionen und aller Wege zu Gott annehmen müssen und diese Idee auch für unsere Praxis im Leben weiterverfolgen dürfen.

Das folgende Gespräch ist ein Versuch in dieser Richtung.

Ein Dreiergespräch
in Europa

Das Szenario möge man sich so vorstellen: Drei Personen, die sich seit Jahren wöchentlich treffen, um gemeinsam in aller Stille zu meditieren, haben die vorangegangenen Texte gelesen. Sie haben alle drei eine religiös orientierte Vergangenheit, sind aber unterschiedlichen Alters und haben verschiedene Berufe. Als Forscher(in) beteiligt sich ein(e) Professor(in) der Religionswissenschaft, der/die auch Theologie studiert hat. Als Lehrer(in) präsentiert sich eine Person, die durch einige im Ausland verbrachte Jahre verschiedene Meditations- und Heilungspraktiken kennengelernt und eingeübt hat. Ihr Anliegen ist jetzt, andere auf einem Weg der religiösen Erfahrung zu beleiten. Auch der Dialog der Religionen gehört zu ihrem Interessensgebiet. Die als Schüler(in) bezeichnete Person ist jünger als die beiden anderen. Sie ist Schüler(in) beider. Alle drei sind freundschaftlich miteinander verbunden. Sie praktizieren vor allem Zazen, gelegentlich aber auch verschiedene Arten der Visualisierung.

Diese drei Personen treffen sich jede Woche zur Meditation und einmal im Monat für ein Wochenende, um ihre Erfahrungen mit der Lektüre zuvor verabredeter Texte zu besprechen. Sie haben vereinbart, zuerst über die Grundfragen von Religion überhaupt zu sprechen, dann über die geistige Struktur einzelner Religionen und in einer dritten Gesprächsrunde über die Möglichkeiten meditativer Praxis, welche die Religionen anbieten. Abschließend wollen sie Listen mit weiterführender Literatur untereinander austauschen.

Da es nicht sehr wichtig erscheint, ob die beteiligten Personen als Männer oder Frauen sprechen, werden Abkürzungen gewählt, die beides offen lassen:

LEHR: Wir hatten verabredet, daß jeder die Religionsgespräche in Asien und die in anderen Regionen drei mal liest und wir dann darüber sprechen, moglichst konzentriert. Bei unseren Gesprächen zu dritt wollen wir uns – so war weiter vereinbart – mehr um die Weiterführung der inhaltlich angeregten Fragen kümmern und nicht so sehr um die Interpretation einzelner Aussagen. Natürlich steht es jedem frei, auf bestimmte Aussagen Bezug zu nehmen. Mir ist außerdem die Aufgabe zugekommen, den Fortgang des Gesprächs im Auge zu behalten. Ansonsten möchte ich mich mehr zurückhalten. – Nur will ich noch den Rat geben, bitte, langsam zu sprechen, die Worte zu wägen und sich vor Pausen nicht zu scheuen. Auch wenn später nur die gesprochenen Worte im Protokoll erscheinen, ist für uns die vorangehende Stille und die Atmosphäre, aus der Worte geboren werden, sehr wichtig.

Damit kommen wir zu unserer ersten Gesprächsrunde. Sie trägt die Überschrift:

Grundfragen zum Thema: Religion

Was hat euch am meisten beeindruckt?

FORSCH: Die asiatischen Gespräche fand ich sehr interessant, im Inhalt nicht neu, aber die Dialogform beeindruckend. Bei den anderen wäre ich bald ausgeflippt (zu SCHÜL gewandt), wie ihr Studenten vielleicht sagen würdet, ausgeflippt zusammen mit dem dort erwähnten Gelehrten.

SCHÜL: Ich bin jeweils ziemlich verwirrt gewesen, auch fasziniert, weil sich manches gut zusammenreimt, aber vor allem verwirrt, weil ich nun nicht mehr recht weitersehe für mein Studium.

(Nach einer längeren Pause, in der alle über das Studium nachdenken.)

LEHR: Wie willst du nun weiter vorangehen?

SCHÜL: Erst mal, denke ich, werde ich bei meiner täglichen Meditation bleiben. Das hilft mir am meisten. Außerdem werde ich weiterhin jede Woche mit euch zusammenkommen. Und das geistige Verstehen des Ganzen will ich langsam ausarbeiten. Vielleicht wird meine Diplomarbeit damit zu tun haben.

LEHR: O.k.

FORSCH: Wir sollten uns aber nun doch fragen, was wir eigentlich als den Sinn von Religion ansehen. Es gibt unzählige Definitionen. Ich bräuchte nur meinen Zettelkasten auszuschütten. Aber, gibt es eine, die uns gemeinsam sein kann für das weitere Gespräch?

LEHR: Habt ihr sie nicht schon gesehen in den Texten?

(Wieder entsteht eine längere Pause des Nachdenkens.)

FORSCH: Also, eine Definition, die wissenschaftlicher Kritik standhält und den Vergleich mit anderen Definitionen überragt? Nein. Aber, vielleicht so etwas wie eine Beschreibung des Ausgangspunktes für den religiösen Weg.

LEHR: Und wie lautet diese Beschreibung?

FORSCH: Unabhängig davon, ob jemand religiös oder gar kirchlich erzogen worden ist oder nicht, entwickelt jeder Mensch ein Ich-Bewußtsein. Und damit nimmt er – ob er will oder nicht – Stellung zu seinem Leben im Ganzen, ja, und zum Ganzen der Menschheit und des Universums.

SCHÜL: Die religiöse Frage ist also gar nicht zu vermeiden.

FORSCH: Ja, so meine ich. Indem wir uns verhalten, definieren wir uns auch. Indem wir uns als „Ich" definieren, begrenzen wir uns und nehmen Stellung zu allem, was wir nicht als „Ich" oder zum Ich gehörig empfinden. Damit stecken wir unsere Grenzen und Verantwortlichkeiten ab und definieren zugleich den Rest der Welt und schließlich auch deren Urgrund, Gott.

SCHÜL: (vor sich hin sinnierend) Ich weiß nicht, ob ich mich je „definiert" habe...

FORSCH: Oh, doch! Jeder tut es. Zumindest in der Praxis. Oder hast du nie „Ich" gesagt auf Fragen wie: Wer möchte dies oder jenes haben? Wer hat das oder das getan? Wer war das? Wer hat diesen oder jenen Menschen heute gesehen? Oder konkreter: Wer bekommt Bafög? Wer bezahlt diese Rechnung? Wer geht einkaufen? Wer hat noch Hunger?

SCHÜL: O.k. Also in meinem Verhalten und auch mit Worten habe ich oft als „Ich" gehandelt und gesprochen. Und im übrigen: Denke ich, also bin ich.

LEHR: Und damit beginnt das Problem. Adam, „wer" bist du? Wer bist du wirklich und letztlich? Nicht: „wo" bist du? Darauf könntest du antworten mit: „Hier", wie in der Bibel. Aber auf die Frage: „Wer bist du?" ist die Antwort nicht so leicht. Ja, wer bist du eigentlich? Wirklich? Wer bist du letztendlich? Wer bist du uranfänglich? Wer bis du in deinem tiefsten Wesen, im ureigensten Wesen, in deinem Grund? Und was ist mit alledem, was du nicht bist? Oder meinst, nicht zu sein, so daß du es als außerhalb von dir seiend betrachtest?

FORSCH: Also, darauf weiß ich auch keine Antwort. Aber auf die ersten Fragen wie Einkaufen, Steuerzahlen, Hungerhaben usw. gibt es Antworten. Und es gibt die Wissenschaften, Psychologie und Soziologie z. B., die sich damit befassen.

LEHR: Wie werden solche Antworten gewonnen?

FORSCH: Jeweils aus Beziehungsverhältnissen. Als Familienmitglied, Frau, Mann, erster Sohn, Tochter usw. habe ich eine Rolle, eine Funktion – dann weiß ich z. B. wer heute zum Einkaufen oder Abwaschen dran ist. Und manchmal bin es halt „ich". Ebenso beim Steuerzahlen, Heiraten, Verkehrsunfallbeobachten, Strafmandat bezahlen (lacht), wie gestern zum Beispiel „ich", da weiß man, wer gemeint ist und wann wirklich „ich" dran bin.

LEHR: Und wenn alle diese, darf ich mal sagen, „kleinen" Beziehungsverhältnisse zur Ich-Definition nicht mehr ausreichen? Oder reichen sie immer aus?

FORSCH: Soweit menschliches Zusammenleben reicht, dürften auch solche Definitionen ausreichen.

LEHR: Oh, eine große Behauptung. Darum frage ich: Wer wurde geboren, als du geboren wurdest? Wer stirbt, wenn du stirbst? Wer sitzt hier vor mir? Wer „hört" eigentlich diese Worte, die ich gerade spreche? – Und: ihr könntet natürlich auch gleich fragen: Wer spricht eigentlich, wenn „ich" spreche?

(Betretenes Schweigen)

LEHR: Kürzlich fragte ich einen alten Mann, der jetzt 104 Jahre alt ist, er ist sehr religiös, ich würde ihn gern einen Weisen nennen. Ich fragte ihn: Wer stirbt, wenn du stirbst? Ohne zu zögern, sagte er: Gott stirbt. Aber mit Gott ist es deswegen nicht aus. Gern hätte ich ihn noch gefragt: Und wer wird geboren, wenn ein Kind geboren wird? Dann würde er sicher gesagt haben: Gott wird geboren. Darum feiern wir Geburtstage und Weihnachten.

SCHÜL: Schon wieder droht Verwirrung. So, wie ich es manchmal beim Lesen erlebt habe. – Wenn ich jemanden liebe, dann spüre und weiß ich doch, wer ich bin. Und auch wer dieser andere Mensch ist, jedenfalls spüre ich, daß ich diesen und keinen anderen meine.

LEHR: Wirklich? Oder gilt das auch nur im Rahmen der irdischen „Beziehungsverhältnisse"? Das kann ja auch sehr schön und wichtig sein. Aber was spürst du dann wirklich?

137

SCHÜL: Wenn es echte und tiefe Liebe ist, habe ich das Gefühl, daß es weit darüber hinausgeht, wenn ich mal so sagen kann. Oder: es ist viel tiefer verwurzelt, um es so auszudrücken. Irgendwie ist „Gott" im Spiel und das ganze Universum mitbeteiligt.

LEHR: Gab es auch andere Situationen, wo dieses Gefühl, diese Ahnung entstand?

SCHÜL: Oh, ja! Bei der Meditation habe ich manchmal so ein ähnliches Gefühl. Ich kann es aber nicht genau fassen.

FORSCH (fährt dazwischen): Ich habe es einmal beim Spaziergang im Wald erlebt. Und auch mal in einem Konzert. Manchmal kommt es mir auch beim Nachdenken und Schreiben so vor, wenn mir ein Gedanke zufliegt, den ich zuvor noch nie gedacht hatte. Aber ich bin nicht ganz sicher, ob das aus derselben Quelle kommt.

LEHR: Wir müssen also genauer hinschauen.

FORSCH: (Vor sich hin grübelnd und gestikulierend, nach Worten suchend) Also, also, also... Irgendwie habe ich das Gefühl, unser Gesprächsfaden muß über eine Grenze hinweggeschleudert werden. Tod und Liebe, Geburt und Tod, Liebe und Tod, Einsamkeit und Sinnlosigkeit, Kreativität in der Forschung usw. – das sind doch schon immer Einfallstore gewesen für etwas ganz Anderes, was die Wissenschaften wie Psychologie und Soziologie nicht erfassen können. Vielleicht berühren sie es irgendwie am unteren Rand. Aber ganz klar wird es mir nicht.

LEHR: Hat das vielleicht etwas mit unserem Thema Religion zu tun?

SCHÜL: Ach, ich mag das Wort eigentlich gar nicht. Immer muß ich dann an unseren Religionsunterricht denken. Und an Kirche. (jetzt erbost) Und dort sind alle Antworten schon da! Und wir brauchen sie nur zu übernehmen und einzustudieren, und dann weiß man auch, daß meine Geburt, mein Tod, meine Liebe, meine Sexualität und mein Einkaufsverhalten und alles andere etwas mit Gott zu tun hat. Und von da an brauche ich mich nur noch an vorgegebene Vorschriften zu halten – und damit soll alles o.k. sein. Aber religiös erlebt und erfahren habe ich da nahezu nichts, was mir ein inneres „Kontakt"-Gefühl gegeben hätte... Damit meine ich jetzt mich, so wie ich bin. Was ich wirklich erfahren habe, war mehr die Besserwisserei und eine Art werbender Kommandoton von sogenannten Autoritäten.

LEHR: Es ist manchmal eine Tragödie, wie Religion heute vermittelt wird, auch wozu sie benutzt und mißbraucht wird!

SCHÜL: Der Gerechtigkeit zuliebe muß ich hinzufügen, daß die Menschen, die mir da etwas vermitteln wollten, sich große Mühe gaben. Aber irgendwas stimmte da nicht. Und außerdem: Die Bibliothek in der Universität ist voll von Büchern darüber. Alle mit Mühe geschrieben, gut und wertvoll. Aber bis ich sie alle gelesen habe, ist meine Lebenszeit vermutlich um.

LEHR: So geht es also nicht weiter. Was war jetzt mit dir?

SCHÜL: Ich war voll Wut und Ärger. Und Zorn, ja Zorn!

LEHR: Und wie fühltest du dich, du als „ich"?

SCHÜL: (noch immer ärgerlich) Wie ein Kind, ein unmündiges, für blöd und dumm gehaltenes Kind. Ich habe es satt, immer in so ein Gefühl der Bevormundung hineinzugeraten. Wißt ihr denn keinen besseren Weg?

FORSCH: Man muß halt erwachsen werden!

SCHÜL: Dummes Gerede... Wieder so ein Ratschlag vom hohen Roß!

LEHR: (in ruhigem Ton) Ich achte deinen Ärger und deinen Zorn. Andere mögen anders reagieren, wenn sie ihre Erfahrungen mit der Kirche, in der sie aufgewachsen sind, zusammenfassen. Jede Reaktion hat mit dem Weitergang unseres Themas zu tun, meine ich. Natürlich auch die deine. Was hat sie damit zu tun? – Erinnert ihr euch an einen Gedanken aus den Gesprächen?

(Alle schweigen, lange, sehr lange)

SCHÜL: Mir dämmert etwas. Entschuldigung, daß ich mich so erregt hatte. Aber, jetzt sehe ich etwas: Hat das vielleicht etwas mit der „höheren Frequenz" zu tun, von der da die Rede war? Eine höhere Bewußtseinsfrequenz. Was ist das? Ein höheres, zumindest wohl anderes, Niveau von (und jetzt ganz langsam gesprochen) Bewußt-Sein?

LEHR: Ja. Darum geht es wohl.

FORSCH: Erst mal möchte ich sagen (zu SCHÜL gewandt): Ich bin dir dankbar für diesen Ausbruch. Er hat auch mich getroffen. Irgendwie fühle ich mich wie (zögernd) auf ein anderes Gleis geschoben.

LEHR: Und das heißt?

FORSCH (nach längerem Nachdenken): Es will mir scheinen, als habe diese „höhere Frequenz" zwei Stufen. Die eine heißt kurz zusammengefaßt: Vom Kinderglauben zum Erwachsenenglauben. Das bedeutet zum Beispiel, daß ich mir (lacht) eigentlich schon lange nichts mehr von menschlichen Autoritäten überstülpen lasse. Das heißt: Ich prüfe alles, was Menschen an mich herantragen oder was ich lese und studiere, und ich akzeptiere nur, was mir einleuchtet. Dabei gebe ich auch meiner Erfahrung, selbst wenn es manchmal nur eine Ahnung, eine Art geistiges Fühlen und Spüren ist, mehr Raum und oft sogar den Vorrang. Das eine, das Prüfen, mache ich mehr mit dem Kopf, mit Nachdenken. Das andere, wenn ich so sagen darf, mit dem Herzen und dem Bauch, besser: mit dem ganzen Körper, z. B. in der Meditationszeit. Jedes Organ arbeitet dann gleichsam auf einer höheren Ebene.

LEHR: Vielleicht kannst du das genauer sagen.

FORSCH: Es läßt sich schwer ausdrücken. Neben – oder über oder unter – der physiologischen Funktion, scheint jedes Organ auch eine geistig-seelische Funktion zu haben. Wir sprechen ja manchmal auch davon, daß wir einen Gedanken „verdauen" müssen, das Nahrhafte aussortieren und das Unverdauliche ausscheiden. Ich möchte das mal den meditativen Umgang mit Gedanken und Vorstellungen nennen. Es ist anders wie das Denken mit dem Kopf, wenn ich an einem Tisch sitze und die Schreibtischplatte den unteren Teil des Körpers vom oberen trennt.

LEHR: Gefällt mir nicht schlecht. Was meinst du hier mit Körper?

FORSCH (nach einer Pause): Es ist (nachspürend) nicht nur der materielle Körper, der mir Hunger oder Müdigkeit anzeigt, auch nicht nur der emotionale, der von Emotionen erfaßt wird, sondern irgendwie eine mehr geistige Dimension von allem, eine Ebene in mir, die wachsen will, in der auch die Sehnsucht nach Gott aufklingt und die etwas Richtungweisendes hat. Manche spirituellen Systeme behaupten ja, wir hätten außer dem materiellen Körper auch einen ätherischen (emotionalen) und einen geistigen (pneumatischen). Auch Paulus spricht vom irdisch-verweslichen Leib und einem überirdischen pneumatischen Leib, der unverweslich ist.

LEHR: Sehr gut. Laßt uns später darauf zurückkommen.

FORSCH: Ich möchte noch hinzufügen, daß unser Ich-Gefühl mit jedem dieser Körper verbunden sein kann. Gewöhnlich ist es nur mit dem materiell-irdischen Körper identifiziert. Und da dieser Körper vergänglich und sterblich ist, fürchtet das Ich seinen Tod. Identifiziert sich das Ich hingegen mit dem geistig-pneumatischen Körper, der den materiellen auf subtile Weise durchdringt und überragt, dann weiß der Mensch, z. B. wenn er an die Auferstehung glaubt, daß er den materiellen Tod nicht zu fürchten braucht. Das wäre dann schon jetzt ein Übergang in eine „höhere Frequenz" des Ich-Bewußtseins, und wir müßten vor allem danach fragen, wie das geschehen kann.

LEHR: Eben davon soll dann im dritten Gesprächsgang gesprochen werden.

FORSCH: Jedenfalls ist da schon sehr viel mehr im Spiel, wenn ich – im Bezug auf diese verschiedene Körper-Dimensionen – „ich" sage.

Wir waren ja in den Wirbelwind gekommen durch Fragen nach dem „Ich" im Zusammenhängen wie Geburt und Tod, Lieben und Vergehen, Steuerzahlen und Musikhören usw. Wer stirbt, wenn ich sterbe. Wer wird geboren? Wer bin ich im Verhältnis zum Ganzen, der Gesellschaft, dem Universum usw. Das waren die Fragen.

LEHR: Inzwischen aber ist etwas geschehen.

FORSCH: Wenn dies gemeint ist mit der „höheren Bewußtseinsfrequenz", die jetzt auf die Erde kommt, dann müßten auch die Religionen allmählich herauswachsen aus der Phase, in der sie ihre Mitglieder noch als unmündige Kinder behandeln konnten. Sie sollen also gleichsam „Religionen für Erwachsene" werden. Und zwar, indem sie 1) mit den traditionellen Lehren, Riten und ethischen Normen anders umgehen, eben „erwachsen" und für „Erwachsene", und 2) indem sie die höheren Erfahrungsdimensionen fördern und sich dafür öffnen. Das wäre dann eine Schwerpunktverlagerung von der Lehre, den Normen und dem Ritus auf die Ebene mystischer Erfahrungsmöglichkeiten. Ist das wohl gemeint?

LEHR: Ich denke, daß dies sicher dazu gehört.

SCHÜL: Dann ging mein Protest also schon in die richtige Richtung.

LEHR: Was aber heißt das genauer?

SCHÜL: Mir leuchtet das Gesagte ein, und es klingt gut nach. Irgendetwas ist das neu in Schwingung geraten, was ich so noch nicht kannte.

FORSCH: (nach längerem Überlegen) Ich möchte systematischer vorgehen und anknüpfen an das, was wir über das Ich-Bewußtsein und den Tod gesagt haben. Ist das Ich-Bewußtsein mit dem Körper identifiziert, dem materiellen, meine ich, dann stirbt es mit diesem Körper. Ist es an materielle Besitztümer geknüpft, klammert es sich vielleicht daran, bleibt aber zutiefst unsicher und stirbt auch mit dem Körper. Fühlt es sich identisch mit Kindern und deren Nachkommen oder einem Werk, dann stirbt oder lebt es weiter in den Nachkommen oder mit dem Werk.

Das ist doch wohl, was die meisten anstreben. Oder?

LEHR: Was wir Tod nennen, scheint ein großes Geheimnis zu sein. Ein scheinbar verunsicherndes Geheimnis. Viele scheinen es umgehen zu wollen, indem sie sich an etwas klammern, was den materiellen Tod überdauert.

SCHÜL: Ja. Ich denke, die meisten Menschen wollen nicht sterben, sondern weiter leben, zumindest irgendwie, etwa in ihren Kindern oder in Besitztümern, den sie ihnen hinterlassen. Politiker träumen gern vom Eingang in die „Geschichte", d. h. ins geschichtliche Gedenken der Menschen. Und die Ägypter haben Pyramiden gebaut, manche Fürsten und Päpste große Mausoleen und Grabdenkmäler. Ordensgründer haben Konstitutionen und Regeln aufgeschrieben, an die sich die Nachkommen halten sollen. Alle suchten nach etwas, was „bleibt", wenn das irdische Leben vorbei ist. Tut ihr das auch?

(Nach einer Weile) Wie wollt ihr eigentlich sterben?

FORSCH: Ich möchte schon noch ein Werk vollbracht haben zuvor. Und (zu LEHR gewandt), und du?

LEHR: Ganz wach und im Frieden. So möchte ich den biologischen Tod erleben, und auch mit dem Gefühl, daß ich weder etwas zurücklasse, noch etwas erwarte. – Ich denke gern an Jesus, von dem es heißt, daß er einfach seinen Geist, sein Bewußtsein an den Vater übergeben hat.

FORSCH: Aber das hilft uns jetzt nicht weiter.

LEHR: Zugegeben: Es ist ein Wunsch, eine Vorstellung. Die Einübung dafür geschieht in unserer Meditation.

FORSCH: Und was hilft dir deine Religion dabei?

LEHR: Sie gibt mir Worte, Bilder, Symbole, Ausdrucksformen. Sie helfen mir vor allem, wenn ich darüber zu anderen sprechen soll. Meine religiöse Erziehung hat mir auch geholfen, erste Schritte zu tun, um mein Leben im Ganzen des Universums ein wenig zu verstehen, mich auf den Weg zu bringen, einen Geschmack zu vermitteln von dem, was jenseits der Sinnes- und Verstandeswelten real ist. Es hat sich dann allerdings weniger in äußeren Dingen und mehr in der Meditation – und seitdem auch im Alltag – erfüllt.

FORSCH: Das war jetzt sehr subjektiv. Ich achte das. Aber für den Fortgang unseres Gesprächs brauchen wir noch etwas anderes. Ich denke vor allem an die Frage, wie kommt der Mensch heraus aus der kleinen, eingeengten Form des Ich-Bewußtsein? Und zwar als Erwachsener? Nicht als unmündiges Kind, das ja erst mal lernen muß, Ich zu sagen und sein Ich in der Welt zu entfalten.

LEHR: Was hat euch beiden eure religiöse Erziehung und Einstellung gegeben?

SCHÜL: Wenn ich alles Kleinmachende und Kindisch-Kindliche abstreiche, war es die Erweckung einer Sehnsucht nach Gott und ein bißchen Geschmack, was das sein könnte. Und das geht über dieses Leben hinaus.

LEHR: Das ist viel.

FORSCH: Solange sich das Ich-Bewußtsein nur durch Beziehungen innerhalb der sichtbaren Welt definiert, geschieht keine Erweiterung ins Unendliche, Göttliche.

LEHR: Es sei denn...

FORSCH: Es sei denn, es wird die sinnlich und verstandesmäßig wahrnehmbare Welt überschritten. Zum Beispiel dadurch, daß das Gegenüber transparent ist für dieses Jenseitige. Es kann ja mehr vermitteln, als es materiell ist – wie ein Bild, ein Symbol, eine Ikone. Es kann auch ein Mensch sein, der für das Göttliche transparent ist. Auch Riten, Gottesdienste sind dazu geeignet.

LEHR: Und...?

SCHÜL: Solche Transparenz zu erfahren, geschieht sicher nicht für alle Menschen am gleichen Gegenüber. Und es geschieht auch nicht jedesmal in gleicher Weise.

LEHR: Darum bedarf es der Erziehung und Schulung. Vor allem der Wachsamkeit. Der Achtsamkeit. Der zielgerichteten Offenheit. Wie erlangt man sie?

SCHÜL: Unsere Meditation scheint mir die beste Übung dafür zu sein, jedenfalls soweit ich schauen kann.

FORSCH: Es muß also am Menschen etwas geschehen, am Subjekt, und ein entsprechendes Gegenüber da sein, ein transparentes „Objekt" sozusagen. Nur, denke ich, muß dann auch etwas geschehen, damit das separierte Ich-Bewußtsein sich ins Göttliche hinein ausstreckt und seine Ich-Einstülpung überwindet. Muß man nicht sagen, daß dann das Objekt" zum eigentlichen Subjekt wird und das Ich-Subjekt sich von seiner Einkapselung löst, vielleicht gar im Göttlichen auflöst oder darin aufgelöst wird?

SCHÜL: Das geht mir aber jetzt zu schnell. Schließlich muß und möchte ich ja doch auch weiter – leben, als ich. Ich möchte schon dem Ewigen, Göttlichen, Transzendenten mehr Raum geben, weniger ich-befangen leben. Aber (lacht) „Gott" wird ja wohl das Examen nicht an meiner Stelle machen, wenn ich nichts dafür tue.

LEHR: Es ist eine Gratwanderung.

FORSCH: Vielleicht war das gar keine so gute Idee, mit Subjekt und Objekt und dem Tausch der Rollen zu arbeiten, scheint mir jetzt. Denn: indem wir Gott „Subjekt" sein lassen, transportieren wir nur unseren menschlichen Subjektbegriff nach oben ins Göttliche, unterschlagen aber die Unterschiede zwischen seiner Unendlichkeit und unserer menschlichen Endlichkeit, auch im Subjektbegriff. D. h. wir stellen uns Gott als höheres oder anderes „Subjekt" vor, dem das menschliche Subjekt weicht. Wir geraten in eine Spannung, in einen Kampf nach der Art von Er oder ich. Als ob es sich um zwei vergleichbare Größen handeln würde. – Außerdem ist das, was wir das menschliche Subjekt nennen unheimlich kompliziert. Nehmen wir nur die tieferen, auch unbewußten Seelenanteile mit dazu. Und überdies ist wohl jeder Mensch ein bißchen anders als der andere, jeder kulturelle Kontext anders – ich denke mal nur an die unterschiedlichen Kulturen heute in Asien, Afrika, Amerika und Europa – und das menschliche Bewußtsein ist wiederum in jeder Geschichtsphase anders geprägt und vorprogrammiert. Wir können also gar nicht so einfach reden.

LEHR: Immerhin haben wir eins wohl herausgebracht: Wir Menschen fühlen uns von unserem separaten Ich-Bewußtsein her eingeschränkt und sind damit unzufrieden.

FORSCH: Und wer nachdenkt, weiß auch, daß alle kleinen Erweiterungen dieses Ich-Bewußtseins – Geld und Besitz, Geltung und Beziehungen, Sex und Macht, berufliches Ansehen und selbst die größte geschichtliche Leistung – auf Vergänglichem gründen und mit dem Vergänglichen untergehen. Nichts davon überdauert den Tod, auch wenn Pyramiden aus Stein länger halten als solche aus Papier. Eine letzte Zufriedenheit kann davon nicht kommen.

SCHÜL: O.k. Das ist einzusehen, auch wenn ich glaube, daß ich doch noch durch viele dieser Vorläufigkeiten werde hindurchwandern müssen.

LEHR: Haben wir ein Zwischenergebnis?

FORSCH: Ich denke schon: Die Grundfrage von Religion ergibt sich aus der Erfahrung des Eingeschlossenseins im kleinen, sterblichen Ich-Bewußtsein. Es gibt eine Ahnung, daß das nicht alles ist, daß es etwas darüber hinausgeben muß. Religionen geben Antworten vor und zeigen Wege auf, freilich auf sehr verschiedene Weise in den verschiedenen Zeiten und Kulturen. Jede Religion aber ist von ihrem Wesen her eine Art Transparenzmodell, ein Rahmenwerk, durch das hindurch Menschen Kontakt mit dem Absoluten bekommen können sollen. Je größer diese Durchlässigkeit für Gott, um so größer ist auch die Ausstrahlung in die Gesellschaft. Darüber gäbe es viel zu sagen.

LEHR: Und die „höhere Frequenz"?

SCHÜL: Mir hat das Gesagte eingeleuchtet: Sie besteht offenbar darin, daß (richtet sich lächelnd auf) wir erstens als Erwachsene alles kritisch prüfen, mit unseren Gedanken und Erfahrungen vergleichen und vor allem selber etwas von dem erfahren wollen, um das es letztendlich geht. Und zweitens – das fällt mir schwerer auszudrücken.

LEHR: Ja ...?

SCHÜL: Und daß wir uns selbst auf einen Wandlungsprozeß einlassen, den auch bezeugen, dazu stehen, wie man heute sagt, und der inneren Stimme Folge leisten; wo es möglich ist im Einklang, vielleicht manchmal aber auch im Widerspruch zum äußeren Angebot.

FORSCH: Aus Professorenperspektive könnte ich jetzt sagen: Bravo, gut formuliert! Nur möchte ich den Begriff „höhere Frequenz" noch genauer zu beschreiben versuchen. Für mich hat er mit dem zu tun, was sich in unserem Bewußtsein abspielt, wenn wir uns z. B. über etwas freuen. Das können niedere materielle oder emotionale Dinge, aber auch höhere geistige Stimmungen sein. Beim Musikhören z. B. schwingen wir immer irgendwie mit, mal in niederer Frequenz wie beim Metal Rock, mal in höherer wie bei Beethoven oder Bach, je nachdem, wo und wodurch wir angesprochen werden.

LEHR: Das Beispiel gefällt mir. Wir könnten es einmal zusammen ausprobieren.

FORSCH: Mystiker wie Johannes Tauler haben diesen Unterschied wohl etwas anders erlebt. Aber sie wissen auch davon, z. B. wenn Tauler sinngemäß formuliert: Sag' mir worüber du dich freust, und ich sage dir, wie weit du auf deinem Weg zu Gott bist. – Und wenn heute im religiösen Bereich eine „höhere Frequenz" im Kommen ist, müßte sich das dann praktisch so auswirken, daß die Menschen sich für etwas Anderes, Höheres begeistern und davon angezogen fühlen als früher. Ich denke vor allem, daß Frömmigkeitsformen, die der grob-materiellen oder grob-emotionalen Musik gleichen, weniger attraktiv werden, andere dagegen, welche der mystischen Erfahrung näher sind, die Menschen heute mehr ansprechen. – Aber vielleicht können wir das später noch präziser fassen.

LEHR: Oder doch jetzt?

FORSCH: Ich kann es etwas systematischer sagen: Als Religionsform des Kinderglaubens bezeichne ich die bereitwillige, gehorsame und unkritische Annahme von religiösen Lehren und Lebensnormen, vielleicht mit einem kleinen individuellen Einschlag im Sinn eines Unterscheidungsvermögens nach dem Grad der Vorliebe, so wie Kinder unter den Süßigkeiten Bonbon oder Schokolade, Milch oder Limonade wählen.

SCHÜL: Paulus spricht von den Kindern, denen er zunächst nur Milch geben konnte, und den Erwachsenen, die feste Speise bekommen.

FORSCH: Daran hatte ich jetzt nicht gedacht. Aber ich glaube, das ist wahrscheinlich gemeint am Anfang des 3. Kapitels im 1. Korintherbrief (nimmt die Bibel zur Hand, schlägt nach, liest leise vor sich hin und fährt fort) Oh, ich sehe gerade, daß Paulus offenbar auch das, was ich schon als Erwachsenenstufe bezeichnen wollte, noch zum Kinderglauben rechnet... – Ich komme darauf zurück, sage aber erst mal, was ich mir zurecht gelegt hatte: Erwachsenenglaube wäre die selbstverantwortliche und kritische Reflexion der vorgegebenen Lehren und Verhaltensnormen – also der Dogmatik und Ethik – nach dem Motto „Prüfet alles, und, was gut ist, behaltet". Setzt also Vernunft und Erfahrung ein und prüft euer Gewissen, und was dann daraus resultiert, das mag Richtschnur des Glaubens sein. (Schaut noch mal in die Bibel) Ja, jetzt habe ich's: Und wenn dann „Streit und Eifersucht" daraus entstehen, ist es – nach Paulus – auch noch dem Kinderglauben zuzurechnen. Dieses Verhalten, dieses Rivalisieren zwischen Konfessionen und Religionen kommt mir ohnehin oft wie eine Kinderei vor. Es ist ermüdend und abschreckend.

LEHR: Und was wäre die „feste Speise"?

FORSCH: Ich denke, das ist die Nachfolge, die sich bedingungslos auf einen Wandlungsprozeß einläßt – bis hin zur mystischen Erfahrung, die nicht mehr an Bilder, Lehren und Normen gebunden ist. Das wäre dann auch eine „höhere Frequenz", im allerletzten Stadium sogar eine „Frequenz ohne Frequenz".

SCHÜL: Hoppla, was ist damit gemeint? Ist das nicht bloß ein Wortspiel?

FORSCH: Vielleicht ein unbeholfener Ausdruck! Ich meine damit die Erfahrung der absoluten Leere bzw. der Leere des Absoluten und damit zugleich die Fülle aller Möglichkeiten. Fülle und Leere sind nicht etwas Verschiedenes und überhaupt kein Etwas.

LEHR: Und doch reale Erfahrung!

FORSCH: Das neu erwachte Interesse an Mystik und mystischer Erfahrung zeigt zumindest, daß jetzt etwas ins Licht des Bewußtseins drängt, was über das Festhalten und Für-wahr-halten von Glaubenssätzen weit hinausgeht und – eben der Erfahrungsdimension angehört. Paulus spricht in gleichen Zusammenhang vom „geisterfüllten Menschen", der „nicht mehr irdisch eingestellt" ist.

LEHR: Dann ist das, wodurch echte Zufriedenheit und Freude entsteht, ein sensibler Anzeiger für den Grad der religiösen Selbstverwirklichung und Evolution. Ein wichtiges Kriterium bei der Selbsterforschung! Wann erlebe ich echte, klare, tiefe Freude?

SCHÜL: Bei Jesus war es sicherlich in einem Moment, als er merkte, daß es den „Kleinen" geoffenbart sei, den Vater zu kennen.

FORSCH: Und „im Himmel", wie er auch sagte, ist große Freude, wenn einer umkehrt, Buße tut und einen neuen Weg einschlägt. Ich denke, auch damit ist eine bestimmte „Frequenz" angezeigt.

LEHR: Vielleicht kommen wir später darauf zurück. Für heute mag es genug sein.

Gottdenken

Denken wir Gott als außer uns seiendes Wesen,
entsteht unendliche, unstillbare Sehnsucht
und Geringschätzung unserer eigenen Innenwelt.

Denken wir Gott als in uns existierend,
kann Hochmut die Folge sein
und Geringschätzung aller anderen.

Denken wir Gott als über den Himmeln schwebendes Etwas,
wird alles Irdische zu Staub
und das Erdenleben bedarf künstlicher Aufforstung.

Denken wir Gott als aus der Erdentiefe entsteigenden Sproß,
bleibt nicht mindere Sehnsucht
und qualvolles Warten auf sein Hervorkommen.

Erst wenn wir Gottes allgegenwärtige
Ortlosigkeit wahrnehmen,
überall jetzt und niemals woanders,
zugleich innen und außen und fern aller
raum-zeitlichen Gedanken-Bestimmungen,
erlischt alles Denken
in der einzigartigen Stille
seiner unbegrenzten Wahrheit.

Etwa einen Monat später treffen sich alle drei Personen an einem Wochenende zu einer zweiten Gesprächsrunde. Diesmal zum Thema:

Fragen zur Grundstruktur der Religionen

LEHR (begrüßt alle): Ihr kennt das Thema. Scheint es euch schwierig zu sein? FORSCH: Oh ja! Ich weiß kaum, womit ich anfangen soll. Wir könnten z. B. induktiv vorgehen und alle Erscheinungsformen der Religionen beschreiben. Doch dann kommen wir an keine Ende. Da reichen viele Forscherleben nicht aus, nicht einmal für eine einzelne Religion, geschweige denn für alle genannten sieben Religionen.

LEHR: Wichtigster Ausgangspunkt ist in jedem Fall die Begegnung mit Menschen, die einer anderen Religion angehören. Inzwischen gibt es überall Gelegenheiten dazu. Außerdem reisen die Menschen viel. Wie begegnet ihr den anderen Konfessionen und Religionen?

SCHÜL: Ich war in Worms, Genf und Rom, sah griechische Tempel und vorchristliche Steinkreise in England und Irland. Überall spürte ich etwas Wachrüttelndes, manchmal auch etwas Überwältigendes und Geheimnisvolles. Am Nachhaltigsten wirkte eigentlich Taizé auf mich, wo die Landschaft und die Gottesdienste und die Begegnung mit den Mönchen und den vielen Jugendlichen aus anderen Ländern mich sehr (zögernd) – wie soll ich sagen? – aufgeschlossen gemacht haben für die andere Dimension.

FORSCH: Wenn ich zurückblicke auf meine Reisen, kann ich zwei Phasen unterscheiden. Erst bin ich sehr neugierig herumgereist, mit Kamera und Kunstführer, Tagebuch und manchmal auch Zeichenstift. So habe ich alle registriert, studiert, verglichen und Zusammenhänge herzustellen versucht. Das hat mir bei meiner wissenschaftlichen Arbeit auch sehr geholfen, aber das Herz irgendwie leer gelassen. Seit einigen Jahren folge ich mehr einem inneren Instinkt, bekomme Empfindungen von Ergriffenheit, und vor allem Ehrfurcht, und es kommen spontane Gebärden. Es drängt mich manchmal, in die Knie zu gehen oder die Arme auszubreiten, eine Kerze anzuzünden oder die Hände zu falten, und meistens geschieht es einfach, daß ich mich verneige. Ich war sehr überrascht, als das zum ersten Mal bemerkte. Dann wurde es zunehmend selbstverständlich.

SCHÜL: Das imponiert mir.

FORSCH: Und es geschieht vor einem Buddhabild ähnlich wie vor einer Ikone oder einem christlichen Altar, oder auch vor einem tibetischen Meditationsbild. Ich denke nicht viel dabei, sondern lasse einfach das Empfinden zu einer Gebärde werden.

LEHR: Vor dem, was anderen Menschen heilig ist, sollten wir immer Ehrfurcht bezeugen.

SCHÜL: Also nicht mehr mit der Axt einen heiligen Baum zerstören, wie es von Bonifatius berichtet wird.

FORSCH: So lange, als er Menschen wirklich als heilig gilt, denke ich: Nein.

146

LEHR: Aber, wenn sie sich in ihrer inneren religiösen Entwicklung eigentlich schon davon gelöst haben und nur noch aus falschem Sicherheitsstreben daran hängen, dann kann ein Schlag mit der Axt sehr hilfreich sein.

SCHÜL: Verstehe ich das richtig, wenn ich denke: Ein Symbol echter Hingabe darf nicht mißachtet werden. Hängt aber nur noch das Ego da dran, dann ist es hinfällig und zerstörungswürdig?

LEHR: Ja.

SCHÜL: Aber, besser ist wahrscheinlich, man merkt es selber rechtzeitig und lernt, ein solches Idol selber loszulassen.

LEHR: Ja. Nun wollen wir aber doch versuchen, uns einzelnen Religionen zuzuwenden.

FORSCH: Dazu möchte ich einen Vorschlag machen. Ich habe versucht, die vielen unterschiedlichen Erscheinungsformen der Religionen auf jeweils eine geistige Grundstruktur hin zu durchleuchten. Und ich habe dabei entdeckt, daß geistige Muster ans Licht kommen, die mit einander vergleichbar sind.

LEHR: Das klingt sehr abstrakt. Aber vielleicht hilft es weiter.

FORSCH: Ich bitte, meinen Vorschlag mit Behutsamkeit zu bedenken. Zwar wird auch er nicht das Geheimnisvolle, das in allen Religionen ist, auflösen. Das soll auch nicht geschehen. Aber vielleicht kann mein Weg zum besseren Verstehen beitragen.

SCHÜL: Ich bin ganz gespannt. Fangen wir mit dem Christentum an?

FORSCH: Ich möchte gern Judentum und Islam dazu nehmen. Alle drei im Westen vorherrschenden Religionen sind monotheistisch geprägt. Sie situieren den Menschen als Geschöpf, das als Teil oder Krone der Schöpfung von einem Schöpfergott geschaffen ist und ihm gegenüber steht. Diese dualistische Gegenüberstellung ist noch dadurch verschärft, daß die Menschheit durch Sünde und Abfall von Gott getrennt ist. Letztlich bestimmt dieses vom Absoluten als separiert vorgestellte Ich-Bewußtsein die ganze Struktur der religiösen Lehren und Praktiken, für den unerlösten wie für den erlösten Menschen.

SCHÜL: Der Sündenfall spielt eine Hauptrolle.

FORSCH: Ja. Und der besteht geheimnisvollerweise – wir könnten auch sagen – paradoxerweise gerade in der Konstituierung eines solchen separaten Ich-Bewußtsein. Danach erlebt sich der Mensch als von Gott getrennter Sünder, als ins Dasein Gestoßener, als Verdammter oder jedenfalls um die verlorene Einheit Trauernder. Und er sucht nach ihr.

SCHÜL: Die Sehnsucht nach Gott ist also allgemein.

FORSCH: Die Wege sind dann freilich sehr verschieden. Er geht bei den einen über die Einhaltung der Gebote, der Thora, welche die Rückkehr zum Bund mit Gott bedeutet, so im Judentum, oder über die Nachfolge Jesu, sein Kreuz und den Glauben an seine Botschaft wie im Christentum, oder über die Einhaltung der Weisungen des einen und letzten Propheten Mohammed im Islam.

SCHÜL: Jede Religion beschreibt also Wege, die zu gehen sind, wenn der Mensch aus der Abgetrenntheit herauskommen und endgültig gerettet werden will.

FORSCH: Allem zugrunde liegt das Gefühl, ansonsten verloren zu gehen, in die Hölle oder – was vielen noch schlimmer erscheint – ins „Nichts" zu geraten.

SCHÜL: Aber das hieße doch: er würde genau dorthin gelangen, woraus Gott die Welt und den Menschen nach der Lehre dieser Religionen geschaffen hat.

FORSCH: Ja in etwa. Doch würden Theologen und Religionswissenschaftler aller drei Religionen hier natürlich mächtig differenzieren.

LEHR: Darauf können wir uns jetzt nicht einlassen.

FORSCH: Mir kommt es vor allem auf das Wörtchen „Nichts" an. Mir scheint es nämlich auf dieselbe absolute Wirklichkeit bzw. nichtmaterielle Wirklichkeit zu verweisen, welche im Buddhismus mit „Leere" und Nirvana bezeichnet wird. Im Unterschied zum relativen Nichts, dem alles Seiende gegenüber seiend ist, könnten wir versuchen, Gott als das absolute Nichts zu denken, das jenseits alles Relativen, jenseits von Sein und Nichts, gedacht wird, aber in allem Seienden gegenwärtig ist.

LEHR: Ist das nicht sehr gewagt?

FORSCH: Gewiß, aber ich will noch auf etwas anderes heraus. Denn nach östlichen Verständnis ist jene „Leere" zugleich die „Fülle", der Quell und Ursprung, ja der eigentliche Inhalt allen Seins?

SCHÜL: Mach mal weiter!

FORSCH: Die abendländisch-christliche Lehre sagt, „Gott" habe die Welt aus dem „Nichts" geschaffen. Da stehen sich – gleichsam „vor" aller Zeit – Gott und Nichts gegenüber, und zwar wie etwas Gestalthaftes und Schöpferisches, Gott, und etwas ohne Form und Gestalt. In Wirklichkeit aber hat doch auch „Gott" keine Gestalt, Form oder Farbe.

SCHÜL: Obwohl er nach christlicher Lehre Gestalt annehmen kann und in Jesus von Nazareth angenommen hat,...

FORSCH: ... muß er in sich selbst als gestaltlos und formlos und - wie Meister Eckhart sagt – „weiselos" angenommen werden. Und ich glaube, darin liegt ein tiefes Geheimnis verborgen. Denn wir sind gewohnt, begrifflich und vorstellungsmäßig zu trennen, was in Wahrheit – und jetzt meine ich: als absolute Wahrheit – nicht getrennt ist, „Gott" und das „Nichts". Das absolute Nichts ist zugleich die „Fülle" aller Möglichkeiten. „Gott" und „Nichts" sind also nicht zwei sondern eins.

SCHÜL: Ich versuche, das zu denken und mir vorzustellen, und stelle fest: es geht nicht.

LEHR: So sehr sitzt uns das dualistische Denken in den Knochen.

FORSCH: Und die Aufhebung dieses Dualismus ist genau die Erfahrung der Mystiker, und zwar in Ost und West? So wird sie erlebt und beschrieben, auch wenn man verschiedene Worte, Bilder und Begriffe benutzt.

LEHR: Wirklich akzeptieren kann das wohl nur, wer es erfahren hat.

SCHÜL: Das wirft ja alle unsere Lehrgebäude über den Haufen.

LEHR: Alles Doktrinäre hinter sich zu lassen, gehört zu den Voraussetzungen jeder echten mystischen Erfahrung, jeder Erfahrung des Einsseins.

SCHÜL (nach einem längeren nachdenklichen Schweigen aller): Dann wird es schwierig. Denn ich wüßte 1. nicht mehr, wozu die religiösen Lehren, die ja alle auf dem genannten Dualismus aufbauen, da sind, und 2., warum es zur Entwicklung eines Ich-Bewußtseins überhaupt gekommen sein sollte. Ist dann nicht alles Unsinn?

FORSCH: Ganz und gar nicht! Denn nur durch die Ent-Zweiung und Vervielfältigung zeigt sich, was alles in dieser Leere/Fülle des Einen bzw. in diesem Gott/Nichts enthalten ist. Ohne diese Entfaltung gäbe es weder Leben und Lernen noch Liebe und Leid, Wachstum, Sehnsucht und Trauer – und es gäbe auch nicht die alles überwältigende Erfahrung des mystischen Einsseins.

LEHR: Der Mensch kann es erleben, daß er im Grunde und von allem Anfang an gar nicht getrennt war und in seinem tiefsten Wesen auch nicht getrennt sein kann.

SCHÜL: Das ist ja überwältigend! Aber wozu dann die Lehren?

FORSCH: Offenbar entstammen sie solcher Erfahrung und wollen letztendlich auch zu ihr hinführen. Wir brauchen auch sie für den Anfang des religiösen Weges und zur Verständigung unterwegs.

LEHR: Wir wüßten auch nicht, in welche Richtung wir schauen und vertrauen dürften, um aus dem geschilderte Ich-Gefängnis herauszukommen.

FORSCH: Darum halten die drei monotheistischen westlichen Offenbarungsreligionen auch an ihrer Offenbarung fest. Was ihre Gründer erfahren, gesehen, gehört, erlebt und gesagt haben, ist für die anderen erst einmal Nachricht, Mitteilung, Lehre.

SCHÜL: Darauf sollen sie mit Glauben antworten.

FORSCH: Und Glaube, vertrauensvolles Führ-wahr-halten dieser Lehren, ist dann gleichsam der erste Brückenschlag, der vom kleinen, separierten Ich ins Offene, in die göttliche Weite führen soll. Manchmal stelle ich mir diese Lehren vor wie Malvorlagen, Umrißzeichnungen, die wir ausfüllen sollen mit unserem Bewußtsein, unserem Leben, unserem Tun, unserem Herzblut, auch mit unseren Gedanken und unserem Wissen über Gott und den Menschen und die Schöpfung.

LEHR: Und wenn wir das getan haben?

FORSCH: Dann merken wir, daß die entstandenen Bilder mit allen Farben und Strichen doch noch nicht die eigentlich gemeinte „absolute" Wirklichkeit „sind", sondern nur ausgefüllte Malvorlagen. Sie bergen sogar die Gefahr, uns immer noch an der dualistischen Gegenüberstellung der Bildumrisse von Gott und Mensch, Schöpfer und Geschöpf festzuhalten. Wer es nicht bemerkt, daß er immer noch am Bildhaften festhält und die Bilder für die eigentliche (absolute) Wirklichkeit hält, wird für die Richtigkeit seines Bildes kämpfen. Er wird irrtümlich glauben, für „Gott" zu streiten, in Wahrheit kämpft er nur für sein eigenes Gottes-„Bild". – Aus dieser Verwechselung entstanden alle Religionsstreitigkeiten und Religionskriege, die physischen wie die mentalen, bis auf den heutigen Tag.

SCHÜL: Die Bilder haben also viel Schaden angerichtet. Geht es auch ohne sie?

LEHR: Wohl nicht. Genau genommen haben nicht die Bilder so verheerende Wirkungen gehabt, sondern unser Anhaften an ihnen und der kämpferische Einsatz für die alleinige – „absolute"! – Geltung der jeweils eigenen Bilder.

SCHÜL: Kann man besser mit ihnen umgehen?

LEHR: Etwas Relatives, etwas auf die absolute Wirklichkeit nur Hinweisendes, darf niemals selbst absolut gesetzt werden. Im übrigen muß man auch sehen, daß der Vorgang des Malens wichtiger ist als die Vorlage und auch als das Endprodukt. Denn während des Malens geschieht etwas im Menschen, wenn er sich davon berühren läßt. Und am besten malt derjenige, der sich selbst dabei vergißt.

SCHÜL: (nachdenklich)
Mich schauert, wenn ich weiterdenke: Dann ist es ja, als ob Gott seine eigenen Vorlagen hervorbringt und sie auch noch selber ausmalt. ...

LEHR: ... und wieder vergißt.

FORSCH: Denn in der Zwischenzeit haben die Bilder ihren Dienst getan und allen Menschen geholfen, heimzufinden zum Ursprung, von dem sie durch ihr separiertes Ich-Bewußtsein getrennt waren.

SCHÜL: Warum gibt es dann viele Religionen?

FORSCH: Wohl deshalb, weil die Menschengruppen so unterschiedlich sind. Israel fühlte sich durch Jahwe als seinen Bundesherrn durch die Geschichte geleitet und gut geführt. Im Christentum sehen wir in der Geschichte das Wirken und Handeln des trinitarischen Gottes. Mit dem Vater als Ursprung und Ziel, dem Sohn, der Mensch wurde, und dem Geist der weiterwirkt, bis alle heimgeholt sind. Im Islam liegt der Akzent wohl mehr auf der Gesetzgebung durch den Propheten und der Schicksalslenkung durch Allah. So wird jedes Volk durch die geistige und kulturelle Prägung, die es auszeichnet, hindurchgeführt durch die Vielfalt der Welt und hingeleitet zur Erfahrung der Einheit des Absoluten.

SCHÜL: Jetzt verstehe ich die Unterschiede, die es in den hinduistischen Wegen mit ihren vielen Göttergestalten gibt, ein wenig besser. Weil es viele unterschiedliche Menschentypen gibt, gibt es auch viele unterschiedliche Angebote zur Annäherung an das Absolute.

LEHR: Für den religiös Suchenden kommt es gar nicht darauf an, auf neutralem Boden einen Vergleich anzustellen. Er fragt nicht, welches Angebot das „objektiv" richtige ist, sondern, welches ihm auf seinem Weg hilft. Wichtig ist daher, daß der Mensch seinen ihm entsprechenden Weg findet, sich dafür entscheidet und diesen Weg konsequent geht.

FORSCH: (nachdenklich und zögernd)
Seltsam, daß es eine Religion wie den Buddhismus gibt, die ohne eine Vorstellung von „Gott" auskommt. Kein Glaube an Gott als Schöpfer, Erlöser, Vollender, Richter und Retter der Menschen... Auch das ethische Leben der Buddhisten hängt nicht an von „Gott" gegebenen Geboten und Normen.

LEHR: Wohl aber kennt man die Frage nach dem „Ich", was das sei, wie es entstehe und vergehe, was Ursache seines Leidens ist und wie Erlösung von diesem Leiden geschieht.

FORSCH: Die Antwort auf alle diese Fragen wird dem einzelnen dann freilich nicht als zu glaubende Lehre vorgegeben. Er soll sie möglichst selbst erfahren.

LEHR: Deswegen sind die Anleitungen fürs Erleben und Erfahren besonders ausgebaut.

FORSCH: Wie in den mystischen Traditionen der theistischen Religionen ja auch.

SCHÜL: Für die Masse des breiten Volkes gibt es natürlich auch ethische Normen, an die man sich halten soll. Sie sind ja unseren christlichen sehr ähnlich.

LEHR: Ich sehe die Ethik als den zweiten Begegnungsraum der Religionen, die mystische Erfahrung als den ersten und eigentlichen an.

FORSCH: Ich kenne einen Weisheitsspruch aus der Sufi-Tradition. Er lautet: „Schaust du in den Spiegel und hast keinerlei Gedanken an dich selbst dabei, dann schaut Gott sich selber an".

SCHÜL: Wie wunderbar.

FORSCH: Darum ist auch in dem, was wir über das „Nichts" und die Identität von „Leere" und „Fülle" gesagt haben, kein Funken vom sogenannten Nihilismus drin.

SCHÜL: Ich muß zugeben, ich hatte befürchtet, daß alles darauf hinausliefe. Es dröhnte schon so im Kopf. Aber dann ist das doch Pantheismus! Oder, wie manche sagen: Panentheismus.

LEHR: Wir diskutieren keine Ismen hier.

FORSCH: Aber Paulus sagt, er habe Gott „gesehen". Meister Eckart und Johannes Tauler interpretieren seine Erleuchtungserfahrung mit dem Satz: „Als Sankt Paulus ‚nichts' gesehen hat, da hat er Gott gesehen."

LEHR: Sehr weise! Doch bedenkt, wie überwältigend für Paulus diese Erfahrung war! Er mußte erst einige Jahre in die Wüste gehen, um damit fertig zu werden, bis er darüber zu sprechen begann. Anfangs war er ja sprachlos und blind.

LEHR: (nach einer längern Pause des Schweigens)

Ich sehe eine Entsprechung zum Sufi-Wort: Der in den Spiegel Schauende spricht nicht. Er zerteilt sein Bewußtsein nicht in einzelne Gedanken und Wörter. Er sagt nicht: Ich bin Gott. Auch Jesus hat es nicht von sich gesagt. Wohl aber heißt es im Johannesevangelium: Wer mich „sieht", „sieht" Gott.

FORSCH: Das heißt wohl: Wer in diesem „Sehen" ganz und gar aufgeht, ohne Gedanken an sich und die Distanz zum Gesehenen, der „sieht" Gott, weil er „in Gott" ist.

LEHR: Er kann es erfahren. – Doch nun genug der Worte. Sie sind nur wie ausgestreckte Finger, die auf den Mond weisen. Und wenn wir zu viele Worte nebeneinander setzen, uns gar in ihnen verwickeln, dann weisen sie nicht mehr auf den Mond.

FORSCH: Es ist sehr geheimnisvoll. (nach einer Pause) Könnte uns da nicht die hinduistische Tradition weiterhelfen? Indien ist in meinen Augen nicht nur geographisch eine Brücke zwischen West und Ost. Es könnte auch für unser Verstehenwollen eine Brücke darstellen?

SCHÜL: Wie das?

FORSCH: Seit fast dreitausend Jahren basieren die hinduistischen Religionen auf einer Grundidee – oder soll ich sagen: Axiom oder Muster? –, das mit dem Worten Brahman und Atman arbeitet. Brahman meint die absolute Wirklichkeit, die zugleich absolutes Sein, absolutes Bewußtsein und absolute Seligkeit beinhaltet. Brahman ist auch der Ursprung für die „Götter", welche die Schöpfung hervorgehen lassen (Brahma), sie erhalten (Vishnu) oder zerstören (Shiva). Brahman wäre also der Name für das Absolute jenseits aller in Erscheinung tretenden Aspekte des Göttlichen, der Name für die absolute Leere, die zugleich die absolute Fülle ist.

LEHR: Davon haben wir gelesen. Was willst Du damit sagen?

FORSCH: Und als Atman bezeichnet man den tiefsten im Menschen liegenden Kern, der ebenso ewig, unsterblich und unsichtbar ist. Atman wird in der Höhle des

Herzens vorgestellt. Andere sagen: an der Rückseite des Herzens oder – wie wir gelesen haben – im Tempel des Herzens.

SCHÜL: Sind das nicht bloß symbolische Vorstellungen?

FORSCH: Keineswegs. Atman kann erfahren werden. Und in Indien gibt es viele, mindestens sechs, religiöse Wege oder Systeme, die friedlich nebeneinander leben und den Menschen angeboten werden.

SCHÜL: Und?

FORSCH: Und der ganze Weg des Menschen läuft darauf hinaus, daß der Mensch sich einem dieser Wege anschließt, um Atman in sich zu finden und vor allem zu entdecken, daß Atman von allem Anfang her bereits Brahman IST!

LEHR: Selig, wer das wenigstens einmal in seinem Leben erfahren kann.

SCHÜL: Ist das, wie wenn Paulus sagt, nicht mehr er selber lebe, sondern Christus lebe in ihm?

LEHR: Finger, die wirklich auf den Mond zeigen, weisen auf dieselbe Wirklichkeit. Es gibt nur einen Mond. (lacht) Oder?

SCHÜL: Es ist wirklich schwer zu verstehen. Ich muß dauernd hin- und herspringen zwischen den Religionen und Kulturen.

LEHR: Und wer ist es, der da springt? Magst du mal genauer hinschauen?

SCHÜL: Mein Verstand. Der begreifen will. Verstehen.

LEHR: Ist es die Oberfläche deines Bewußtseins, deines Wesens oder – auch ich muß in Bildern reden – der tiefste Kern, dein Atman?

SCHÜL: Es ist wohl mehr das Oberflächenbewußtsein, das mit dem Ego verbunden ist.

LEHR: Das meine ich auch.

SCHÜL: Aber, es wird angetrieben von einem tieferen Kern, der wohl letztlich mit diesem Atman identisch ist.

LEHR: Ja, so sehe ich es auch. Danke!

FORSCH: (nach längerer Pause, in der alle schweigen)
Ich glaube, jetzt beim Zuhören und Nachklingenlassen etwas von diesem – wie soll ich sagen – Identitätspunkt zwischen Brahman und Atman verspürt zu haben, zumindest eine leise Ahnung, die zugleich etwas sehr Klares und Reines und Stimmiges hat.

LEHR: Dann hat unser Gespräch schon deswegen einen Sinn gehabt.

FORSCH: Jetzt fällt mir ein, daß ich dazu auch einen Text mitgebracht habe. Ich möchte ihn an euch austeilen.

(gibt jedem ein Blatt).

LEHR: Wer liest es langsam vor?

SCHÜL: (liest)

Aus der Mundaka U panishad
(II,2,7-10)[1]

Der Allerkenner und Allwisser,
dessen Größe die Welt euch zeigt,
in der himmlischen Brahmanstadt
im Herzensraum als Atman weilt!
Geist ist sein Stoff, er lenkt den Leib des Lebens,
wurzelt in Nahrung, weilt versteckt im Herzen.
Dort finden ihn die Weisen und erblicken
den Wonneartigen, unsterblich, glanzreich.

Wer jenes Höchst- und Tiefste schaut,
dem spaltet sich des Herzens Knoten,
dem lösen alle Zweifel sich,
und seine Werke werden Nichts.

In goldner, herrlichster Hülle,
staublos und teillos Brahman thront;
glanzvoll der Lichter Licht ist es,
und dies kennt, wer den Atman kennt.

Dort leuchtet nicht die Sonne, nicht Mond noch Sternenglanz,
noch jene Blitze, geschweige irdisch Feuer.
Ihm, der allein glänzt, nachglänzt alles andre,
die ganze Welt erglänzt von seinem Glanze.

FORSCH: Ja, danke! Doch bleibt mir noch die Frage, wie sich die unterschiedlichen Lehren über Schöpfung und Erlösung und die Eschatologien miteinander in
Einklang bringen lassen. Ach, es gäbe noch so viel zu bedenken und zu diskutieren...

LEHR: Vergangenheit und Zukunft existieren nur als Gedanken in unserem Kopf.
Wirklich ist allein der gegenwärtige Moment. Oder?

SCHÜL: Dazu fällt mir auch ein Text ein, den wir mal von dir bekommen haben.
Er hat den Titel „Gottes Augenblick" und lautet:

In unseren Gedanken gehen wir ständig
vor und zurück, vor und zurück
und sind selten wirklich
im Augenblick.

Gott aber geht niemals
vor und zurück
und ist immer nur gegenwärtig
im Augenblick.

FORSCH: Aber dadurch werden doch nicht alle diese Fragen sinnlos!

---

[1] Text nach der Übersetzung von P. Deußen in: E. Schnapper, Religion ist Einheit, München 1988, 164 f.

LEHR: Nein. Doch ich sehe es gerne so: Manche Boote haben Ausleger nach rechts und links. Dann sind sie im stürmischen Wellengang stabiler. Schneller aber fahren sie auf ruhiger See ohne solche Ausleger. Verstehst du das?

FORSCH: (nach einer Weile des Nachdenkens)
Dann wären alle unsere Vorstellungen über den Schöpfungsanfang und die soge-nannten letzten Dinge nur so etwas wie „seitliche Ausleger", damit unser Verstand sich sicherer fühlt. Ihre eigentliche Wahrheit aber läge ganz und gar im gegenwär-tigen Moment.

LEHR: Gut gedacht.

SCHÜL: Und was hat das zu tun mit dem, was wir sonst machen, wenn wir zusam-menkommen? Mit unserer Meditation?

FORSCH: Ja, das frage ich mich jetzt auch.

LEHR: Vielleicht könnt ihr jetzt besser verstehen, was ich gelegentlich sage: Laßt in der Meditation alle Gedanken kommen und gleich wieder gehen, ohne euch daran festzuhalten. So kommt ihr mehr und mehr in die Gegenwart, ins Eigentliche, in den Grund, ins Absolute, das in sich selbst weder Vergangenheit noch Zukunft kennt, sondern reine Gegenwart IST. – Aber jetzt, laßt uns erst mal eine kleine Teepause machen, dabei schweigen und nachher noch etwas weiter reden.

FORSCH und SCHÜL: o.k. – – – –

(nach der Pause)

FORSCH: Wir haben noch nicht über Taoismus und Parsismus gesprochen. Sol-len wir das jetzt tun?

SCHÜL: Hast du eine Idee?

FORSCH: Ich kann mir folgende Verbindung vorstellen: Vom oberflächlichen Ich-Bewußtsein bis zur Erfahrung der Atman-Brahman-Identität ist ein weiter Weg. Manche sagen, es sei in einem Leben gar nicht zu schaffen. Darum bräuchten wir viele Inkarnationen. Denn es müssen unsagbar viele Erfahrungen gemacht und viele Entscheidungen getroffen werden. Entscheiden heißt scheiden, vom Einen loslas-sen und sich dem Anderen zuwenden. Entscheidungen in Richtung Atman-Brahman führen ins Licht. Entscheidungen zur Verhärtung und Stabilisierung des kleinen innerweltlichen Ich führen ins Dunkel, in die Verstrickung mit dieser raum-zeitli-chen, phänomenalen Welt (die deswegen auch Maya, Illusion genannt wird).

SCHÜL: Und?

FORSCH: Und dieses geistige Grundprinzip, das in allen Religionen vorhanden ist, hat der Parsismus gleichsam ins Kosmische projiziert. So wurden Ahura Mazda (der Lichtgott) und Ahriman (das dunkle, satanische Prinzip) sogar zu gleichran-gigen absoluten Größen. Nach langen Kämpfen siegt am Ende das lichtvolle Prin-zip, im Kosmos wie auch im Einzelnen.

SCHÜL: Jetzt verstehe ich besser, was in den Gesprächen aus anderen Regionen gesagt wurde. Eine mit dem Gegensatz von gut und böse arbeitende Ethik haben wohl alle Religionen. Und in allen soll und wird sich das Positive und Gute letztlich durchsetzen, nach entsprechenden Kämpfen. So kommt im Parsismus als selbstän-diger, wenn auch sehr kleiner Religion etwas zum Ausdruck, was sich in allen Religionen findet. – Könnte das ein Anzeichen dafür sein, daß Ähnliches für alle großen Religionen gilt? D. h. eine Religion bringt in offensichtlicherer Weise zum Ausdruck, was in anderen auch vorhanden, aber mehr verborgen ist?

FORSCH: Ich denke, das kann eine Schlüsselidee sein, um das Verhältnis der Religionen besser zu verstehen, vorausgesetzt, daß man nicht am Erscheinungsbild hängen bleibt. Man muß versuchen, die geistige Grundstruktur zu erschauen, wie wir das hier gemacht haben. Mir kommt es fast so vor, als gäbe es eine Art wechselseitiges Durchdrungensein voneinander.

LEHR: Keine Überraschung, wenn sie letztendlich aus derselben Quelle entspringen und zum gleichen Ziel hinstreben!

FORSCH: Dann überrascht es auch nicht mehr, daß sich in den Erscheinungsformen so viele Parallelen und Verwandtschaften finden.

SCHÜL: Und doch behauptet jede Religion, der einzige Weg zum Absoluten zu sein.

LEHR: Das gilt, meine ich, für den einzelnen Menschen und Menschengruppen. Der einzelne Mensch kann den Weg nicht willkürlich wechseln, ohne Schaden zu nehmen. Aber das Absolute ist immer jenseits des Weges bzw. diesseits des Weges. Es ist nicht offensichtlich für den raumzeitlichen Verstand und die Sinne. Gott ist nicht nur „größer als unser Herz", wie die Bibel (1 Joh 3,20) sagt, sondern immer auch größer als die Religionen.

FORSCH: Würde er gleichgesetzt mit einer raumzeitlichen Erscheinungsform, dann würde etwas Relatives verabsolutiert – und es entsteht das, was wir Idolatrie oder Götzendienst nennen.

LEHR: Die große Versuchung aller Religionen: Selbstvergötzung.

SCHÜL: Wenn man diese vermeiden will, führt das dann aber nicht zu einem willkürlichen Zusammenstellen herausgelöster Einzelelemente, zum Synkretismus?

LEHR: (lächelnd) Wieder ein Ismus?

SCHÜL: Ich meine es ernst. Wie entgeht man der Gefahr des willkürlichen Zusammenbastelns von Teilelementen aus verschiedenen Religionen zu einem neuen Ganzen? Das nenne ich Synkretismus, die Gefahr auf der einen Seite, Idolatrie wäre die auf der anderen.

LEHR: Es ist eine Gratwanderung. Aber nicht ohne Kompaß.

SCHÜL: Und der wäre?

LEHR (runzelt die Stirn und schaut nacheinander zu beiden Gesprächspartnern hin): Ihr wißt es.

FORSCH: (nach einer Weile) Ich möchte es so sagen: Die Treue und Liebe zum Absoluten selbst. Das Hinhören, Lauschen, Folgen auf die Impulse seiner Stimme im Herzen. Also Brahman und Atman, unter welcher Gestalt diese Größen auch immer erlebt werden.

LEHR: So kann es wohl ausgedrückt werden.

FORSCH: Manche nennen es das höhere oder wahre Selbst. Oder auch: das Lauschen auf den Fluß des Tao. Auch das ist ein Ausdruck für das letztlich unbeschreibliche Absolute, aus dem alles hervorgeht, das allem Wandel zugrundeliegt und die Veränderungen durch die polare Spannung von Yin und Yang vorantreibt.

SCHÜL: Wieder ein Sprung, aber er scheint mir nach allem, was wir über Leere und Fülle und Erscheinungswelt gesagt haben, nicht mehr so groß zu sein. Nur das Yin-Yang-Prinzip und das Wu-Wei kommt mir als etwas Besonderes vor.

FORSCH: Viel wäre zu sagen. Ich liebe die altchinesische Weisheit sehr. Konzentriert auf das Eine lassen sich Yin und Yang vielleicht verstehen wie die spezifischen Ausleger des taoistischen Bootes. Sie halten das Boot mal mehr von der einen, mal mehr von der anderen Seite. Nur so kann das Boot im hohen Wellengang heil bleiben und vorwärtskommen. Und der weibliche und der männliche Part dienen beide diesem Vorwärtskommen.

SCHÜL: Wenn es nur im sozialen und politischen Leben auch so gleichberechtigt und ausbalanciert zuginge! Und das Wu-Wei?

FORSCH: Ich denke: es ist wie beim Sehen und Schauen, von dem wir gesprochen haben, so auch bei allem Handeln. Ist der handelnde Mensch ganz selbstvergessen und selbstlos mit seinem Handeln identifiziert, dann gibt es kein handelndes Subjekt mehr. Dann geschieht ES. Das Tao wirkt. So ein Handeln habe ich in Japan manchmal bei Handwerkern beobachtet, bei einem Tischler zum Beispiel, wie auch bei der Teezeremonie, sogar bei einem Straßenfeger und gelegentlich bei der Bedienung im Restaurant: Fließende Bewegungen ohne erkennbare Anstrengung und ohne ablenkende Gedanken. Qi Gong und Tai Chi sind meines Erachtens gute Übungen in genau dieser Art. Der Geist ist ganz eins mit den Körperbewegungen, kein Zwischengedanke wird zugelassen. Wohl auch darum sind sie so (lacht) gesundheitsfördernd.

SCHÜL (ein wenig ironisch): Ja, ja! Der Abwasch macht sich von selbst. Und es gibt kein Danke dafür.

LEHR: Wie war das bei Paulus? Nicht mehr „ich" handele... Aber Dank sollte schon sein. Schließlich sind wir alle auf dem Weg und bedürfen der Ermutigung. Und der Weg ist lang. Vielleicht können wir damit auch schließen. So danke ich jetzt erst mal euch beiden für dieses lange, ausführliche Gespräch. Wir werden Zeit brauchen, um uns auf das nächste einzustellen, und das Gesagte erst mal eine Weile ruhen und wirken lassen.

Der Atem

Zahlreich sind die Religionen,
unzählig die Sekten.
Alle aber beschreiten nur zwei Wege:
Der eine sucht Erkenntnis,
der andere die Liebe.
Beide führen durch das gleiche, geheime Tor.

Ist es einmal geöffnet, so entdecken wir,
daß es wahre Erkenntnis nicht gibt ohne Liebe
und daß die Liebe Erkenntnis ist.
Das geheime Tor aber heißt:
Der Atem.

C. M. Chen

O, der du mir dienst, wo suchst du mich?
Siehe, ich bin bei dir.
Ich bin weder im Tempel noch in der Moschee,
weder in der Kaaba noch auf dem Kailash.
Weder bin ich in den Riten und Zeremonien,
noch in Yoga oder Entsagung.
Wenn du ein wahrhaft Suchender bist,
wirst du Mich sogleich sehen,
Mir begegnen im gleichen Augenblick.
Kabir sagt: O Sadhu!
Gott ist der Atem allen Atems.

Kabir

Nach einiger Zeit treffen sich die drei Personen zu einer letzten Gesprächsrunde. Sie wollen sprechen über

Methoden meditativer Praxis

LEHR: Wir werden diesmal vielleicht etwas mehr Zeit brauchen. Mir scheint es wichtig, daß wir so klar wie möglich sprechen. Anfangen können wir wohl am besten mit einer Zusammenfassung der bisherigen Gesprächsrunden.

FORSCH: Ich will es versuchen. Wir sprachen über das Wesen von Religion, wie es sich darstellt in den gegenwärtigen Übergangsphasen, über die Religion erwachsener Menschen, über Religion bei Menschen, die bereit sind, sich auf eine Entwicklung zu einer höheren Bewußtseinsstufe einzulassen. Das Bedürfnis nach Religion entsteht, wenn ich recht sehe, in dem zu einer gewissen Selbständigkeit erwachten menschlichen Bewußtsein, das sich – zugleich mit seiner Selbständigkeit – auch des Verlustes seiner Einheit mit dem Ganzen des Universums bewußt wird. Paradoxerweise ist mit diesem geistigen Selbständigwerden das Gefühl der Trennung vom Absoluten, vom Ur-Quell des Lebens, von Gott verbunden. Eine Rückkehr ins Paradies des vorbewußten Lebens ist nicht möglich. Der Rückweg ist, mythologisch ausgedrückt, durch einen Engel mit Flammenschwert versperrt. Da die Abspaltung vom Absoluten aber als todbringend erlebt wird, kann die Kluft nur durch Weiterentwicklung nach vorn überwunden werden.

Dafür machen alle Religionen Angebote durch Lehren, Offenbarungen, Heilsmittel, Rituale, Gottesdienste, Sakramente und Lebensregeln. Sie alle münden in die Aufforderung, sie im Glauben und Leben anzunehmen und dadurch ewiges Heil zu erlangen. Das ist der exoterische Weg, der an äußeren Angeboten orientierte Weg. Die Distanz zu Gott wird also überbrückt durch bestimmte gedankliche Vorstellungen, etwa die Annahme einer Verkündigung, einer Botschaft, welche das Heil in Gott zusichert. Theologisch ausgedrückt, wird die Brücke hergestellt durch einen Akt des Glaubens, zu dem Hoffnung und Liebe kommen.

Die andere Möglichkeit besteht darin, einen „inneren" Weg zu gehen. D. h. man sucht nach einer die innere Entwicklung beschleunigenden Übungspraxis. Auch sie ist auf die allgemein zugänglichen Lehren gegründet, führt aber über die Glaubensannahme insofern hinaus, als sie im Innern des Menschen selber etwas ändert und das Bewußtsein der Abgespaltenheit in sich selbst zu überwinden hilft. Triebfeder ist der Wunsch, die grundgelegte, ursprüngliche Ungetrenntheit vom Absoluten, also die Einheit mit Gott, lebendig zu „erfahren". Doch diese Erfahrung der Ungetrenntheit (der Nicht-Dualität!) ist mit den dualistischen Mitteln von Denken und Wollen nicht zu erreichen. Darum begibt sich der Mensch auf den Pfad der Mystiker, welche die Einheit mit Gott schon in diesem Leben erfahren haben. Dies ist der esoterische Weg, der innere Weg, den alle Religionen neben dem exoterischen, der ihr äußeres Kleid bestimmt, auch kennen und lehren. Durch ihn kann die Spaltung selbst als in ihrer Wurzel (esoterisch-mystisch) geheilt erfahren werden.

Was ich begrifflich getrennt habe, kann und wird sich natürlich in der lebendigen Praxis überlappen und vermischen. Wer sich an Lehren und Gebote hält, kann einen inneren Wachstumsprozeß erleben. Und wer den Anleitungen des mystischen Pfades folgt, wird auch Riten und Lehren nicht grundsätzlich ablehnen, sondern mit neuem Geist erleben und beleben.

In jedem Fall ist der eingeschlagene Weg verbunden mit ethischen Impulsen, mit Ehrfurcht und Liebe zu allen Menschen, mit einem Gemeinschaftsbewußtsein und mit religiösen Ausdrucksformen, die kulturell bedingt sind. Das erwachte und geheilte Selbst-Bewußtsein möchte sich ausdrücken, anderen mitteilen, in irgendeiner Weise Dankbarkeit und Liebe zum Ausdruck bringen, dadurch auch die Verbundenheit mit Gott (die „re-ligio") stärken und für andere Menschen erschließen.

Verzeiht, das war eine ungewöhnlich lange Ausführung!

LEHR: Sehr komprimiert! Und eine gute Grundlage für das weitere Gespräch, so scheint mir.

SCHÜL: Ein religiöser Mensch ist demnach jemand, der sich auf die Lehren und Lebensanweisungen einer Religion einläßt?

FORSCH: Das wäre die exoterische Seite von Religion.

SCHÜL: Und die innere, die esoterische?

FORSCH: Wenn er alles tut, um sich auf die absolute, die transzendente Wirklichkeit selber einzulassen, wo und wie auch immer sie sich ihm auf dem Weg der intuitiven Erfahrung nach und nach kundtut.

SCHÜL: Das kann für die einzelnen Menschen wohl sehr verschieden sein.

FORSCH: Gewiß! Das gilt besonders auf dem inneren Weg! Zwar setzt die Annahme der allgemeinen Lehren auf dem exoterischen Weg auch den freien Willen, die freie Entscheidung, Zustimmung und das Sich-Einlassen des einzelnen voraus. Der weitere Weg ist dann aber für die meisten Menschen weitgehend durch die allgemeinen Regeln vorgezeichnet. Der einzelne hat sich gleichsam ein- und anzupassen. Er kann zwar Fragen stellen, diskutieren und Meinungen vertreten, Theologie treiben und das allgemeine religiöse und kulturelle Bewußtsein weiterzuentwickeln helfen ...

LEHR: Und er tut das mit seinem Verstand, seiner verstandesmäßigen Einsicht und den entsprechenden Argumenten.

FORSCH: Aber der Weg, den er geht, bleibt von den Rahmenbedingungen der allgemeinen Lehre bestimmt. Für den inneren Weg dagegen sieht es etwas anders aus.

LEHR: Hier gibt die religiös-intuitive Wahrnehmung des Herzens den Ausschlag. Sie gleicht einer feinen Kompaßnadel, die von einem inneren Magnetpol angezogen wird. Wohin diese Nadel jeweils zeigt, kann sehr unterschiedlich sein, je nach der persönlichen Eigenart des Menschen, der diesen Weg einschlägt. Er läßt sich auf einen mystischen Verwandlungsvorgang ein. Rationale Ableitungen von der allgemeinen Doktrin erreichen schwerlich diesen sehr persönlichen, intimen und feinstofflichen Prozeß.

FORSCH: Darum können die so gewonnenen Impulse und Einsichten für den Verstand allerdings um so überwältigender und umwerfender sein.

SCHÜL: Wie bei Paulus, der von der Stimme getroffen und durch Licht geblendet vom Pferd stürzte.

LEHR: Ja, das ist ein passendes Beispiel, an dem sich viel ablesen läßt. Offenbar hatte er zuvor schon ein gutes Stück auf dem Weg zurückgelegt. Er hat alles auf eine Karte gesetzt und ist mit letztem Energieeinsatz in die eine Richtung geritten, die er für die richtige hielt: Alle Widersacher seines Gottes wollte er vernichten. „Wutschnaubend", wie es heißt, jagte er durchs Land.

SCHÜL: Kann man sagen: er jagte nach den Feinden im „Außen"?

LEHR: Ja. Dann plötzlich geschah das, was sein Leben total verwandelt hat.

SCHÜL: War das eine Erleuchtungserfahrung?

LEHR: Aber sicher!

SCHÜL: Ohne vorausgegangene Lehrverkündigung und Glaubensannahme!

LEHR: Ja. Aber nicht ohne Glauben! Er war ja gläubiger Jude. Damit hatte Paulus seine Existenz schon gleichsam auf die „andere" Seite – ins Jenseits des welthaften Verstandesdenkens – und in die göttliche Dimension hinübergeworfen, als das ihn Umwerfende geschah. Die Einsicht und das Verstehen der Unterschiede und Zusammenhänge der Lehren folgte dann später.

FORSCH: Interessant ist die Reihenfolge: Erst das Engagement, dann die überwältigende Erfahrung, dann die Reflexion der Erfahrung! So entfaltete er – in Treue zu dieser Erfahrung – nach längerer Zurückgezogenheit in Einsamkeit seine neue Lehre, seine Verkündigung und die Lebensanweisungen für seine Anhänger.

LEHR: So war es offenbar bei ihm.

FORSCH: Interessant! Dann ist Paulus gleichsam von der jüdischen Seite her auf den „Berg" hinauf gestiegen, hat oben alles losgelassen und mit sich geschehen lassen, machte eine buchstäblich „umwerfende" Erfahrung und kam auf einer anderen Seite wieder herunter. Diese hat sich ihm dann als die christliche Seite zu erkennen gegeben.

LEHR: So kann man es ausdrücken.

FORSCH: Und der „Blitz" vom Himmel ermöglichte es ihm, die neue Lehre für sich auszuformulieren und die Unterschiede zum Glauben Israels sowie Momente der Kontinuität mit diesen jüdischen Glaubensvorstellungen zu erkennen.

SCHÜL: Bei Jesus muß es wohl ähnlich gewesen sein, auch wenn wir seine Erleuchtungserfahrung nicht in einem derart dramatischen Ereignis kulminierte. – Wir wollten aber von den meditativen Praktiken sprechen. Ich möchte daran erinnern.

LEHR: O.k. Kehren wir zu unserem eigentlichen Thema zurück!

FORSCH: Ich habe dazu etwas vorbereitet, an das wir uns halten könnten, wenn ihr möchtet.

LEHR: Bitte!

FORSCH: Vielleicht erinnert ihr euch, daß im letzten der Religionsgespräche in Asien gegen Ende vom Gebet die Rede war. Es wurde definiert als „Kontakt mit dem Absoluten", als Kontaktaufnahme, als Sich-in-seine-Gegenwart-Versetzen, das Absolute an sich Wirken-Lassen, als Angenommensein vom oder Verlorensein im Absoluten, Verschmelzen mit ihm und letztlich Einssein mit dem Absoluten.

SCHÜL: Das hat mir sehr zugesagt.

160

FORSCH: Mir auch. Doch habe ich nicht unwichtige Unterschiede in den Formulierungen wahrgenommen. Manches hat mir auch gefehlt. Jedenfalls wurde ich zu weiterem Nachdenken angeregt. Und es entstand – Forschertypen wie ich sind dann recht glücklich, andere mögen es verzeihen – ein *Schema von sieben Arten von Gebet und Meditation.* So weit ich das übersehen, aber jetzt nicht im einzelnen nachweisen kann, finden sie sich, auch wenn andere Worte und Bilder verwendet werden, in ähnlicher Weise bei allen großen Religionen. Vergleichbar ist das jeweilige Beziehungsverhältnis zwischen dem menschlichen Ich und der Wirklichkeit des Absoluten, das wir Gott nennen. Versucht man, diese Gebets- und Meditationsformen in eine Reihenfolge zu bringen, dann entsteht eine Art Stufenfolge, je nach dem Grad der Einbeziehung und Umwandlung des personalen Ich-Bewußtseins in seinem Verhältnis zur absoluten Wirklichkeit.

SCHÜL: Interessant! Nur bin ich gegen hierarchische Eingruppierungen in Stufen immer etwas skeptisch. Zu leicht fühlt man sich bewertet oder abgewertet.

FORSCH: Keine Angst! Im mitmenschlichen Bereich sind hierarschische Festlegungen sicher oft gefährlich und meist vordergründig. Doch für die Entwicklung des Bewußtseins, auch des Gottesbewußtseins, wird dadurch eine Richtung des Wachstums und des Wandels der Bewußtseinsstrukturen sichtbar, die man sonst nicht erkennen könnte. Dies scheint mir wichtig, um den Eindruck zu vermeiden, als würde im religiösen Bereich alles irgendwie stagnieren oder sich dauernd auf derselben Ebene im Kreis herum drehen.

LEHR: Oh! Das Sich-Drehen im Kreis kann sogar ein schöner Ausdruck vollkommener Harmonie sein. Oft geschehen Wachstum und Wandel gerade dann, wenn der Geist ganz eins ist mit einer leibhaftigen Bewegung, einem Tanz zum Beispiel, oder wenn er still in sich ruht und nicht die Absicht hat, sich oder etwas zu verändern.

FORSCH: Das würde ich dann eine meditative Übung nennen. Im Moment aber geht es mir mehr um eine theoretische Übersicht über die Entwicklung des religiösen Bewußtseins in Gebet und meditativer Praxis. Ich denke auch: wir hier (zeigt in die Runde) würden ja wohl weder selbst meditieren noch diese Gespräche führen, wenn wir uns nicht ein Wachstum unseres Bewußtseins davon erhofften.

SCHÜL: O.k.! Das sehe ich ein. Ich möchte ja auch selber vorankommen, mich entwickeln und weiterkommen.

FORSCH: Dann kann ich anfangen: Auf den ersten Stufen dieser Gebetswege ist es so, daß das Ich-Bewußtsein in seinem Kern relativ unverändert bleibt, ja in gewissem Sinn sogar gestärkt wird. Es kommt nur von außen etwas hinzu, was den einzelnen umorientiert in Richtung auf Gott, Allah, Brahman, Sunyata, auf das Absolute. Und dieses Absolute sieht er außerhalb von sich selbst.

LEHR: Geh' mal mehr ins Detail, bitte!

FORSCH: Da ist als erstes der Weg des mündlichen *wortweisen Gebetes.* Privat oder in Gemeinschaft werden wörtlich vorgeprägte Texte – mündlich oder gedanklich – gesprochen. Das sind meistens heilige, altehrwürdige Texte wie bei uns Christen das Vaterunser, das Credo, die Psalmen, Gebete der Heiligen oder der Liturgie, Liedtexte, Hymnen, Litaneien, Anrufungsformeln, die eine Gesinnung von Lob, Dank, Bitte, Klage, Anbetung oder ähnliches gegenüber Gott ausdrücken.

LEHR: Es ist gut, solche Texte auch auswendig zu kennen. Man kann sie jederzeit gebrauchen, auch wenn einem mal keine eigenen Worte in den Sinn kommen.

FORSCH: Voraussetzung ist natürlich ein vertrauender Glaube und der Wille, sich den Inhalt der Textaussagen anzueignen.

SCHÜL: Dadurch entsteht, wie ich meine, ein erster „Kontakt mit Gott", von dem die Rede war. Er wird bewußt aufgenommen und anhand vorgegebener Worte zum Ausdruck gebracht. Sonst wäre es ja nur ein Lippenbewegen, ein „Plappern wie die Heiden", wie Jesus gesagt hat.

FORSCH: Als Kindern wurde uns deshalb gesagt, wir sollten „andächtig" beten. Durch solches Beten wird gleichsam eine Brücke geschlagen bzw. ins Bewußtsein genommen. Das individuelle Ich fühlt sich nicht mehr allein, sondern angenommen, aufgehoben, umsorgt, aber auch angespornt, den Alltag entsprechend zu leben. Der Kontakt mit dem Gegenüber auf der Brücke soll ja für das Leben orientierend sein und der Alltag will so gelebt werden, daß man sie wieder betreten kann.

SCHÜL: Finde ich gut ausgedrückt.

LEHR: Darin liegt eine Orientierung gebende Kraft – Ausrichtung zum Orient heißt es ja, wenn man es wörtlich übersetzt. Und in ihr sehe ich ein erstes meditatives Moment schon in diesem wortweisen Gebet: es findet eine erste Ausrichtung des Ich-Bewußtseins auf das Absolute statt, und die verändert das Bewußtsein, gibt dem Leben eine Richtung und eine Prägung.

FORSCH: Gebetslosigkeit hingegen, das Gegenteil davon, so hat einmal ein Theologe gesagt, H. Miskotte, sei „kosmische Einsamkeit", und nur ein „schweigendes All" umgebe dann den Menschen.

LEHR: Der hat es sicher gut gemeint mit den Menschen, um sie zum Beten zu motivieren. Aber er hat wohl nicht gewußt, daß genau diese Erfahrung der kosmischen Einsamkeit und des schweigenden Alls auch zum Durchbruch in sehr tiefe Gotteserfahrung führen kann. Wer es mit Geduld und Vertrauen aushalten kann, ohne in irgendeine Ablenkung zu flüchten – weder mit den Sinnen, noch mit dem Gefühls- und Denkbewußtsein – hat die Chance einer großen Erfahrung jenseits des personalen Ichs.

SCHÜL: Das überrascht mich nicht, daß du das sagst, aber viele werden es nicht verstehen.

LEHR: Es ist so. Aber weil die meisten es nicht verstehen oder nicht imstande sind, die genannten Bedingungen einzuhalten, scheuen sie zurück. Oft wird ihnen auch geraten, ins mündliche Gebet zu gehen. Wer nicht entsprechende Anleitung auf dem Meditationsweg erhält, für den ist es auch besser so. – Fortgeschrittene werden wissen, daß sie in einem solchen Moment die Wahl haben. Sie werden dem Ziel, das sie anstreben, entsprechend handeln.

SCHÜL: Das in Worten vorformulierte Gebet hat also seine Grenzen. Ich finde es vor allem schwierig, wenn meine Stimmung, meine Befindlichkeit nicht mit der übereinstimmt, aus der ein Text formuliert ist. Manchmal kann ich mich ganz einpassen. Manchmal bleibt ein Teil draußen vor. Manchmal geht es gar nicht.

LEHR: Diese Ehrlichkeit bei der Selbstwahrnehmung ist wichtig. Und was tust du, wenn es nicht gleich geht?

162

SCHÜL: Ich versuche, ruhiger und stiller zu werden, mich intensiver zu sammeln und mir dann die einzelnen Worte genauer zu vergegenwärtigen.

LEHR: Und?

SCHÜL: Manchmal geht es dann besser. Dann spüre ich, wie von einzelnen Worten Energie in mich einströmt und ich Vertrauen und Kraft gewinne.

LEHR: Hast du ein Beispiel?

SCHÜL: Ja, beim „Vater unser"-Gebet ist es manchmal so, daß erfahrbare Energie in mich kommt.

LEHR: Vom Wort?

SCHÜL (spürt in sich nach): Nicht so sehr! Eigentlich mehr von der viel größeren Wirklichkeit hinter dem Wort. Ich fühle mich dann von dieser Wirklichkeit selber durchströmt und getragen. Manchmal wird es aber auch schwieriger, z. B. wenn ich „Vater unser" sage, aber mit Freunden im Streit liege oder mich nicht als „Kind" von jemandem fühle und auch nicht fühlen will. Das Wort ist dann irgenwie leer, und ich fühle mich von dem, was ich die „Wirklichkeit dahinter" nannte, abgeschnitten.

FORSCH: Daran wird deutlich, wie jede Formulierung auch eine Definition des Ich-Zustands enthält, genau wie ja auch die Anrede das Gegenüber „definiert", d. h. umschreibt und begrenzt.

SCHÜL: Und aus diesen Grenzen entsteht offenbar beim wortweisen Beten das Gefühl der Einengung, wenn man die Worte ernst nehmen will, aber nicht so recht kann.

FORSCH: Wenn man aber anfängt, den Text etwas sprechen und wirken zu lassen, und sich selbst dabei wahrnimmt, ja, den ganzen Prozeß zu reflektieren und zu betrachten anfängt, kann es anders werden. In meinem Schema stellt *das betrachtende Gebet* diese zweite Stufe dar. Es entsteht Raum zwischen dem Betenden und seinem Text. Raum für einen inneren Dialog mit dem Text, seine Bilder und Begriffe, seine Stimmung und Grundintention, seine Bedeutung, seine Aussagen zur Beziehung zwischen dem Betenden und Gott, sowie seine Inhalte und Lebensimpulse. Selbstverständlich kann man nicht nur vorformulierte Gebetstexte dafür nehmen, sondern auch Abschnitte der Heiligen Schrift – eigentlich aller heiligen Schriften aller Religionen, ja alle Bilder, Ikonen, Glasfenster und Gemälde religiösen Inhalts eignen sich. Bei solcher Bildbetrachtung oder Schriftbetrachtung hat meist das Betrachtete Vorrang vor dem Betrachter, der sich   mit Verstand, Herz und Willen – dem vorgegebenen Gegenstand einzupassen versucht. Gedanken und Empfindungen werden in Richtung auf Teilhabe und Einfühlung in das berichtete Geschehen aktiviert. Dadurch soll die Bereitschaft wachsen, sich und sein Leben den so erfahrenen Impulsen entsprechend wandeln zu lassen. Das ist die sogenannte Applicatio (= Anwendung) auf das eigene Leben.

LEHR: Wohl manchmal ein recht anstrengendes Bemühen. Oder?

SCHÜL: Ja, manchmal bin ich danach erschöpft und müde.

LEHR: Vielleicht, weil der Verstand, der verstehen möchte, und der Wille, der sich danach ausrichten möchte, der inneren Realität deines Empfindens vorauseilt.

SCHÜL: Und oft fühle ich mich nicht gut, weil ich den Anforderungen, die daraus auf mich zukommen, nicht so recht entspreche und nur wieder neue Vorsätze für die Zukunft machen kann.

FORSCH: Das kenne ich auch von Exerzitien und nenne es meine typischen Exerzitienvorsätze: Von jetzt an wird alles anders, und wenn schon nicht alles, dann doch dieses oder jenes bestimmt.

SCHÜL: Und? Hat es geklappt bei dir?

FORSCH: In den seltensten Fällen.

LEHR: Also hat auch diese Form ihre Grenzen. Warum wohl?

FORSCH: Ich denke: Es ist so, weil zu viele Inhalte vom betrachteten Objekt in das betrachtende Subjekt hinübertransportiert werden sollen. Die Befindlichkeit des betenden Menschen spielt eine zu geringe Rolle. Wichtige Wahrnehmungen des eigenen Wachsens und Reifens können außer acht bleiben.

LEHR: Damit steuerst du wohl schon auf die nächste, die dritte Stufe hin, nehme ich an.

FORSCH: Ja, genau. Ich nenne sie *das meditative Beten* und meine damit eine Einschränkung der Gedankenaktivität und ein tieferes Sicheinlassen auf das innere Dabeisein bei den Grundmotiven des Vorgegebenen.

SCHÜL: Klingt noch recht abstrakt. Was meinst du konkret?

FORSCH: Ich denke an Gebetsformen wie das Rosenkranzgebet, Litaneien, andere wiederholbare Gebetsworte, Mantren, das gesungene Chorgebet der Mönche, die Lieder bei Wallfahrten oder das Anhören Bach'scher Choräle. Da kann ich ohnehin nicht jedes Wort aufnehmen und „verarbeiten". Ich kann mich aber in die Grundausrichtung auf Gott einlassen und mehr von meiner „Seelenschwingung", wenn ich so sagen darf, wahrnehmen. Freilich muß ich auch aufpassen, daß die herumspringenden Gedanken des Verstandes mich nicht sonstwohin entführen. Wenn es mir aber gelingt, lange Zeit bei dieser Grundausrichtung zu bleiben, fühle ich mich hinterher erfrischt und gut ausgerichtet.

SCHÜL: Ist das nicht schon eigentlich Meditation?

FORSCH: In meinen Augen ist es zwar nahe dran, aber noch nicht die eigentliche Meditation. Noch ist eine gewisse Kluft zwischen dem von außen Vorgegebenen und dem inneren Geschehen im betenden Menschen. Beides kann auseinander driften. Unter *Meditation,* meine vierte Stufe, verstehe ich ein gewisses Verschmelzen beider Seiten, und zwar im Inneren des Meditierenden. Er „verweilt" im vorgegeben Text oder Bild und der Text oder das Bild in ihm, jedenfalls für bestimmte Zeit. Das geschieht sehr wachsam und ohne sich ablenken zu lassen, aber auch, ohne alle Wahrnehmungen gleich in Worte und Sätze zu packen.

LEHR: Ein gewisser Grad der Versenkung also.

FORSCH: Ja, bei allen genannten Vorstufen können solche Momente vorkommen. Jetzt werden sie ausgedehnt und zum Kern der Übung. Ich kann es auch so umschreiben: Ein Sich-Gewahrwerden in der göttlichen Gegenwart im Innern durch Vermittlung des meditierten Gegenstands. Mit dem Wort Meditation ist ja, wenn nichts anderes hinzugefügt wird, zumeist gegenständliche Meditation gemeint. Es gibt ein Gegenüber, aber kein Hin- und Herspringen des Verstandes mehr, eher ein

Spüren und Schauen, Gewahren, Berühren und Berührtwerden. Große Stille im Oberflächen-Bewußtsein, während tiefere Schichten des eigenen Selbst sich gleichsam herantasten und anlehnen an das, was Text oder Bild oder Symbol von der göttlichen Transzendenz vermitteln, um sich davon ergreifen, absorbieren und verändern zu lassen.

LEHR: Das Letzte scheint mir besonders wichtig.

FORSCH: Alle früher genannten Stufen sind eher so angelegt, daß sie das Ich-Bewußtsein erstmals in Verbindung bringen und „ausrichten", d. h. auch in gewissem Sinn nach „außen" richten auf den vorgestellten Gegenstand. Gedanken, Phantasie, Wollen und Fühlen werden beeinflußt, das Ich nimmt eine Richtung auf, aber der Ich-Kern bleibt kaum verändert derselbe. Im Geschehen der Meditation hingegen wird er berührt und wenigstens anfanghaft gewandelt. Damit beginnt eine innere Reise, ein Wandlungsprozeß. Er spielt sich nicht nur im Bereich der Gedanken und des Denkbewußtseins ab, sondern greift tiefer ein, auch ins Unbewußte, und beginnt, dort eine Verwandlung einzuleiten.

LEHR: Eine große, lange und großartige Reise kann es sein, und oft (lacht) geht es auch sehr abenteuerlich zu.

SCHÜL: Könnt' ihr noch etwas über die Form der Meditation sagen? Was muß man praktisch tun, um in ein solches Geschehen einzutreten?

LEHR: Ich beginne gern, indem ich auf einen Unterschied aufmerksam mache. Beim bloßen Nach-Denken, etwa am Schreibtisch, wenn man rasch eine Rechenaufgabe zu Ende bringen will, ist man in erster Linie am Arbeitsergebnis interessiert und vernachlässigt Körperhaltung, Atem und Wahrnehmung des inneren Befindens. Als Kinder waren wir doch oft in Gedanken schon halb beim Spielen mit den Kameraden, wenn wir noch schnell ein paar Schulaufgaben fertig machen mußten. Ähnlich geht es wohl einer Verkäuferin, die am späten Nachmittag an der Kasse sitzt; da andere schon auf dem Heimweg sind, wartet sie auch auf das Ende der Arbeitszeit und freut sich mehr auf den Feierabend und ist schon ein wenig zappelig, wobei sie freilich noch das Nötigste tut, um keine Fehler zu machen und niemanden zu verärgern. So bleibt keine Aufmerksamkeit für Körperhaltung, Atem und inneres Empfinden.

Diese drei Elemente haben hingegen bei jeder Form von Meditation den Vorrang: Ruhigstellung des Körpers (am besten im Sitzen), Wahrnehmung der entspannten Körperruhe und des frei gehenden Atems sowie des inneren Empfindens. Sobald Korper, Atem und Geist in Ruhe sind, kommen auch Gedanken und äußere Sinneseindrücke zur Ruhe, und man kann entweder einen Meditationsgegenstand wählen (Bild, Bibelstelle, Gedicht oder Musik zum Beispiel) und damit in inneren Austausch kommen oder über die Körper- und Atemwahrnehmung hinaus sich in tiefere Bereiche der inneren Welten führen lassen. Davon wird wohl später noch die Rede sein. Aber die allgemeinen Grundlagen lassen sich so zusammenfassen.

FORSCH: Je mehr die im Wachbewußtsein auftauchenden Gegenstände verschwinden, also Gedanken, Sorgen, Probleme und Pläne zurückstehen, um so mehr kommt man in den Bereich des Unbewußten hinein. Was sich da alles im Unbewußten verborgen hält, macht freilich vielen Menschen auch Angst. Denn es werden die

Seelenschichten berührt, die im Alltag kaum wahrgenommen werden, aus denen wir aber leben. Aus ihnen kommen Stimmungen und Träume, auch die, mit denen man manchmal nicht zurecht kommt. Deswegen scheuen manche diese Reise nach innen und lehnen Meditation ab.

LEHR: Doch werden auch sie diese innere Quelle der Träume und Stimmungen deswegen nicht los. Ich meine nicht die sogenannten Wunschträume, sondern die echten aus der Tiefe kommenden Träume. Sie sind sehr, sehr wichtig auf dem inneren Weg. Der größere Teil von dem, was wir selber sind, liegt im Unbewußten verborgen. Und es ist unmöglich, mit Gott ganz eins zu sein, wenn dieser Teil nicht einbezogen wäre. Ja, viele Mystiker sagen, daß wir genau in dieser Richtung vorangehen müssen, um auf dem tiefsten Grund der Seele Gott zu finden. Darum können echte Träume richtungweisend sein für unseren Weg zu Gott und unser ganzes Leben.

SCHÜL: Ah, deswegen hast du uns gelehrt, alle Träume aufzuschreiben und die wichtigeren immer griffbereit zu haben, so daß wir von Zeit zu Zeit darauf zurückkommen können. – Ich möchte so gern noch viel mehr davon wissen, nur (schaut auf die Uhr) fürchte ich, daß wir dann mit der Zeit nicht zurechtkommen. – Aus meiner Erfahrung kann ich aber sagen, daß mir die Botschaften der Träume sehr wichtig geworden sind. – Doch fragen möchte ich noch, welche Rolle eigentlich der Körper bei alledem spielt.

LEHR: Wir haben diesmal mehr Zeit als sonst. Drum schlage ich vor, daß wir jetzt (schaut fragend in die Runde) eine Pause einlegen (alle nicken) und nachher fortfahren.

(nach der Pause)

FORSCH: Die letzte Frage war die nach der Rolle des Körpers. Er spielt eine sehr wichtige Rolle. Und ich glaube, man hat sie im Abendland seit Jahrhunderten, fast möchte ich sagen: seit Jahrtausenden, unterschätzt. Eine Korrespondenz zum Atem wird selten hergestellt. In den letzten Jahrhunderten ging das Verständnis immer mehr zurück. Von Dominikus werden noch Anweisungen zu bestimmten Körperhaltungen bei bestimmten Gebeten überliefert. Ignatius sagt in seinem Exerzitienbüchlein, man könne diejenige Körperhaltung wählen, die einem jeweils besser geeignet erscheint für das Ziel der Betrachtung. Offenbar war ihm der gedankliche und gedanklich faßbare Gewinn wichtiger als das, was durch eine volle Einbeziehung des Körpers geschehen kann. – In den östlichen Meditationsformen ist die Weisheit vom Körper (und den verschiedenen Körpern, die wir haben) nie verloren gegangen. Wohl auch deswegen haben östliche Praktiken bei uns so großen Zulauf. Bei uns haben sich Reste dieses alten Wissens kaum noch in der Liturgie erhalten, selbst wenn die alten Rituale und Gebräuche noch da sind.

LEHR: Leider können wir nicht so weit in die Geschichte abschweifen, so interessant es auch sein mag.

FORSCH: Doch eins scheint mir in dem Zusammenhang noch besonders wichtig: Das ist die Bedeutung des Atems. Sein Wert für die Meditation ist auch in den Traditionen des Abendlandes nicht ganz verloren gegangen, wenngleich es bis heute nur ein dünnes Rinnsal blieb.

166

SCHÜL: Kannst du Beispiele nennen?

FORSCH: Ignatius von Loyola beispielsweise nennt im Exerzitienbüchlein eine Methode, das Vaterunser im Atemrhythmus zu beten. Bei jedem Atemzug sollen nur ein oder zwei Worte gebraucht werden. So entsteht eine andächtige Ruhe, in der sich das Bewußtsein sammeln kann. – Doch zurück zu meinem Schema! Je tiefer die Reise ins Innere geht, um so wichtiger wird der Körper und seine zugleich gesammelte und entspannte Haltung. Dadurch wird eine nach innen gekehrte und doch nichts ausschließende Art hellwacher Bewußtheit erreicht, die ganz in der Gegenwart bleibt. Das gilt zum Beispiel für die nächste Gebetsart, die ich aufgelistet habe, die *imaginative Meditation*.

SCHÜL: Deine fünfte Stufe also.

FORSCH: Ja. Hier werden nicht von außen genommene Texte oder Bilder, sondern innere Bilder vorgestellt, imaginiert, wie man sagt. Entspannte Körperhaltung und ein Rückzug der Sinne und Gedanken aus der Außenwelt sind wichtige Voraussetzungen, damit die tieferen Schichten wach werden und zu sprechen beginnen. Das können z. B. religiös bedeutsame Gestalten aus Träumen (sog. archetypische Gestalten wie Anima und Animus, Weise, Lehrer, Führer) oder Visionen (z. B. von Engeln, Kirchen, Tempeln, geistigen Führern) sein, deren Botschaft man genauer erfahren möchte. Die Methode der „aktiven Imagination", wie sie in der Schule von C. G. Jung gelehrt wird, kann m. E. auch Gebetscharakter haben. Sie ist nicht nur eine Methode der Selbsttherapie. Der Mystiker Heinrich Seuse hat auf solche Weise mit seiner „Frau Weisheit" gesprochen und Anleitung für sein Leben erfahren. Voraussetzung ist immer, daß der Ich-Kern das oberflächliche Denken verlassen hat und „abgesenkt" bleibt, auch nicht döst oder herumschweift, sondern sich wach und bewußt, eventuell sogar mit Bleistift und Notizblock in der Hand, auf derselben Bewußtseinsebene bewegt, auf der diese psychischen Gestalten lebendig sind, sprechen und agieren. Wer sich darauf einstimmt zu hören, zu dem sprechen sie.

SCHÜL: Das ist dann ja auch so eine Art „höhere Frequenz", höher als unser gedankliches Bewußtsein im Alltag.

FORSCH: Daran hatte ich nicht gedacht. Aber es stimmt. Offenbar (jetzt sehr nachdenklich) ist es nicht das Denken an sich, was uns an der grobmateriellen Oberfläche hält, sondern (sucht nach einem Wort) die Art des Denkens und Vorstellens, genauer noch: die Schwingungsebene, auf der sich unsere geistige Empfänglichkeit und unsere intuitive Tätigkeit einstellen und bewegen. Und auch die Intention? Oder?

LEHR: Die Intention, die Absicht, mit der wir uns darauf einlassen, ist wie ein Schlüssel. Das vorgestellte Material, das ja z. B. grob- oder feinstofflich sein kann, kann als Schloß und Tür angesehen werden, durch welche wir neue Räume betreten.

FORSCH: Manchmal öffnen sich die Türen, wie wir es erhoffen, und wir können eintreten. Manchmal aber, so wird es auch oft erlebt, müssen wir dagegen geduldig warten, bis sich die Türen von innen öffnen.

SCHÜL: Und zusammen mit dem Subjekt der Imaginationsübung ergibt alles zusammen die „Ebene" des geistigen Prozesses, die man auch Frequenz nennen kann.

LEHR: Ja. Im allgemeinen gilt: Je gröber und materieller, desto niedriger; je feiner und lichthafter, desto höher.

SCHÜL: Und warum ist dann die Einbeziehung des Körpers so wichtig?

LEHR: Weil der geistbeseelte Körper alle diese Ebenen in sich enthält! Und weil er, anders als das rationale Gedankendenken, mit dem wir meist in die Zukunft oder die Vergangenheit wandern, unser Bewußtsein immer in der Gegenwart zu halten vermag. Darum versuchen wir, uns im Einklang mit dem Atem zu halten. Wirkliche Erfahrung kann man nur in der Gegenwart machen, jeweils jetzt, jetzt, jetzt. Das gilt besonders für die höheren Ebenen und Schwingungsfrequenzen.

SCHÜL: Warum sprichst du von höherer Frequenz, wenn sie doch tiefer in uns sind?

LEHR: Höher meint feinere und schnellere Vibrationen. Die Skala reicht vom massiven Erdklumpen (und rückwärts bis zur Urmaterie und zur Antimaterie der Schwarzen Löcher) und reicht über die Alltagsgegenstände und -gedanken durch alle selbstleuchtenden Lichtfarben bis hin zum weißen Licht, ja sie geht noch darüber hinaus bis hin zum alles durchdringenden „reinen Geist", der in sich leer und überall präsent und jenseits von Licht und Dunkelheit ist. – Wenn wir dagegen unser Alltagsbewußtsein als Ausgangspunkt unserer Erfahrung nehmen und unser Alltags-Ich als „Oberfläche" bezeichnen, weil da alles leicht zugänglich und überschaubar ist, liegt das Gesuchte tiefer. Erinnert ihr euch an die Rede von Gott im schwer erreichbaren Herzenswinkel, im tiefsten Grund der Seele, im Abgrund des Inneren, in der Höhle des Herzens? Für den sich entwickelnden (menschlichen) Geist sind beide Richtungen nicht verschieden. Es dürfen aber nicht nur Bilder, Worte und Vorstellungen von außen bleiben. Nur die lebendige Erfahrung in der Gegenwart führt wirklich weiter. Dazu hilft die Wahrnehmung des Atems im Körper.

SCHÜL: Warum gerade der Atem?

LEHR: Viele Gründe lassen sich nennen. Genau beachtet, geht der Atem in jedem Moment etwas anders. Er holt unseren Geist ganz in die Gegenwart. Er durchdringt alle Schichten des Bewußtseins. Er verbindet alle Ebenen von Körper, Seele und Geist. Mehr und mehr wird auch das Unbewußte integriert. Er ist wie ein Fahrstuhl, mit dem man (fast) alle Stockwerke erreicht, ja, er hilft, in allen Stockwerken gleichzeitig zu sein.

FORSCH: Beim atmenden Körper und seiner Gegenwartserfahrung setzen die beiden nächsten Stufen der meditativen Praktiken ein, und zwar sehr direkt. Ich meine die feinstoffliche Visualisierung und die übergegenständliche Meditation oder Kontemplation.

SCHÜL: Bitte, der Reihe nach!

FORSCH: Da ist zunächst die Methode der *feinstofflichen Visualisierung,* eine Form des Gebetes, bei der Worte kaum noch eine Rolle spielen, aber die Hingabe des ganzen Seins einschließlich des Körpers immer größer wird. Im Sitzen oder Liegen, seltener auch im Gehen, konzentriert man sich bei zur Ruhe gekommener Verstandestätigkeit und entspanntem Körper mithilfe des Atemganges auf immer feinere Dimensionen des eigenen Körpers und seiner unmittelbaren Umgebung. Man kann es eine Annäherung an die göttliche Wirklichkeit im eigenen Inneren nennen. Durch anfangs bewußt gewolltes Visualisieren und Vorstellen wird jene Ebene gleichsam wachgerufen, aus der dann die visuellen Wahrnehmungen entstehen. Geht einem für diese Dimension das innere Auge auf, dann nimmt man den ätherischen Körper wahr. Er ist wie ein farbiger Spiegel von Geist und Seele und dem göttlichen Wirken im Inneren. Man kann – mit entsprechender Anleitung und Einübung – auch daran arbeiten. Da die Gesundheit des physischen Körpers vom ätherischen abhängt, kann es auch zu Heilungen kommen. Verbliebene Spannungen werden losgelassen und es erscheinen die lichthaltigen Dimension des Körpers, oft sogar in Farben: Aura, Chakren, andere Energiezentren, Kanäle, Lichtreflexe, Flammen, farbige Felder, manchmal das Knochengerüst und die Knochen in weiß wie bei einem Röntgenbild. Wo Organe krank oder krankheitsanfällig sind, sieht man beispielsweise graue Flecken oder Verformungen. Auf gleiche Weise werden Heilungskräfte wahrgenommen, etwa in orange, goldgrün oder zartviolett, die man durch seine Ausmerksamkeit unterstützen kann. Die Wahrhehmung geht manchmal auch über den Körper hinaus, man sieht Ausstrahlungen in die Umgebung oder Einflüsse von dort wie Farbprägungen des Raumes oder sogar des Erdgrundes darunter und des Raumes über dem Gebäude. Es ist eine wunderbare Welt, diese feinstoffliche Dimension! Sie ist zwar „ver"-bunden mit den grobstofflichen Formen, aber nicht mehr „ge"-bunden an sie. Durch die Wechselbeziehung zwischen der grob- und der feinstofflichen Dimension erweitert sich das Bewußtsein.

SCHÜL: (etwas ironisch) Der Stoff, aus dem die Träume sind?

FORSCH: Manche, ja. Aber auch Visionen, Auditionen und viele andere Erscheinungen und Manifestationen, in denen sich das Absolute dem Menschen offenbart, gehören dieser Dimension an. Ich denke an den brennenden Dornbusch bei Moses, die Wolke am Tag und die leuchtende Feuersäule des wandernden Volkes Israel bei Nacht, das sogenannte Taborlicht, das bei den Athos-Mönchen eine Rolle spielt, die Erscheinung von Taube und Wolken-Stimme bei der Taufe Jesu, die Verklärung auf dem Berg Tabor, die Erscheinungen des Auferstandenen und das Pfingstwunder: alle diese Ereignisse waren nach meinem Dafürhalten Erfahrungen in und aus dieser feinstofflich-ätherischen Dimension des Göttlichen, die visuell und auditiv, also durch eine höhere Art des Sehens und Hörens wahrgenommen wurden.

SCHÜL: Warum gibt es heute solche Erfahrungen nicht mehr?

FORSCH: Es gibt sie. Heute haben viel mehr Menschen, als allgemein angenommen wird, Erfahrungen dieser transpersonalen Art, weil sie – bewußt oder unbewußt – dafür offen sind. Die Mystiker und Heiligen wußten immer davon, auch wenn es für sie meistens Nebenbei-Phänomene waren. Sie sehnten sich nicht danach, sondern nach Gott, in welcher Weise er auch immer sich ihnen zu erfahren gab. Voraussetzung ist freilich früher wie heute, daß die menschliche Wahrnehmungsfähigkeit so weit vertieft und erweitert ist, z. B. durch Gebet und Meditation, daß man auf diese bestimmte Schwingungsebene eingestellt ist.

SCHÜL: So wie man einen bestimmten Radiosender nur hören kann, wenn der Empfänger auf die gleiche Frequenz eingestellt ist?

FORSCH: Ein passender Vergleich!

SCHÜL: Aber gibt es da nicht auch Unterschiede? Man hört und liest heute so viel von außergewöhnlichen Wahrnehmungen, Hellsichtigkeit, Stimmen und Botschaften aus dem Jenseits. Was ist davon zu halten?

LEHR: Die Bibel ist auch hier eine gute Lehrmeisterin. Denkt an die Träume des Pharao, die der ägyptische Joseph zu deuten wußte.

SCHÜL: Die Sache mit den fetten und mageren Kühen?

LEHR: Ja. Er hatte offenbar die Fähigkeit und den Auftrag, etwas für das ganze Land Bedeutsames auszusagen. Die Traumbotschaften des Engels, die der neutestamentliche Joseph zum Aufbruch nach Ägypten erhielt, bezogen sich offenbar nur auf ihn, Maria, und das Kind.

SCHÜL: Jetzt fällt mir die Vision des Petrus mit dem Leinentuch und den Tieren (Apg. 10) ein, wo es heißt: „Was Gott für rein erklärt hat, nenne du nicht unrein!" Und anschließend bekam er den Mut, den heidnischen Hauptmann Kornelius zu taufen.

LEHR: Ja, richtig. Hier scheint mir besonders wichtig, daß Petrus diese Vision dreimal erhalten hatte. So konnte er sicher sein, nicht einer eigenen Projektion zu erliegen, und anschließend hat er immer wieder im Gebet darum gerungen, den genauen Sinn zu erfahren. Immer ist er nur kleine Schritte weitergegangen, bis ihm die Deutung klar wurde und er die Taufe des Heiden vollziehen konnte. – Es ist sehr wichtig, mit solchen Eingaben aus einer anderen Dimension behutsam umzugehen und langsam weiterzugehen, damit sie – wie wir heute sagen würden – „egofrei" realisiert werden können.

FORSCH: Zu biblischer Zeit kamen solche Begebenheiten offenbar häufiger vor. Darum wurden auch mehr „Wunder" dieser Art erfahren. Ich glaube: Seitdem ist die Wahrnehmungsfähigkeit sehr geschrumpft, insbesondere seit dem Siegeszug des einseitig-rationalen Denkens in Europa. Das gilt auch für die Kirchen und die Theologen, die sich ja mit derartigen Phänomenen schon lange sehr schwer taten. Doch scheint heute bei vielen Menschen die Sehnsucht nach tieferer Erfahrung und die Bereitschaft zur Meditation wieder zu wachsen.

SCHÜL: Sonst wären wohl auch wir hier kaum zusammengekommen.

FORSCH: Bemerkenswert ist auch, daß es diese höheren Meditationsebenen in allen Religionen gibt und daß sich das Wissen darüber wieder mehr verbreitet ...

LEHR: ... und hoffentlich auch die Fähigkeit des weisen Umgangs damit!

FORSCH: Das ausgefeilteste Schulungssystem hat wohl der tibetische Buddhismus. Im Sufismus kennt man ähnliche Wege. Der Mahayana-Buddhismus scheint die klarste Unterscheidungslehre in diesem Bereich zu haben. Dort wird sie die Samboghakaya-Ebene genannt im Unterschied zur Nirmanakaya-Stufe, zu der alle früher genannten Praktiken gehören, und zur Dharmakaya-Ebene, die ich später noch beschreiben werde.

SCHÜL: Das ist ja viel auf einmal. Aber ich denke, daß ich mehr darüber dann auch euren Literaturhinweisen entnehmen kann.

FORSCH: Ja, sicher. Was die systematische Darstellung angeht, habe ich darüber am meisten von Ken Wilber gelernt. Doch möchte ich jetzt gern den Samboghakaya-Bereich erst noch etwas vollständiger charakterisieren: Dazu gehören höhere telepathische und hellseherische Fähigkeiten, Erkenntnis früherer Inkarnationen, Lesen in der Welt-Gedächtnis-Chronik (der sog. Akasha-Chronik) sowie auch viele Heilungspraktiken, die mit der Visualisierung von Licht arbeiten. Es ist ein großer und wunderbarer Bereich, eben darum wird er Samboghakaya, d. h. Körper der Glückseligkeit genannt.

SCHÜL: Gehört auch die Begegnung mit höheren Wesen, Engeln und Geistwesen dazu?

FORSCH: Ja.

SCHÜL: Was ist davon zu halten?

LEHR: Da muß ich eins vorausschicken: Abzulehnen sind in jedem Fall die Suche nach Begegnung und die Beschäftigung mit den Seelen Verstorbener sowie alle okkulten Praktiken, die sich damit befassen. Man kann beten für Verstorbene, aber direkte Kontakte stiften Verwirrung und schaden meistens beiden Seiten.

FORSCH: Ich denke, der Grund dafür ist folgender: Beide Daseinsbereiche liegen so nahe beieinander, daß sie sich leicht vermischen können, aber eigentlich nicht dürfen. Jedes Wesen hat in seinem Daseinsbereich den Weg zu gehen. Außerdem ist der Wissensunterschied so gering, daß für Wegsuchende nichts dabei herauskommt. – Bei geistigen Wesen höherer Ordnung ist das anders.

SCHÜL: Warum?

FORSCH: Soweit ich das bisher erkennen und ein wenig auch erfahren konnte, erfüllen sie bestimmte Aufgaben im Dienste des Höchsten, wenn ich mich mal so ausdrücken darf. Diese Aufgaben haben zum Teil mit diesem Planeten und seiner Evolution zu tun, speziell mit der Menschheit. Wir können sie anrufen und um Hilfe bitten, wenn unser Wille den Willen Gottes klarer erkennen will, um ihn besser erfüllen zu können. – Schon die alten theologischen Traditionen betrachteten die Engel als Überbringer des Willens Gottes und göttlicher Boschaften. Die christliche Bibel z. B. ist ja voll von entsprechenden Erzählungen.

SCHÜL: Und das soll heute noch gelten?

LEHR: Soweit ein Mensch die dazu passende Einstellung in sich wachrufen kann: Ja.

SCHÜL: Gilt das auch für das sogenannte „Channeling"?

FORSCH: Du meinst, wenn medial begabte Menschen sich als Übermittler von Botschaften aus höheren Bereichen betätigen? Ich habe zwar manches gehört, aber keine Erfahrung damit. Was meinst Du dazu (wendet sich an LEHR).

LEHR: Schwer, etwas allgemein Gültiges dazu zu sagen. Ich möchte es weder von vornherein verwerfen, noch blindlings vertrauen. Es muß sehr sorgfältig nach allen Seiten geprüft werden.

FORSCH: Dazu fällt mir eine Warnung aus dem Matthäusevangelium ein, wo es heißt: „Wenn dann jemand zu euch sagt: ‚Seht, hier ist der Messias!', oder: ‚Da ist er!', so glaubt es nicht! Denn es wird mancher falsche Messias und mancher falsche Prophet auftreten, und sie werden große Zeichen und Wunder tun, um, wenn möglich, auch die Auserwählten irrezuführen" (Mt 24, 23 f.).

SCHÜL: Das verwirrt mich jetzt. Nehmt mal an, ich käme in eine Situation, wie sie da angenommen wird! Was soll ich dann tun?

LEHR: Was würdest du tun wollen?

SCHÜL: Gute Retourfrage! Na, zunächst mal würde ich nicht dorthin laufen, auch wenn die Versuchung groß wäre.

LEHR: Und warum? Bloß, weil es so in der Bibel steht?

SCHÜL: Oh nein! Ja, vielleicht auch. (Denkt nach) Letztlich aber wohl, weil ich das Gefühl hätte, ich würde irgendwo draußen, wie es da heißt „auf dem Felde", etwas suchen, was ich eigentlich in meinem Innern finden möchte und nur dort wirklich finden kann.

LEHR: Genau. Das ist der entscheidend Punkt. Darum heißt es, daß die Auserwählten letztlich nicht irregeführt werden können. Bei Gelegenheit müßten wir uns mal ausführlicher mit diesen Fragen befassen. Aber die Gelegenheit scheint mir jetzt nicht gegeben. Es war ja eine hypothetische Frage, oder?

SCHÜL: In der Tat! Und doch habe ich das Gefühl, die Abschweifung war nicht ohne Wert für mich. – Immerhin bin ich froh, daß mir diese mögliche Antwort eingefallen ist. Du (an LEHR gewandt) sagst uns ja immer wieder: Schaut auf euren inneren Kompaß! Lauscht eurer inneren Stimme! Erspürt euer innerstes Gefühl! – Naja, vielleicht habe ich es ja jetzt auch getan.

LEHR: O.k.! Doch zurück zu Thema der Kontaktaufnahme mit höheren geistigen Wesen. Dazu möchte ich noch etwas sagen: Soweit solche Kontakte wirklich echt sind, geht es um eine sehr subtile und nicht leicht zu realisierende Form der Zusammenarbeit. Ein Fehler, den ich beobachte, besteht darin, daß Menschen oft nur etwas bekommen wollen von oben, ohne zu fragen, was sie für die höheren Wesen ihrerseits tun können. Erst wenn beide Seiten des Austausches in Balance sind, kann man von echter Kooperation sprechen, und natürlich auch, wenn das gemeinsame höhere Ziel klar ist und mit dem Willen der allerletzten, göttlichen Wirklichkeit in Einklang steht. – Das ist der Hauptgrund, weshalb echte Kontakte so selten und so schwierig sind. Deshalb auch kommt es sehr darauf an, in welcher Weise man damit in Berührung kommt und was man daraus macht und wie man damit umgeht.

FORSCH: Was heißt das praktisch?

LEHR: Ich möchte es in einem Bild ausdrücken: Je höher die Leiter, um so fester muß der Grund sein! Je höher die Leiter, um so mehr kann sie schwanken! Je höher die Leiter, um so mehr Sprossen können brüchig sein!

FORSCH: Gut! Aus meiner Sicht gibt es auch viele verschiedene Ränge unter den höheren Wesen. Die theologische Tradition spricht von sieben Chören der Engel, von Thronen und Herrschaften, Cherubim und Seraphim – Namen, die im Alten Testament und in der Liturgie vorkommen. Für viele Menschen sind das nur Phantasiegebilde ohne Realitätsgehalt. Genaues vermag ich nicht zu sagen. Aber, soweit ich das ermessen kann, müßten die verschiedenen Gruppen höherer Wesen mehr oder weniger hohen – jetzt muß ich wieder das Wort benutzen – „Frequenzen" der menschlichen Fähigkeit entsprechen, sich geistig auf sie einstellen zu können.

LEHR: Manche meiner Kollegen als Meditationslehrer sprechen von einer Unterteilung in sieben verschiedene Ebenen. Wenn man sie verwechselt, kann Verwirrung entstehen. Und jede dieser Ebenen wird noch mal in sieben Unterebenen aufgeteilt. Das ist sicher eine Schwierigkeit, wenn man solche Erfahrungen deuten und integrieren will.

FORSCH: Sie wenigstens in großen Umrissen zu kennen, kann aber wohl doch schon etwas helfen, um nicht zu irreführenden Schlüssen zu kommen.

SCHÜL: Ich möchte gern wissen, inwiefern man diese Meditationspraktiken dann Gebet nennen kann?

LEHR: Eine wichtige Frage! Das Entscheidende ist – wie bei jeder Gebetsform – die wirklich auf Gott, die göttliche Wirklichkeit und nichts anderes sonst, ausgerichtete Motivation des einzelnen Menschen, die Hingabe an seinen Willen in Demut und Liebe. Und damit die Bereitschaft, sein Leben den Impulsen, die von Gott her kommen, zu widmen, eben diesem „Willen Gottes", wie die Tradition sagt.

FORSCH (überlegt längere Zeit und sagt dann): Mir ist in diesem Zusammenhang eine Frage entstanden, auf die ich noch keine Antwort kenne. Auch in der Literatur habe ich nichts Überzeugendes darüber finden können.

SCHÜL (ein wenig schmunzelnd): Kommt selten vor, daß du Fragen aufwirfst. Darum bin ich gespannt.

FORSCH: Ich könnte sie auch später stellen, wenn wir über die Dharmakaya-Stufe gesprochen haben. Aber sie kann auch hier erörtert werden, weil sie die Verbindung zwischen der Samboghakaya- und der Dharmakaya-Stufe betrifft. Da liegt meine Schwierigkeit und Frage.

LEHR: Jetzt bin auch ich gespannt.

FORSCH: Dann erlaubt mir, daß ich ein bißchen aushole und auch etwas vorausgreife. Auf der letzten, allerhöchsten Stufe erfährt der Mensch im kosmischen Bewußtsein seine Einheit mit dem Absoluten in völliger Leere und ohne weitere Inhalte. Meine Frage dazu lautet: Woher kommt dann der Impuls zum Weiterleben bzw. sein Auftrag für das, was er im Sinne des Absoluten in seinem Leben zu tun hat?

LEHR: Eine wirklich wichtige Frage, so scheint mir. Sie stellt sich nicht nur in der geschilderten Situation, sondern eigentlich immer. Als Antwort möchte ich zuerst sagen: Der Impuls kommt aus der Situation, in der dieser Mensch lebt, und aus der Liebe zu Gott und den Menschen, denen er begegnet. Ist das eine Antwort für dich?

FORSCH: Noch nicht. Denn ich habe das Gefühl, daß das noch nicht ausreicht. – Oder wußte Jesus zum Beispiel schon alles, was er tun sollte, als er bei der Taufe die Stimme hörte? Wußte Moses alles Notwendige für seine weitere Rolle gegenüber dem Volk Israel, als er vom Berge herunterkam? Die Schrift berichtet, daß er nach seinem großen Erlebnis sofort zurückgefragt hat, um Gewißheit über seine Auftrag zu erhalten und dann die Gebote empfing. Doch war er damit wieder in einem dualistischen Bewußtseinszustand und nicht mehr absolut eins mit Gott. Oder: Wußte Buddha gleich, daß ihm zu predigen aufgetragen war? Die Überlieferung sagt, daß er noch einen großen Kampf mit Mara – wir würden sagen: dem Herrscher dieser Welt – auszufechten hatte und sich eigentlich lieber in Selbstgenügsamkeit zurückziehen wollte, dann aber den Auftrag zur Predigt angenommen hat. Auch Jesus war nach der Taufe den Dämonen in der Wüste ausgesetzt und dem Kampf mit dem Satan, ehe er seine Mission beginnen konnte.

SCHÜL: Und wo ist das Problem?

FORSCH: Vielleicht ist es ein intellektuelles, aber doch wohl nicht nur. Denn auch in der Meditationspraxis kommt es vor, daß einem gesagt wird, beim Streben nach dem Absoluten, nach der Erleuchtung, müßten alle Gedanken, auch die über das eigene Leben, alle Visionen, Träume, hellseherischen Wahrnehmungen und auch die sozialen und mitmenschlichen Kontakte abgeschnitten werden. – Das scheint mir fast eine Reduzierung aufs niedrigste Niveau zu sein. Denn essen und trinken und mit den Mitmenschen auskommen muß man ja doch auch sonst. Wie steht es dann mit der Reinheit des Erleuchtungsstrebens und der – jetzt muß ich sagen – mehr oder weniger erleuchteten Verantwortung für den Fortgang der Weltentwicklung und dem Dasein für andere? Woher können solche Impulse noch kommen, wenn alles „abgeschnitten" ist? Nur aus den rational erkennbaren Alltagsnotwendigkeiten oder nicht auch aus dem – sonst zu vernachlässigenden – Sambogha-kaya-Bereich, aus den visionären, intuitiven Wahrnehmungen?

LEHR (nach einigem Überlegen): Aaaah, jetzt glaube ich, deine Frage zu verstehen. (Wieder nach einer Pause:) Ich möchte eine Antwort versuchen. Ich respektiere deinen Wunsch, die sieben Gebetsarten voneinander zu unterscheiden. Ich denke, das geschieht aus theoretischen und auch aus praktischen Gründen. Dir geht es um die Verbindung, den Übergang, die Wechselbeziehung zwischen beiden Ebenen. Ja?

FORSCH (zögernd): Ja, so etwa.

LEHR: Gerade weil sie ineinander übergehen, insbesondere in den höheren Stufen, entsteht die schwierige Frage. Dafür haben wir wohl noch kein erprobtes Instrumentarium, das über die sog. Unterscheidungslehren, die Unterscheidung der Geister, hinausgeht.

FORSCH: Auf den niederen Stufen scheint es mir klar, daß das mündliche Gebet oder das betrachtende Gebet vor allem für das Individuum Bedeutung hat. Bei den höheren Stufen scheint es anders zu sein. Je mehr sich das Bewußtsein ins Kosmische und den transpersonalen Raum erweitert, geht die Bedeutung der Erfahrungen und Einsichten über den einzelnen hinaus. Aber die Bedeutung für andere Menschen, ja letztendlich für die Menschheit als ganzes ist nicht gleich klar.

SCHÜL: Ja, genau! So etwas habe ich empfunden, als ich die überirdischen Gespräche von Bernardo Saviatoge las. Was das für mich bedeutet, wurde mir in etwa klar. Aber, ob ich das als Wegweisung für die Menschheit ansehen kann, darüber kam ich nur zur einer Vermutung, nicht zu einer Gewißheit. (Nach einer Pause) Was habt ihr eigentlich damit anfangen können?

FORSCH: Ich war auf verschiedenen Ebenen unterschiedlich berührt. Vieles konnte ich von meinem Vorwissen her sehr gut verstehen und einfühlen. Manches hat mich abgestoßen, z. B. der erhabene und so pathetisch würdevolle Redestil. Dann dachte ich mir: Vielleicht „reden" überirdische Wesen tatsächlich so miteinander. Immerhin kommt großer Respekt zwischen ihnen zum Ausdruck. Vielleicht hat aber auch nur der Verfasser es so wahrgenommen. Oder er konnte es einfach nicht besser ausdrücken.

LEHR: Das waren Gedanken, die dir kamen. Wie war dein Grundgefühl beim Lesen und Vergegenwärtigen?

174

FORSCH: Aus eigener Erfahrung kenne ich nur einige Wahrnehmungen dieser Art. Beim Lesen entstand ein – wie soll ich sagen – Gesamt-Grund-Gefühl, das da heißt: Da könnte etwas dran sein. Und die Gesamtrichtung dürfte irgendwie stimmen. Aber es blieb alles irgendwie sehr vage.

LEHR: Wunderbar! Jetzt hast du mir weitergeholfen, um einer Antwort näherzukommen. Denn ich glaube, daß es genau darum heute geht: Aus den noch vagen, ahnungshaften Wahrnehmungen aus höheren Regionen etwas konkret Lebbares entstehen zu lassen, im Alltag und auch in unseren menschlichen Religionen. Was wirklich das Absolute ist, kann jeder nur für sich erfahren. Alles, was dazwischen ist und die Entwicklung der Menschheit voranführt, müßte durch aufmerksame Kommunikation herausgefiltert werden.

FORSCH: Und dabei meinst du die horizontale Kommunikation? Oder auch die vertikale, die gleichsam durch visionäre Wahrnehmungen von „oben" einströmt und sich mit ihnen in Dialog begibt?

LEHR: Beides. Wir Menschen sind nicht nur für uns da. Auch nicht nur für das Absolute, in dem wir unser Heil finden. Wir haben das Ausströmen des Absoluten in die manifeste Welt mitzuvollziehen und ebenso die Heimfindung aus dem relativen Bereich ins Absolute. So sind wir Mitglieder beider Bewegungen und gleichsam Mittelglieder im Universum. Und wir haben die Chance, zur Evolution des Bewußtsein im Universum beizutragen. Das können wir nur, wenn wir wachsame Schalt- und Filter-Stationen und gleichsam Realisierungsagenten für den Willen des Allerhöchsten sind, natürlich entsprechend unseren Kräften und den gegebenen Umständen.

FORSCH: Um zu meinem Schema zurückzukehren: Es geht also nicht nur darum, durch alle Gebetsstufen hindurch zur höchsten Form der Einheit mit dem Absoluten zu kommen, sondern auch die Erfahrungen und Wahrnehmungen anderer Stufen z.B. der Samboghakaya-Stufe für sich und andere zu nutzen.

LEHR: Darauf kann ich ganz klar antworten: Ja. Doch fehlen uns dafür noch, wie schon angedeutet, erprobte Praktiken und Instrumentarien. Sie müßten noch, (lacht zu FORSCH hin) bitteschön, erforscht werden. Eine große Aufgabe!

FORSCH (lacht zurück): Aber zuvor muß es lebendig erfahren, erlebt und ausprobiert werden, ehe man zur einer systematischen Darstellung gelangen kann.

LEHR: Auch wieder richtig!

SCHÜL: Manches habe ich jetzt nicht ganz verstehen können. Mich bewegt jetzt vor allem die Frage, wie es mit der Gefahr des Mißbrauchs von visionären und hellseherischen Gaben steht. So etwas gibt es doch auch, oder?

LEHR: Je größer die empfangene Gabe, desto größer ist auch die Gefahr des Mißbrauchs. Das gilt übrigens auch für alle früher genannten Gebetsstufen, schon für das mündliche Gebet, das ja auch egoistisch mißbraucht werden kann. Wir brauchen uns nur der Pseudo-Religiosität von Diktatoren zu erinnern.

SCHÜL: Hitler etwa war wohl subjektiv überzeugt, im Sinne der göttlichen „Vorsehung" zu handeln. Doch meinte er damit nur seine eigene „gloire" und die Vorherrschaft der germanischen Rasse. Wodurch hat er den guten Weg verlassen?

FORSCH: Dazu wäre wohl viel zu sagen. Aus spiritueller Sicht möchte ich sagen: Er war von Anfang an von seinem ideologischen Wahn so besessen, daß er glaubte, die Rechte anderer Menschen (und Institutionen) mißachten und seine Idee mit allen Mitteln, auch mit Gewalt, Betrug, Hinterhältigkeiten, Krieg, Gas und anderen Massenvernichtungsmitteln durchsetzen zu können.

SCHÜL: Kann man sagen: Er glaubte nur an das Göttliche in sich selber, sah es aber nicht auch in den anderen Menschen und im Universum?

LEHR: Eine gute Beschreibung seiner Pseudo-Religiosität. – Doch kehren wir zu unserer Hauptlinie zurück, bitte!

FORSCH: Besondere Wachsamkeit ist vonnöten, wenn durch bestimmte Übungen noch weitere Fähigkeiten erworben werden, z. B. das Schweben über dem Erdboden, das Verlassen des physischen Körpers und Handeln an anderen Orten, auch die Fähigkeit zur De- und Rematerialisierung. Manche deuten diese Phänomene als Gnadengeschenke Gottes und Teilhabe an der göttlichen Allmacht entsprechend der Annäherung an Gott, die ein Mensch erreicht hat. Doch solche Kräfte können sicher auch eigennützig mißbraucht werden wie alles, was uns Menschen gegeben ist.

LEHR: Darum ist Vorsicht und große Aufmerksamkeit geboten.

SCHÜL: Kann das alles auch überprüft werden?

FORSCH: Ja. Und es scheint mir wichtig, daß das geschieht. Selbst Gutwillige können sich täuschen und in Irrtum geraten. Geprüft wird wie auf anderen Gebieten durch genaue Beobachtung, Erfahrungsaustausch und die Urteilskompetenz von Lehrern und solchen, die mehr Erfahrung haben. Und vor allem: jedes Menschen freier Wille muß respektiert werden. Das ist ein universales Gesetz.

SCHÜL: Und wer keinen Kontakt mit derart kompetenten Menschen hatte oder hat?

LEHR: Muß sich, soweit es ihn selbst angeht, auf seine eigene innere Intuition verlassen und auf seinen eigenen inneren Kompaß, dessen Schulung nie endet. Und anderen Menschen gegenüber am besten erst mal – schweigen. Sonst kann die Verwirrung groß werden.

SCHÜL: Gibt es auch negative Instanzen, die sich solcher Fähigkeiten bedienen können?

LEHR: Ja, auch darum ist Wachsamkeit geboten. Die negativen Einflüsse sind jedoch erkennbar und niemals stärker als die Kräfte, die dem ernsthaft Suchenden zur Hilfe gegeben sind.

FORSCH: Dafür gibt es in allen mystischen Traditionen die schon erwähnten Lehren zur „Unterscheidung der Geister", wie wir im Abendland sagen.

LEHR: Zu den wichtigsten positiven Kriterien gehört es, den Weg einzuschlagen, der ein Zuwachs an Gottes- und Nächstenliebe, Freude und Freundlichkeit, Dienstbereitschaft, Geduld und echte Gelassenheit zur Folge hat. Wir müßten uns gelegentlich mal ausführlicher mit diesen Unterscheidungslehren befassen.

FORSCH: Zwei Aspekte scheinen mir noch wichtig zu sein. Da ist einmal die Verwandlung des Ich-Gefühls, die gerade auf dieser Ebene sehr stark ist. Wir sind ja ausgegangen vom sich separiert fühlenden Ich, das sich im Ego-Denken konzentrierte und von Gott fern fühlt. Das ist hier nahezu verschwunden. Es hat fast alles losgelassen, was Bindung an und Heilserwartung von der grobstofflichen Materie beinhaltet. Es hat sich losgelöst davon und eine neue Identität auf einer anderen

Ebene erlangt. Dabei ist es, wie man auch sagen kann, durch einige „Tode" hindurchgegangen und hat sich auf einer höheren Ebene angesiedelt. Durch das innere Erreichen der neuen Ebene ist die Fähigkeit für neue Wahrnehmungen entstanden, eine Fähigkeit, die immer da war, aber nicht zugänglich und nicht ausgebildet. Die anderen Fähigkeiten sind natürlich auch immer noch da, wie z. B. die zum mündlichen Gebet, zum betrachtenden und meditativen Beten, zur Meditation im eigentlichen Sinn und zur imaginativen Meditation. Man kann jederzeit darauf zurückkommen, aber sie werden von den meisten dann als etwas oberflächlich, fragmentarisch und nicht mehr erfüllend erlebt. Sie sind nicht mehr das Ganze, sondern nur Teil der neuen Bewußtseinsstufe. Eine neue und viel weitere Bewußtseinsform ist erreicht, eine Bewußtseinserweiterung und -vertiefung hat stattgefunden, eben eine „höhere Frequenz".

SCHÜL: Ich hörte gelegentlich davon sprechen, daß die künftige Form der Religionsausübung sich in solchen Dimensionen gestalten würde. Eine Art Liturgie für gemeinschaftliche Erfahrung des Göttlichen in solchen Lichtsphären, wie sie z. B. durch gemeinsames Singen hervorgerufen werden. Fürbittgebet in Worten wird verwandelt in Zusendung von Lichtstrahlen auf Kranke und Leidende. Dann würde man es Gottes Wirken überlassen, wie sich das auswirkt, im Unterschied zu den festen Formulierungen, die einen bestimmten Wunsch verwirklicht sehen wollen, denn der sei ja immer von der eigenen Begrenztheit geprägt und oft sehr materiell. So hat man es mir erzählt.

LEHR: Eine interessante Zukunftsvision! Nicht schlecht!

FORSCH: Aber das alles scheint noch wenig erprobt und erforscht zu sein. Und wegen der Vielfalt der Stufen ist es auch schwer, darüber jene Klarheit zu bekommen, die für öffentliche Gespräche nötig ist. Außerdem scheint mir in diesem Zusammenhang noch wichtig zu sein, auf folgendes aufmerksam zu machen: Auch wenn es hier wie in allen vorgenannten Meditationsformen Momente erfahrbaren Einsseins mit dem Absoluten geben mag, bleibt die Struktur der Übungspraxis noch in gewissem Sinn dualistisch, zwar im übersinnlich-feinstofflichen Bereich, aber doch dualistisch. Selbst wenn das Ich momentan im Licht aufgeht, sich vielleicht als spezifische Ausformung dieses Lichtes erfährt und es keine Dunkelheit mehr gibt, bleibt es ein wahrnehmendes Ich im Gegenüber zu etwas Anderem. Und das Licht, auch wenn es als göttlich erlebt wird, ist noch nicht (lächelt bei diesen Worten und wiederholt sie mit Betonung) „noch nicht" die letzte Stufe der Erfahrung des form- und weiselosen, raum- und zeitlosen Absoluten, des einzig existierenden wahren Selbst.

SCHÜL: Kannst du das etwas deutlicher sagen?

FORSCH: Ich stelle es mir so vor, wie es sich mir durch den Bericht eines Freundes zu erkennen gibt: Er erlebte und sah – es war übrigens während einer Autofahrt – in seinem eigenen Inneren ganz plötzlich ein gold-weißes Licht und wußte sofort, daß es jenes übersinnliche Licht vom „Augenblick", wie er sich ausdrückte, „vor Beginn der Welterschaffung" war. Er hatte überhaupt nicht an so etwas gedacht und nie etwas davon gehört, sondern war in sehr großer seelischer Not, wußte nicht mehr weiter, schaute nur nach innen, betete intensiv und wollte ansonsten einfach nur achtsam Auto fahren, um heil nachhause zu kommen. Da geschah dieses Sehen des „Schöpfungslichtes *vor* Erschaffung der Welt" im eigenen Inneren. Er berichtete, es sei eine Art schwarze Eisenplatte in seinem Innern weggezogen worden und dann habe er „hindurchsehen" können. Und er war so überwältigt, daß er bald anhalten mußte.

SCHÜL (nachdenklich): Wie wußte er, daß es das „Licht vor Erschaffung der Welt" war? Es hätte ja auch etwas anderes sein können?

FORSCH: Das habe ich ihn auch gefragt. Seine Antwort war: „Ich wußte es sofort. Zwischen der Wahrnehmung und der Erkenntnis gab es nicht den geringsten Zwischenraum. Kein Zweifel und kein Raum für Reflexion oder für eine Suche nach Worten. Es war einfach so." Mir scheint, es war eine sehr authentische Durchbruchserfahrung.

LEHR: So sehe ich es auch.

SCHÜL: Lassen sich allgemeine Kriterien davon ableiten?

LEHR: Ich sehe vor allem drei: Da ist erstens die Plötzlichkeit des inneren Geschehens, zweitens die absolute und zweifelsfreie Klarheit der Erkenntnis, die für den Erfahrenden neu war, und drittens die verzweifelte Notlage zuvor mit dem Wegbrechen aller früheren Sicherheiten, an die sich dein Freund vorher festgehalten hatte. – Man kann auch sagen: Er fühlte sich offenbar zur totalen Hingabe an das Absolute „genötigt" und erlebte einen wichtigen Aspekt davon.

FORSCH: Aber es war wohl doch noch nicht die letzte Erfahrung des nicht-dualen Einsseins mit dem Absoluten. Für ihn war es wohl eine Lebenswende, die alles verändert hat, aber doch nicht die große Erleuchtung.

LEHR: Wie gern hätte ich deinen Freund damals gesprochen! Aber ich hätte ihm auch sagen müssen: Die Richtung stimmt. Doch: Doch dieses Licht ist ES noch nicht!

SCHÜL: Alle sehnen sich doch heute nach dem Licht! Was ist dagegen zu sagen?

LEHR: Überhaupt nichts! Wenn es von selbst – und selbstverständlich ohne Drogengebrauch – auftaucht, kann es große Freude auslösen. Es ist eine wichtige Richtungsanzeige. Nur: Falls jemand da stehen bleiben will oder danach strebt und giert, möge er bedenken, daß er in die Irre gehen kann.

SCHÜL: Inwiefern? Das verstehe ich nicht.

LEHR: Auch der Widersacher des religiösen Weges wird Lichtbringer, Luzifer, genannt. Da muß man aufpassen und unter Umständen auch Rat einholen. Nur ein Erfahrener kann das göttliche Licht vom luziferischen Licht unterscheiden. Beide Lichtqualitäten werden ja als hell und weiß beschrieben, aber es gibt Unterschiede, von denen man sich nicht in die Irre führen lassen darf.

SCHÜL: Das zu wissen, genügt mir im Augenblick.

LEHR: Dann können wir weitergehen. Der große Weg des meditativen Gebets führt jedenfalls noch weiter und hat noch eine wichtige höhere Stufe. Vermutlich hören wir gleich davon.

FORSCH: So viel ich weiß, würden ein Zenmeister und die anderen Lehrer der radikalen Meditationsarten Lichterfahrungen dieser Art nicht als wahre Erleuchtung anerkennen. In der Zen-Tradition wird dergleichen sogar Makyo, Teufelswerk, Ablenkung vom Eigentlichen genannt. Doch war ich froh über deine Bemerkung, daß die Richtung stimme. Ich habe meinem Freund dann auch geraten, einen Meister zu suchen und sich von ihm weiterführen zu lassen.

SCHÜL: Und was du uns jetzt über die siebte Stufe sagen wirst, kommt vermutlich von dort.

FORSCH: Ja. Mein Freund hat mit mir darüber gesprochen, würde aber selbst darüber nicht diskutieren wollen. Ich finde es auch schwierig. So halte ich mich an das, was die Literatur hergibt. In der Mahayana-buddhistischen Unterscheidungslehre wird diese Stufe *Dharmakaya* genannt, d. h. Erfahrung des Dharma-Körpers, im klassischen Yoga Samadhi, im Zen Shikantaza, das reine Sitzen, das dem Satori-Erwachen, der Erleuchtung, am nächsten ist. Ich nenne sie *die übergegenständliche Meditation* bzw. nach der abendländisch-christlichen Tradition *Kontemplation,* das Gebet der Ruhe, des Verweilens in liebender Aufmerksamkeit oder das einfache Verweilen in der göttlichen Gegenwart.

SCHÜL: Davon möchte ich jetzt gern mehr hören. Ist das nicht auch unsere Übung, wenn wir gemeinsam meditieren?

LEHR: Ja.

FORSCH: Um mit meinen Worten zu sagen, worum es da geht, – (nickt zu LEHR) ich hoffe, daß ich es gut ausdrücken kann – will ich so formulieren: Durch die Ruhestellung des eigenen Körpers, am besten im Sitzen, und die Stille im eigenen Geist versuchen wir zum göttlichen Urgrund in uns selbst zu gelangen, der zugleich der Urgrund des Universums ist.

LEHR: Einverstanden.

FORSCH: Dazu nehmen wir den Atemgang zur Hilfe, lassen ihn frei gehen und verfolgen ihn nur mit unserer Aufmerksamkeit, ohne uns aufs Gedanken-Denken einzulassen oder sonstwie an Gedanken, Vorstellungen oder Gefühlen zu haften.

SCHÜL: Das erlebe ich oft als das Schwerste, weil ja dann die Gedanken erst einmal anfangen loszustürmen. Und (lacht) sie gebärden sich wie eine Affenherde. Viele geben sich als äußerst wichtig, und manchmal sind sie es auch. Doch unsere Übungsanleitung heißt dann immer: loslassen – loslassen – loslassen, nicht verdrängen, bekämpfen oder beurteilen, sondern nur wahrnehmen und Zeuge sein und loslassen. – Ich habe oft erlebt, wie gut das tut und wie befreit ich mich dann fühle, weiß aber nicht genau, warum das eigentlich so ist.

FORSCH: Alle Gedanken, die wir denken, sind dualistisch und haben mit sinnlichen, also materiell bedingten Vorstellungen zu tun, die wir entweder mögen oder ablehnen, also lieben oder hassen. Das kostet Energie und spaltet unsern Geist. Und unser Ich-Bewußtsein bleibt in das Netz der weltlichen Abhängigkeiten verstrickt. Durch Nicht-Urteilen und den reinen Beobachterstatus wird alle geistige Energie mitsamt dem Ich-Gefühl frei und kann sich tieferen Wahrnehmungen zuwenden – sozusagen, bis nichts Gegenständliches mehr da ist, auch das Ich-Gefühl erlischt und das reine Gewahrsein ohne Gegenstand und Grenzen bleibt. So kamen viele zur überwältigenden Erfahrung des Einsseins mit dem Absoluten. Aber wohl selten ohne Begleitung und Anleitung durch einen erfahrenen Lehrer.

LEHR: Korrekt. Die Beschreibung klingt einfach. Sich wirklich darauf einzulassen, mit aller Energie, letzter Konsequenz und auf längere Zeit, verlangt Todesmut.

FORSCH: Darum spricht man vom „großen Tod", der allein das Tor zur Erfahrung des Einseins mit Gott und dem Universum eröffnet.

Es ist oft beschrieben worden. Auch eine längere Phase der „dunklen Nacht", Nacht der Sinne und des Geistes, kann vorausgehen oder folgen. Zur Kennzeichnung der eigentlichen Erfahrung genügt vielleicht der Hinweis, daß diese Große Erfahrung, das Große Erwachen, die Erleuchtungserfahrung, Kensho, Satori, Selbstverwirklichung – oder wie die Namen dafür alle heißen – den Wegfall aller Grenzen, auch der zwischen Ich und Du, Geschöpf und Schöpfer, Sein und Nichts, Fülle und Leere, Innen und Außen, impliziert.

SCHÜL: Wirklich auch der zwischen Schöpfer und Geschöpf?

LEHR: Ja! Darum würde schon diese Frage, wenn sie im Erleben selbst gestellt würde, d. h. im Bewußtsein bliebe, die Erfahrung des Einseins verhindern oder zerstören.

FORSCH: Wenn es keinen Gedanken und keine Dualität mehr gibt, gibt es auch diesen unterscheidenden Gedanken nicht mehr. Ein Bild von Teresa von Avila gebrauchend kann ich auch sagen: Wasser ist Wasser, man weiß nicht, ob es als Regen von Himmel fiel oder schon immer als See auf der Erde war.

LEHR: Kennt unser Forscher vielleicht auch eine Parallele aus der östlichen Tradition dazu?

FORSCH: Ja, ich las kürzlich noch beim chinesischen Zenmeister Huang-Po (jap. Obaku) aus dem 9. Jahrhundert: Nur wenn man das Wesen des eigenen Geistes kennenlernt, in dem es kein Selbst und kein Anderes gibt, kann man tatsächlich Buddha sein. Darum auch ist der Samboghakaya, der euphorische Geisteszustand von jemandem, der in der Welt der Visionen, Lichtphänomene und Kontakte mit höheren Wesen lebt, nicht der eines wirklichen Buddha, heißt es weiter, ja er kann nicht einmal ein echter Lehrer des Dharma sein. Nur der Zustand des völligen Aufhörens von allem begrifflichen und unterscheidenden Denken – natürlich: bei voller Bewußtheit des Geistes – wird als der wahre „Weg" bezeichnet.

LEHR: Damit ist der Faszination, die jene Stufe haben kann, ein wichtiger Dämpfer zuteil geworden. Die Versuchung, hier zu bleiben oder immer wieder gierig danach zu streben, kann auch sehr groß sein. Unser Weg aber führt weiter.

FORSCH: Bei der Aufstellung meines Schemas war ich ja besonders an den geistig-psychischen Strukturen interessiert: Hier, im Dharmakaya, sind nun gar keine mehr da. Nur reines Gewahrsein, übergegenständliche Bewußtheit, ineins mit Gelassenheit und innerem Frieden, Sorgenfreiheit und tiefer Bejahung von allem, was ist. – Doch fühle ich mich allmählich unbehaglich, wenn wir so viel davon reden.

LEHR: In der Tat, es mag genug sein. Wirklich beschreibbar ist es ohnehin nicht.

FORSCH: Ich möchte nur noch etwas hinzufügen, was mir wichtig erscheint. Was auf der letzten Stufe erfahren wird, ist nämlich im Kern auch auf jeder der voranbeschriebenen Stufen schon gegenwärtig, allerdings nur verborgen oder wie ein Blitzmoment, der so schnell vorübergeht, daß man ihn kaum wahrnehmen kann.

LEHR: Der Sinn des weiteren Übens besteht dann darin, durch die hellwache, passive Aufmerksamkeit dahin zu gelangen, daß man diesen sonst so rasch vorüberziehenden Moment in seiner Reinheit erleben kann.

SCHÜL: Klingt plausibel. Läßt sich das auch in christlicher Terminologie ausdrücken?

FORSCH: Das hört sich freilich etwas komplizierter an: Theologisch ausgedrückt läßt sich sagen, daß nicht nur diese letzte Form der kontemplativen Gebetserfahrung, sondern auch jede zuvor dargestellte als ein Sich-Selbst-Zur-Erfahrung-Geben des Absoluten aufgefaßt werden kann. Der Unterschied besteht nur in der geringeren oder größeren Wahrnehmungsoffenheit des Subjekts. Im Anfang überwiegt eine Tendenz, an sich selber festzuhalten, so wie man ist, und das in Gebet und Meditation Erfahrene nur als Hilfe für den Weg dieses Ich zu benutzen. Diese Hilfe wird anfangs auch mehr als eine von außen kommende Hilfe erlebt, dann aber immer mehr als von innen kommend, später innen und außen zugleich. Auf der letzten Ebene existiert ein reflektierendes Ich, das vom Absoluten getrennt wäre, im Moment der Erfahrung überhaupt nicht mehr, oder vielleicht nur noch wie ein leeres Gefäß ohne Boden, Rand und Grenzen. Jede „denkbare" Grenze – die ja vom denkend beschränkten Ich her kommen würde – wird als nicht existent erlebt. Es gibt keine Grenzen und keine Unterschiede mehr. Darum wird solche Erfahrung auch im Westen „Unio mystica", Erfahrung der Einheit mit Gott und dem Universum, Einheitserfahrung, oder im Osten Selbst-Wesensschau oder Erfahrung der Nicht-Dualität genannt.

SCHÜL: Dann müssen wir uns wohl daran gewöhnen, das Wirken Gottes immer als Initiativkraft zu sehen, gleichsam auf beiden Seiten, im Inneren und zugleich bei dem, was uns von außen begegnet.

LEHR: Gut bemerkt! Man könnte sagen: Gott ist Kreativität schlechthin! So wird jedes Erkennen zu einem Sich-Selbst-Erkennen Gottes, jede echte Begegnung zu einer Begegnung des wahren Selbst mit sich Selbst, jede Liebe zu einer Heimkehr und einem Verschmelzen Gottes mit sich selbst. Nichts bleibt außerhalb.

FORSCH: Es sei denn, unser Verstand hält an irgendwelchen Projektionen nach außen fest und unser Ich versteift sich darauf.

SCHÜL: Dann könnte es auch hier noch Stufen geben, ja?

LEHR: Erstaunlicherweise ja. Darum ist eine anfängliche Erfahrung, möge sie noch so groß erscheinen, niemals das Ende des kontemplativen Weges. Er kennt kein Ende – und beginnt immer jetzt.

SCHÜL: Und was hat das mit dem Alltag zu tun?

FORSCH: Sehr viel! Die Integration der mystischen Erfahrungen in das Alltagsleben wird in allen Traditionen und Religionen als sehr wichtig angesehen. Da geschieht die eigentliche Bewährung. Da zeigt sich, was dran ist an der großen Erfahrung.

LEHR: Jesus geht vom Berg herab und mischt sich unter das Volk, um zu heilen und zu lehren. Buddha geht vom Berg herab, um zu predigen. Der Einsiedler geht auf den Marktplatz, um Fische oder Holz zu verkaufen. Jeder geht an seine Arbeit in Gelassenheit und Ruhe.

FORSCH: Da man hier natürlich ohne dualistische Gedanken nicht auskommt, bleibt es wohl ein dauerndes Mühen.

LEHR: Mehr und mehr wandelt sich die Grundhaltung für den Alltag. Alles wird einfacher, fließender, mehr der Liebe und dem Tao entsprechend, bis der Alltag sich in Klarheit als ein Leben aus dem All-Einen darstellt.

FORSCH: Meister Eckhart sagt sinngemäß, man solle im Alltag dieselbe Gelassenheit zeigen, die man im Raum der Kirche erfahren hat. Andere nennen es: Gott in allen Dingen erleben.

LEHR: Es könnte noch viel dazu gesagt werden. Zu unserer Realität, zu unserem Alltag, gehört jetzt freilich die abgelaufene Zeit. Darum laßt uns noch die Literaturempfehlungen untereinander austauschen. Ja? (alle nicken).

Dann fange ich gleich damit an.

(überreicht seine Liste, wie es später auch die anderen tun)

LEHR empfiehlt:
Sai Baba, Einheit ist Göttlichkeit, Bonn 1986
Bô Yin Râ, Das Gebet, Bern 1955
Hetty Draayer, Finde dich selbst durch Meditation, München 1984
–, Zu neuen Räumen des Bewußtseins, München 1989
Bede Griffiths, Die neue Wirklichkeit, Grafing 1990
Lex Hixon, Eins mit Gott. Mystik jenseits von Religion und Zeit, München 1992
Willigis Jäger, Suche nach dem Sinn des Lebens, Petersberg 1992
Wolfgang Kopp, Befreit Euch von allem, Interlaken 1991
Willi Massa (Hg.), Der Weg des Schweigens, Kevelaer 1974
Z'ev ben Shimon Halevi, Lebendige Kabbalah, München 1984

FORSCH empfiehlt:
John Blofeld, Der Taoismus oder die Suche nach der Unsterblichkeit, Köln 1986
René Bütler, Die Mystik der Welt, Bern 1992
Daskalos, Esoterische Lehren, München 1991
Frithjof Schuon, Von der inneren Einheit der Religionen, Interlaken 1981
Friedrich Heiler, Das Gebet, München 1918, [5]1923
–, Erscheinungsformen und Wesen der Religion, Stuttgart 1961, [2]1979
Anton Kielce, Sufismus, München 1985
John C. Lilly, Simulationen von Gott, Basel 1986
Thomas Merton, Weisheit der Stille, Bern 1975
Georg Schmid, Die Mystik der Weltreligionen. Eine Einführung, Stuttgart 1990
Ken Wilber, Halbzeit der Evolution, Bern 1984
–, Das Spektrum des Bewußtseins, Bern 1987
–, Das Atman-Projekt. Der Mensch in transpersonaler Sicht, Paderborn 1990
–, Die drei Augen der Erkenntnis, München 1988
–, Mut und Gnade, Bern/München 1992

SCHÜL empfiehlt:

Bartholomew's Lachende Weisheit 2 Bde., Ch. Falk-Verlag 1989, 1990
Bede Griffiths, Hochzeit von Ost und West, Salzburg 1983
Hubertus Halbfas, Der Sprung in den Brunnen. Eine Gebetsschule, Düsseldorf 1981
Willigis Jäger, Kontemplation. Gottesbegegnung heute, Salzburg 1982
Emmanuel Jungclaussen (Hg.), Aufrichtige Erzählungen eines russischen Pilgers, Freiburg 1974
Wellesley Tudor-Pole, Der stille Weg, Zürich 1968
Friedrich Weinreb, Frömmigkeit heute, Weiler 1986
Ken Wilber, Wege zum Selbst, München 1984.

LEHR: Nun bleibt mir noch, euch beiden herzlich zu danken. (nickt allen freundlich zu) Danke allerseits. Ich bin sehr zufrieden mit unseren Gesprächen. Vielleicht ist es wirklich ein Beitrag dazu, daß man deutlicher erkennt, wie alle Religionen in sich – bei unterschiedlichen Bildern und Vorstellungen – doch strukturell dieselben Wegschritte kennen. Letztlich führen sie alle zur Erfahrung derselben Einen Wirklichkeit, die immer da ist und niemals fern – falls wir sie nicht selber in die Ferne rükken. Immer da und präsent. So sage ich nur noch: Jede Blume, jeder Baum, jeder Hund, aber auch jede leere Seite am Ende eines Buches kann sie uns zeigen. Bleiben wir also dabei. Danke euch beiden für diese Gespräche!

Erwache !

Erwache aus dem dumpfen Schlaf der Trägheit!
Erwache aus dem dumpfen Schlaf der Dunkelheit!
Erwache aus dem dumpfen Schlaf der Täuschung!

Erhebe dich, Kind des Lichtes!
Erhebe dich, du unsterbliche Seele!
Erhebe dich, du göttlicher Keim in allen Dingen!

Zerreiße die Fesseln der Wünsche!
Zerreiße die Bande der Ängste!
Zerreiße die Schleier der Unwissenheit!

Erwecke die leuchtende Flamme der Gottesliebe!
Erwecke die leuchtende Flamme von grenzenlosem Mitleid!
Erwecke die leuchtende Flamme von weltweitem Frieden!

Erkenne, meine Seele, daß es nur das Eine gibt!
Erkenne, meine Seele, daß du ein Teil des Einen bist!
Erkenne, meine Seele, daß du das Eine bist!

Du bist frei von Gedanken.
Du bist frei von Wünschen.
Du bist frei von Täuschungen und Illusionen.

Du bist unendlicher, grenzenloser Friede.
Du bist unendliches Meer und Licht.
Du bist eins mit allen Wesen.
Du bist unendliches Sein, allumfassendes Bewußtsein,
grenzenlose, göttliche Glückseligkeit.

[Verf. unbekannt, vermittelt
durch Gerrie van den Goor]

Mystikerstimmen

aus

Ost und West

Aus den Upanishaden

Aus der Brihad – Aranyaka – Upanishad[1]

Am Anfang war hier nur das Selbst; es war wie ein Mensch. Es blickte um sich und sah nichts anderes als sich selber. ‚Das bin ich', war sein erstes Wort. Daher erhielt es den Namen ‚Ich'. –

Es fürchtete sich. Darum fürchtet sich einer, der allein ist. Er überlegte: ‚Wenn es nichts anderes gibt als mich, vor wem fürchte ich mich denn da?' Da wich seine Frucht; denn vor wem hätte es sich fürchten sollen? –

Da fragte ihn Kahoda, der Sproß des Kaushitaka: ‚Yajnavalkya', sprach er, ‚das Brahman, das vor Augen liegt, das sich unseren Augen nicht entzieht, das Selbst, das allem innewohnt, erkläre (es) mir.' „Es ist dein Selbst, das allem innewohnt." ‚Was für eins ist das, Yajanvalkya, das allem innewohnt?' „Das, was jenseits von Hunger und Durst, von Kummer, Irrtum, Alter und Tod steht, darin sehen die Brahmanen das Selbst, lassen ab von dem Wunsch nach Kindern, lassen ab von dem Wunsch nach Besitz, von dem Wunsch nach der Welt und ziehen als Bettler hinaus. Denn der Wunsch nach Söhnen ist ein Wunsch nach Besitz, der Wunsch nach Besitz ist ein Wunsch nach der Welt. Wunsch ist beides. Darum soll ein Gelehrter, der Gelehrsamkeit überdrüssig geworden, in Einfalt verharren. Der Einfalt wie der Gelehrsamkeit überdrüssig geworden, wird er ein schweigender Asket. Des Nichtschweigens wie den Schweigens überdrüssig geworden, wird er ein echter Brahman. Auf welche Weise ist er ein Brahman? So wie er ist, dadurch ist er ein solcher. Alles andere ist leidvoll." Darauf schwieg Kahoda, der Sproß des Kausshitaka.

Aus der Katha-Upanishad[1a]

Atman, kleiner als der Kleinste, größer als das Größte, ist im Herzen aller lebenden Kreaturen verborgen. Ein Mensch, der frei von Wünschen ist, erkennt die Majestät des Selbst durch die Ausgeglichenheit von Sinnen und Denken und wird frei von Leid (68).

Was hier ist, ist auch dort, und was dort ist, ist auch hier. Wer darin einen Unterschied sieht, geht von Tod zu Tod (110).

Nur durch ein geläutertes Denken wird Brahman erkannt; dann sieht man in Ihm keine Vielheit mehr. Von Tod zu Tod geht der, der in Ihm Vielheit sieht (111).

Wenn alle Wünsche, die im Herzen wohnen, abfallen, dann wird der Sterbliche unsterblich und erlangt hier Brahman (151).

---

[1] Aus: Upanishaden, Die Geheimlehre der Inder, übertragen und eingeleitet von A. Hillebrandt, Köln 1983, 53 und 57 f.
[1a] Aus: Von der Unsterblichkeit des Selbst. Die Katha-Upanishad, Bern, München, Wien 1989, Seitenangaben in Klammern.

Aus den verborgenen[2] Evangelien

Aus dem Evangelium der Wahrheit

Denn wer existiert in Wirklichkeit? Doch nur der Vater allein. Alle Räume der Welten sind von ihm ausgegangen. Sie erkannten, daß sie aus ihm hervorgekommen waren wie Kinder aus einem vollkommenen Menschen (48).

Das ist das Höchste für den Menschen: zu sich zu kommen und aufzuwachen (51).

Aus dem Evanglium nach Thomas

Jesus sprach: Selig seid ihr Einsamen und Auserwählten, denn ihr werdet das Reich finden, weil ihr daraus stammt und wieder dorthin geht (205).

Jesus sprach: Wenn man euch fragt: Woher seid ihr gekommen? antwortet: Wir sind aus dem Lichte gekommen, von dort, wo das Licht durch sich selbst entstanden ist. Es war unvergänglich, und es trat in ihrem Bilde in Erscheinung. Und wenn man zu euch sagt: Wer seid ihr?, sagt: Wir sind seine Söhne und wir sind die Auserwählten des Vaters. Wenn man euch fragt: Was ist das Zeichen eures Vaters an euch? so antwortet: Bewegung ist es und Ruhe [Unbeweglichkeit] (ebd.).

Jesus sprach: Achtet auf den Lebendigen, solange ihr lebt, damit es euch nicht geschieht, daß ihr sterb und ihn zu sehen verlangt, ihn aber nicht mehr sehen könnt (207).

Jesus sprach: Zwei werden sich auf einem Bett ausruhen, der eine wird sterben, der andere leben. Das sagte Salome: Wer bist du, Mensch, wessen Sohn bist du? Saßest du nicht eben neben mir und aßest von meinem Tisch? Jesus antwortete: Ich bin der, der aus dem mir Gleichen ist. Mir ist von dem gegeben worden, was meines Vaters ist. Darauf Salome: Ich bin deine Jüngerin. Jesus entgegnete ihr: Deshalb sage ich dir: Wer leer ist, wird sich mit Licht füllen. Wer aber geteilt ist (in die Vielheit), wird sich mit Finsternis füllen (207 f.)

Jesus sprach: Ich bin das Licht, das über ihnen allen ist. Ich bin das All. Das All ist aus mir hervorgegangen und das All ist zu mir zurückgelangt. Spaltet ein Stück Holz, und ich bin da. Hebt einen Stein auf, und ihr findet mich dort (212).

Jesus sprach: Das Reich des Vater ist schon über der Erde ausgebreitet, nur die Menschen sehen es nicht (219).

---

[2]) Aus: Apokryphe Evangelien aus Nag Hammadi, hgg. von Konrad Dietzfelbinger, Andechs 1988, Seitenangaben in Klammernü, unter Zuhilfenahme der Übersetzung von Ernst Haenchen.

Herz Sutra

Sutra von der vollkommenen Weisheit des Herzens[3]

In tiefster geistiger Versunkenheit
erkannte Bodhisattva Avalokitesvara[4],
daß alle fünf Skandas[5] leer sind,
und überwand so alles Leiden.

O Shariputra[6], Form ist nichts anderes als Leere,
Leere nichts anderes als Form.
Form ist wirklich Leere
und Leere wirklich Form.

Das Gleiche gilt für Empfinden und Wahrnehmen,
Wollen und unterscheidendes Denken.
O Shariputra, alles Seiende ist in seinem Wesen leer.
In ihm gibt es weder Entstehen noch Vergehen,
weder Reinheit noch Beschmutzung,
weder Zunehmen noch Abnehmen.

Daher gibt es in der Leere keine Form,
weder Empfinden noch Wahrnehmen,
weder Wollen noch unterscheidendes Denken,
weder Auge noch Ohr, weder Nase oder Zunge noch Körper,
weder Farben noch Töne, Düfte oder Geschmack,
nichts zu tasten und nichts zu denken,
weder Bereiche des Sehens noch des Denkens,
weder Illusion und Unwissenheit
noch ein Ende von Unwissenheit.

Und so gibt es weder Alter noch Tod,
noch ein Ende von Altern und Sterben,
weder Leiden noch Ursachen für Leiden,
kein Anhäufen und Vernichten und keinen Weg,
weder Erkennen noch Erreichen,
weil es nichts zu erkennen oder zu erreichen gibt.

Aus dieser Weisheit lebt ein Bodhisattva
ohne Hindernis im Geist,
daher kennt er weder Furcht noch Angst.

---

[3] Aus dem Japanischen: Maka Hanya Haramita Shin Gyo; nach Vorlagen überarbeitet.
[4] Bodhissattva des großen Erbarmens, oft mit elf Gesichtern und tausend Armen abgebildet.
[5] Die fünf Daseinsbereiche: Körperlichkeit, Empfindungen, Wahrnehmungen, psychische Kräfte, Bewußtseinsinhalte.
[6] Einer der zehn ersten Hauptschüler Buddhas.

Jenseits aller Illusionen ist endlich Nirvana.
Alle Buddhas der Vergangenheit, Gegenwart und Zukunft
leben aus dieser transzendenten Weisheit
und erreichen so die höchste Erleuchtung,
ganz vollkommen und unübertreffbar.

Wisse daher, daß diese transzendente Weisheit
das große, heilige Sutra ist,
das große, strahlende Sutra,
das unübertroffene, unvergleichliche Sutra,
das alles Leiden vollständig auslöscht.

Das ist die Wahrheit und keine Täuschung.
Das ist das Sutra der ewigen Weisheit. Es lautet:
Gate[7] Gate, Paragate, Parasamgate, Bodhi Swaha.
Laßt uns von hier aus weitergehen,
alle gemeinsam, immer weiter,
laßt uns aus dieser Weisheit leben.

Nagarjunas[8] acht Verneinungen

Es gibt keine Geburt,
noch gibt es Tod.
Es gibt keinen Anfang,
noch gibt es Ende.
Nichts ist sich selbst gleich,
noch ist irgend etwas voneinander verschieden.
Nichts tritt ins Dasein ein,
noch tritt etwas aus dem Dasein heraus.

---

[7]) Sinngemäß etwa: Gegangen, gegangen, hinübergegangen ans andere Ufer, vollkommen erwacht, o welche Freude!

[8]) Nagarjuna gilt als der 14. indische Zen-Patriarch, lebte im 2./3. Jahrhundert, und verfaßte die Madhyamaka-Karika (Verse über den mittleren Weg), zitiert nach D. T. Suzuki, Der westliche und der östliche Weg, Frankfurt 1957, 94.

Gesang an Gott

von
Gregor von Nazianz[9], † 390

O Jenseits-aller-Erscheinung!
Wie anders kann ich Dich nennen:
Wie soll Dich preisen ein Wort,
da Du jedem Worte unsagbar?

Unbenannt Du allein:
Denn Du schufest alle Benennung.
Wie soll Dich schauen ein Sinn,
da Du jedem Sinne unfaßbar?
Unerkannt Du allein:
Denn Du schufest alle Erkenntnis.
Alles Sinnbegabte und Sinnverlorene
ehrt Dich:

Denn die Wallungen aller,
die Wehen aller,
versammeln sich um Dich.
Das All betet Dich an.

Im Herzen Dein Inbild
stammelt das ganze All
Dir stumm eine schweigende Hymne.
Alles bleibt immer in Dir,
und von Dir wird alles vergöttlicht.

Du bist aller Wesen Ziel
und Eins und Alles und Keiner.
Du – weder Ein noch All:
All-Namiger wie Dich rufen?

O Einzig Unbenannter,
welcher Himmlische öffnet,
welcher Sinn über Wolken, die Rätsel?
Sei Du mir gnädig,
Jenseits-aller-Erscheinung!
Wie anders kann ich Dich nennen?

---

[9]) Aus: Religiöse Lyrik des Abendlandes, ausgew. v. Johannes von Guenther, Frankfurt 1958, 18.

Shinjin-mei

Gedicht über den wahren Glaubensgeist[10]
vom dritten Patriarchen Sozan (Seng-t'san), †606

Der höchste Weg ist gar nicht schwer.
Nur fern von wählerischer Wahl.
Jenseits von Liebe und Haß
ist alles hell und klar.
Doch schon die kleinste Unterscheidung
reißt eine Kluft wie zwischen Himmel und Erde.

Soll ES sich dir offenbaren,
laß weder Zuneigung noch Abneigung aufkommen.
Der Streit zwischen Zu- und Abneigung
ist eine verheerende Krankheit des Geistes.
Wer diese Wahrheit nicht versteht,
sucht vergeblich die Ruhe des Geistes.

Wie leerer Raum so vollkommen ist der WEG,
kennt weder Mangel noch Überfluß.
Nur durch unser Wählen und Verwerfen
geht das klare So-Sein verloren.
Jage nicht nach äußeren Erscheinungen,
verharre auch nicht in der Welt der Leere!

Bleibe gelassen im Einen,
und alle Wirrnis erlischt von selbst!
Auch wer sich anstrengt,
um den Geist zu beruhigen,
erreicht mit solchem Tun nur das Gegenteil.

Bist du verstrickt in den Zwiespalt,
wie willst du das Eine je erfahren?
Wer ins Eine nicht vordringt,
kann in keinem Bereich daheim sein.

Das Greifen nach den Erscheinungen
macht zunichte ihr Wesen.
Das Jagen nach der Leere
führt nur von ihr weg.

---

[10]) Eigene Textgestaltung nach den englischen und deutschen Übersetzungen aus dem Original von Paul Shepherd, Joan Rieck, Willigis Jäger. Zu einigen Stellen wurde die Übersetzung von Ursula Jarand, Seng-Ts'an, Die Meisselschrift vom Glauben an den Geist, Bern 1991, zu Rate gezogen.

Je mehr Gedanken und Worte,
desto weniger entsprechen sie der Wirklichkeit.
Sind alle Worte und Gedanken abgetrennt,
ist alles vom Einen durchdrungen.

Kehrst du zum Ursprung zurück,
erfaßt du den Quellgrund ganz.
Läufst du der Erscheinungswelt nach,
verfehlst du das Wesen.

Schon ein Augenblick innerer Erleuchtung
trägt hinaus über die scheinbare Leere.
Doch Wandeln in dieser Leere
wäre nichts als arge Täuschung.

Kein Grund, nach der Wahrheit zu fahnden.
Laß einfach ab von dem Jagen!
Im Zwiespalt verweile nicht
und verfolge nicht solche Wege!

Wo die kleinste Spur von richtig und falsch,
ist der Geist in Wirren verloren.

Zweiheit gibt es nur aufgrund des Einen.
Doch versteif' dich nicht auf das Eine.
Wird der eine Geist nicht aufgerührt,
sind ohne Fehl' die zehntausend Dinge.
Wo kein Fehl' ist, gibt's auch kein Einzelding.

Mit dem Objekt vergeht auch das Subjekt.
Genauso verlöscht mit dem Subjekt das Objekt.
Objekt ist Objekt nur wegen des Subjekts,
und Subjekt ist Subjekt nur wegen des Objekts.

Willst du beide Aspekte erkennen:
ursprünglich sind sie nichts als die Leere.
Die eine Leere ist gleichzeitig beides,
gleich gegenwartig in all' den zehntausend Dingen.
Unterscheidest du nicht zwischen grob und fein,
wie kann es noch einseitiges Urteil geben?

Der große Weg ist dem Wesen nach grenzenlos.
Nichts ist leicht und auch nichts schwierig.
Engherziges Denken führt leicht zu Besorgnis.
Je eiliger du voranwillst, um so länger brauchst du.

Wer an festen Meinungen haftet,
verliert das Maß und geht in die Irre.
Laß los! Und alles geschieht ganz natürlich.
In der Wesenswelt gibt es kein Kommen und Gehen.

Handele stets gemäß deinem Wesen,
und du stimmst mit dem WEG überein,
gehst ihn gelassen und frei von Sorge.
Gedanken lenken nur ab von der Wahrheit.

Ein dumpfer Geist jedoch bringt es auch nicht.
Verabscheust du etwas, verwirrt sich der Geist.
Was hilft es dir, für oder gegen etwas zu sein?

Vertraust du dem wahren WEG,
verabscheue auch nicht die Welt der Sinne.
Wahrlich, wer die Sinnenwelt nicht haßt,
ist eins mit der wahren Erleuchtung.

Der weise Mensch hat keinerlei Ziele.
Nur Unwissende lassen sich davon fesseln;
obgleich zwischen den Dingen kein Unterschied ist,
bleiben sie hängen an diesem und jenem.
Kannst du ermessen den gewaltigen Fehler?

Ruhe wie Unruhe kommen aus Illusionen,
Erleuchtung aber kennt weder Liebe nach Haß.
Alle Meinungen dualistischer Art
kommen aus falscher Ansicht,
aus Traum, Phantasie und dunklen Flecken.
Warum versuchst du, sie zu erfassen?

Gewinn und Verlust, richtig und falsch,
laß alles für immer verschwinden!
Sind die Augen immer hellwach,
hören Träume von selber auf.

Wenn der Geist nicht unterscheidet,
zeigen alle Dinge ihr reines Sosein.
Ein großes Geheimnis ist das Wesen des Soseins:
ohne karmische Bindung, absolut und unbewegt.

Sieht man alle Dinge von gleicher Art,
sind sie heimgekehrt zum natürlichen Sein:
Verschwunden sind Ursachenketten und Vergleiche unmöglich.

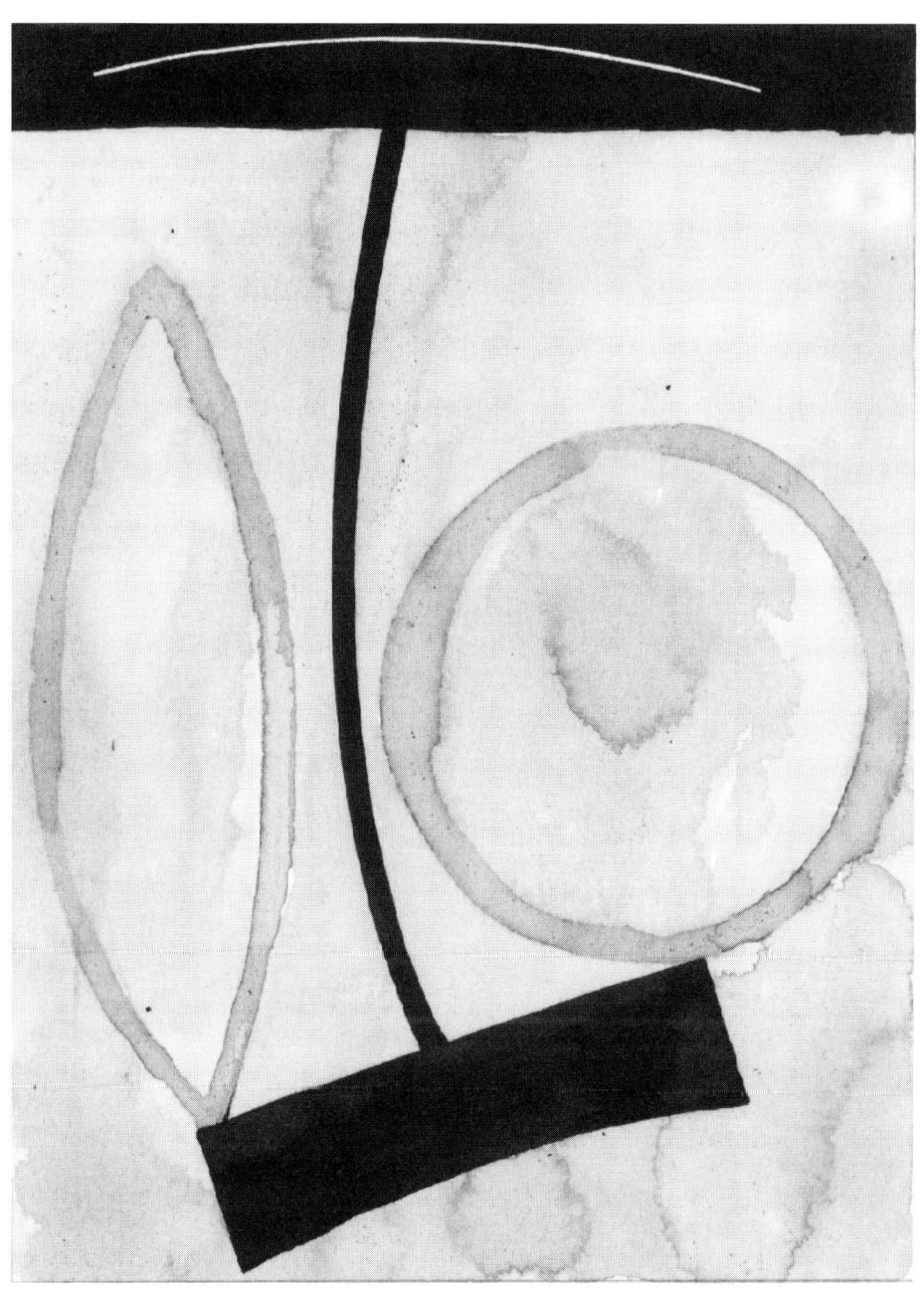

Das Sosein der Dinge – in Bewegung und Ruhe

Bewegst du dich nicht, hört auf die Bewegung.
Bringst du Ruhe in das Bewegte, gibt's doch keine Ruhe.
Gibt's in Wahrheit beides nicht, wie kann eines dann sein?

In der Wesenswelt gibt es keinerlei Regeln.
Ist der Geist in Einklang mit ihr,
ist er unparteiisch und hört auf mit Planen und Streben.
Sind Argwohn und Zweifel ausgeräumt,
ist der gereinigte Geist am Ziel.

Chôsetsu Shûsai[11]

Hell strahlendes Licht
erleuchtet still das unendliche Weltall.
Heilige, gewöhnliche Sterbliche und sonstige Lebewesen:
alle leben in ein- und demselben Haus.

Kommt kein Gedanke auf
ist vollständige Einheit ganz klar manifestiert.
Regen die sechs Sinne sich auch nur ein bißchen,
ist es von Wolken verhangen.

Will man verblendete Leidenschaften abschneiden,
verstärkt sich die Krankheit nur um so mehr.
Will man sich der absoluten Wirklichkeit nähern,
ist auch das verkehrt.

Folgt man treu dem Lauf der natürlichen Zusammenhänge,
gibt es kein Hindernis.
Nirvana, Leben und Tod
sind nichts als leere Blumen.

---

[11]) Aus: Kôun Yamada, Die torlose Schranke, Mumonkan, München 1989, 210.

Meister Eckart

ca. 1260–1328

Es ist Zeichen eines schwachen Herzens, wenn ein Mensch froh oder bekümmert wird um vergängliche Dinge dieser Welt[12]. *Im Einen findet man Gott, und Eins muß der werden, der Gott finden soll. ,Ein Mensch', spricht unser Herr, ,zog aus'. Im Unterschied findet man weder das Eine noch das Sein noch Gott noch Rast noch Seligkeit noch Genügen. Sei Eins, auf daß du Gott finden könntest! Und wahrlich, wärest du recht Eins, so bliebest du auch Eins im Unterschiedlichen (145).*

,Paulus stand auf von der Erde, und mit offenen Augen sah er nichts.' Ich kann nicht sehen, was Eins ist. Gott ist ein Nichts, und Gott ist ein etwas. Was etwas ist, das ist auch nichts. Was Gott ist, das ist er ganz (331).

Wer sagt, Gott sei hier oder dort, dem glaubet nicht (ebd.) Wenn die Seele in das Eine kommt und darin eintritt in eine lautere Verwerfung ihrer Selbst, so findet sie dort Gott als in einem Nichts. Es deuchte (einmal) einem Menschen wie in einem Traume – es war ein Wachtraum –, er würde schwanger vom Nichts wie eine Frau mit einem Kinde, und in diesem Nichts ward Gott geboren; der war die Frucht des Nichts. Gott ward geboren in dem Nichts (332).

Sollen wir Gott erkennen, so muß es unmittelbar geschehen, darf nichts Fremdes dabei miteinfallen. Erkennen wir Gott in jenem Lichte, so muß es gasnz eigenständig und in sich beschlossen sein, ohne jedes Einfallen irgendwelcher geschaffener Dinge. Dann erkennen wir das ewige Leben ganz unmittelbar (333).

Das Licht, das Gott ist, das hat keinerlei Beimischung; es fällt keinerlei Beimischung hinein. Es war ein Zeichen dafür, daß er das wahre Licht sah, das da nichts ist (ebd.).

Der ist ein armer Mensch, der nichts will und nichts weiß und nichts hat (303).

Als ich aus Gott ausfloß, da sprachen alle Dinge: Gott ist. Dies aber kann mich nicht selig machen. Denn hierbei erkenne ich mich als Kreatur. In dem Durchbrechen aber, wo ich ledig stehe meines eigenen Willens und des Willens Gottes und aller seiner Werke und Gottes selber, da bin ich über allen Kreaturen und bin weder ,Gott' noch Kreatur, bin vielmehr, was ich war und was ich bleiben werde jetzt und immerfort (308).

---

[12]) Aus: Meister Eckehart, Deutsche Predigten und Traktate, hgg. v. Josef Quint, München⁵1978, 137. Die folgenden Zitate ebenfalls aus dieser Ausgabe.

Johannes Tauler[13]
1300–1361

Ihr habt so viel äußeres Tun, bald so, bald so, immer mit euren Sinnen. Das ist nicht das Zeugnis, von dem es heißt: ‚Was wir sehen, das bezeugen wir‘. Dieses Zeugnis findet man im Grunde, abseits sinnlicher Bilder; in diesem Grund erzeugt der Vater des Himmels seinen eingeborenen Sohn, hunderttausendmal schneller als ein Augenblick nach unserer Fassungskraft... Wer das erfahren will, kehre sich ins Innere, weit über alle Tätigkeit seiner äußeren und inneren Kräfte und Bilder und über alles, was jemals von außen hineingetragen wurde, und versinke und verschmelze mit diesem Grunde (202).

Wenn du deinen äußeren Menschen besiegt hast, kehre in dein Inneres, geh in dich, und suche diesen Grund: du findest ihn nicht in den äußeren Dingen, in Anweisungen und Vorhaben. Dieser Grund ist eine einfache, verborgene Einsamkeit, über alles Wesen erhaben, und eine Finsternis (204).

Hier geschieht der größte Schaden dadurch, daß die Vernunft des Menschen sich einmengt, will wissen, worum es geht, und nicht zunichte werden. Ach, hüte dich davor! Wollt ihr immer dieses liebreiche Fest Gottes empfinden, bei dem man Gottes Gegenwärtigkeit fühlt und sie gewahr wird, so müßt ihr ihm einen lauteren, mit fremden Dingen nicht beschäftigten Seelengrund bieten: *so nur könnt ihr seines Wirkens in freudigem Genießen gewahr werden (87).*

Maria aber war in sich gekehrt: so soll auch jegliche Magd Gottes in sich gekehrt sein, weill sie die Gottesgeburt wirklich in sich erleben, nicht allein unter Verzicht auf zeitliche Zerstreuungen, die irgendwie schädlich erscheinen, sondern auch auf sinnliche Auffassung ihrer Tugendübungen; vielmehr soll sie Ruhe und Stille in ihrem Innersten herstellen und sich in sich verschließen, vor den Sinnen in dem Geist sich verbergen und einhüllen und dem Sinnlichen entschlüpfen und in sich eine Stätte der Stille, der innerlichen Rast bereiten... *Denn* soll Gott sprechen, so mußt du schweigen; soll Gott eingehen, so müssen alle Dinge ihm den Platz räumen... Denn das Vielerlei der Bilder, die dieses Wort (= Logos Christus) in dir bedecken und verhüllen, hindert diese Geburt in dir... *Du sollst dieses tiefe Schweigen oft und oft in dir haben, es in dir zu einer Gewohnheit werden lassen (19f.).*

Sein (sc. Christi) Ursprung und sein Ziel, seine Seligkeit und die unsere ist recht eine Seligkeit in ihm (Gott). Wir sind aus demselben Ursprung ausgeflossen, und mit allem, was wir sind, haben wir dasselbe Ziel und kehren zu demselben Ursprung zurück *(139). Zieht dich aber Christus selbst an, so* überlaß dich ihm ohne Formen und Bilder; laß ihn wirken, sei sein Werkzeug *(106)!*

---

[13]) Aus: Johannes Tauler, Predigten, 2 Bde., Johannes Verlag, Einsiedeln 1979. Seitenzahlen in Klammern; Hervorhebungen machen aufmerksam auf Parallelen mit anderen Religionen und die Praxis der Meditation.

*Ich aber sage dir eines: Kehre dich in Wahrheit von dir selber und allen geschaffe-
nen Dingen ab, und* richte deinen Geist gänzlich auf Gott *über alle Geschöpfe hinweg* in den tiefen Abgrund; *da versenke deinen Geist in Gottes Geist, in wahrer
Gelassenheit aller deiner oberen und niederen Kräfte, über alle Sinne und alles
Erkennen hinaus, in wahrer Vereinigung mit Gott,* innerlich in dem Grund. *So läßt
du alle Formen, alles Wort und jegliche Übung hinter dir... und wisse: so gering ein
kleiner unscheinbarer Heller gegen hunderttausend Mark Goldes ist, so gering ist
alles äußere Gebet gegen dieses, das* wahre Einigung mit Gott ist und heißt, ein Ver-
sinken des geschaffenen Geistes in den ungeschaffenen Geist Gottes und seine Verschmelzung mit ihm *(101).*

*In diesen... Jahren, in denen der Mensch zu seinem göttlichen Leben gelangt ist
und seine Natur überwunden hat, wird er* sich in sich selbst kehren, sich einsenken,
einschmelzen *in das reine göttliche, einfache innere Gut, wo* das edle Seelenfünk-
lein eine gleiche Rückkehr und gleiches Zurückfließen in seinen Ursprung hat, von
dem es ausgegangen ist. *Wo dieser Rückfluß auf rechte Weise geschieht, da wird alle
Schuld gänzlich getilgt... und aus dem Menschen wird ein göttlicher Mensch: und
solche sind die Säulen der Welt und der heiligen Kirche (136).*

Er (der Heilige Geist) wirkt zweierlei im Menschen. Das eine: er entleert ihn; *das
andere:* er füllt das Leere, soweit und soviel er es leer findet... *So muß der Mensch
sich fassen lassen, sich leeren und vorbereiten lassen.* Er muß alles lassen, dieses
Lassens selbst noch ledig werden und es lassen, es für nichts halten und in sein laute-
res Nichts sinken... Soviel du in Wahrheit geleert bist, ebensoviel empfängst du auch
(171).

*[In Drangsal:] Harre aus! Wahrlich wenn du dabeibleibst, so ist die Geburt (Got-
tes in dir) nahe und wird in dir vor sich gehen.* Und glaubet mir auf mein Wort, daß
keine Drangsal im Menschen entsteht, es sei denn Gott wolle eine neue Geburt in
ihm herbeiführen *(310).*

*Mag da kommen, was will, von außen oder von innen: laß alles ausschwären,
suche keinen Trost, dann wird Gott dich sicher erlösen; mache dich frei davon und
überlaß alles Gott (311).*

*Die Lehrmeister schreiben: Soll eine neue Form entstehen, so muß notwendiger-
weise die alte ganz zunichte werden... In gleicher Weise müssen – soll der Mensch
überformt werdem mit dem jenseits allen Seins liegenden Sein – all die Formen
zunichte werden, die er je im Bereich aller Kräfte empfing: Können, Wissen, Wollen, Wirksamkeit, Gegenstandsempfinden, Empfindlichkeit, Eigentümlichkeit.* Als
Sankt Paulus nichts sah, da sah er Gott... *Hier werden alle starken Felsen (der
Eigenliebe) zerbrochen; alles, worauf der Geist ausruhen könnte, muß entfernt
werden. Und sind all diese Formen verschwunden, so wird der Mensch in einem
Augenblick überformt (500).*

Die Weite, die sich in dem Grund da zeigt, besitzt weder die Form eines Bildes
noch einer Gestalt, noch sonst einer Art und Weise; es gibt kein Hier und kein Dort;

denn es ist ein unergründlicher Abgrund, der in sich selber schwebt, ohne Grund, *so wie die Wasser wogen und wallen; dann sinken sie in einen Abgrund, und es scheint, als sei gar kein Wasser da; kurz darauf rauscht es daher, als ob es alle ertränken wolle.* Es geht in einen Abgrund; darin ist Gottes Wohnung, viel eigentlicher als im Himmel oder in allen Geschöpfen. Wer dahinein gelangen könnte, der fände wahrlich Gott darin, und sich selbst fände er mit Gott vereint; *denn Gott würde sich nie mehr von ihm trennen; ihm wäre Gott ganz gegenwärtig; und die Ewigkeit wäre hier zu empfinden und zu verkosten; es gibt da weder ein Zuvor noch ein Nachher.* – In diesen Grund kann kein geschaffenes Licht hineinreichen oder hineinleuchten, denn hier ist allein Gottes Wohnung und Statt. *Diesen Abgrund können alle Geschöpfe nicht ausfüllen; sie können seinen Grund nicht erreichen; sie können ihm mit nichts Genüge tun noch ihn befriedigen; niemand kann das außer Gott allein in seiner Grenzenlosigkeit. Diesem Abgrund entspricht allein der göttliche Abgrund. ‚Abyssus abyssum invocat‘. Dieser Grund – wer darauf fleißig achtete – leuchtet in die Kräfte unter sich; er neigte und risse die oberen wie die niederen zu ihrem Beginn, ihrem Ursprung, wenn der Mensch nur darauf achtete und bei sich selber bliebe und auf die liebevolle Stimme hörte, die in der Einsamkeit, in diesem Grunde ruft und alles immer mehr da hineinführt. In dieser Wüstung herrscht eine solche Einsamkeit, daß ein Gedanke nie da hineinkommen kann. Wahrlich, nein! All die Gedan ken der Vernunft, die je ein Mensch über die heiligen Dreifaltigkeit gedacht hat – manche machen sich viel damit zu schaffen –, keiner kann je in diese Einsamkeit gelangen. Nein, ganz gewiß nicht. Denn* dies ist so innerlich, so weit, so weit drinnen: es hat weder Zeit noch Ort. Es ist einfach und ohne Unterschied, und wer auf rechter Weise da hineinkommt, dem ist, als ob er hier ewig gewesen sei und er eins mit Gott sei, obwohl das stets nur für Augenblicke gilt. *Aber diese kurzen Augenblicke werden empfunden und erscheinen wie eine Ewigkeit. Dies erleuchtet und bezeugt, daß der Mensch, ehe er geschaffen wurde, von aller Ewigkeit her in Gott war. Als er in ihm war, da war der Mensch Gott in Gott... Dasselbe, was der Mensch jetzt in seiner Geschaffenheit ist, war er von Anbeginn her in Gott in Ungeschaffenheit, mit ihm ein seiendes Sein. Und solange der Mensch nicht* zurückkehrt in diesen Zustand der Bildlosigkeit, mit dem er aus dem Ursprung herausfloß, aus der Ungeschaffenheit in die Geschaffenheit, wird er niemals wieder in Gott hineingelangen *(336/7)*.

Vertraue voll Ruhe, halte dich bei dir selber, wache über dich, und lauf nicht viel nach außen. Laß dein geschäftiges Herumlaufen (im Kloster), mische dich nicht in alles ein, bring nichts in Verwirrung: das überlaß deiner Tante; bleib du bei dir selber, achte auf den Herrn in deinem Grunde..., *damit dein Friede nicht gemindert werde. Denn wenn der Mensch in diesem Frieden weilt, kommen die Cherubim in ihrer Klarheit und erleuchten diesen Grund mit ihrem gottfarbenen Licht, gleichwie bei einem schnellen Blitz. Von diesem Blitz werden diese Menschen ganz durchleuchtet und ihr Grund von Licht durchstrahlt...* Diese Erleuchtung geschieht nur mit der Schnelligkeit eines Blitzes, je schneller, desto wahrer, edler und sicherer *(521).*

Laß niemals Schwermut über dich kommen, denn sie hindert dich an allem Guten. Wirst du dessen gewahr, daß Gott dich nach innen ziehen will, so laß alles Fallen, folge Gott einfach, laß alle deine bildhaften Vorstellungen fallen. Kommen dir irgendwelche Gedanken dazwischen, laß sie fallen, sollen es selbst göttliche Erleuchtungen sein. Maß dir nichts an durch deine Sinne; kommst du mit all dem nicht zum Ziel, leg es auf Gott: Er wird es gut machen... Dafür ist ein großer Vorteil, daß der äußere Mensch in Ruhe sei, daß er sitze und schweige und nichts Äußeres störe, auch an seinem Körper nicht (613).

Brief an einen jungen Freund[13]

Jesus sagte zu seinen Freunden: „Es ist gut für euch, daß ich fortgehe." ... Darum sage ich dir: Zu einem bestimmten Zeitpunkt ist es einfach notwendig, mit dem nachdenkenden Betrachten aufzuhören, um etwas von dieser tiefen geistlichen Erfahrung Gottes zu kosten...

Das heißt für dich: strebe immer und zu jeder Zeit die bildlose Schau deines nackten Seins an und bringe Gott unaufhörlich dein reines Sein als kostbares Geschenk dar. Nochmals erinnere ich dich: Sieh zu, daß alles wirklich bildlos ist, sonst ist es falsch... Selbstverständlich hat jeder einen einen natürlichen Hunger nach Wissen. Dennoch stimmt, Wissen, mag es noch so groß sein, führt niemanden zur geistigen Erfahrung Gottes. Dieses Erkennen ist reines Geschenk. Darum bitte ich dich: ziehe die Erfahrung dem Bescheidwissen vor. Der Stolz des Wissens kann dich blenden, doch diese zarte liebende Zuwendung wird dich nicht täuschen. Wissen bläht auf, Liebe dagegen baut auf. Wissen ist verbunden mit Mühe, Liebe aber mit Frieden und Ruhe.

Diese Versenkung ist anstrengend für dich, weil du noch nicht genügend geübt hast. Wärest du daran gewöhnt und hättest du ihren Wert erkannt, du tauschtest sie niemals gegen alle irdischen Freuden und alles Ausruhen in der Welt...

Halte durch, gelassen und voller Sehnsucht. Die Schau Gottes beginnt hier auf Erden und wird in alle Ewigkeit an kein Ende kommen.

---

[13]) Vom Autor der „Wolke des Nichtwissens" aus dem 14. Jhdt., deutsch von Willi Massa, Der Weg des Schweigens, Kevelaer ³1979, 110 ff."

Johannes vom Kreuz[14]

1542–1591

Wohl kenne ich den Quell, der rinnt und fließt,
wenn es auch Nacht ist.
Verborgen ist dem Blick die ew'ge Quelle,
doch weiß ich wohl zu finden ihre Stelle,
wenn es auch Nacht ist.

Ich weiß, nicht Ursprung hat sie je genommen,
doch aller Ursprung ist aus ihr gekommen,
wenn es auch Nacht ist.

Ich weiß, daß keine Schönheit ihrer gleiche,
sie tränkt die Erde und die Himmelreiche,
wenn es auch Nacht ist.

Ins Bodenlose, weiß ich, würde gleiten,
wer sie beträte, um sie zu durchschreiten,
wenn es auch Nacht ist.

Niemals ihre Klarheit sich verdunkelt,
und alles Licht weiß ich aus ihr entfunkelt,
wenn es auch Nacht ist.

Gewaltig weiß ich ihre Ströme eilen
durch Höllen, Himmel und wo Menschen weilen,
wenn es auch Nacht ist.

Den Wassern, die aus dieser Quelle steigen,
wohl weiß ich ihnen alle Macht zu eigen,
wenn es auch Nacht ist.

Den Strom, zu dem zwei Ströme sich verbinden,
weiß ich mit beiden nur zugleich zu finden,
wenn es auch Nacht ist.

Verborgen rinnt der Quell, auf daß wir leben,
in dem lebend'gen Brot, das uns gegeben,
wenn es auch Nacht ist.

Hier ruft er die Geschöpfe, daß sie kommen,
zu stillen sich, von Dunkelheit umschwommen,
weil's in der Nacht ist.

---

[14]) Aus: Erika Lorenz, Licht der Nacht, Freiburg 1990, 140 f. und 169 f.

Ersehnter Quell, dich such' ich nicht vergebens,
ich schaue dich in diesem Brot des Lebens,
auch wenn es Nacht ist.

In einer dunklen Nacht,
entflammt in Liebe, brennend von Verlangen –
o Glück, das selig macht! –
bin ich hinausgegangen,
von tiefem Frieden war mein Haus umfangen.

Von Dunkelheit bewacht,
konnt' zur geheimen Leiter ich gelangen –
o Glück, das selig macht! – im Dunkel und verhangen,
von tiefem Frieden war mein Haus umfangen.

O Nacht voll großem Glück,
ich ging verhüllt, daß niemand mich erkannte,
und blickte nicht zurück,
mich führte und mich bannte
allein das Licht, das mir im Herzen brannte.

Und dieses Licht mich brachte,
viel sich'rer, als das Licht der Mittagswende,
zu ihm, der mein gedachte
am Ort, den niemand fände,
daß ich mein Leben an das seine bände.

O Nacht, du hast geleitet
viel lieblicher, o Nacht, als Morgens Scheinen,
o Nacht, die mich bereitet
und wandelte zur Seinen,
um mich mit ihm, der mein ist, zu vereinen.

Ans Herz mir, das voll Blüten
nur ihm geweiht, das Haupt im Schlaf er legte:
wie sanft die Wangen glühten,
die zärtlich ich umhegte,
indes die Zeder ihre Fächer regte.

Als Hauch von hohen Zinnen
sein Haar berührt hat und gespreitet
mit sanfter Hand Beginnen,
die mir's am Hals gebreitet,
fühlt' ich erschauernd mich beraubt der Sinnen.

Mein Antlitz, selbstvergessen
auf den Geliebten fühlte ich sich senken,
ließ alles, ungemessen verging mit mir mein Denken,
und zwischen Lilien war nur noch Schenken.

Jakob Böhme

1575–1624

Denn nicht durch unsere scharfe Vernunft und Forschen erlangen wir den wahren Grund göttlicher Erkenntnis. Die Forschung muß von innen im Hunger der Seelen anfangen. Denn das Vernunftforschen gehet nur in sein Astrum [Gestirn] der äußeren Welt, daraus die Vernunft urständet. Aber die Seele forschet in ihrem Astro, als in der inneren geistlichen Welt, daraus die sichtbare Welt entstanden oder ausgeflossen ist, darinnen sie mit ihrem Grunde stehet[15].

Ich trage in meinem Wissen nicht erst Buchstaben zusammen aus Büchern, sondern ich habe den Buchstaben in mir. Liegen doch Himmel und Erden mit allem Wesen, dazu Gott selber, im Menschen. Soll er dann in dem Buche nicht dürfen lesen, das er selber ist? ... So ich mich selber lese, so lese ich in Gottes Buch. Und ihr, meine lieben Brüder, seid alle meine Buchstaben, die ich in mir lese. Denn mein Gemüt und Wille findet euch in mir. Ich wünsche von Herzen, daß ihr mich auch findet.

Wenn ich betrachte, was Gott ist, so sage ich: Er ist das Eine gegenüber der Natur, wie ein ewiges Nichts. Er hat weder Grund, Anfang noch Stätte und besitzt nichts als nur sich selber. Er ist der Wille des Urgrundes, er ist in sich selbere nur Eines. Er bedarf keinen Raum noch Ort. Er gebärt von Ewigkeit in Ewigkeit sich selber in sich. Er ist keinem Dinge gleich oder ähnlich und hat keinen sonderlichen Ort, da er wohne. Die ewige Weisheit oder Verstand ist seine Wohnung. Er ist der Wille der Weisheit. Die Weisheit ist seine Offenbarung[16].

Es ist nicht gemeint, daß einer soll aus dem Hause von Weib, Kind und Geschwister laufen und aus der Welt fliehen oder sein Gut also verlassen, daß er nicht darinnen sein wollte, sondern den eigenen Willen, welcher dieses alles für ein Eigentum besitzt, den muß er töten und zunichte machen.

Darum, du edler Mensch, laß dich ja den Antichrist und den Teufel nicht narren, der dir die Gottheit weit von dir zeigen will und dich in einen weit abgelegenen Himmel weiset. Es ist dir nichts näher als der Himmel... Denn in dir sind alle drei Principia mit der Ewigkeit und in dir wird erboren das heilige Paradeis, da Gott innen wohnet. Wo willst du doch Gott suchen? Suche ihn nur in deiner Seele. Die ist aus der ewigen Natur, darinnen die göttliche Geburt stehet[17].

Das Wesen aller Wesen ist nur ein einiges Wesen, scheidet sich aber in seiner Gebärung in zwei Principia, als in Licht und Finsternis, in Freud und Leid, in Böses und Gutes, in Liebe und Zorn, in Feuer und Licht, und aus diesen zweien ewigen Anfängen, in den dritten Anfang, als in die Kreation zu seinem eigenen Liebe-Spiel nach beider ewigen Begierde Eigenschaft.

---

[15]) Aus: Gerhard Wehr, Jakob Böhme – Der Geisteslehrer und Seelenführer, Freiburg 1979, 49; das folgende Zitat, ebd., 48.

[16]) Aus: Mysterium Magnun I,2 von Jakob Böhme, zitiert aus: G. Mensching, Das lebendige Wort, Wiesbaden o.J., 360 f.; der folgende Text ebd., 361.

[17]) Jakob Böhme, Die Morgenröte bricht an, hgg. von G. Wehr, Freiburg 1983, 54 f. Das folgende Zitat ebd., 57 f.

Angelus Silesius[18]

1624–1677

Gott wohnt in einem Licht,
zu dem die Bahn gebricht.
Wer es nicht selber wird,
der sieht ihn ewig nicht.

Wenn ich in Gott vergeh,
so komm ich wieder hin,
wo ich in Ewigkeit
vor mir gewesen bin.

Die Schrift ist Schrift, sonst nichts.
Mein Trost ist Wesenheit,
und daß Gott in mir spricht
das Wort der Ewigkeit.

Halt an, wo läufst du hin?
Der Himmel ist in dir.
Suchst du Gott anderswo,
du fehlst ihn für und für.

Die Menschen plappern viel.
Wer geistlich weiß zu beten,
der kann mit A und O getrost
vor Gott hin treten.

Gleich wie die Einheit ist
in einer jeden Zahl,
so ist auch Gott, der Ein'
in Dingen überall.

Man kann den höchsten Gott
mit allen Namen nennen.
Man kann ihm wiederum
nicht einen zuerkennen.

Gott ist ein lauter Nichts,
ihn rührt kein Nun noch Hier.
Je mehr du nach ihm greifst,
je mehr entwird er dir.

---

[18]) Aus: Der cherubinische Wandersmann.

Hakuin Zazen Wasan
Lobgesang auf das Zazen

von
Hakuin[19] Zenji
1686–1769

Alles Seiende ist seinem Wesen nach Buddha
wie Eis seinem Wesen nach Wasser ist.
Ohne Wasser gibt es kein Eis.
Getrennt vom Seienden gibt es nicht Buddha.

Wie traurig, daß die Menschen das Nahe nicht sehen
und die Wahrheit in der Ferne vermuten –
wie jemand, der mitten im Wasser aufschreit vor Durst,
wie ein Kind wohlhabender Eltern,
das umherirrt unter den Armen.

Verloren auf törichten Wegen
wandern wir durch die sechs Welten –
von Weg zu Weg nur immer im Dunklen:
wann werden wir frei von Geburt und Tod?

O, das Zazen des Mahayana! Ihm sei höchstes Lob!
Verehrung, Reue und Schulung
und all' die vielen Paramitas:
im Zazen haben sie alle ihren Ursprung.

Auch wenn wir nur einmal Zazen richtig üben,
werden wir frei von den Sünden seit Anfang.
Wo sind dann all' die trüben Wege?
Das Reine Land selber ist dann so nah.

Wer immer diese Wahrheit nur einmal recht hört
und sein Herz dankbar ihr öffnet,
sie hochschätzt und redlich verehrt,
dem kommen Segnungen zu ohne Ende.

Noch mehr all' denen, die umkehr'n
und Zeugnis geben vom Wahren Selbst,
dem wahren Wesen, das Kein-Wesen ist:
den Buchstaben der Lehre überschreiten sie weit.

---

[19]) Deutsche Übertragung von Freunden, überarbeitet.

Wirkung und Ursache fallen hier ganz ineins,
der gerade Weg ist weder zwei noch drei.
Deine Form wird zur Nicht-Form-Form,
dein Gehen und Kommen geschieht nirgendwoanders
als dort, wo eben du bist.
dein Denken wird zum Nicht-Denkens-Denken,
dein Singen und Tanzen wird Ausdruck des Höchsten.

Wie grenzenlos frei ist der Himmel der Versenkung!
Wie leuchtend der Vollmond der vierfachen Weisheit!
Wahrhaftig – herrscht jetzt noch irgendein Mangel?
Nirvana ist hier – direkt dir vor Augen.
Der Platz, wo du stehst, ist das Lotus-Land:
dieser Leib der Körper des Buddha.

Gerhard Tersteegen[20]

1697–1769

Meine Person und Verhalten anlangend, so hange ich keiner Religionspartei sektiererischerweise an, habe mich aber auch von keiner Partei förmlich separiert, bin auch nicht Sinnes, solches zu tun... Gleichwie unter allerlei Volk, wer Gott fürchtet und Recht tut, demselben angenehm ist, so ist er auch mir angenehm, er habe sonst dieses oder ein anderes Religionsröcklein an; und so gehe ich wirklich mit allerhand Religionsverwandten um, ich rede zu ihnen öffentlich und sonderlich von der Gnade Gottes in Christo, von der Verleugnung, vom Gebet, von der Liebe zu Gott und lasse ihnen dabei das ganze Gebäude ihrer besonderen Kirchenverfassung und Meinungen unangetastet stehen, so lange es Gott stehen läßt (381 f.).

Denket nicht voraus und sehet nicht zurück; beides bringt Unruhe und ist eurem jetzigen Stande zuwider. Der gegenwärtige Augenblick muß eure Wohnung werden; darin findet man allein Gott und seinen Willen (386).

Man muß nicht zu lange mit dem Kopf beschäftigt bleiben, sondern sobald wie möglich sich wieder ins Herz senken. Wandeln also dergestalt recht nahe bei unserem Herzen. Vom Kopf ins Herz hinein ... denn nicht im Kopf, sondern im Herzen entdeckt sich der reine und wahre Verstand, um Gott und göttliche Dinge zu erkennen; daselbst ist das Auge des Verstandes, das uns von Gott geöffnet werden muß (395).

In uns sind ganze Welten zu finden; in unserem Grund ist das Geheimnis der Bosheit und das Geheimnis der Gottseligkeit, die Tiefen des Satans und die Tiefen der Gottheit zu entdecken durch den Geist... Alles außer uns ist und muß uns ein Spiegel sein von dem, was innerlich zu finden ist... So will und muß auch Christus wirklich und in der Tat in unserem Herzen geboren werden (402).

Die Luft, worin wir leben, ist uns nahe; die Luft ist in uns, und wir sind in der Luft; Gott ist uns unendlich näher, wir leben und schweben in Gott; wir essen, trinken, arbeiten in Gott; wir denken in Gott; und wer Sünde tut – erschrick nicht, daß ich so rede – der sündigt in Gott... Gott ist uns viel inniger als das Allerinnigste in uns; da ruft er uns; da wartet er auf uns; da will er sich uns mitteilen und uns also selig machen (405).

In uns sind ganze Welten zu finden; in unserem Grunde ist das Geheimnis der Bosheit und das Geheimnis der Gottseligkeit, die Tiefen des Satans und die Tiefen der Gottheit zu entdecken durch den Geist... Alles außer uns ist und muß uns ein Spiegel sein von dem, was innerlich zu finden ist... So will und muß auch Christus wirklich und in der Tat in unserem Herzen geboren werden (402).

Ein Mystiker wird nicht so leicht ein Separatist, er hat wichtigere Sachen zu tun (381).

---

[20]) Aus: Walter Nigg, Große Heilige, Zürich [5]1955, Seitenzahlen in Klammern.

Paramahansa Yogananda

1893–1952

Oden[21]
an die Manifestationen Gottes
im Tempel großer Leben

O Licht meines Lebens! Du hast den Weg meiner Seele mit dem Glanz der Weisheit erhellt. Von den leuchtenden Pfeilen Deiner Hilfe getroffen, entfloh das jahrhundertealte Dunkel. Wie ein eigensinniges Kind rief ich nach meiner Göttlichen Mutter, bis sie in Deiner Gestalt, als Swami Sri Yukteswar, zu mir kam. Bei dieser Begegnung, o mein Guru, sprach ein heiliger Funke von Dir auf mich über, und der Reisig meiner göttlichen Sehnsucht, seit Inkarnationen von mir gesammelt, fing Feuer und flammte als Glückseligkeit auf. In dieser freudigen Glut schmolzen all meine Fragen dahin.

O Christus, geliebter Sohn Gottes! Dein Boot trieb auf den stürmischen See engstirniger Gesinnungen einher, und die Wellen ihrer grausamen Gedanken schlugen an Dein empfindsames Herz. Deine Prüfung am Kreuz war ein glorreicher Sieg der Demut über die Gewalt, der Seele über das Fleisch. Möge Dein unvergeßliches Beispiel uns ermutigen, tapfer unsere kleineren Kreuze zu tragen.

O Krishna, Herr von Hindustan, traurig saß ich am einsamen Ufer der Dschamma, wo Du in alter Zeit Deine Flöte erklingen ließest, um Deine verirrten Kälbchen zurückzurufen. O Lotos der Liebe, als ich traurig, wie fern Deine Augen sind, die alle Täuschung vertreiben, nahm Dein unsichtbarer GEIST Gestalt vor mir an – durch die unwiderstehliche Kraft meiner Liebe herbeigezogen.

O Schankaratscharya[22], leuchtender Stern am Himmel der Weisheit! Viele Menschen, die blindgläubig am religiösen Formalismus hingen, lernten durch Dich den höchsten Weg der Befreiung kennen: die Erforschung der Seele. O unvergleichlicher Lehrer des Adwaita[23], wir bringen Dir unsere Huldigung dar! Vor dem Löwenruf Deiner Selbstverwirklichung ergreifen die Schäfchen unserer menschlichen Schwächen die Flucht. Deine Siegeslieder „Ich bin Er“ und „Du bist DAS“ erinnern uns an Christi Worte: „Ich und der Vater sind eins“ und rütteln uns aus dem Stumpfsinn des Materialismus auf. O größter der Swamis! Du lehrst uns, hinter den flüchtigen, vergänglichen Wellen sterblicher Körper das eine, ewige Meer des GEISTES zu sehen.

---

[21] Aus: Paramahansa Yogananda, Flüstern aus der Ewigkeit, Perlinger-Verlag, o.J. und Ort, 103–115, gekürzt. Bezeichnenderweise ist das Büchlein gewidmet „Allen Christen, Mohammedanern, Buddhisten, Juden, Hindus und Angehörigen anderer Religionen, in denen das Eine Kosmische Herz schlägt, sowie den vielfarbigen Lampen verschiedener Wahrheitslehren, die vom hellen Feuer Gottes erleuchtet werden, sowie allen Kirchen, Moscheen, Viharas, Synagogen, Pagoden und Tempeln der Welt, in denen der Eine Vater unparteiisch in all Seiner Herrlichkeit thront."
[22]) Gemeint ist Schankara, der Erneuerer des Swami-Ordens.
[23]) Gemeint ist: Nicht-Zweiheit, Einheit mit Gott.

O Moses – Vorbild eines Propheten! Du führst die Ermatteten aus der Wüste des Leidens in das gelobte Land, „wo Milch und Honig fließt". Dein Leben flüstert den Menschen zu, wie sie ihr Herz entflammen und im Schein dieser transzendenten Glut den unsterblichen Bewohner im eigenen Inneren schauen können. Der Herr, Dein Gott, redete zu Dir aus dem „brennenden Busch, der nicht verzehrt ward", und auf dem heiligen Berg Sinai sprach Er: „Du bist Mein Werkzeug'. Zehn Meiner heiligen Engel haben dich zur Erde geleitet. Sie werden durch die Posaune aller Zeitalter schweigend die unsterblichen Gebote Meiner Zehn Gebote verkünden."

O Mohammed, gottbegeisterter Prophet! Dein Leuchtturm des Koran lenkt alle gefährdeten Seelenschifflein am todbringenden Riff der Süne vorbei in die Sicherheit des himmlischen Hafens. Deine Krieger singen geistige Siegeslieder, während sie vorwärtsstürmen, um die Edeldame des Wissens ritterlich vom Tyrannen der Unwissenheit zu befreien. Du warnst Deine Herde vor der lockenden Fata Morgana in der Wüste der Sinnenfreuden und führst sie auf das fruchtbare Weideland innerer Freude.

O Buddha, wie ein im Gestein schimmerndes Erz die düstere Felsenschlucht erhellt, so erleuchtet Deine Botschaft der Barmherzigkeit die grausame Welt. O mitfühlendes Herz! Du warst einst bereit, Deinen eigenen Körper hinzugeben, um ein Lamm vor dem Opfertod zu bewahren. Hochfliegender Geist an Hinnel der Entsagung! Deine zu Gott erhobenen Augen nahmen des Reich des menschlichen Ichs nicht mehr wahr. Du entsagtest auf immer den blumigen Wiesen der Sinnenfreuden, den rauschenden Strömen der Habgier, den stachlichen Kakteen selbstsüchtiger Sorgen, den stolzen Bäumen weltlichen Ehrgeizes und der öden Wüste der Wünsche.

Noch immer ziehen Deine erhabenen Gedanken durch den Äther und suchen nach Seelen, die für die höchste Ekstase bereit sind. Du Inbegriff des Mitgefühls, Verkörperung der Barmherzigkeit!

O Gandhi! Dich nannte das Volk mit Recht „Mahatma", die „große Seele". Viele Kerker hast Du durch Deine Anwesenheit in Tempel verwandelt. Obgleich Deine Stimme zum Schweigen verurteilt wurde, schien sie an Kraft zu gewinnen und in aller Welt widerzuhallen; und Deine Siegesbotschaft des Satygraha (Festhalten an der Wahrheit) rüttelte das Gewissen der Menschheit auf.

Eines Tages werden die Völker, die sich jetzt von politischer Selbstsucht, von Habgier, Betrug und Kriegsvorbereitungen irreführen lassen, offenen Herzens Deinen prophetischen Worten lauschen: „Gewaltlosigkeit ist bei den Menschen eingekehrt und wird weiterleben. Sie ist der Vorbote des Friedens in aller Welt."

Das Tauchen
nach der „köstlichen Perle"

O unergründliches Meer aller Schätze, laß mich tief in die Wasser der Meditation tauchen, damit ich dort die Perlen Deiner Weisheit finde.

Lehre mich, kopfüber und voller Vertrauen hineinzutauchen und den scharfen Dolch des Gewissens bei mir zu führen, der mich gegen die Haie der Leidenschaften schützt.

Auch wenn meine Suche lange erfolglos bleibt, will ich nie daran zweifeln, daß das unendliche Meer meines Inneren die ersehnten Schätze birgt; ich will erkennen, daß der Fehler an meinem Zweifeln und unmethodischen Tauchen liegt.

Ich will meine Suche mit heiliger Beharrlichkeit fortsetzen, bis Du mich in die geheimsten Tiefen meines Bewußtseins führst, wo ich die „köstliche Perle" finde.

Richtiges Denken

Du bist mein Vater, ich bin Dein Kind. Du bist GEIST, und ich bin Dir zum Bilde geschaffen. Du bist der Schöpfer und Eigentümer des Universums. Ich bin Dein Kind, ob gut oder böse, und habe als solches das Recht, über den Kosmos zu gebieten.

Treulos bin ich aus Deinem Haus kosmischer Fülle entlaufen. Hilf mir, von neuem zu erkennen, daß mein Geist eins mit Deinem GEIST ist. Erweitere mein Bewußtsein und laß mich wieder fühlen, daß ich Dir gleich bin.

Rette meinen Geist, der durch irrige Gedanken Schiffbruch erlitten hat und nun auf der winzigen Insel meines Bewußtseins gefangen liegt.

Durch deine Gnade werde ich mein wahres Wesen wiederentdecken und wissen, daß ich allgegenwärtiger GEIST bin und über die Welt der Materie herrsche.

Führe[24] mich auf die königliche Allee
der Selbstverwirklichung

Ob ich Christ, Jude, Hindu, Buddhist oder Mohammedaner bin – ob ich dieser oder jener Religion, Rasse oder Nationalität angehöre, spielt keine Rolle. Wichtig ist nur, daß ich den Weg zu Dir finde.

Laß mich nie im Labyrinth religiöser Riten umherirren. O Herr, lenke meine Schritte auf die königliche Allee der Selbst-Verwirklichung – auf die Straße, die unmittelbar zu Dir führt!

---

[24]) Ebd., 13, 23 f., 69.

Dag Hammerskjöld[25]

1905–1961

Der Weg der Einsicht geht nicht durch den Glauben. Erst durch die Einsicht, die wir gewinnen, wenn wir dem fliehenden Licht des Innersten folgen, vermögen wir zu erfassen, was Glaube ist. Wie viele wurden nicht durch das leere Gerede vom Glauben als einem Führ-wahr-halten in das Dunkel getrieben! (22)

Dämonen kommen ungeladen, wenn das Haus leer steht. Anderen Gästen mußt du schön die Tür öffnen (19).

,– bald naht die Nacht.' Laß mich vollbringen, was ich beginnen durfte. Laß mich alles geben, auch ohne die Gewißheit zu wachsen Der Solz des Bechers ist sein Getränk, seine Demut das Dienen. Was bedeuten da seine Mängel (55).

Du, der du uns frei geschaffen hast, der du alles siehst, was geschieht – und dennoch des Sieges gewiß bist,

Du, der du jetzt unter uns der bist, der die äußerste Einsamkeit leidet. Du, der du auch ich bist, dürfte ich deine Bürde tragen, wenn meine Stunde kommet, dürfte ich – (...)

Du, der über uns ist, Du, der einer von uns ist, Du, der ist –

auch in uns; daß alle dich sehen – auch in mir,

daß ich den Weg bereite für dich,

daß ich danke für alles, was mir widerfuhr.

Daß ich dabei nicht vergesse der anderen Not.

Behalte mich in deiner Liebe, so wie du willst, daß andere bleiben in der meinen. Möchte sich alles in diesem meinen Wesen zu deiner Ehre wenden und möchte ich nicht verzweifeln. Denn ich bin in deiner Hand, und alle Kraft und Güte sind in dir (57 f.).

Rumi: ,Wer Gott liebt, hat keine Religion außer Gott' (58).

Du bist nicht Öl noch Luft – nur der Verbrennungspunkt, der Brennpunkt, wo das Licht geboren wird. Du bist nur die Linse im Lichtstrom. Nur so kannst du das Licht entgegennehmen und geben und besitzen. Suchst du dich selbst ,in deinem eigenen Recht', so verhinderst du die Vereinigung von Luft und Öl in der Flamme, raubst der Linse ihre Durchsichtigkeit (85).

Einfachheit heißt, die Wirklichkeit nicht in Beziehung auf uns zu erleben, sondern in ihrer heiligen Unabhängigkeit. Einfachheit heißt sehen, urteilen und handeln von dem Punkt her, in welchem wir in uns selber ruhen. Wie vieles fällt da weg! Und wie fällt alles andere in die rechte Lage! Im Zentrum unseres Wesens ruhend, begegnen wir einer Welt, in der alles auf gleiche Art in sich ruht. Dadurch wird der Baum zu einem Mysterium, die Wolke zu einer Offenbarung und der Mensch zu einem Kosmos, dessen Reichtum wir nur in Bruchteilen erfassen. Für den Einfachen ist das Leben einfach, aber es öffnet ein Buch, in welchem wir nie über die ersten Buchstaben hinauskommen (93 f.).

---

[25] Aus: Dag Hammerskjöld, Zeichen am Weg, München 1965.

Gott stirbt nicht an dem Tag, an dem wir nicht länger an eine persönliche Gottheit glauben, aber wir sterben an dem Tag, an dem das Leben für uns nicht länger von dem stets wiedergeschenkten Glanz des Wunders durchstrahlt wird, von Lichtquellen jenseits aller Vernunft[26].

---

[26] Aus: Ruhbach/Sudbrack, Christliche Mystik, München 1989, 479.

Rose Ausländer[27]

1901–1988

In dir

Über Dir
Sonne Mond und Sterne

Hinter ihnen
unendliche Weiten

Hinter dem Himmel
unendliche Himmel

Über dir
was Augen sehen

In dir
alles Sichtbare und
das unendlich Unsichtbare
                    G 50

Mysterium

Die Seele der Dinge
läßt mich ahnen
die Eigenheiten
unendlicher Weiten

Beklommen
suche ich das Anlitz
eines jeden Dinges
und finde in jedem
in Mysterium

Geheimnisse reden zu mir
eine lebendige Sprache
Ich höre das Herz des Himmels
pochen
in meinem Herzen
                    G 107

Einen Augenblick

Laß es geschehen
Himmlischer
daß ich an deiner Herrlichkeit
teilhabe
einen Augenblick

Laß mich
ein winziges Sternchen sein
und die Erde schauen
in ihrer unvollkommenen
Vollkommenheit
einen Augenblick
            G 101

Auferstehung

Vor seiner Geburt
war Jesus
auferstanden

Sterben gilt
nicht
für Gott und
seine Kinder

Wir Auferstandene
vor unserer Geburt
                G 319

---

[27] Textauswahl von Gundula Meyer, aus: Rose Ausländer, Wieder ein Tag aus Glut und Wind, Gedichte 1980 – 1982, Frankfurt 1986 (= G m. Seitenzahl), und: dies., Der Traum hat offene Augen, Unveröffentlichte Gedichte, Frankfurt 1987 (= UG m. Seitenzahl)

Ins Nichts

Ich schreibe mich
ins Nichts
Es wird mich
ewig
aufbewahren
      G 148

Im All

Ich verliere mich
im Nichts
finde mich wieder
im All
Das Nichts
vernichtet mich

Auferstanden
im All
bin ich
ein Geschöpf
aus Worten
      UG 34

Gedächtnis

Steine
zählen deine Schritte
ihr Gedächtnis
ist dein Weg

Er geht
vom Quell
bis zum Gipfel
      UG 59

Der Weg

Schwerer
der Weg zum Ziel
das unerreichte

Schwerer
der Rückweg
ins ziellose
Hier
UG 27

Religion und religiöse Erfahrung

Zwei Vorträge

von

Willigis Jäger

Religion heute

Aus meinen unzähligen Gesprächen entnehme ich, daß viele von Ihnen nach Sinn und Wahrheit von Religion fragen. Nicht wenige sind an ihrem bisherigen Glaubensverständnis irre geworden. Ich möchte im folgenden ein paar Gedanken zum Thema Religion äußern.

Was ist Religion? Das Wort wird verschieden gebraucht. Theologen verstehen darunter etwas anderes als Sozialwissenschaftler, der gewöhnliche Mensch meint etwas anderes als der Mystiker. In diesen Ausführungen wird es in einem weiten Sinn gebraucht. Es beinhaltet die nichtrationalen Aspekte des Daseins, etwa Glaube, Gnade, Transzendenz, Mystik, Rituale, Sakramente und dergleichen, auch den Glauben an Götter und Dämonen, an beseelte Bäume und Berge.

1. Konfession und: Mystik, Esoterik, Transpersonale Erfahrung

Der Begriff Konfession wird gebraucht im Sinne von Bekenntnis zu einem bestimmten, festgeschriebenen Glauben, etwa dem christlichen, buddhistischen, hinduistischen oder moslemischen. Der Begriff Religion ist oft verbunden mit dem Anspruch auf Rechtgläubigkeit, vor allem in den theistischen Religionen. Sie erheben den Anspruch auf Gewißheit und Einzigartigkeit.

Konfessionen waren in der Geschichte immer schnell bereit, Andersdenkende zu exkommunizieren und auf dem Scheiterhaufen zu verbrennen. Die meisten Mystiker bekamen Schwierigkeiten mit der Institution. Sie mußten ihre Erfahrungen redogmatisieren, wenn sie überhaupt reden wollten. – Rudolf Ottos Meinung über die Theologen und Sophisten, die mystische Aussagen in die Hände bekommen, stimmt auch heute noch, wenn er meint, daß sie daraus häufig solche Undinge machen, daß aller Religion dabei der Atem ausgehen[1] muß.

Unter Mystik (Esoterik) oder Transpersonale Erfahrung fallen alle religiösen Wege, die Menschen in die Erfahrung des Numinosen führen, wie auch die Erfahrung des Numinosen selber. Oft benutze ich für Mystik das Wort Esoterik, weil es sich hier nicht um ein äußeres, exoterisches Annehmen von Wahrheiten handelt, sondern um innere, von außen nicht ersetzbare Erfahrung. Es ist die Erfahrung dessen also, was Bekenntnisse, Dogmen und Rituale nur verkünden. Normalerweise wird diese Ebene heute im Westen mit transpersonal umschrieben. Die Erfahrung wird auch Gipfelerlebnis genannt. Im Christentum heißt die höchste Stufe unio mystica oder Kontemplation, im Zen Satori oder Kensho, im Yoga Samadhi.

---

[1]) Vgl. R. Otto, Das Gefühl des Überweltlichen, München 1932, 217.

2. Reformation und Transformation einer Religion

Religionen sind, wie alles andere, Veränderungen unterworfen. Die Reformation (Translation) in einer Religion ist der Versuch, systeminterne Veränderungen vorzunehmen. Ken Wilber bringt den Vergleich vom Herumschieben von Möbelstücken auf dem gleichen Stockwerk (Translation).

Im Christentum setzte bis jetzt eine Erneuerung systemintern an. Schillebeeckx, Küng, Drewermann, Boff, Fox – um nur einige zu nennen – versuchen, das System als solches zu reformieren. Ihre Arbeit ist von größter Wichtigkeit, aber stabilisiert letztlich das alte System. Weil alle diese Versuche systemintern bleiben, können sie von der Institution leicht durch Exkommunikation und Ausscheidung bekämpft werden. Es handelt sich dabei letztlich nur um eine Veränderung der Oberflächenstruktur (Translation), nicht der Tiefenstruktur (Transformation). Es geht nur um eine Reformation, aber keine Transformation. Eine solche Veränderung hat daher nur sekundäre Wirkung. Eine transformatorische Veränderung aber stellt eine Religion auf eine neue Ebene, fügt gleichsam ein neues Stockwerk hinzu. Glaubensvorstellungen bekommen eine ganz neue Grundlage und damit eine andere Aussage- und Überzeugungskraft.

Ein Satz aus dem neuen Buch von Hans Küng „Credo" macht das schlagartig klar. Er spricht von möglichen Weltmodellen und geht dabei auch auf verschiedene zeitgenössische Vorstellungen der Naturwissenschaft ein, bringt aber dann in einem Satz wieder das Postulat: „Der Mensch also ist das Ziel des Schöpfungsprozesses"[2].

Alle Religionen machten im Laufe der Geschichte auch tiefer greifende Wandlungen durch. So wandelte sich das magisch-religiöse Bewußtsein ins mythische, das mythische ins mentale, und es verwandelt sich heute vom mental-kognitiven ins mystisch-transpersonale. Eine solche Wandlung hat die Religion durchgemacht im Übergang von der mosaisch-jüdischen Religion zur christlichen Religion, also von der Gottesverehrung zur Erfahrung der Einheit mit Gott. Sowohl Halladsch, ein Sufimystiker, wie auch Jesus wurden umgebracht, weil man sie beschuldigte, sie würden sich zu Gott machen: „Weil du, der du doch ein Mensch bist, dich als Gott ausgibst" (Halladsch) und „Ich und der Vater sind eins" (Jesus). Transformatorische Wandlung wurde in der Geschichte oft als Krise empfunden. Unsere Zeit ist also keine Ausnahme.

Eine Religion gerät dann in eine Krise, wenn die vorherrschende Weltanschauung (oder Religion) durch die Anschauungen einer höheren Ebene in Frage gestellt wird. Die mystische Ebene stellt heute mehr denn je die auf kognitiven Erkenntnissen aufbauenden theistischen Religionen in Frage[3]. Die Unsterblichkeitsprojektion des Christentums kann viele Menschen nicht mehr überzeugen. Viele Christen stehen an der Schwelle einer transpersonalen Erfahrung. Sie ahnen, daß es eine Gewißheit gibt, die rein kognitive Glaubenswahrheiten übersteigt. Was uns daher heute nottut, ist eine Transformation des Christentums oder eine vertikale Entwicklung. Wir stehen vor einer vertikalen Veränderung in den theistischen Religionen, vor einer Transforma-

---

[2]) Hans Küng, Credo, München 1992, 34.
[3]) Ken Wilber, Der glaubende Mensch. Die Suche nach Transzendenz, München 1981, 88 ff.

tion, wie Ken Wilber[4], dessen Beschreibung ich mich im Folgenden bediene, diese Entwicklung nennt: „Die gegenwärtige Translation (systeminterner Erneuerungsversuch, Reformation) beginnt ihren besänftigenden, phasenspezifisch integrativen Aufgaben nicht mehr nachzukommen, d. h. ihre Sinneinheiten beherrschen nicht mehr den Alltagsverstand; zu viele ihrer Unsterblichkeitssymbole (im Christentum z.B. der Auferstehungsglaube, Erlösungsvorstellungen, Gottesbilder) haben auf schockierende Weise Schaden erlitten; strukturelle Spannungen nehmen allmählich zu und treiben das System in Unruhen und Wirren; die Struktur fängt schließlich an, sich zu lockern und abzubröckeln; wenn es im alten translatorischen Repertoire keine lebensfähigen Samenkristalle gibt, regrediert das System entweder (wie das heute der Fall ist) auf niedere Formen oder zerfällt völlig; wenn es lebensfähige Samenkristalle gibt, dann werden die strukturellen Spannungen absorbiert und durch die Kristalle kanalisiert, und das System als ganzes kommt durch seine Konflikte auf eine höhere Ebene struktureller Organisation und Integration. Die alte Translation stirbt ab; es kommt zur Transformation; neue und höhere Translationen werden geboren."

Ken Wilber bringt auch den Vergleich mit dem Schachspiel. Solange man die Figuren in ihrer festgeschriebenen Funktion beläßt, kann man sie nach festen Regeln beliebig verschieben. Wenn man aber die Tiefenstruktur des Spieles verändert, verändert sich die Tragweite der Figuren. Dadurch werden die Grundregeln des Spieles verändert und damit das ganze Spiel. Die Wandlung des religiösen Bewußtseins oder die Transformation der Religion ist der Sprung von einer Ebene in die andere. Es gleicht einem Umzug in ein anderes Stockwerk.

Es gibt nicht nur eine Vielfalt religiöser Erfahrung, es gibt auch eine Hierarchie religiöser Erfahrung. Es ist dies ein gefährliches Wort, weil damit leicht eine Wertung verbunden wird. Aber es läßt sich auch nicht leugnen, daß höhere Stufen einen umfassenderen Erkenntnischarakter haben.

Das Individuum erlebt den Übergang von einer Ebene auf eine andere als Sterben. Sowohl die Mystik des Ostens wie die des Westens spricht vom Sterben als Voraussetzung für die Transformation. Das Ich wird von Angst befallen, und es wehrt sich. Es findet immer neue Abwehrmaßnahmen und zieht Veränderungen auf der gleichen Ebene vor. Aber mit fortschreitender Erfahrung trägt diese Ebene nicht mehr, was Unsicherheit und Angst auslöst. Das Ich kann sich nicht mehr durch eine Unsterblichkeitsprojektion schützen. Es kommt zum Kollaps, eine Voraussetzung für jede Transformation.

Immer wieder wird heute nach der Gültigkeit der Religion im allgemeinen gefragt. Die rein kognitive Grundlage, wie sie vor allem in den theistischen Religionen als Ausgangspunkt diente, befriedigt nicht mehr. Die bloße Hermeneutik (Ausdeutung) religiöser Texte, die mehr oder weniger kritiklos übernommen wurde, ist für viele weder Sinndeutung noch Lebenshilfe. Die Menschen fragen nach dem Ursprung dieser Texte und nach dem Ursprung der Religion überhaupt. Leider gehen zu wenig Theologen vom Glauben als ein Führwahrhalten zu einem Glauben aus der Erfahrung über. Wenn sie es heute tun, stoßen sie auf dankbare Weggefährten, aber auch auf Ablehnung und Anfeindung.

[4] Ebd., 129.

3. Verschiedene Auffassungen von Religion

a) Die reduktionistische und funktionalistische Auffassung von Religion

Die reduktionistische Aufassung von Religion ist in den Augen ihrer Vertreter ein primitiver Trost für Menschen mit einer einfachen Mentalität oder eine Form von Regression, die ödipale Beziehungen auf einen himmlischen Vater verlagert, der liebend oder hassend, eifersüchtig oder rachgierig das Leben kontrolliert.

Andere betonen den Funktionswert der Religion. Danach ist Religion nützlich für die Aufrechterhaltung von sozialen Strukturen, sie ist wichtig für die Erziehung und für kulturelle Ausdrucksformen, wie auch für ein allgemeines menschliches Selbstverständnis. Sie dient der Gruppenidentität, die sich in gemeinsamen Gottesdiensten immer neu regeneriert. Sie dient weiterhin dem Spannungsausgleich und dem sozialen Zusammenhalt.

Selbst wenn Religionen also nicht objektiv wahr sind, erfüllen sie nach dieser Auffassung einen wichtigen Zweck und eine notwendige Funktion im Zusammenhalt einer Gruppe. Die Forschung spricht hier von einem funktionalistischen Ansatz, Religion zu deuten. Es geht im Grunde gar nicht um etwas Göttliches, es geht um eine Art Sicherheitsventil und ein Ausgleichsversprechen für alle, die im Leben zu kurz gekommen sind. Im nächsten Leben wird eine Korrektur geschehen, die das Ungleichgewicht dieses Lebens zu Gunsten derer, die zu kurz gekommen sind, verändern wird. Da Religion im wesentlichen als Projektion deklariert wird, gibt es keinen transzendenten Grund, auf den sich Religion berufen könnte.

b) Die hermeneutische Auffassung von Religion

Hermeneutik ist die Ausdeutung von überlieferten Texten. Voraussetzung ist die uneingeschränkte Annahme dieser Texte als Offenbarung eines universellen Geistes, die einem Individuum, einem Weisen oder Heiligen (Buddha, Jesus, Laotse) widerfahren ist. Diese Texte wurden oft für einmalig und absolut erklärt. Solange jemand in diesem System bleibt, kann er daraus Halt und Stütze ziehen. Wer aus dem System heraustritt, sägt sich den Ast ab, auf dem er sitzt. Wer nicht mehr glauben kann, daß die Aussagen die Offenbarung eines transzendenten Wesens sind, erhält keine Deutung mehr für sein Leben.

c) Die mystische Auffassung

Die unter 1 und 2 genannten Deutungen des Wesens von Religion haben es mit einer Auffassung zu tun, die sicherlich vielen Menschen hilft. Sie bleiben jedoch auf der lateralen Ebene, d. h. sie bleiben systemintern und werden dem Bedürfnis nach Selbsttranszendenz, das heute stärker denn je in den Vordergrund tritt, nicht gerecht. Die Menschen ahnen, daß es in der direkten Erfahrung umfassendere Erkenntnisse gibt. Es ist dies eine direkte spirituelle, transsymbolische Intuition der letzten Wirklichkeit und die Erfahrung der Einheit mit ihr. Sie bringt gleichzeitig einen Einblick ins eigene Wesen. Diese Erfahrung ist dem, der sie selber hatte, mitteilbar, anderen bleibt sie unverständlich.

Gott, oder, was der Mensch dieser Urwirklichkeit auch an Namen zukommen lassen will, der Gott, den ich verehren kann, zu dem ich beten kann, hört dann auf. Es ist das, was Eckehart mit der Erfahrung der Gottheit bezeichnet, die dann beginnt, wenn „Gott" tot ist. „Darum bitte ich Gott, daß er mich Gottes quitt mache; denn mein wesentliches Sein ist oberhalb von Gott"[5]. Und weiter: „Darum bitten wir Gott, daß wir Gottes ledig werden und daß wir die Wahrheit dort erfassen und ewiglich genießen, wo die obersten Engel und die Fliege und die Seele gleich sind"[6].

4. Einteilung des transpersonalen Bewußtseinsraumes

Religion hat in der Mystik einen fundamentalen Urquell. Es ist die Erfahrung eines Propheten, eines Weisen, eines Sehers, die erst nachträglich in ein Glaubenssystem gefaßt wurde. Um sie anderen Menschen zugänglich zu machen, wurde die authentische Erfahrung in kognitiven Systemen festgehalten. Diese Systeme haben sich verfestigt in Dogmen und Riten, die oft für absolut erklärt wurden.

Jean Gebser[7] spricht von der magischen, mythischen, mentalen und aperspektivischen Entwicklungsstufe von Religion. Die jeweils neue Ebene kann nur in Erscheinung treten, wenn die ausschließliche Identität mit der vorausgehenden Ebene beendet wird. Der neue Weg braucht daher Beratung und Begleitung. Es müssen einzelne, die auf der neuen Ebene angekommen sind, zur Hilfe für andere bereitstehen. Was für die Entwicklung des Einzelnen gilt, gilt auch für die Religion als Ganzes. Eine Religion, die auf Machtstrukturen aufgebaut ist, tut sich allerdings in der Entwicklung wesentlich schwerer als der Einzelne.

Die transpersonale Psychologie hat ein Modell geschaffen, das die Ebenen der religiösen Erfahrung in Stufen einteilt: in die a) übersinnliche, b) die feinstoffliche und c) die ursächlich-kosmische Stufe[8].

a) Die übersinnliche Stufe impliziert paranormale Zustände, die sowohl Elemente des Rational-Logischen enthält als auch Elemente des Feinstofflichen. Hier ist bereits eine intuitive Schau von Zusammenhängen möglich, wie sie manchen Propheten gegeben war und auch bei Jesus vorkam.

b) Die feinstoffliche Ebene ist der Sitz der archetypischen Bilder, der feinstofflichen Laute und Lichterscheinungen. Auf dieser Ebene sehen manche Menschen personale Gottesgestalten. Es ist die Erfahrung der Gemeinschaft von Seele und Gott. Die Vorstellung der Einheit mit einem Gegenüber herrscht vor. Auf dieser Ebene könnte man viele Heilige ansiedeln, deren Erfahrungen genau auf diese Stufe passen. Die Erfahrung des Mose zum Beispiel trägt die Merkmale dieser Ebene: Licht, Feuer, Donner werden als Zeichen des großen Anderen gedeutet.

c) Auf der ursächlich-kosmischen Ebene verweilt der Geist bildlos in sich selber. Alle Strukturen sind zurückgelassen. Der Seinsgrund wird erfahren. Spinoza nennt diesen Grund die „ewige Substanz", Tauler den „Grund". Der Mensch betrachtet nicht mehr die Gottheit, er wird zur Gottheit und erfährt sich als identisch mit ihr.

---

[5]) Meister Eckehart, Deutsche Predigten und Traktate, hgg. von Jósef Quint, München [5]1978, 308,6.
[6]) Ebd., 305,17.
[7]) Vgl. J. Gebser, Ursprung und Gegenwart, München [2]1986.
[8]) Vgl. Ken Wilber, a.a.O., 46.

Die Ebene der Dualität zwischen Subjekt und Objekt wird restlos transzendiert. Der Erfahrende löst sich auf in das Erfahrene. Der Beobachter stirbt in dem, was ihm widerfährt. Das Gefühl, eine abgesonderte Existenz zu sein, schwindet.

Jede Wertung wie heilig oder profan, hoch oder niedrig verschwindet. Und gleichzeitig ist dieser Zustand banal und gewöhnlich und doch ganz vollkommen. Nichts drückt ihn besser aus als der berühmte Zenspruch: „Wie wunderbar, ich trage Wasser, ich spalte Holz!" Jesus formulierte diese Erfahrung mit den Worten: „Ich und der Vater sind eins". Die Upanischaden sagen: „Das bist du. Dieser Atman ist Brahman". Ken Wilber sieht hier den Unterschied zwischen der mosaisch-vedischen und der christlich-upanischadischen Offenbarung: In der ersteren erkennt man das Wesen, in der zweiten ist man das Wesen.

5. Entwicklung der religiösen Ebenen in der Menschheit und im Kind

Der Mensch ist ein vielschichtiges Individuum. Er hat als Spezies verschiedene Entwicklungsstufen durchlaufen. Im allgemeinen teilen wir sie in die folgenden Abschnitte ein: Materie – Körper – Verstand – Psyche – Geist. Jede dieser Ebenen transzendiert die Stufe vorher. Die jeweils höhere Ebene umschließt und enthält die niedrigere. Jede Ebene ermöglicht einen Austausch mit dem Umfeld. Der Austausch wird durch Bedürfnisse geregelt. So gibt es: Physische Bedürfnisse wie Nahrung, Wasser, Luft und Unterkunft, emotionale Bedürfnisse wie Gefühle, Berührung und Sexualität, mentale Bedürfnisse wie Kommunikation und Reflexion sowie spirituelle Bedürfnisse, vor allem das Egotranszendenzbedürfnis. In manchen Menschen sind die höheren Bedürfnisse nicht geweckt. Sie haben keine Membrane, die schwingen kann, wenn entsprechende Impulse ausgesendet werden.

Diese Ebenen sind nicht alle von Geburt an manifest. Das Kind durchläuft vielmehr diese Stufen. Es wird von seiner Umwelt von der physischen Ebene auf die psychische Ebene, auf die emotionale Ebene, auf die geistige Ebene und schließlich auf die spirituelle Ebene gebracht. Manche Ebenen werden in Kindern weniger oder gar nicht geweckt.

Es ist wichtig, in Kindern die religiöse Bedürfnisebene zu wecken. Man kann nicht sagen: „Ich warte, bis mein Kind 18 Jahre ist, dann soll es sich selber entscheiden, welche Religion es annehmen will." Wer die religiöse Bedürfnisebene nicht weckt, darf nicht hoffen, das ein Kind sich später überhaupt für eine Religion entscheiden kann.

Ken Wilber betont mit Recht, daß zwar jede höhere Ebene auf der niedrigeren ruht, daß sie von dieser Ebene aber nicht verursacht wird. Er hält die jeweils höhere Ebene für eine Neubildung. Die höhere Ebene kommt durch die niedrigere Ebene, aber sie kommt nicht aus ihr. Ihr „Wesenskern kommt zum Teil neu", sagt er.

Die magische Vorstellung von Gott ist der mythischen gewichen und die mythische der mental-psychischen. Oder, wie man es auch formulieren kann, die präpersonale Vorstellung ist der personalen gewichen und die personale wiederum der transpersonalen. So ist Gottheit nicht nur der Ausgangspunkt der Evolution, sondern auch ihr Ziel. Das Ziel aber ist immer hier und jetzt. Es ist zeitlos und daher in jedem

Augenblick erreichbar, wobei erreichbar nicht etwas Zukünftiges meint, sondern nur den Einbruch ins Jetzt.

Dieses höchste Bedürfnis nach universell-mystischer Egotranszendenz ist das Bedürfnis nach Lebenssinn, nach Ganzheit und Vollendung. Aus diesem Bedürfnis nach Egotranszendenz resultiert eine universelle Religiosität. Sie führt zu dem, was die philosophia perennis unter der transzendenten Einheit aller Religionen versteht. Jeder esoterische Weg ist ein Weg heraus aus dem konfessionellen Religionsverständnis, was aber nicht einen Abschied von der Religion selbst bedeuten muß, sondern nur ein Übersteigen des engen dogmatischen Rahmens. Die Mystik allein sprengt die Verdinglichung und Festschreibung der Religion auf. Religion ist die Landkarte, die den Weg in die Erfahrung zeigen soll. Die meisten Anhänger einer Religion fahren mit dem Finger die Landkarte entlang, statt sich auf den Weg ins Freie zu machen. Buddhismus als Religion kann so oberflächlich und steril sein wie das Christentum, wenn beide nicht ständig von der mystischen Erfahrung her neu belebt werden.

Manchmal überlege ich mir, was Religiosität in Zukunft bedeuten könnte. Der tiefe Wandel unseres Weltbildes, der sich immer klarer abzeichnet, legt eine *kosmische Religiosität* sehr nahe. Diese kennt keinen personal geformten Gottesbegriff. „Person" erscheint mehr und mehr als ein Gefängnis, ein Gefängnis für Gott ebenso wie für den Menschen.

Das Bewußtsein des Menschen drängt in die transpersonale Erfahrung der Einheit mit allem Seienden. Es sucht das Umfassende und alles Durchdringende. Die Urwirklichkeit, die wir Gott nennen, ist das Umfassende. Sie ist die Kugel, deren Radius unendlich ist, die kein Außerhalb kennt und die von jedem Punkt aus das Ganze umschließt. Wenn von Gott als Gegenüber gesprochen wird, sollten wir uns bewußt sein, daß das immer nur im analogen Sinn gemeint sein kann.

In der kosmischen Religiosität weiß sich der Mensch mit dem Ganzen und mit allem verbunden und eins. Die neue Sicht des Universums, wie sie uns heute die Naturwissenschaft[9] zeigt, stimmt weitgehend mit den Grundideen der spirituellen Traditionen überein, die man philosophia perennis nennt. Eckehart meint wohl nichts anderes als ein Zen-Meister, wenn er predigt: „Alles, was du da über deinen Gott denkst und sagst, das bist mehr du selber als er; du lästerst ihn, denn, was er wirklich ist, vermögen alle jene weisen Meister in Paris nicht zu sagen. Hätte ich auch einen Gott, den ich zu begreifen vermöchte, so wollte ich ihn niemals als meinen Gott erkennen. Darum schweige und klaffe nicht über ihn, behänge ihn nicht mit den Kleidern der Attribute und Eigenschaften, sondern nimm ihn ,ohne Eigenschaft', als er ein überseiendes Sein und eine überseiende Nichtheit ist"[10].

Solchen Sätzen mögen zwar die meisten Theologen zustimmen, aber sie sind dann doch geneigt, bestimmte Aussagen und Bilder als unverzichtbar zu postulieren.

---

[9]) Vgl. Gerhard Staguhn, Das Lachen Gottes. Der Mensch und sein Kosmos, München 1990; Brian Swimme, Das Universum ist ein grüner Drache, München 1991; Hans Peter Dürr, Hg., Physik und Transzendenz, Die großen Physiker unseres Jahrhunderts und ihre Begegnung mit dem Wunderbaren, Bern-München 2 1988; Erwin Schrödinger, Geist und Materie, Wien 1986.

[10]) Franz Pfeiffer, Meister Eckhart, Aalen 1966, 183,14.

Die großen religiösen Genies aller Zeiten, deren Erfahrung man später als Religionen festgeschrieben hat, zeichneten sich durch eine kosmische Religiosität aus. Sie kannten kein Lehrgebäude und keinen Gott, der nach dem Bild des Menschen geschaffen wäre. Sie lehrten vielmehr, daß der Mensch nach dem Bilde Gottes geschaffen ist, d. h. daß sich dieses universale Leben auf vielfältige Weise und im Menschen eben als menschliche Form manifestiert.

Ich möchte jetzt noch gerne auf einige Grundbegriffe des Christentums eingehen und auf Auslegungsmöglichkeiten hinweisen, wie sie sich von der Mystik, der transpersonalen Psychologie und der kosmischen Religiosität her nahelegen.

6. Esoterik und Christentum
a) Erlösung

Esoterik kennt keinen Erlöser, der erstmals die Erlösung schafft und in die Welt bringt. Erlösung ist immer da. Der Mensch kann sie nur nicht erfahren, weil seine Ichaktivität sie ständig verschleiert. Shakyamuni Buddha, Jesus Christus und die anderen großen Religionsstifter wollen uns helfen, die Egobesetztheit zu überwinden, um die Erlösung zu erfahren.

Im Laufe der Geschichte wurden die Religionsstifter oft zu Erlösern erhoben. Auch Shakyamuni Buddha mußte sich das gefallen lassen. Für Shinran z. B., der den Buddhismus in Japan zur Volksreligion machte, war nur der erleuchtete Geist des historischen Buddha Shakyamuni eine rettende Kraft. In der Sekte der „Reines Land Buddhisten" gilt die bloße Anrufung des Namens Buddha als heilbringend. Doch so wird nur die im Menschen eingestiftete Urkraft, das göttliche Urprinzip, nach außen projiziert, und das Ego-Bewußtsein bleibt in seiner Isoliertheit und Entfremdung. Die uranfängliche Einheit des Nicht-Zwei wird nicht wahrgenommen.

Im Zen gibt es ein Koan, das lautet: „Wie erlöst du einen Geist?" Der Kern des Koan ist, daß es keine erlösende Tat gibt. Erlösung ist immer da. Es gilt nur, sie zu erfahren und zu erkennen. Auch der Teufel – sollte er existieren – ist eine Form dieser Urwirklichkeit. Wenn der Teufel erfährt, daß er eine Manifestation dieser Urwirklichkeit ist und das akzeptiert, dann ist er erlöst. Er weiß, daß er kein eigenes, von Gott losgelöstes Sein besitzt und gar nicht gegen ihn arbeiten kann, sondern – wie alle anderen Kreaturen – nur für ihn und in ihm. Ganz gleich als welches Wesen das Leben nach dem Tod wieder auftaucht, wenn es erfährt, wer oder was es wirklich ist, ist es erlöst. Damit das in dieser Existenz ein für allemal erfahren wird, gehen wir den Weg des Zen oder der Kontemplation.

Erlösung läßt sich nicht machen. Im Sutra Shodoka von Yôka Daishi (Nr. 24) erfahren wir auf die Frage: „Warum bist du stolz auf deine frommen Übungen?" eine klare Antwort: „Es gibt kein Anhäufen von Verdiensten. Es gleicht nicht den Gesetzen der Erscheinungswelt. Gute Werke, die Belohnung erwarten, mögen geistigen Gewinn bringen, doch sie gleichen einem Pfeil, der in den leeren Himmel geschossen wird. Wenn seine Kraft nachläßt, fällt er auf die Erde zurück und bringt Unglück im kommenden Leben. Ist es nicht besser, durch das Tor der unwandelbaren Wirklichkeit einzutreten und direkt bis zum Grund des Thatâgata vorzudringen?" Auch sogenannte gute Werke, wenn sie egobesetzt sind, haben keine Heilsfunktion.

Es läßt sich parallel dazu immer wieder Eckehart zitieren: „Aus diesem innersten Grund sollst du alle deine Werke wirken ohne Warum. Ich sage fürwahr: solange du deine Werke wirkst um des Himmelreiches oder um Gottes oder um deiner ewigen Seligkeit willen, (also) von außen her, so ist es wahrlich nicht recht um dich bestellt"[11].

Was wir Gott nennen, ist der Tänzer, der das Universum tanzt. Wir sind seine Tanzschritte, die kommen und gehen. Sie haben ihre Einmaligkeit und Einzigartigkeit nur im Augenblick. Wenn wir unsere absondernde Ichheit überwinden, gelangen wir in eine höhere Identität, in die Identität mit dem All, mit dem universalen Bewußtsein oder dem alles durchdringenden Geist des Universums.

b) Ursünde

Ursünde ist die Unfähigkeit, die Einheit mit der göttlichen Urwirklichkeit zu erfahren. Die Erfahrung ist blockiert, weil das Ich ständig mit etwas anderem beschäftigt ist. Das Ich kontrahiert die Wahrnehmung auf einen kleinen Ausschnitt des Ganzen. Wer mit diesem kleinen Ausschnitt befaßt ist, kann das Ganze nicht erfahren. Die Individualität – nach der klassischen Definition die Vorstellung, „indivisum in se et divisum a quolibet alio" zu sein, also: in sich ungeteilt, aber abgetrennt von allem anderen, diese Individualität macht den Menschen zum „Gefallenen". Das Wort Sünde kommt von „Ab-Sondern". Sünde ist Trennung, Entfremdung. Sie trennt vom Ganzen. Sie schließt in die enge Behausung der Person ein. Das ist der Urdualismus, der im gleichen Moment entstand, als unser personales Bewußtsein aus einem archaischen Vorbewußtsein auftauchte. Er hat alle anderen Aufspaltungen zur Folge: gut – böse, Lust – Schmerz, wahr – unwahr usw.

Das abgesonderte Ich ist notwendigerweise ein leidendes Ich. Das Leid liegt in der Natur des Ich. Das Ich ist daher auch nicht vom Leiden abzukoppeln. Darum rät Buddha, nicht am Ich zu haften. Ich und Leid entstehen und vergehen gemeinsam. Das Ich beenden, den mystischen Tod erleiden, bedeutet daher, daß Ich zu transzendieren und eins zu werden. Ursünde ist die Geburt des personalen Ich. Auferstehung geschieht nach dem Tod des personalen Ich.

Darum ist für Johannes vom Kreuz – und für die Mystik überhaupt – der Tod nach dem Beispiel Jesu die eigentliche Erlösung der Welt. Wer seinem Ich stirbt, erlebt die Auferstehung in Gott. Oder, wie Abu Yazid Bistmi es formuliert: „Ichvergessenheit ist das Er-Innern Gottes". Wer dem zeitlichen Ich stirbt, entdeckt die Zeitlosigkeit (Ewigkeit). Wir werden nicht erst eins mit Gott, wir sind es schon immer gewesen. Das zu erkennen, sind wir aus dem vorpersonalen Bewußtsein in das personale Bewußtsein evolviert. Jetzt haben wir dieses zu überschreiten, um die Einheit auf eine vollkommenere und bewußtere Weise zu erfahren.

Nur wer seine Identität mit dem All wiederfindet, sagt die philosophia perennnis, kann das Leid überwinden. Das kann augenblicklich geschehen. Den Sündenfall als vererbbare Schuld hat es nie gegeben. Es gibt nur das Herausfallen aus der Einheit.

---

[11]) Josef Quint, Meister Eckehart, Deutsche Predigten und Traktate, München [5]1978, 180,9.

c) Jesus Christus

Wie können wir Jesus Christus heute verstehen? Wer war Jesus Christus? (Jo 14,1 ff.) Diese Frage hat Millionen von Menschen beschäftigt und beschäftigt sie immer noch. Er war ganz Mensch und er war ganz Gott, sagt die christliche Dogmatik. Er war ganz Mensch, das ist einleuchtend, aber was heißt: Er war ganz Gott?

Wenn wir die 18 Milliarden Jahre, die der Kosmos bestehen soll, auf ein Jahr zusammenziehen, dann ist Shakyamuni Buddha und Moses in den letzten 40 Sekunden vor Jahresschluß aufgetreten und Jesus ganze 15 Sekunden vor Jahresende. Wo war Gott, wo war Jesus das ganze Jahr über?

Die Gestalt Jesu darf nicht absolut gesetzt werden. Seine Bedeutung ist genauso zeitbedingt wie viele andere Erkenntnisse. Jesus ist wichtig als Führer in die Erfahrung. Sein Leben ist der Mythos, an dem wir auch unser Leben ausdeuten können. Er hat sich nicht als Erlöser der Menschheit verstanden. Kaum ein zeitgenössischer Exeget dürfte das behaupten. Er ist der Führer in die Erfahrung dessen, was er Reich Gottes nannte, was er ausdrücken wollte mit den Worten „Ich und der Vater sind eins". Was von ihm gilt, gilt auch von uns. Es gibt eine religiöse Deutung der Welt auch ohne Jesus Christus.

Wenn man die Zensprache benutzt, wird es einsichtig. Zen hat die Metaphern Leerheit und Form. So gesehen ist das, was wir Christen Vater nennen, Leerheit, und das, was wir Sohn nennen, Form. Die Leerheit spricht sich in der Form aus, Gottheit manifestiert sich in den Milliarden und Abermilliarden von materiellen, psychischen und geistigen Formen, die in der Metapher Sohn ausgesprochen sind. Es existiert nichts, was nicht Form der Leerheit wäre. Es existiert nichts, was nicht Sohn des Vaters wäre. Sohn ist also die Umschreibung für alles, was geschaffen ist. Die Schrift sagt bei Johannes: „Nichts ist entstanden ohne ihn. In allem Geschaffenen war er das Leben" (Jo 1,3).

Bis hierhin haben die meisten Christen keine Schwierigkeiten. Die Schwierigkeit beginnt erst, wenn wir sagen, daß jeder Mensch Sohn Gottes ist, ja, daß alles, was existiert, Sohn Gottes ist. Alles, was existiert, ist Form und Manifestation der Leerheit, d. h. des Vaters. Jeder kann sagen: „Ich bin Sohn Gottes." In anderen Versionen: „Ich bin Tochter Gottes", „Wir sind alle Kinder Gottes".

Jesus war ein tief erleuchteter Mensch. Er stand immer in der Einheitserfahrung mit dem, was er „Vater" genannt hat, oder „Reich Gottes" oder, wie Johannes es ausdrückt, „ewiges Leben". Diese tiefe mystische Einheitserfahrung wird ihm an zwei Stellen im Neuen Testament bestätigt. Zum ersten Mal bei der Taufe. Dort heißt es, daß eine Stimme erscholl: „Dies ist mein geliebter Sohn". Ein zweites Mal bei der Verklärung, wo die Ausstrahlung Jesu so stark war, daß sie auch die Jünger wahrnahmen. Aber Jesus hat diese mystische Erfahrung nirgendwo für sich allein in Anspruch genommen. Bei unserer Taufe wurde auch jedem von uns das bestätigt. Damals öffnete sich gleichsam der Himmel über jedem und eine Stimme erscholl: „Dies ist meine geliebte Tochter! Dies ist mein geliebter Sohn!" Jesus ist das Modell, an dem wir ablesen sollen, wer wir sind.

„Das Reich Gottes ist in Euch", hat er gesagt. „Du mußt wiedergeboren werden," erklärt er Nikodemus, „dann kannst Du Deine Kindschaft erfahren". Wem diese

Metanoia, diese Wende nach innen gelingt, der erfährt, daß er eins ist mit diesem Urprinzip, das wir Abendländer Gott nennen (Eckehart: Gottheit) und Jesus „Vater" genannt hat. Darum kann der johanneische Jesus aus seiner Einheitserfahrung heraus sagen: „Wer mich sieht, sieht den Vater" und „Ich und der Vater sind eins". Ähnlich sagt das auch der Mystiker, wenn er diese Erfahrung macht.

Als Shakyamuni Buddha den Morgenstern am Tag seiner Erleuchtung sah, rief er aus: „Ich bin der einzige im Himmel und auf Erden". Und gleichzeitig bekannte er: „Alle Wesen haben diese Wesensnatur". Das führt zum Paradox, daß jeder mit Shakyamuni Buddha ausrufen kann: „Ich bin der Einzige". Vielleicht müßte man im Deutschen sagen: „Ich bin das Einzige". Und jeder ist dieses Einzige. Und darum sagen Mystiker: „Ich bin Gott", das heißt: „Ich bin das Einzige". Darüber kann man nichts weiter sagen. Jedes weitere Wort führt zu Mißverständnissen.

„Wer die Stadt der Liebe betritt, findet dort nur Raum für Einen", sagt der Sufidichter Jami. Im Himmel gibt es nur einen Bewohner, Gott. Die Identität wechselt in der mystischen Erfahrung in die erste Person Singular über. Als Führer ins Reich Gottes, als Begleiter in die Erfahrung unseres wahren Seins ist Jesus unser Erlöser. Wer ihm folgt, erfährt, wie er, daß er Sohn, daß er Tochter, daß er Kind Gottes ist, oder, wie im Zen gesagt wird, eins ist mit dieser Leerheit. Denn Leerheit ist Form, Form ist Leerheit. Gott ist Mensch, und Mensch ist Gott. Sie sind koexistent, weil das, was wir Gott nennen, koexistent ist mit dem, was aus ihm hervorgeht.

Eckehart bringt dafür folgendes Beispiel: „Das Wirken und das Werden aber ist eins. Wenn der Zimmermann nicht wirkt, wird auch das Haus nicht. Wo die Axt ruht, ruht auch das Werden. Gott und ich, wir sind eins in solchem Wirken; er wirkt und ich werde"[12].

„Den Weg zum Ort an den ich gehe, kennt ihr ja", sagt Jesus. Es ist der Weg in unser tiefsten Wesen. Wenn wir wiedergeboren werden in diesem unseren tiefsten Sein, dann sind wir angekommen, dann sind wir in der Wohnung, von der er spricht, daß sie bereit ist für uns beim Vater: „Ich werde zurückkommen und euch zu mir nehmen, damit auch ihr seid, wo ich bin" (Joh 14, 1 ff.). Wir dürfen diese Stellen nicht zeitlich verstehen. Wenn wir ins Reich Gottes eintreten, in dieses unser Innerstes, dann sind wir dort, wo er ist, bei dem, was er Vater genannt hat.

Mit der Sprache haben wir auch die Entfremdung gelernt. Wir drücken uns falsch aus. Wir gebrauchen eine betrügerische Sprache. Wir sagen: „Ich bin geboren". In Wirklichkeit müßten wir sagen: „Es ist geboren". Geboren wird immer nur dieses eine göttliche Leben. Geboren wird immer nur der Herr, sagt die Gita. Es ist nicht unser Leben, das wir leben, es ist Gottes Leben. Wir sind nur die Gefäße, in denen er sich präsentiert. Der Mensch kann also sagen: „Ich bin Gott". Aber das hat mit seinem Ego nichts zu tun. Nicht dieses kleine Ich ist Gott, sondern in diesem kleinen Ich offenbart sich Gott. In dieser Weise ist dieses kleine Ich Gott.

Die östlichen Religionen versuchen das zu erläutern mit dem goldenen Löwen, der oft auf den Weihrauchgefäßen in den buddhistischen Tempeln zu finden ist. Gold und Löwe sind koexistent. Gold kann nicht ohne Form erscheinen. Es erscheint in

---

[12]) Deutsche Predigten, a.a.O., 186 f.

der Form des Löwen. Das Gold ist nicht der Löwe und der Löwe nicht das Gold. Aber beide können nur zusammen erscheinen. So kann der Löwe sagen: „Ich bin Gold", und das Gold kann sagen: „Ich bin der Löwe". Und doch bleibt diese Zweiheit in der Einheit, die Zen mit dem Wort „Nicht-Zwei" ausdrückt. So können wir sagen: „Ich bin Gott", und Gott kann sagen (und er sagt es auch in Jesus Christus und damit auch in uns): „Ich bin Mensch". Sie sind koexistent und doch sind sie „Nicht-Zwei". Das hat nichts mit einer äußeren Heiligkeit oder Moral zu tun. Nicht unser Wohlverhalten macht uns eins mit dem Vater. Unser Sein ist sein Sein, und was wir unser Leben nennen, ist in Wirklichkeit sein Leben, und das macht uns eins mit ihm.

„Für wen halten die Leute den Menschensohn?" fragte Jesus die Jünger. „Du bist der Sohn Gottes!" antwortete Petrus. – Ich werde oft gefragt: Was bedeutet Jesus für Dich? Glaubst Du, daß er der Sohn Gottes ist? Darauf kann ich mit Freuden „Ja" antworten. Aber dann muß ich mit Eckehart sagen: „Was hülfe es mir, wenn ich einen Bruder hätte, der ein reicher Mann wäre und ich wäre dabei ein armer Mann?[13]". Was würde mir alles helfen, wenn nicht auch ich sagen könnte: „Ich bin Sohn, ich bin Tochter Gottes wie Jesus"? Eckehart sagt daher weiter: „Wollt ihr Gott erkennen, so müßt ihr dem Sohne nicht allein gleich sein, sondern ihr müßt der Sohn selber sein[14]". – Lesen Sie einmal die Predigt 35! Eckehart wiederholt hier ständig das Gleiche in dieser Predigt: „Gott könnte nicht machen, daß ich Gottes Sohn wäre, ohne daß ich das Sein des Sohnes Gottes hätte, sowenig wie Gott machen könnte, daß ich weise wäre, ohne daß ich Weise-Sein hätte. Wie sind wir Gottes Kinder? Noch wissen wir es nicht: ‚es ist uns noch nicht offenbar' (1 Jo 3,2); nur so viel wissen wir davon, wie er sagt: ‚wir werden ihm gleich sein'[15]".

Angelus Silesius dichtet: „Gott wohnt in einem Licht, zu dem die Bahn gebricht; wer es nicht selber wird, der sieht in ewig nicht". Es gibt nur *ein* Leben Gottes. Das gleiche Leben, das Jesus erfüllt hat, durchpulst auch uns. Göttlichkeit ist unser innerstes Wesen.

Jesus sagt: „Die Zeit ist erfüllt, das Reich Gottes ist nahe. Kehrt um und glaubt an die Frohbotschaft" (Mk 1,14). „Kehrt um!" heißt hier über den gewöhnlichen Geisteszustand hinausgehen. Wir haben das um sich selbst kreisende Ich zu transzendieren, um jene göttliche Mitte zu erfahren. Man kann beide nicht auseinandernehmen. Wer Mensch sagt, sagt auch Gott. Wer Gott sagt, sagt auch Mensch. Jesus prophezeit seinen Jüngern in den Abschiedsreden des Johannesevangeliums: „Eines Tages werdet ihr wissen, daß ich und mein Vater eins sind."

Wenn Jesus von sich selber sprach, nannte er sich Menschensohn. Jesus hält sich für den Menschen schlechthin. Er verstand sich als der neue Mensch des Reiches Gottes. Er ist der Typus des neuen Menschen. Er lehrt einen höheren Bewußtseinsstand, den Bewußtseinsstand des Reiches Gottes, der Kindschaft Gottes, der in jenem göttlichen Seinsgrund ruht, der unser wahres Wesen ist. Doch er hält sich nicht für den Einzigen, der so dasteht. Wenn der Prozeß der Metanoia abgeschlossen

[13]) Deutsche Predigten, a.a.O., 178,16.
[14]) Deutsche Predigten, a.a.O., 227, 23.
[15]) Deutsche Predigten, a.a.O., 317, 30 ff.

ist, kann jeder mit Jesus sprechen: „Ich und der Vater sind eins". Das ist die Heilung von aller Isolation und Entfremdung.

Wir heißen ihn Christus, den Gesalbten. Christus entspricht dem aramäischen Wort M'shekha. Seine Grundbedeutung ist: vervollkommnet, erleuchtet. Jesus war eine historische Person. Christus aber ist Symbol für unsere ewige, transpersonale Seinsweise. Wir sind alle Christus, wir sind alle gesalbt mit der Seinsweise Gottes. Wir sind zuerst Christus, dann erst sind wir Johannes, Jakob, Gertrud und Veronika. Wir sind zuerst dieses göttliche Urprinzip, das in uns Form angenommen hat.

Nirgendwo sagt Jesus, daß er der einzige ist, der dieses Leben besitzt. Wir haben wie er diese Seinsform, die er „Reich Gottes" oder „ewiges Leben" nennt, zu leben. Wir sollen nicht Christen werden, wir haben zu erkennen, daß wir Christus sind. Christus ist der Name für diesen neuen Menschen.

Unsere Sünde ist, daß wir nicht erkennen, wer wir wirklich sind. Die Erlöserfunktion Jesu besteht darin, uns hinzuführen zur Erkenntnis unseres wahren Wesens, zum Reich Gottes in uns. Aber nicht über eine magische Handlung Jesu gelangen wir in dieses Reich. Wir haben uns vielmehr nach innen zu wenden, um dieses göttliche Leben als angeboren zu erfahren. Wir heißen nicht nur Kinder Gottes, wir sind es auch, beten wir in der Einleitung zum „Vater unser". Es wird Zeit, daß wir aufhören, nach einem Erlöser außerhalb zu suchen. Erlösung ist in uns. Solange wir meinen, wir bräuchten uns nur an den Mantelzipfel Jesu zu hängen, um „in den Himmel zu kommen", leben wir an seinem Anliegen vorbei. Solange wir an eine unüberbrückbare Kluft zwischen Jesus und uns glauben, haben wir ihn wohl nicht verstanden. Das Christentum wird mit einer solchen Deutung von Jesus Christus dem religiösen Status der Menschheit nicht gerecht. Auch eine Religion hat sich mit dem Menschen und seiner Entwicklung zu wandeln. Erst wenn die Christen lernen, ihre Religion so zu sehen, wird sie für die Menschheit wieder anziehend.

Vielleicht kann dies am einfachsten durch das Bild von der Welle und vom Meer ausgedrückt werden. Man kann die Welle vom Meer unterscheiden, man kann ihr eine eigene Existenz zusprechen, aber in Wirklichkeit ist die Welle das Meer und das Meer die Welle. So können wir sagen: „Ich bin Gott". Und Gott kann sagen (und sagt es in Jesus und in uns): „Ich bin Mensch". Wir alle sind Gott-Menschen.

Eckehart drückt es mit dem Wort der Gottesgeburt in der Seele so aus: „Und es gebiert der Vater seinen Sohn in der Seele in derselben Weise, wie er ihn in der Ewigkeit gebiert und nicht anders... Er gebiert mich als seinen Sohn und als denselben Sohn. Ich sage noch mehr: Er gebiert mich nicht allein als seinen Sohn; er gebiert mich als sich und sich als mich und mich als sein Sein und als seine Natur... Alles, was Gott wirkt, das ist eins; darum gebiert er mich als seinen Sohn ohne jeden Unterschied... Und ich bin derselbe Sohn und nicht ein anderer[16]".

Eckehart geht bis zur letztmöglichen Einheit. Darum sagt er in der gleichen Predigt: „Ich dachte neulich darüber nach, ob ich von Gott etwas nehmen oder begehren wollte. Ich will es mir sehr wohl überlegen, denn wenn ich von Gott (etwas) nehmen

---

[16]) Deutsche Predigten, a.a.O., 185, 25 ff.

würde, so wäre ich unter Gott wie ein Knecht und er im Geben wie ein Herr. So aber soll es mit uns nicht sein im ewigen Leben"[17].

d) Auferstehung

Ewig ist nicht die inviduelle Form. Ewig ist nur das Leben. Dieses Leben kennt keinen Wandel, keine Zeit und keinen Raum. Raum und Zeit entstehen durch die Formen, die kommen und gehen. Es gibt keinen Punkt Omega, keinen Gipfel, keinen Stillstand. Es gibt nur diesen zeitlosen Tanz, den das Leben in der Evolution vollzieht. Es gibt nur Alpha und Omega in einem. In diesem Geschehen auf der Ebene der Formen können wir Einteilungen machen. So können wir von Vergangenheit und Zukunft reden. Aber das ist nur die eine Seite. Die andere Seite, die von der Mystik erfahren wird, ist die Zeit- und Raumlosigkeit. Wie ein Lineal, das in sich eine Einheit ist, auf der einen Seite die metrische Einteilung besitzt und auf der anderen Seite leer ist, so ist auch die Urwirklichkeit Gott eine Einheit von Zeitlosigkeit und Zeit, von Raumlosigkeit und Raum, von Leerheit und Form. Wer das Ichgefängnis überschreitet, tritt ein in diese Welt der Einheit.

Auferstehen und wiedererstehen wird immer nur diese Urwirklichkeit, die im Zen Wesensnatur oder Leerheit heißt, die wir Christen Gott nennen. Bewußtsein und Materie gehen ineinander über oder gehören zusammen wie die beiden Enden eines Stabes oder die zwei Seiten einer Münze.

Darum ist es letztlich nicht wichtig, in welcher Gestalt ein Wesen erscheint. Immer wird dieselbe Urwirklichkeit in ihm geboren. Jenes Ich, mit dem wir unsere Existenz begründen, hat keine bleibende Substanz. Es wird vergehen. Auferstehen wird ES, das LEBEN, das göttliche Prinzip. Nicht unser Ich wird wiedergeboren, das göttliche Urprinzip wird wiedergeboren. Ob es ein Kontinuum gibt, das weitergeht, ist nicht entscheidend. Wir sollten unseren Mittelpunktswahn aufgeben. Das Universum kommt auch ohne uns zurecht. Und eines Tages wird das der Fall sein.

Karma ist einfach Ursache und Wirkung und hat im Zen keine moralische Komponente. Der Wahn, daß wir alles selbst bestimmen können, daß wir unser künftiges Leben negativ oder positiv beeinflussen können, unterscheidet sich nicht von der Ansicht, wir könnten durch Wohlverhalten in den Himmel kommen. Der Karmaglaube ist nur eine andere Form des Egozentrismus. Unser Narzißmus und Hyperindividualismus ist nicht bereit, sich in das große Geschehen des Universums einzuordnen. Unser Ich ist nicht bereit zu sterben. Der Ichtod aber ist die Voraussetzung für die mystische Erfahrung. Das Ich aber kann seinen Tod nur hinnehmen, wenn es die Erfahrung des Lebens gemacht hat. Nur dann kann es die individuelle Form loslassen. Dieses Leben kommt ständig als individuelle Form wieder. Und in jeder Existenz gilt es wieder, dieses „ewige Leben" zu erfahren. Verbindung schafft nur dieses „Leben", nicht aber ein individuelles Kontinuum.

Alle Religionen haben Unsterblichkeitssymbole und Hoffnungsbilder entworfen. Reinkarnation ist auch nur ein solches Verstehensmodell. Mit ihnen verdrängt der

---

[17]) Ebd. 186, 17 ff.

Mensch den Tod des Ich. Er ist das letzte Tabu, das keine Religion anzutasten wagt. Dabei ist die Verdrängung des Todes die Verdrängung Gottes. Wir kommen an einer Überprüfung mancher religiöser Wahrheiten nicht vorbei. Gott offenbart sich im Baum als Baum und im Tier als Tier und im Menschen als Mensch. Und wenn der Mensch stirbt, offenbart sich Gott im Sterbe- und Verwesungsprozeß. Er aufersteht in jeder neuen Form. Was bleibt, ist nicht eine individuelle oder personale Struktur, sondern nur das gleiche „Leben", das sich in einer neuen Struktur offenbart. Wiedergeboren wird immer nur dieses eine Urprinzip, das wir Gott nennen. Als solches haben wir uns zu erfahren. Das wollten die Religionsstifter. Ansätze einer kosmischen Religiosität sind deutlich sichtbar. Aber zunächst kann sich diese wohl, wie das eigentlich immer der Fall war, nur auf Außenseiter, heilige Narren, Weise und Nonkonformisten stützen. Es dauert noch einige Zeit, bis die Spezies Mensch sich als zeitbedingte und vergängliche Spielart Gottes verstehen kann.

e) Wege

Wege wie Zen, Yoga, Vipassana und Kontemplation sind keine Religionen im üblichen Sinn, sondern spirituelle Wege. Sie haben es mit Erfahrung zu tun und nicht mit Glaubensinhalten. Letztlich sind diese Wege, die sich in ihrer Grundstruktur sehr ähnlich sind, Bestandteil einer philosophia perennis, wie sie in unserem Menschsein grundgelegt und in allen Religionen, Kulturen und Zeiten nachzuweisen ist. Sie sind der eigentliche Zugang zur universalen Wirklichkeit.

Am Schluß fragen Sie vielleicht, welcher Religion ich angehöre. Ich bin Christ, Benediktiner und Priester. Ich praktiziere nicht nur meine Religion, ich versuche auch, sie anderen neu zu interpretieren. Vielleicht kann ich Ihnen das klar machen an den Sakramenten, die ich spende.

Taufe ist für mich die Initiation für den Weg zu Gott. Was über Jesus bei seiner Taufe gesprochen wurde, „Dieser ist mein geliebter Sohn", wurde über jeden von uns bei seiner Taufe gesprochen. Wir unterscheiden uns nicht im Wesen von Jesus, es sei denn durch den Grad unserer Erkenntnis. Auch wir können erfahren: „Ich und der Vater sind eins."

Ehe ist für mich eine Initiation für den Weg zu zweit in diese Erfahrung der Einheit. Die Einheit der Partner soll die Einheit aller Wesen erlebbar machen.

Krankensalbung ist die Initiation für den letzten Schritt zurück in die Einheit mit der Urwirklichkeit Gott.

Eucharistie ist die Feier beider Aspekte der Wirklichkeit: Leere und Form, Gott und Schöpfung, Bewußtsein und Materie. Brot – das ist die Form, das ist die Welle. Als Christen glauben wir, daß da nicht nur Brot ist, nicht nur Form, sondern auch die göttliche Dimension, das göttliche Prinzip, das wir nicht sehen, was wir nur in der Einheit erfahren können. Wir feiern hier die Einheit von Meer und Welle, die Einheit von Gott und Mensch. Das ist der tiefe Sinn einer jeden Eucharistiefeier.

Religiöse Erfahrung –
Chance für die Menschheit

Wenn ich in diesem Vortrag von der Chance der religiösen Erfahrung für einen interkulturellen und interreligiösen Dialog spreche, dann schränke ich „religiöse Erfahrung" ein auf „mystische Erfahrung". Ich meine dann die höchste Stufe, die im Christentum „Unio mystica" genannt wird, in der Transpersonalen Psychologie „Kosmisches Bewußtsein", im Zen „Satori" und im Yoga „Samadhi". Dabei bin ich mir durchaus bewußt, daß es in diesem Erfahrungsbereich noch Abstufungen gibt. Ich komme auf ein Strukturmodell des Bewußtseins zurück.

1. Fraglichkeit des Menschen – Bedeutung seiner Lebenszeit

Der Ausgangspunkt für das Verlangen nach mystischer Erfahrung ist die radikale Fraglichkeit der menschlichen Existenz. Der Mensch fühlt sich heimatlos und gelangt immer wieder, wenn er wirklich über sich nachdenkt, an die Grenze der Sinnlosigkeit. Er hat erkannt, daß im Universum, das vor undenklichen Jahren entstand und wohl unendlich weitergehen wird, nur Kommen und Gehen herrscht. Galaxien sprießen und verwelken wie Blumen auf dem Feld. Sterben und Untergang gehören zum Strukturprinzip dieses Universums. Das ist für Verstand und Lebenseinstellung des heutigen Menschen nicht akzeptabel. Darum unterdrückt er das Abgründige einer solchen Erkenntnis.

Der Mensch ist wohl gar nicht so einzigartig im Kosmos, wie er gemeint hat. Er ist wohl gar nicht die „Krone" der Schöpfung. Vielleicht sind andere Wesen viel höher entwickelt. Dieses erschütterte alte Weltbild beunruhigt den Menschen. Er fragt nach der Bedeutung seines Lebens, das vielleicht 80 Jahre dauern mag. Gemessen an dieser gewaltigen Zeitdimension ist er eine Eintagsfliege. Was bedeuten in diesen Milliarden von Jahren 80 Lebensjahre? Was bedeutet ein Tag, was eine Stunde? Welches Gewicht hat ein Krieg auf diesem Staubkorn Erde? Wie wichtig ist eine Beleidigung, ein Fehlschlag in diesem Zusammenhang? Wenn die Erde im Blitz einer atomaren Zerstörung für einige Millionen Jahre unbewohnbar würde, hätte das in der kosmischen Evolution keine besondere Bedeutung. Das passiert im Kosmos unentwegt. Die Welt ist eine Wasserblase in einem reißenden Strom. Dieses kleine Staubkorn Erde hängt unbedeutend zwischen Milliarden anderer Gestirne in der Unendlichkeit des Kosmos, der zeitlos existiert.

Es gibt drei Möglichkeiten für den Menschen, auf solche Erkenntnisse zu reagieren: Er kann sich ins Diesseits flüchten, er kann sich ins Jenseits flüchten oder er begreift Wirklichkeit ganz neu in der Weise, wie es die Mystik tut, als einmalige und unverwechselbare Offenbarung des göttlichen Urprinzips.

2. Weltbild der Mystik

Mystische Erfahrung und Sprechen über die Erfahrung

Dieses Begreifen nennt die Mystik Erfahrung. Was meint sie mit diesem Wort „Erfahrung"? Es gibt einen viel zitierten Satz aus dem Tao te King, der die Schwierigkeit kennzeichnet, das Erfahrene in Bild und Wort zu übersetzen: „Wer weiß, redet nicht, und wer redet, weiß nicht." Wer wirklich in den Bereich der Nicht-Zweiheit vordringt, tut sich schwer, darüber zu sprechen. Alles Sprechen ist nur die Beschreibung von Tee, aber nicht das Schmecken von Tee, wie ein geläufiges Bild sagt. Es gibt keine religionsspezifische oder konfessionsspezifische Erfahrung. Es gibt nur eine Erfahrung, die sich dann konfessionsspezifisch oder religionsspezifisch ausdrückt. Daher kommen die ganz verschiedenen Beschreibungen mystischer Erlebnisse. Ausdrücke wie Unio mystica, Grund (Tauler), Innere Burg (Theresa), verweisen auf die gleiche Erfahrung wie Samadhi im Yoga und Satori im Zen. Bilder und Symbole sind individuell verschieden und doch sprechen sie vom Gleichen. Wer selber die Erfahrung gemacht hat, dem leuchtet in den verschiedenen Darstellungen der gleiche Hintergrund auf.

Hermeneutik oder Hermetik

Die meisten Menschen, Theologen nicht ausgenommen, bleiben bei der Ausdeutung mystischer Erlebnisse in der Hermeneutik hängen. Die Hermeneutik aber liefert kaum ein Verständnis dessen, was der Mystiker aussagen möchte. Der emeritierte Würzburger Philosophieprofessor Rombach hat den Begriff „Hermetik" für das Begreifen mystischer Bilder und Begriffe gewählt. Hermeneutik und Hermetik sind gegensätzliche Modi des Begreifens. Hermeneutik meint die Kunst des Erklärens, Eröffnens, Verstehens und besteht in einem logischen Zugang zum Seienden. Hermetik dagegen ist ein Innewerden, ein Erfahren des Seienden. Sie steht *„hinter* der Begründung des Begründeten und Begründbaren[18]". Hermetik meint das Begreifen des Unbegreifbaren. Hermeneutik ist die Auslegung des Wortinhalts, Hermetik die Erfahrung des Inhalts. Vom Unsagbaren läßt sich nichts sagen. Philosophen konnten es nur „andenken" (Rombach), sind aber damit nicht weitergekommen.

Erkenntnisse der Naturwissenschaft

Wir leben in der Täuschung, daß wir mit diesem Ich in einer stabilen Welt leben. Die Quantenphysik lehrt, daß alles in Bewegung ist. Nur Kommen und Gehen ist Realität. „In der Quantenphysik interagiert der Beobachter so sehr mit dem System, daß man sich die interagierenden Partikel nicht als von separater Existenz vorstellen kann[19]".

Wirklichkeit ist nicht teilbar, eine Erkenntnis der Mystik, die heute von den Naturwissenschaften bestätigt wird. Einstein drückte es so aus: „Ein menschliches Wesen ist ein Teil eines Ganzen, das wir ‚Universum' nennen, ein im Raum und Zeit begrenzter Teil. Es erfährt sich selbst, seine Gedanken und Gefühle als etwas von allem anderen Getrenntes – eine Art optische Täuschung seines Bewußtseins. Diese

---

[18]) Heinrich Rombach, Der kommende Gott. Hermetik – eine neue Weltsicht, Freiburg 1991, 18 f.
[19]) D. Harding, Das Buch von Leben und Tod, Basel 1989, 197.

Täuschung ist für uns eine Art Gefängnis, das uns auf unser persönliches Verlangen und unsere Zuneigung für einige wenige uns nahestehende Personen beschränkt. Unsere Aufgabe muß es sein, uns aus diesem Gefängnis zu befreien[20]".

Bei Ernst Schrödinger kann man lesen: „Die Vielheit ist bloßer Schein; in Wahrheit gibt es nur ein Bewußtsein. Das ist die Lehre der Upanishaden, und nicht nur der Upanishaden allein. Das mystische Erlebnis der Vereinigung mit Gott führt stets zu dieser Auffassung, wo nicht starke Vorurteile entgegenstehen[21]".

Und er sagt an einer anderen Stelle: „Fühlen und Wollen, das du dein eigen nennst, kann nicht vor nicht allzulanger Zeit in einem angebbaren Augenblick aus dem Nichts entsprungen sein; vielmehr ist dieses Erkennen, Fühlen und Wollen wesentlich ewig und unveränderlich und ist numerisch nur eines in allen Menschen, ja in allen fühlenden Wesen. Aber auch nicht so, daß du ein Teil, ein Stück bist von einem ewigen, unendlichen Wesen, eine Seite, eine Modifikation davon, wie es der Pantheismus des Spinoza will. Denn das bliebe dieselbe Unbegreiflichkeit: Welcher Teil, welche Seite bist gerade du, was unterscheidet, objektiv, sie von den anderen? Nein, sondern so unbegreiflich es der gemeinen Vernunft scheint: Du – und ebenso jedes andere bewußte Wesen für sich genommen – bist alles in allem. Darum ist dieses dein Leben, das du lebst, auch nicht ein Stück des Weltgeschehens, sondern in einem bestimmten Sinn das ganze[22]".

Zum besseren Verständnis des Folgenden möchte ich zunächst über die Stufen des Bewußtseins sprechen.

3. Stufen des Bewußtseins
Transpersonale Ebene

Der Mensch gleicht einem Passagier auf einem Ozeandampfer. Er kann immer nur bis zum Horizont schauen. Aber was hinter dem Horizont liegt, ist viel gewaltiger als alles vor dem Horizont. So ist es mit unserem Ichbewußtsein. Es kann immer nur bis zum rational begreifbaren Horizont schauen. Aber was hinter diesem rationalen Fassungsvermögen liegt, ist viel gewaltiger als alles, was davor begriffen werden kann. Wer sich heute mit Mystik beschäftigt, kommt an der transpersonalen Psychologie nicht vorbei. Sie bestätigt, wie die Naturwissenschaft, daß es transmentale Ebenen des Erfahrens von Wirklichkeit gibt. Ich beschränke mich in diesem Vortrag auf die Ebene des kosmischen Bewußtseins.

Auf die unteren Stufen des transpersonalen Bewußtseins, die feinstofflich bzw. kausal heißen, möchte ich nicht eingehen. Ich will sie aber kurz nennen und sagen, daß sie nur Begleiterscheinungen der echten mystischen Erfahrung sind. Sie beinhalten Bereiche wie Astralreisen, okkulte und PSI-Phänomene, aber auch Präkognition, Hellsehen, Telekinese und Telepathie und die Begegnung mit archetypischen Gottheiten oder Geistwesen. In der christlichen Mystik wurde diesen Begleiterscheinungen oft zu viel Aufmerksamkeit geschenkt, ja sie wurden teilweise fälschlicherweise für mystische Erlebnisse gehalten. In der echten Mystik sind sie eher Hindernisse auf dem Weg.

[20]) Zitiert nach: Ken Wilber, Halbzeit der Evolution, Bern, München, Wien 1984, 20.
[21]) In: H.P.Dürr, Physik und Transzendenz, Bern ²1988, 160.
[22]) Ebd. 191.

Das kosmische Bewußtsein

Kosmisches Bewußtsein bringt die Erfahrung, bis zur Urwirklichkeit vorgedrungen zu sein, zur Erfahrung des letzten und höchsten Prinzips. Dieses höchste Prinzip wird als Ursache von allem erfahren. Raum und Zeit, aber auch alle existierenden Formen, materieller, psychischer und geistiger Art werden als relativ erfahren. Sie gehen aus diesem Urprinzip in nicht beschreibbarer Weise hervor. Diese Erfahrung läßt sich nicht mehr in rationale Kategorien fassen. Worte und symbolische Strukturen der Sprache erweisen sich als lächerlich unzulänglich. Die ganze phänomenale Welt, wie sie in gewöhnlichen Bewußtseinszuständen begriffen wird, erscheint in diesem erweiterten Bewußtseinszustand als relativ und subjektiv. Ein Erlebnis dieses Urprinzips, mag es noch so kurz sein, reicht aus, um alle Bedürfnisses des Menschen zu befriedigen, alle Fragen sind beantwortet. Es besteht kein Verlangen, noch weitere Fragen zu stellen.

Die Erfahrung der Leerheit

Die nächste Stufe ist die Erfahrung der Leerheit. Leerheit bedeutet hier nicht Nichts. Leerheit ist wohl vergleichbar mit Eckeharts Begriff Gottheit. Sie ist das ungeschaffene und rational nicht begreifbare Höchste und Letzte. Diese Leerheit steht hinter dem kosmischen Geschehen und liegt andererseits allen Erscheinungsformen zugrunde. Sie ist jenseits von Raum und Zeit, jenseits jeder Dichotomie, jenseits von gut und böse, jenseits aller Formen von Kausalität, jenseits von Tod und Leben und jenseits von Ekstase und Raptus. Diese Leerheit geht schwanger mit allen Existenzen und führt daher ins Hier und Jetzt.

Nicht-Zwei

Die Erfahrung der Nicht-Zwei ist der letzte Schritt in der Erfahrung, daß jede Form die Nicht-Form enthält. Form ist Leerheit, Leerheit ist Form, wie das Herz-Sutra sagt. Leerheit und Form sind koexistent. Eins von beiden kann so wenig erscheinen wie ein Stab mit nur einem Ende oder eine Münze mit nur einer Seite. Jedes Koan des Zen verweist auf dieses Faktum.

Für diese Einheit gibt es in der Mystik viele Bilder. „Einst fragte das Halbdunkel den Schatten: ‚Zuvor bist du herumgelaufen, und nun hältst du an; zuvor hast du gesessen, und nun stehst du auf. Warum diese Wankelmütigkeit?‘ Der Schatten antwortete: ‚Das kommt, weil mein Tun mit den Bewegungen eines anderen übereinstimmt... Meine Übereinstimmung mit den Bewegungen von etwas anderem ist wie die Übereinstimmung der Schlange mit der Schuppenhaut oder die Übereinstimmung der Zikade mit ihren Flügeln. Wie könnte ich denn wissen, warum ich das eine und nicht das andere tue?‘[23]“.

Formen sind kein statischer Zustand. Formen und Strukturen, die uns fest erscheinen, sind in Wirklichkeit Bewegung. Ein Atom ist keine feste Form, es ist stets voller Bewegung. Auch der Mensch ist keine feste Form, er ist Bewegung. Alle Formen

---

[23]) Chang Chung-yuan, Tao, Zen und schöpferische Kraft, Köln ⁵1987, 85.

sind Bewegung des Urprinzips. Urprinzip oder Leerheit sind die ontologische Grundlage, aus der die Form entsteht.

In der Leerheit stecken zu bleiben, ist die große Falle in der Mystik. Im Koan 26 des Mumonkan[24] heißt es: „Wird der Vorhang hochgerollt, erfüllen Helle und Klarheit den leeren Weltenraum. Doch für den Grundsatz unserer Schule reicht der leere Weltraum nicht. Weit besser ist's, wegzuwerfen Leere und jedes Ding." Positiv[25] ausgedrückt: „Die Blumen im Frühling – der Mond im Herbst. Im Sommer die kühle Brise – im Winter Schnee... Das ist des Menschen glücklichste Jahreszeit." In der ekstatischen Leerheit zu bleiben, führt leicht zur Weltverneinung und zum Desinteresse an der Welt und ist letztlich weltverachtende Pseudomystik. Doch darüber später noch mehr.

4. Der Mensch auf dem Weg zum Menschen oder das neue Menschenbild

Die Evolution hat die Spezies Mensch mit einigen Wahrnehmungsmöglichkeiten versehen, die es ihr ermöglichen, sich in der Biosphäre dieses Planeten zurechtzufinden und sich einigermaßen zu behaupten. Ein direkter Zugang zum Wesen des Seienden mit Hilfe der rationalen Fähigkeiten blieb ihr jedoch versagt. Sie brauchte das in den Jahren der Menschheitskindheit ja auch nicht. Zum Überleben reichte es zunächst, Angst zu haben, Schmerzen zu empfinden, sich verständigen und davonlaufen zu können. Alles andere war für das Überleben nicht unmittelbar wichtig, und so hat es die Spezies auch nicht entwickelt.

Die Zeiten, in denen sich der Mensch mit der Entfaltung dieser Anlagen zufrieden geben konnte, sind vorbei. Er kann es sich nicht mehr leisten, den Bereich des Transpersonalen, des Numinosen, aus seinem Menschsein auszuklammern. Da er aber nicht mehr in der Lage ist, die religiöse Weltdeutung seiner Vorfahren ohne weiteres zu übernehmen, muß er sich nach neuen Paradigmen umschauen. Das heraufkommende Paradigma ist – davon bin ich überzeugt – die Umkehrung der menschlichen Selbst- und Weltdefinition: Der Mensch ist nicht ein materielles Wesen, das auch Bewußtsein hat; er ist Bewußtsein, das sich im Menschen ein materielles Organ geschaffen hat.

Mensch sein heißt nicht, einen Körper haben und von Zeit zu Zeit eine nichtkörperliche (mystische) Erfahrung zu machen. Der Mensch ist vielmehr nichtmaterielles Bewußtsein, das zeitweise eine menschliche Erfahrung in einem Körper macht. „Der Geist Gottes schwebte über den Wassern" (Gen 1,1), so beginnt das Alte Testament. Am Anfang war der Geist, nicht die Materie.

Wir erleben unseren Körper als fest. In Wirklichkeit ist er so leer wie interstellarer Raum. Unser Körper gleicht dem Sonnensystem. Zwischen den einzelnen Himmelskörpern ist leerer Raum. Leerheit ist nicht Nichts. Sie ist die Fülle des nichtmateriellen Bewußtseins. Dieses nichtmaterielle Bewußtsein drückt sich als materieller Körper aus, aber es ist in sich zeitlos und nichts anderes als ein Feld unbegrenzter Möglichkeiten. Das klingt in den Ohren mancher Menschen sehr neu. Die Mystik wußte das immer.

---

[24]) Kôun Yamada, Die torlose Schranke. Mumonkan, München 1989, 150.
[25]) Ebd. 114.

Die andere Weltsicht – das andere Weltbild

Dieses neue Paradigma wird sich nicht nur auf den Dialog der Rassen, Religionen und Völker, sondern auch auf das Zusammenleben entscheidend auswirken. Der Mensch wird aus der Egozentrik nicht herausfinden, ohne daß er sich von Grund auf anders versteht. Im Zen gibt es ein Koan vom weißen Hasen: „Onkel Mitsu Shi ging mit Tozan spazieren. Ein weißer Hase schoß vorbei. Der Onkel sagte: „Wie schnell!" Tozan fragte: „Wie ist das?" Der Onkel meinte: „Als ob eine Gemeiner zum Premier ernannt worden wäre." Tozan sagte darauf: „Obwohl du alt und bedeutend bist, redest du immer noch so daher." Der Onkel fragte: „Was würdest du sagen?" Tozan: „Der Prinz eines großen Hauses steigt für einige Zeit die soziale Leiter herunter [26]."

Was wir wirklich sind, könnte man bezeichnen mit intelligenter Energie. Jeder Körper ist ein Fluß von Energie. Wer auf einen Fluß schaut, meint, dieser bleibe immer gleich. In Wirklichkeit ändert er sich jeden Augenblick. Das nicht zu begreifen, ist die große Täuschung von Maya, sagt die indische Esoterik. Es sieht zwar nach etwas Permanentem aus, aber das ist es nicht. Wir werden von den Mustern, die wir unseren Sinnen beigebracht haben, ständig betrogen. Die Sonne geht nicht auf, die Erde dreht sich.

Das alte Schema meinte, der Geist sei im Gehirn, Intelligenz sei im Nervensystem. Aber Bewußtsein ist nicht im Körper eingeschlossen, es reicht so weit wie der Kosmos. Es ist unendlich, drückt sich nur in lokalisierbaren Formen aus. Das alte Paradigma lautet: „Wir sind menschliche Wesen, die eine spirituelle Erfahrung machen." Das neue Paradigma lautet: „Wir sind spirituelle Wesen, die eine menschliche Erfahrung machen."

Christlich ausgedrückt, heißt das: „Wir sind göttliches Leben, das diese menschliche Erfahrung macht. Wir sind göttliches Leben, das sich inkarniert hat, das Mensch geworden ist." Das ist die Botschaft von der Inkarnation Gottes in Jesus. Wie in Jesus ist dieses göttliche Prinzip in jedem von uns Mensch geworden. Das Universum ist nichts anderes als ein Bewußtseinsfeld, das sich immer wieder materialisiert. Es kreiert den physischen Körper und das Universum. Gott kreiert sich selber in jedem Augenblick. Leider haben die christlichen Kirchen diese Botschaft auf Jesus verkürzt und eingeschränkt.

Die Mystik sagt uns, daß wir unser Leben nicht in Zeiträumen von ein paar Jahren messen dürfen, als etwas, das 80 Jahre erscheint und dann endgültig eingefroren wird in das, was wir Christen Himmel nennen oder Anschauung Gottes. Unsere wahre Erfahrung ist die des Kommens und Gehens, also die Entfaltung dieser Urwirklichkeit. Diese ist nicht Statik. Sie ist Ruhe und Dynamik. Diese Dynamik im Werden und Vergehen zu erfahren, das ist Vollendung. Geborenwerden und Sterben als Ausdrucksform dieser Urwirklichkeit zu erfahren, das ist Satori, Unio mystica, Erfahrung des Atman usw. Es ist das Innewerden der überquellenden „Gottheit", von der Eckehart spricht, er predigt, daß Gott ein In-sich-selbst-Ruhen und Feststehen ist, „überdies aber ein gewisses Kochen oder Sich-selbst-Gebären, das in sich

---

[26]) Koan Nr. 56 des Shoyo-roku.

glüht und in sich selber und über sich selbst verfließt und kocht, ein Licht, das im Licht und ins Licht mit sich ganz durchdringt[27]."

Der Mystiker erfährt die Einheit von Atman und Brahman, von Welt und Gott, von Form und Leerheit. Er erfährt, daß die individuelle Form und der göttliche Urgrund koexistent sind. Daher geht es in der echten Mystik nicht um eine Weltverneinung, sondern darum, sie als Manifestation der Urwirklichkeit zu begreifen.

Was der Mensch „Person" nennt, ist eine falsche Person. Diese Person erlebt sich als von der Urwirklichkeit abgespalten. Die ewige Person erfährt der Mensch, wenn diese falsche Person in der mystischen Erfahrung stirbt.

Schon mit der Sprache haben wir die Entfremdung gelernt. Wir drücken uns falsch aus. Wir gebrauchen eine betrügerische Sprache. Wir sagen: Ich bin geboren. In Wirklichkeit müßten wir sagen: Es ist geboren. Geboren wird immer nur diese Urwirklichkeit. „Geboren wird immer nur der Herr," sagt die Gita. Es ist nicht unser Leben, das wir leben, es ist Gottes Leben. Wir sind nur die Gefäße, in denen er sich präsentiert.

Daß Welt und Mensch aus Materie bestehen, ist Aberglaube. Kosmos und Mensch sind Bewußtseinsenergie, die sich in verschiedenen Objekten und so auch im Menschen offenbart. Langsam erkennen wir, daß der Materialismus, dem unsere Spezies eine Zeit lang verfiel, der größe Unsinn war.

5. Chance für einen interkulturellen und interreligiösen Dialog

Eine solche Auffassung von Wirklichkeit – und es ist die Auffassung des künftigen Menschen – wird das religiöse und politische Weltbild transformieren und den Menschen ändern. Bis jetzt haben wir gemeint, wir seien menschliche Fleischklumpen, die von einander getrennt sind durch Raum und Zeit. In Wirklichkeit sind wir ein einheitliches Energiefeld, das sich in verschiedenen Formen manifestiert. Und darum finden wir in unserem tiefsten Wesen den ganzen Kosmos, und von daher lassen sich Aussagen der Mystik wie „Ich bin das", „Ich bin nicht getrennt" und „Ich bin Gott" verstehen. Ich bin diese formgewordene Manifestation dieses Energiestromes. Christlich ausgedrückt: In mir manifestiert sich dieses göttliche Leben. In mir inkarniert es sich. Wenn der Mensch sich so erfährt, hat das einen gewaltigen Einfluß auf das politische und soziale Zusammenleben. Denn er erfährt das Leid des anderen als sein Leid und die Freude des anderen als seine Freude.

Konrad Lorenz soll einmal gesagt haben, daß der Mensch das „missing link" sei, das fehlende Stück also zwischen dem Tier und dem wirklichen Menschen. Wir sind erst halbwegs dort, wo der wirkliche „homo sapiens" lebt. Bis jetzt gleicht unsere Spezies mehr einer hilflosen, fremdgesteuerten Marionette, die erst noch zu einem ganzen Menschen transformiert werden muß. Ohne diese Transformation dienen alle rationalen Erkenntnisse, alle unsere Erfindungen eher dem Untergang als dem Wohl.

Nach der Meinung Karl Rahners muß der „Christ der Zukunft ein Mystiker sein, oder er wird nicht mehr sein". Ich möchte lieber sagen: Der Mensch der Zukunft

---

[27]) Meister Eckehart, Deutsche Predigten, a.a.O., 34.

wird ein Mystiker sein, oder er wird nicht mehr sein. Entweder die Spezies Mensch schafft den Sprung in die interkulturelle Einheit – Dialog ist für mich nur ein Zwischenziel –, oder sie verschwindet im Evolutionsprozeß wie Millionen andere Gattungen auch.

6. Der Weg der Transformation

Der Weg in die Erfahrung der Einheit allen Lebens und damit die Erfahrung dieser interkulturellen Einheit ist kein kurzer Weg. Aber der Mensch ist dafür angelegt. Jean Gebser hat die Entwicklung des menschlichen Bewußtseins dargestellt und gezeigt, daß sich das Bewußtsein aus einem archaischen Vorbewußtsein in ein magisches Bewußtsein, von da in ein mythisches und vom mythischen in ein mentales Bewußtsein entfaltet hat. Er war fest davon überzeugt, daß es sich in das aperspektivische bzw. mystische Bewußtsein weiterentwickeln wird.

Der Weg, der zu einer wirklichen Transformation der Persönlichkeit führt, geht durch Wüste, durch Einsamkeit, Frustration, Verzweiflung und durch das Sterben des Ich. Und das ist für die meisten ein dramatischer Prozeß. Dieser schmerzhaften Wandlung weicht der Mensch aus, solange er kann. Meistens kommt die Einsicht – wenn überhaupt – erst nach einem Schock, einem tiefen Leid, nach etwas, was wir Menschen Unglück nennen, was aber für viele die Rettung bedeutet.

Wenn ich vom Sterben des Ich spreche, ist das für Psychologen, die sich um eine Stärkung der Ichstruktur bemühen, leicht mißverständlich. Wenn es im Zen z. B. heißt: „Stirb auf deinem Kissen!", ist lediglich die Zurücknahme der Ichwahrnehmung zugunsten einer umfassenderen Erfahrung gemeint. Das Ich selber jedoch geht gestärkt aus jeder mystischen Erfahrung hervor.

Der Weg führt nicht zurück ins Paradies, in den Uroborus, sondern durch die Ichwerdung hindurch ins volle Menschsein. Das Pleroma, die Fülle des Menschseins, liegt vorne. Der Weg ins Erwachsensein ist nicht leicht. Im Märchen wird die Pubertät oft durch den Drachenkampf des Helden symbolisiert. Im Drachenkampf gelingt dem Ich die Überwindung der verschlingenden Seite des Unbewußten, der uroborischen Mutter. Vor diesem Kinderparadies der Symbiose, aus dem uns die Ichwerdung vertrieben hat, steht der Cherubim mit dem Flammenschwert. Niemand kann auf dem Weg des Erwachsenwerdens in dieses Paradies zurück. Rückkehr würde einem „uroborischen Inzest" (Erich Neumann[28]) gleichkommen. Was jeder einzelne Mensch auf dem Weg vom Kind zum Erwachsenen zu bewältigen hat, muß heute die Menschheit als ganze auf ihrem Weg zum vollen Menschentum leisten.

Die Mythen haben diese Transformation dargestellt als Heldenweg. Daß der Mensch diesen „Heldenweg" der Individuation (E. Neumann) nicht gehen will, daß er aus dieser Welt, aus diesem Leib fliehen will, war in der Esoterik immer eine Gefahr und eine Versuchung, der nicht jeder widerstehen konnte. Aber Mystik, die nicht in den Alltag führt, ist ein Irrweg, ist Pseudomystik und Verweigerungsmystik. Es gibt diese uroborische Pseudo-Mystik. Sie ist antikosmisch, weltverneinend,

---

[27]) Meister Eckehart, Deutsche Predigten, a.a.O., 34.
[28]) E. Neumann, Ursprungsgeschichte des Bewußtseins, München o.J.

ja weltverachtend. In der wahren Mystik werden jedoch nicht nur Welt und Mensch bejaht, sondern auch das Ich und der Geschichtsprozeß in der Zeit. Der Mystiker zielt nicht auf das Jenseits, auf den Himmel. Die Vollendung liegt im Hier und Jetzt. Sie ist nur verborgen.

Dadurch, daß die Urwirklichkeit schaffend und gebärend ist, ist sie ihrem tiefsten Wesen nach weltbejahend. Die Erfahrung dieser Wirklichkeit läßt auch den Mystiker schöpferisch und weltbejahend werden. Gott „offenbart sich wahrhaft und vollendet und ganz so wie er ist, und erfüllt den Menschen so bis zum Überfluß, daß er ausquillt und ausfließt aus übervoller Fülle Gottes[29]“. Aus diesen Grundgegebenheiten leitet sich auch die Verantwortung des Mystikers für die Welt ab.

Was wir gemeinhin Ursünde nennen, ist keine Sünde. Sie ist vielmehr ein notwendiger Schritt in der Menschheitsentwicklung. Der Mensch mußte aus dem paradiesischen Zustand der Symbiose heraus. „Die psychologische Grundtatsache, daß das Ich vom wahren Selbst und von der Ganzheit der Psyche abgetrennt und selbständig geworden ist, wird theologisch projiziert in den Mythos vom Abfall des Menschen von Gott und vom Abfall der Welt vom Urzustand[30]“. Die christliche Theologie nennt das Ursünde. Es ist ein verhängnisvoller Begriff, weil er den Menschen für seine Reifung verantwortlich macht, als ob das Kind für sein Erwachsenwerden verantwortlich wäre.

In Wirklichkeit fällt nicht das böse menschliche Ich vom göttlichen Selbst ab, sondern umgekehrt, Gott zieht sich gleichsam zurück, damit der Mensch erwachsen werden kann. Erwachsen zu werden, ist ein schmerzhafter Prozeß. Es gehört zum Weg der Verwandlung, am Kreuz diese Spannung zwischen Individuum und Ganzheit zu erleiden.

In der Persönlichkeitsentfaltung des Mystikers handelt es sich also nicht, wie oben bereits gesagt, um einen regressiven Prozeß der Ichauflösung. Der mystische Weg wird immer durch eine Ichstärkung vorbereitet. Das Ich entfaltet sich auf dem Weg. Am Ende steht nicht eine Ichauflösung, sondern das Bewußtsein verändert sich, bis nicht mehr das Ich das Zentrum darstellt, sondern das Selbst[31]“.

Die falsche Mystik kann das Abgründige des Numinosen nicht annehmen, darum erklärt sie die Welt für gefallen, verschuldet, gesunken, verführt, getäuscht und verdorben. Sie will nicht wahr haben, daß Leben und Schöpfung in Polarität und Spannung geschehen müssen, zu der auch der Teufel, das Böse, die Schuld, die Sünde und der Tod gehören. Falsche Mystik hält letztlich die Schöpfung für einen Irrtum Gottes oder für das Werk eines zweitrangigen Demiurgen.

Es gibt eine Deutung von Baal-Schem-Tow, dem Begründer der chassidischen Bewegung, zu dem Satz: „Mit Gott ging Noa“. Dort heißt es am Ende: „Darum, wenn sich der Vater von ihm entfernte, wußte Noa: Das ist, damit ich gehen lerne[32]“. Gott mußte den Menschen gleichsam allein lassen, wie eine Mutter ihr Kind allein lassen muß, damit es selbständig wird. Ein Sufitext läßt Gott sprechen: „Ich war

[29]) Meister Eckehart, Deutsche Predigten a.a.O., 277, 25 ff.
[30]) E. Neumann, Kulturentwicklung und Religion, Zürich 1953, 178.
[31]) E. Neumann, Kulturentwicklung und Religion, a.a.O., 182/3.
[32]) Bei E. Neumann, ebd., 178.

ein verborgener Schatz und wollte erkannt werden; deshalb schuf ich die Welt." Es gilt, in dieser Welt die Evolution des Urprinzips Gott zu erkennen.

Ein Wort aus dem Judentum lautet: „Gott und die Welt sind gleichsam Zwillinge[33]". Eckehart meint, daß die Welt so alt ist wie Gott: „Auf einmal und zugleich, als Gott war, da er seinen ihm gleich ewigen Sohn als ihm völlig gleichen Gott erzeugte, schuf er auch die Welt[34]". Und: „Desgleichen kann zugegeben werden, daß die Welt von Ewigkeit her gewesen ist[35]". Gott und Welt gehören zusammen. Sie sind nur zwei Aspekte der einen Wirklichkeit.

Christliche, buddhistische und andere Redogmatisierungen geben manchen mystischen Erfahrungen einen weltfeindlichen Anstrich. Aber echte Mystik ist menschenfreundlich. Ein chassidisches Wort drückt das so aus: „Einer kauft sich im Winter einen Pelz, ein anderer Brennholz. Und was ist der Unterschied zwischen ihnen? Jener will nur sich, dieser auch anderen Wärme spenden." Echte Mystik versteht sich als Erlösungsweg des Menschen. Der „mystische Liebestod, der nicht zur Auferstehung führt, ist ein Versagen!" (G. Schmid[36]) Wir brauchen eine Transformation der Religion, nicht nur eine Reformation, d. h. eine radikal neue Erfahrung des christlichen Glaubens.

7. Verantwortung der Esoterik für die Erde

Die neue Bewußtseinsebene führt uns nicht nur zu einem neuen interkulturellen Dialog, sie führt auch zu einer gemeinsamen Verantwortung für die Erde. Harada Dai-Un Sogaku Roshi, der Vater der Zenrichtung, der ich angehöre, berichtet folgende Begegnung mit seinem Dharma-Bruder Kato Chodo: „Eines Tages entdeckte er im Müll ein Eßstäbchen. Er brachte es herein und rief mich zu sich. Er zeigte mir das Eßstäbchen und fragte mich: ‚Was ist das?' Ich antwortete: ‚Ein Eßstäbchen.' – ‚Ja, das ist ein Eßstäbchen. Ist es unbrauchbar?' – ‚Nein!' sagte ich, ‚man kann es noch benützen'. – ‚Ja, aber ich fand es beim Müll unter anderem wertlosen Zeug', fiel er mir ins Wort. ‚Du hast diesem Eßstäbchen das Leben genommen. Vielleicht kennst du das Sprichwort: Wer einen anderen tötet, gräbt zwei Gräber. Du hast dieses Eßstäbchen umgebracht, es wird dich umbringen.'" – Wir wissen heute um die Wahrheit dieses Wortes weit stärker als jener Zenmönch vor vielen Jahren.

Die Studenten der Sofia-Universität in Tokio sammelten einmal die Wegwerfeßstäbchen eines einzigen Tages auf einem Haufen. Jedem wurde klar, daß da täglich in ganz Japan ein riesiger Berg anfällt. Japan holzt dafür die Regenwälder Borneos und Südostasiens ab. Wir holzen die Regenwälder des Amazonas ab, vergrößern das Ozonloch, obwohl wir wissen, daß wir das Klima dadurch radikal verändern, daß die Versteppung Afrikas schnell fortschreitet und wir selber in Riesenschritten einem Klimawechsel zusteuern. Die esoterische Weltsicht ist überzeugt, daß alles Aus-

---

[33]) Bei E. Neumann, ebd., 169.
[34]) Meister Eckehart, Deutsche Predigten, a.a.O., 450,3.
[35]) Ebd., 450, 2.
[36]) Vgl. Georg Schmid, Die Mystik der Weltreligionen. Eine Einführung, Stuttgart 1990, über den Sufismus: 146 – 174.

drucksform des Göttlichen ist. Daß der Mensch sich getrennt von allem erlebt, ist eine Illusion, aber eine Illusion, die ihn umbringt. Was er dem anderen antut, tut er sich selber an. „Wer einen anderen umbringt, gräbt zwei Gräber."

Der mystische Weg führt zurück in die Welt. Man steigt nicht auf den Berg, um oben zu bleiben, sondern um wieder hinunterzusteigen. Es gibt ein unausrottbares Vorurteil gegen die Mystik, das besagt, sie sei weltflüchtig, weltverneinend, weltverachtend. Eine solche Form der Mystik mag tatsächlich existieren. Die Angst, negatives Karma zu erzeugen, treibt manche Menschen in eine „Höhle des Himalaya", in den Rückzug aus der Welt. Das scheint mir jedoch eine Verirrung zu sein, die nicht in Richtung einer vollen menschlichen Entfaltung geht.

8. Mystik – harmonisierend oder revolutionierend?

Wie aus den bisherigen Ausführungen deutlich geworden sein mag, bedeutet die mystische Erkenntnis eine Revolution in unserem Denken und einen Umsturz unseres Weltbildes. Die Worte Wirklichkeit, Menschsein, Kosmos bedürfen neuer Interpretation. Das ist kein leichtes Unterfangen. Aber auch Kopernikus, Galilei und Newton redeten zunächst zu tauben Ohren. Die Zeitgenossen – alles rechtschaffene Menschen – widersetzen sich diesen Erkenntnissen. Die mystische Sicht der Welt ist auch nur ein Konzept, bis sie vom Menschen erfahren wird. Die Menschen tun sich schwer, Fakten anzunehmen, die nicht in ihre Weltanschauung passen.

„Die echte Grunderfahrung des Numinosen kann nicht anders sein als anti-konventionell, anti-kollektiv und anti-dogmatisch, denn sie ist Neuerfahrung des Numinosen" (E.Neumann). Mystik ist daher immer revolutionär und wird von der Institution als störend, wenn nicht sogar als häretisch empfunden. Das führt Mystiker oft in die Konfrontation mit der institutionalisierten Religion. Viele von ihnen wurden vor allem in den theistischen Religionen angefeindet, verurteilt, ja hingerichtet.

Echte Mystik ist daher auch konfessionsübergreifend und damit auf einer höheren Ebene vereinigend. Der mystische Mensch muß sich nicht einer Konfession zurechnen. Die konfessionsgebundene Mystik ist zwar die bekannteste, aber nicht unbedingt die bedeutsamste. Mystiker und Mystikerinnen, die sich keiner Religion zuzählten, konnten sich viel freier ausdrücken. Wer konfessionsgebunden war, geriet (und gerät auch heute noch) mit der dogmatischen Fixierung der jeweiligen Religion und Moral in Konflikt.

Jede Mystik, die gezwungen wird, sich im Rahmen des konventionellen Glaubensbekenntnisses auszudrücken, ist verwaschen oder getarnt. Sie flüchtet sich in nichtreligiöse Terminologie oder verschleiert die Wortinhalte. So haben christliche Mystiker immer wieder ihre Aussagen der Dogmatik angepaßt oder sie getarnt, sodaß sie nur Eingeweihten erkenntlich waren. Johannes vom Kreuz z.B., der wiederholt bei der Inquisition angeklagt war, hat seine Erfahrung in Gedichten, vor allem in Liebesgedichten ausgedrückt. Als er jedoch diese Gedichte auslegte, kam er in Konflikt mit der Institution.

9. Religion – ein Verstehens- und Mitteilungsmodell

Welche Bedeutung hat in diesem Zusammenhang Religion? Offenbarung Gottes, Offenbarung der Letzten Wirklichkeit, wird gewöhnlich als etwas verstanden, das uns erzählt worden ist. Gott hat einen Propheten etwas erfahren lassen. Dieser faßte es in Worte und verkündete es allen. Die Mystik des Ostens und Westens aber versteht Offenbarung als „Erfahrung". Das Göttliche offenbart sich dem Menschen viel intensiver direkt im Geschehen des Augenblicks. Da findet er die wirkliche Gegenwart dieser Urwirklichkeit. Nur da kann er Gott „er-leben". Über den Verstand kann er Gott nur wissen. Von diesem Gott sagt Eckehart: „Wenn der Gedanke vergeht, vergeht auch Gott." Das Beispiel vom Ast und Baum kann dies erläutern. Wenn der Ast sich als Ast erfährt und die anderen Äste um sich herum wahrnimmt und von Stamm und Wurzel nur hört, erfährt er sich, bildlich gesprochen, im Ichbewußtsein. Wenn er sich aber von innen erfährt, dann erfährt er sich als Baum. Dann erfährt er, was er wirklich ist.

Es gibt keinen Punkt Omega. Omega bedeutet Endpunkt, Stagnation. Es gibt nur Alpha und Omega zusammen. Das bedeutet Zeitlosigkeit. Der Westen ist gewohnt, linear zu denken. Der Mystiker dagegen erfährt ganzheitlich. Mystische Erfahrung kommt der Begegnung mit einer Kugel gleich. Wer die ganze Kugel begreift, begreift alles gleichzeitig. Es gilt auf diesem Punkt, auf dem wir stehen, die ganze Kugel zu erfassen. Solange der Mensch Gott nur über den Verstand erkennt, ist es ein sehr dürftiges Wissen. Wenn er aber von innen erfährt, wenn er inne wird, was er wirklich ist, dann ist das eine ganzheitliche Erfahrung.

Es ist die Aufgabe der Religion, den Menschen in die Erfahrung dessen zu führen, was sie verkündet.

Die religiöse Benennung und Bedeutungszuweisung ist nicht wesentlich, sondern hängt von Weltsicht, Religion, Kultur, Bildung usw. ab. Die in sich selbst unaussprechliche Erfahrung drückt sich in den zur Verfügung stehenden Bildern und Begriffen aus. Die Interpretation ist also verschieden. Wie Parmenides, der 500 Jahre vor Christus lebte, Eckehart oder ein Zenmeister des 9. Jahrhunderts nach Christus in China ihre Erfahrung verbalisieren, hängt ganz von ihrer Kultur und Bildung ab, denn der Mystiker kann sich nur in ihnen verständlich machen. Die Evolution des Urprinzips schafft sich immer wieder neue Modelle und Verstehensmöglichkeiten. Modelle und auch Religionen kommen und gehen. Es ist ein Verhängnis, daß sie ihre Aussagen verabsolutieren und damit Entfaltungsmöglichkeit und Weiterentwicklung verhindern.

Die Mystik ist jedoch längst aus den Religionen ausgewandert. Zukav, ein Nobelpreisträger, sagt in einem Buch: „Falls Bohms oder eine ähnliche Physik in Zukunft zur Hauptstoßrichtung der Physik werden sollte, könnten die Tänze des Ostens und des Westens in außerordentlicher Harmonie ineinander übergehen. Seien Sie nicht überrascht, wenn die Vorlesungsverzeichnisse über Physik im 21. Jahrhundert Seminare über Meditation enthalten[37]".

---

[37]) Gary Zukav, Die tanzenden Wu Li Meister. Der östliche Pfad zum Verständnis der modernen Physik: Vom Quantensprung zum Schwarzen Loch, Reinbeck 1988, 351.

Veränderte Bewußtseinszustände sind also im Grunde weder religiös noch profan. Sie werden nur später so etikettiert. Spirituelle Erfahrungen können ohne Bezug zur angestammten Religion ablaufen. Sie lassen sich vergleichen mit einer Bergwanderung. Alle atmen dieselbe Luft, müssen durch die gleiche Nebelwand und kommen in den gleichen Sonnenschein, ganz egal, an welcher Stelle jemand eingestiegen ist. Die mystische Erfahrung kann nicht mehr religionsspezifisch oder konfessionsspezifisch vereinnahmt werden. Aber wenn der einzelne dann seine Aufstiegs- und Gipfelerlebnisse beschreibt, bekommen sie einen religionsspezifischen Duktus. Alle Engstirnigkeiten der Religionen kann auf dem Gipfel überwunden werden.

10. Der Mensch hat Zukunft

Der Wandel der Welt beginnt bei uns. Grundlegende Wandlung der Welt wird niemals durch eine neues Gesellschaftssystem geschehen, sondern nur über den Wandel des Einzelnen. Der Durchschnittsmensch schreit immer gleich nach dem großen Chirurgen, der die entscheidende Operation vornehmen soll. Aber wer die Welt wirklich ändern will, verläßt sich auf keinen Spezialisten. Nur wer selber aus dem Schema der Gesellschaft austritt und Habgier, Erwerbssucht, Machtstreben überwindet, wird etwas ändern.

Die Menschen erwarten den großen Erlöser auch in der Religion von außen. Sie erwarten, daß es einer für sie macht, an dessen Rockzipfel man sich nur zu hängen braucht. Wahre religiöse Führer jedoch wollten nicht erlösen. Sie wollten vielmehr zur Umkehr aufrufen, zur Metanoia, zur Wende nach innen, zum Wesentlichen hin, zur göttlichen Natur. Aber der Mensch hat die Religionsstifter lieber zur Ehre der Altäre erhoben und angebetet, statt diese Metanoia, die sie vorgelebt haben, an sich selber zu vollziehen.

Die Menschheit erfährt sich mehr und mehr als Ganzes, d. h. als eine kollektive Persönlichkeit. Ich meine jetzt nicht ein intellektuelles Begreifen, sondern eine Erfahrung. Diese kollektive Persönlichkeit beruht auf noch nicht erkannten Energien. Noch steht die Menschheit in einem pubertären Abschnitt. Sie weiß noch nicht recht, wer sie ist. Aber die Entwicklung dieser Menschheitspersönlichkeit geht immer schneller voran. Wir erkennen wenigstens schon, daß Freund-Feind-Denken, Nationalismus, religiöser Fanatismus, Gewalttätigkeit uns alle bedrohen und nicht nur den eingrenzbaren Ort, wo diese Krankheiten relevant sind.

Wir können uns kaum vorstellen, wie diese unsere Menschheitszukunft einmal aussehen wird. Aber sie kündet sich schon an in einer neuen Empfindsamkeit für geistige Werte. Wir entdecken, daß das Universum Geist ist und alles Physische nur eine Verdichtung dieses Geistes.

Denn der Mensch ist nicht ein materielles Wesen, das auch Bewußtsein hat. Er ist Bewußtsein, das sich im Menschen ein materielles Organ geschaffen hat. Mensch sein heißt nicht, einen Körper haben und von Zeit zu Zeit eine nichtkörperliche (mystische) Erfahrung zu machen. Der Mensch ist vielmehr nichtmaterielles Bewußtsein, das zeitweise eine menschliche Erfahrung in einem Körper macht.

Der Mensch ist auf dem Weg zum Menschen. Mögen die Hiobsbotschaften in den Nachrichten auch nicht abreißen, das Göttliche Prinzip wird sich von der Spezies Mensch nicht in seiner Entfaltung hindern lassen. Die Welt ist nicht der mißglückte Versuch eines zweitrangigen Demiurgen, sie ist das Werk dieser Urwirklichkeit, die wir Abendländer seit einigen tausend Jahren Gott nennen. Der Mensch hat Zukunft, weil es die Zukunft Gottes ist.

11. Zusammenfassung

Ich fasse zusammen. Die Weltsicht der Mystik kennt nicht die Gespaltenheit zwischen Gott, Mensch und Welt. Der Mystiker feiert alles Phänomenale in Ehrfurcht wie einen Gottesdienst, das Erhabene genauso wie das Widerwärtige, denn es gibt nicht gut und böse, Himmel und Erde. Diese Aufspaltung ist eine Fehlorientierung des Gottes- und Menschenbildes, die ihren Ursprung in einem krassen Anthropozentrismus hat. Wir brauchen eine neue theologische Grundorientierung, es kann nur die Grundorientierung der Einheit von Gott und Welt sein. Diese Grundorientierung führt zu einer neuen Kommunikationsebene und zu einem neuen Verstehensmodell.

Diese so schwierig anmutende Erfahrung drückt sich in einem ganz einfachen Text des Swami Satchitananda aus: „Eines Tages war ich bei der Arbeit im Feld und verletzte meinen Finger. Ich hätte es übersehen können, aber ich säuberte die Wunde und tat ein Pflaster darauf. Hätte ich es übersehen und hätte sich der Finger entzündet, so wäre mein ganzer Körper in Mitleidenschaft gezogen worden. In genau derselben Weise, wenn wir uns als Teil eines kosmischen Körpers empfinden, als Teil des Universums, können wir auch nicht umhin, die anderen Teile zu lieben. Wie könnte es anders sein[38]?"

Sobald wir erfahren, daß wir ein Teil des Ganzen sind, verhalten wir uns den anderen und dem anderen gegenüber genau so wie uns selbst gegenüber. Niemand tut sich selbst etwas Leidvolles an, niemand hat vor sich selber Angst, niemand grenzt sich gegen sich selber ab.

C. G. Jung hat die ganze Problematik einmal auf einen sehr einfachen Nenner gebracht, indem er sagte, daß Mystik für ihn nicht eine Sache des Glaubens, sondern der Erfahrung sei: „Religiöse Erfahrung ist absolut. Man kann darüber nicht diskutieren. Man kann nur sagen, daß man niemals eine solche Erfahrung gehabt habe, und der Gegner wird sagen: ‚Ich bedauere, aber ich hatte sie.‘ Und damit wird die Diskussion zu Ende sein. Es ist gleichgültig, was die Welt über die religiöse Erfahrung denkt; derjenige, der sie hat, besitzt den großen Schatz einer Sache, die ihm zu einer Quelle von Leben, Sinn und Schönheit wurde, und die der Welt und der Menschheit einen neuen Glanz gegeben hat[39]".

Hermann Hesse drückte es in Siddharta so aus: „Weisheit ist nicht mitteilbar. Weisheit, welche ein Weiser mitzuteilen versucht, klingt immer wie Narrheit[40]".

[38]) Deepak Chopra, Die heilende Kraft, Bergisch Gladbach 1992, 140.
[39]) C. G. Jung, Zur Psychologie westlicher und östlicher Religion, Olten/Freiburg 1971 (= Ges. Werke XI), 116.
[40]) H. Hesse, Siddharta, Suhrkamp TB 182, [8]1977, 113.

Und er fährt fort: „Wissen kann man mitteilen, Weisheit aber nicht. Man kann sie finden, man kann sie leben, man kann von ihr getragen werden, man kann mit ihr Wunder tun, aber sagen und lehren kann man sie nicht." Laotze bekannte: „Manche sagen, ich lehre Nonsens. Andere nennen es erhaben, aber unpraktisch. Aber wer in sich hineingeschaut hat, für den macht dieser Nonsens einen tiefen Sinn."

Da ist die alte Geschichte von einem Meister und einem Schüler. Nach solcher Rede fragte der Schüler den Meister: „Leben wir wirklich in der gleichen Welt. Du scheinst in einer ganz anderen zu leben!" Der Meister antwortete: „Wir leben in der gleichen Welt. Der Unterschied ist, du siehst dich in der Welt und ich sehe die ganze Welt in mir."

Manchen scheint dieser „Quantensprung des Bewußtseins" utopisch. Aber diese Utopie ist meines Erachtens nicht nur die Grundlage für einen interkulturellen und interreligiösen Dialog, sie ist die Grundlage für das Überleben der Spezies Mensch.

Im Garten der Gottesliebe

Vom OM-Hauch
sind alle Dinge erschaffen;
die Liebe ist seine körperliche Erscheinung.
OM ist selbst ohne Gestalt,
ohne Eigenschaften,
ohne Vergehen:
Suche die Einheit mit ihm!
Aber diese gestaltlose Gottheit
nimmt tausend Gestalten an
in den Augen ihrer Geschöpfe:
rein ist sie und unzerstörbar,
unendlich und unergründlich.
Sie tanzt in Verzückung,
und Wellen erheben sich
aus diesem Tanz von Gestalt.
Körper und Geist können's nicht fassen,
wenn sie erfaßt
der Gottheit großes Entzücken.
Sie ist enthalten in allem Bewußtsein,
allen Freuden und Sorgen.
Sie hat weder Anfang noch Ende.
Sie hält alles
in Ihrer Gnade[1].

[1]) Aus: Kabir, Im Garten der Gottesliebe, Heidelberg 1984, 38.

Vor dem Unbedingten
tanzt das Bedingte:
„Du und ich sind eins!"
ertönt die Trompete[2].

Wenn Gott in der Moschee wäre,
zu wem gehört dann die Welt?
Wenn Ram in dem Bild wäre,
das du auf deiner Pilgerfahrt findest,
wer weiß dann, was ohne ihn geschieht?
Hari ist im Osten, im Westen Allah.
Schau in dein Herz,
denn dort wirst du beide finden:
Karim und Ram.
All' die Männer und Frauen der Welt
sind seine lebendige Form.
Kabir ist das Kind von Allah und Ram:
Er ist mein Meister,
Er mein Gebieter[3].

Das Juwel ging verloren im Morast,
und alle suchen nach ihm;
einige suchen im Osten,
einige suchen im Westen,
einige im Wasser,
andere zwischen den Felsen.
Aber der Knecht Kabir
schätzte es ein
nach seinem wahren Wert:
wickelte es sorgsam ein
in den Mantelsaum
seines Herzens[4].

Der Herr ist in mir, der Herr ist in dir,
wie das Leben in jedem Samen.
O Knecht!
Leg' ab den falschen Stolz
und suche nach Ihm in dir selbst![5]

[2]) Ebd., 40.
[3]) Ebd., 81.
[4]) Ebd., 84.
[5]) Ebd., 110.

Der eine Strom – in der Vielfalt der Formen

Der unsichtbare Strom

Es geht ein starker Strom göttlichen Lebens durch uns hin.
Er ist warm und klar und unsichtbar.
Er trägt uns und führt uns ganz sicher ans Ziel.

Wir kennen weder die genaue Richtung noch die Ufer,
können's nur ahnen und spüren,
wenn wir in der Mitte des Stromes sind.

Oder wir merken, wenn wir davon abkommen.
Dann schrammen wir übers Seichte und stoßen an steinige Ufer.
Und es ist wieder Zeit, die Mitte zu suchen,
statt nach dem scheinbar rettenden Ufer zu flüchten.

Denn warm ist der Strom und klar und unsichtbar.
Was er wünscht, ist unser Vertrauen und Mitschwimmen
und niemals gegen ihn ankämpfen wollen.

Kein Name weiß ihn treffend zu nennen.
Er ist weder Ich noch Du oder Wir
und doch in uns und um uns und überall.

Er ist ohne Probleme und Sorgen – ohne Warum und Weil.
Es gibt nichts zu bedauern, nichts zu beklagen,
nichts zu bekämpfen und nichts zu fürchten;
auch nichts wünschen und zu begehren,
was jenseits wäre von dem, was gerade – ist.

Selbst Buddha und Christus und der Name Gottes
sind nur einstweilige Hinweisschilder,
bei denen man nicht stehen bleiben darf,
sobald sie genügend geholfen haben.

Auch der warme Golfstrom weiß nicht, welche Richtung er hat,
welche Fische er nährt und welche Wetter er auslöst.
Er ist: reine Gegenwart – warm und klar und unsichtbar,
und gerade jetzt, in diesem Augenblick ist er nicht mal – Strom.

Für und wider den Gebrauch der Reinkarnationsidee

Drei Briefe

Erster Brief

Lieber Freund!

Im vergangenen Jahrzehnt haben wir bei unseren Treffen oft über Gott und die Welt, die Kirchen und die Religionen, den Sinn des Lebens und vieles andere mehr diskutiert. Immer wieder haben wir auch über die Frage der Reinkarnation gesprochen. Sie wurde uns zunehmend wichtiger, zumal es so wenig seriöse Publikationen darüber gibt. Jeder von uns hatte seine eigenen Gedanken, Erfahrungen und Überlegungen einzubringen, und schließlich hast Du mich gebeten, weil Du nun längere Zeit im Ausland bist, die Ergebnisse unserer Gespräche zusammen mit meinen Thesen einmal schriftlich zusammenzufassen. Vielleicht können wir dann nachher wieder neu in dieses Thema einsteigen.

Übereinstimmend waren wir der Meinung, die Frage der Reinkarnation sei nicht das wichtigste Thema in Sachen Religion, aber doch ein sehr wichtiges. Es ist schwer, Verläßliches darüber zu erfahren. Und wenn nicht jeder von uns seine eigenen Fühler ausgestreckt hätte, um mehr Information und Erfahrung zu erhalten, dann wären wir noch heute wie vor fünfzehn Jahren auf das angewiesen, was uns unsere religiöse Erziehung und Bildung dazu vermittelt hatte. Und das war nicht viel. Platt und unbefriedigend erschienen uns die geläufigen Antworten auf die urreligiösen Fragen, woher wir kommen und wohin wir gehen, wenn die Frage nach möglicherweise mehreren Existenzen in dieser irdischen Welt mit den herrschenden Auffassungen verbunden werden sollte.

Oft haben wir uns auch darüber gestritten – wie Du Dich erinnern wirst, bisweilen sehr heftig und manchmal mit vertauschten Rollen –, ob es sich dabei überhaupt um eine sinnvolle Frage handelt oder sie nicht besser beiseite gestellt werden sollte, um die Zeit für wichtigere Themen zu nutzen. Unsere Lebenszeit ist ja kurz, und wir wollten und wollen beide das Bestmögliche daraus machen, für uns und für andere. Warum also auf dieses Thema Zeit verwenden? Heißt das nicht Zeit verschwenden? Am Ende erschien es uns nicht so, daß wir die so kostbare Zeit durch Gespräche über diese Frage verschwendet hätten. Denn wir kamen zu der Überzeugung, es sei entscheidend, in welchem Zusammenhang und warum dieses Thema zu Erörterung kommt.

In diesem ersten Brief möchte ich nun erst einmal die wichtigsten Gegengründe zusammenfassen. Was also spricht

gegen die Beschäftigung mit dem Thema Reinkarnation?

Der wichtigste Einwand gegen ein Sich-Einlassen auf das Reinkarnationsdenken kommt von der – soweit wir herausbekommen haben – übereinstimmenden Lehre der großen Religionsstifter und Weisheitslehrer. Keiner schenkt ihm große Beachtung. Schon eine kleine Auswahl der betreffenden Äußerungen hat uns das gezeigt: *Jesus von Nazareth* z. B. hat offensichtlich die Vorstellung von wiederholten Erdenleben des Menschen in seinem Volk vorgefunden und gekannt, aber nicht in seine Lehre aufgenommen. Gelegentlich hat er sich positiv darauf eingelassen, z. B. als er zur Menschenmenge über Johannes den Täufer sagte: „Was habt ihr denn sehen wollen, als ihr in die Wüste hinausgegangen seid? ... Amen, das sage ich euch: unter allen Menschen hat es keinen größeren gegeben als Johannes den Täufer; doch der Kleinste im Himmelreich ist größer als er... (und später) Und wenn ihr es gelten lassen wollt: Ja, er ist Elija, der wiederkommen soll. Wer Ohren hat, der höre!" (Mt 11,7–15). Johannes der wiedergekommene Prophet Elias!?

Vertreter der Reinkarnationslehre sehen in diesem Text – sicher zu Recht – eine Bestätigung des Gedankens, daß Johannes der Täufer als jener reinkarnierte Elias angesehen wurde: nach einer alten Prophezeiung[1] sollte er vor dem Auftreten des Menschensohnes noch einmal wiederkommen. Jesus kennt offenbar diese Vorstellung[2], knüpft an sie an, macht sie aber nicht zum Bestandteil seiner eigenen Lehre. Sie dient ihm vielmehr dazu, auf die Bedeutung seiner Person aufmerksam zu machen und den alles Bisherige überragenden Inhalt seiner Botschaft vom Himmelreich herauszustellen: Denn der Kleinste in diesem von ihm angesagten Himmelreich ist noch größer als dieser Johannes der Täufer.

Noch bedeutsamer und für Jesu Wirken charakteristischer erschien uns die Geschichte von der Heilung des Blindgeborenen im Johannesevangelium (9,1 ff.). „Unterwegs sah Jesus einen Mann, der von Geburt an blind war. Da fragten ihn seine Jünger: ‚Rabbi, wer hat gesündigt? Er selbst (gemeint ist offensichtlich: in einem früheren Leben)? Oder haben seine Eltern gesündigt, so daß er blind geboren wurde?' Jesus antwortete: ‚Weder er noch seine Eltern haben gesündigt, sondern an ihm soll(en) das Wirken (od.: die Werke) Gottes offenbar werden." Dann folgt die bekannte Szene, in der Jesus den Blindgeborenen mit einem Teig aus Speichel und Erde berührt und heilt. – Jesus geht es offensichtlich nicht darum, zur Reinkarnationslehre Stellung zu nehmen. Er wollte sich in eine Diskussion darüber nicht einlassen und keine Erklärungen über eine kosmische Gesetzmäßigkeit abgeben, die den fragenden Verstand hätte zufriedenstellen können. Er antwortet von einer

---

[1]) vgl. Malachias 3, 23: „Siehe, ich will euch senden den Propheten Elias, ehe der große und schreckliche Tag des Herrn kommt."

[2]) Geprüft werden müßte, ob diese Stelle schon als Ausweis eines allgemeinen Glaubens an Wiederverkörperung dienen kann, oder ob nur bei derart herausragenden Gestalten wie Elias, der ja auch bei der Verklärung Jesu erwähnt wird, an Wiederverkörperung gedacht wurde.

anderen Ebene her. Er ist nicht daran interessiert, die Ursache[3] des gegenwärtigen Übels herauszufinden. Er will, daß hier und jetzt etwas geschieht. Gottes Wirken soll hier und jetzt offenbar werden. Er möchte auch, daß man ihm glaubt, daß seine Botschaft ankommt und daß ein Mensch von seinem Leiden rasch befreit wird (und dadurch seinerseits zum Glauben gelangt). Vor allem soll die Wirkweise und die Perspektive Gottes offenbar werden: Jetzt ist der Augenblick des Heiles – und das Zurück- und Vorwärtsdenken lenkt nur davon ab.

Dazu ist Dir die Anekdote von Buddha eingefallen, der von einem Manne erzählt, welcher von einem giftigen Pfeil getroffen ist. Anstelle der vielen Fragen, die jenem Manne kommen mögen (wer hat diesen Pfeil abgeschossen? Von welchem Stamm war dieser Feind? Warum hat er geschossen? Und warum gerade auf mich?), gehe es dem Buddha allein darum, den Menschen möglichst rasch vom Pfeil zu befreien und die Auswirkungen des Giftes zu unterbinden. „Ist ja wohl kein Zufall," hast Du damals gesagt, „daß sich bei Buddha und Jesus eine ähnliche Haltung findet!"

In der Tat ist der Schluß erlaubt, daß Jesus die Reinkarnationsvorstellung vermutlich kannte, aber nicht als besonders wichtig angesehen hat. In der Geschichte vom Blindgeborenen hat er sie sogar in der Form, die einem Pharisäer-Auge „logisch" erscheinen würde (entweder die müssen gesündigt haben oder der!), zurückgewiesen. Diese rational-lineare Logik ist offenbar nicht die Logik des Absoluten.

Danach haben wir uns mit einer anderen Stelle befaßt. Als Jesus an seine Jünger die Frage richtet: Für wen halten die Leute den Menschensohn, wird als Antwort der Jünger berichtet: „Die einen für Johannes den Täufer, die anderen für Elias, wieder andere für Jeremias oder sonst einen der Propheten" (Mt 16, 13 – 16). Offensichtlich suchten die Leute, um Jesus identifizieren zu können, im Rahmen des Reinkarnationsdenkens nach Gestalten, deren Wiederverkörperung Jesus sein könnte. Auch hier kritisiert Jesus nicht diese Lehrmeinung als solche, versucht aber, die Gedanken der Jünger in eine andere Dimension zu lenken, wiederum mehr in die Gegenwart und zu dem hin, was für die Fragenden existentiell wichtig ist: „Ihr aber, für wen haltet ihr mich?" Und nach der Antwort des Petrus: „Du bist der Messias, der Sohn des lebendigen Gottes" bestätigt Jesus, daß diese Antwort tatsächlich aus einer anderen Dimension herkommt: „Selig bist du, Simon Barjona; denn nicht Fleisch und Blut haben dir das geoffenbart, sondern mein Vater im Himmel." Jesus fühlt sich verstanden. Er reagiert mit der bekannten Verheißung an Petrus. Er gibt ihm einen neuen Namen, der über die Barjona-Identität hinausweist. Offenbar geht es ihm darum, daß andere Menschen nach seinem Vorbild in denselben unmittelbaren Kontakt zu jener transzendenten Wirklichkeit gelangen, die er „Vater im Himmel" nannte. Dazu muß das Denken in Kategorien von Fleisch und Blut überschritten werden – und dazu gehört offensichtlich außer dem Denken in biologischen Abstammungslinien auch das Denken in Kategorien von gleichsam nur „horizontalen" Wiederverkörperungen.

---

[3]) Damit ist nicht jedwede Ursache ausgeschlossen, also auch nicht die Anerkennung des Karma-Gesetzes. Wie White Eagle, Die verborgene Weisheit des Johannesevangeliums, Grafing ³1990, 98108, insbesondere 105–107, darlegt, kann die Ursache auch im Willen des Menschen liegen, der anderen dienen will, damit sie daraus lernen können, hier etwa, „wie" die Herrlichkeit Gottes offenbar wird.

Ich erinnere mich noch genau an Deine Reaktion, als wir dies besprachen. Weil dir die Frage nach der Identität und alles, was damit zusammenhängt, besonders wichtig war, sagtest Du: „Aha! Die eigentliche Identität bekommt der Mensch also nicht aus Ähnlichkeiten mit früheren Leben, sondern aus der ‚ganz anderen‘ Dimension, aus der jenseitigen Wirklichkeit des Reiches Gottes, von dem Jesus sprach." In dem Zusammenhang hast du auch ein Erlebnis erzählt, das uns zu herzhaftem Lachen geführt hat. Als Dich jemand auf eine bestimmte Identitätsvorstellung festnageln wollte, um Dich zu einem bestimmten Verhalten zu nötigen – Du sprachst sogar von „Erpressung" –, hättest Du nur gelacht, mit dem Finger einmal auf den Himmel und die Erde gezeigt und gesagt: „Da ist meine Identität!"

Was Jesus angeht, so nutzte er die Situation, um die Grundintention seiner Botschaft und sein Verständnis von dem, was er „Vater im Himmel" und „Reich Gottes" nannte, an diesem Beispiel deutlich zu machen. Offenbar ging es ihm gar nicht um generelle Lehrmeinungen, weder um eine pauschale Bestätigung noch um eine Verwerfung des horizontalen Denkschemas von mehreren Leben, sondern um dessen Transzendierung. Sein Ziel war, Menschen zu jener vergleichsweise vertikalen Offenheit und Unmittelbarkeit zur göttlichen Wirklichkeit[4] gelangen zu lassen. Das ist wohl der Kern dessen, was man „Glauben" nennt und was die spätere Mystik die Beziehung zum „Gott jenseits" der Bilder und Gestalten genannt hat.

Wir sind dann zu Beispielen aus der östlichen Welt übergegangen und haben uns zuerst mit *Ramana Maharshi* (1879–1950) befaßt. Bei ihm war uns eine Begebenheit aufgefallen[5], als er auf die Frage, worin die von ihm gelehrte Übung bestehe, geantwortet hatte: „In der Suche nach den Quellen des ‚ich‘." Darauf wurde er weiter gefragt: „Das heißt also, Zurückgehen zum Zustand vor der Geburt?" Und Ramana Maharshi entgegnete: „Weshalb an Geburt und Tod denken? Sind Sie tatsächlich geboren? Das Aufsteigen des Geistes wird Geburt genannt. Nach dem Geist erhebt sich der Körpergedanke – der Körper wird wahrgenommen. Dann kommen die Gedanken an die Geburt, an den Zustand vor der Geburt, an den Tod und an den Zustand nach dem Tod. Alle diese Gedanken bewegen sich im Geist. – Wer ist eigentlich geboren?" Antwort des Fragestellers: „So wie ich hier bin, betrachte ich mich als geboren." Und Ramana Maharshi: „Solange es sich um den Körper handelt, dürfen wir von Geburt sprechen. Aber *das Selbst ist weder geboren, noch stirbt es*. Da kann es auch nichts Neues geben. Die Weisen erkennen alles im Selbst. In ihm gibt es keine Vielfalt und daher auch weder Geburt noch Tod." Und an anderer Stelle[6] lasen wir: „Hält jemand sich für geboren, dann kann er der Angst vor dem Tode nicht entgehen. Möge er herausfinden, ob er geboren ist oder ob es Geburt irgendeiner Art für das Selbst gibt. Er wird entdecken, daß das Selbst immer existiert, daß der Körper, der geboren wurde, sich in Denken umwandelt, und daß das Auftreten des Denkens die Wurzel allen Übels ist. Finden Sie heraus, woher die

---

[4]) Wer auf diesem Bewußtseinsstand ist, kann mit dem johanneischen Jesus aus Erfahrung sagen: „Ich und der Vater sind eins" (Joh 10,30) und auch „Ehe Abraham ward bin ich" (Joh 8,58) oder, mit der alttestamentlichen Weisheit: Am Schöpfungsmorgen „spielte ich vor ihm allezeit" (Spr 8,30). Oder in nichtbiblischer Sprache: „Seit Anbeginn der Welt gibt es nichts außer mir".

[5]) R.Maharshi, Gespräche des Weisen vom Berge Arunachala, Interlaken ²1989, 212.

[6]) Ebd., 85.

Gedanken auftauchen. Dann werden Sie im ewig-gegenwärtigen Selbst ruhen und frei sein von der Vorstellung von Geburt und der Furcht vor dem Tod."

Im Selbst, im wahren Selbst, in der absoluten Realität, gibt es also weder Geburt noch Tod. Warum also daran denken? Solches Denken ist nichts anderes als ein Hindernis auf dem Weg der Verwirklichung des Selbst, auf das allein es ankommt. Das ist eine andere Art von Logik als die des horizontalen Ursache-Wirkung-Denkens. Logisch erschien es uns auch; aber wie man außerhalb der Meditation danach leben kann, das war dann eine Frage, die wir nicht mehr so leicht beantworten konnten – vom logischen Denken her. – Dann haben wir uns weiter in Büchern umgesehen.

Der vor einigen Jahren verstorbene Zenmeister *Yamada Kôun Roshi*, den du ja auch einmal kennengelernt hast, schreibt in anderen Worten Ähnliches. Was Ramana Maharshi „Selbst" nennt, heißt bei ihm Wesensnatur oder wahres Selbst. Dazu sagt er im Hinblick auf Leben und Tod: „Unser Leben und Sterben ist wie das Verlassen einer Schale oder Hülse und das Einkehren in eine andere: Es ist wie bei einem Reisenden, der über Nacht in einer Herberge bleibt und sie am nächsten Morgen wieder verläßt. Der Wechsel ist oberflächlich – die Wesensnatur ändert sich auf keine Weise.[7] Und diese Wesensnatur zu erfahren und zu verwirklichen, darum geht es in der Schule des Zen. Noch deutlicher wird er an einer anderen Stelle. Nachdem vom endlosen Kreislauf von Leben und Tod die Rede war, fährt Yamada Roshi fort: „Warum viele Suchende die Wahrheit nicht realisieren können, liegt letztlich daran, daß sie im relativen Bewußtsein gefangen sind und dies für unabänderlich halten. Sie denken, dieses Bewußtsein habe eine Art Gestalt, vielleicht die eines ‚Geistes‘, welcher beim Tod des Menschen den Körper verläßt und anderswohin geht. Genau dieses Konzept jedoch ist die Ursache unserer Illusionen, unseres endlosen Wanderns durch Leben und Tod. Törichte Menschen halten das für unsere Wesensnatur", für das wahre Selbst[8]. – Damit ist der Gedanke an ein konstantes Ich und ein Weiterwandern der „Seele" durch verschiedene Leben deutlich abgelehnt und als Hindernis für den wahren WEG gekennzeichnet. Ja, diese Idee gilt im Buddhismus geradezu als Haupthemmnis auf dem Weg der Erleuchtung und Befreiung. Sie ist Quelle der vielen Illusionen, die uns aufhalten.

Dann sind wir auf *Shakyamuni Buddha* selbst gestoßen. Von ihm ist bekannt, daß er sich um religiöse Dogmen und metaphysische Aussagen nicht gekümmert[9] hat. In einer seiner überlieferten Reden sagte er, ein ernsthaft strebender Mönch ist gar nicht daran interessiert zu erforschen, ob und was er in der Vergangenheit war, und ob und was er in der Zukunft sein wird[10]. Er läßt diese Fragen wie alle ablenkenden Gedanken außer Betracht. Sie könnten ja nur den Ich-Dünkel stärken. Der ernsthafte Bikkhu achtet nur auf das, was ihn zur Befreiung von Leid und Übel führen kann.

Um Dir den Lauf unserer Gespräche in Erinnerung zu rufen, mögen diese Zitate genügen. Sie alle weisen darauf hin, daß ein Fürwahrhalten der Reinkarnationslehre für ein Vorankommen auf dem WEG

[7]) Kôun Yamada, Die torlose Schranke. Mumonkan, München 1989, 194.
[8]) Ebd., 86.
[9]) Vgl. Buddhas Reden, übertr. von Kurt Schmidt, Berlin 1978, 77: „Nach wie vor lehre ich nur, was Leiden oder Übel ist und wie es aufhört."
[10]) Ebd. 131.

a) von niemandem als unbedingt notwendig erachtet wird, ja sogar

b) von den meisten Weisen und Lehrern des WEGES wie alle metaphysischen Anschauungen grundsätzlich als hinderlich angesehen wird.

Dann sind wir zu den christlichen Mystikern übergegangen. Von ihnen ist uns keine einzige Stelle bekannt geworden, wo der Reinkarnationsgedanke vorkam oder auch nur irgendwie – und sei es negativ – in Betracht gezogen wurde. Sie waren alle mehr mit den vorgegebenen Lehren und Bildern im Abendland befaßt, wenn sie sich äußerten. Daher nehme ich an, sie würden zusammen mit dem Appell zum Loslassen aller Bilder, sei es von Gott, sei es vom eigenen Selbst, auch auf dem Loslassen von Reinkarnationsvorstellungen bestehen. Muß nicht das Konzept eines konstanten von Gott abgegrenzten Ichs auch für sie als Haupthindernis auf dem Weg zur Erfahrung des Einsseins mit der göttlichen Wirklichkeit gegolten haben? Und, so haben wir uns damals gefragt, muß nicht letztendlich genau das „sterben", wonach beim Reinkarnationsdenken gefragt wird? Diese kleine, sich entfaltende Ich-Konstante, welche im Laufe vieler Inkarnationen auf die göttliche Vollkommenheit zuwandert? Muß dieses „Etwas" nicht „vergessen" werden, wo immer es auftaucht, um die Unio mit Gott erleben und aus ihr leben zu können?

Wir fragten uns, ob damit eine unbeschränkt gültige, keine Ausnahme zulassende Regel, vielleicht gar ein absoluter Imperativ ausgesprochen ist, kamen dann aber zu der Meinung: Ein solcher Imperativ sei sicherlich gültig für bestimmte Zeiten, z.B. während der meditativen Übungen wie Zazen und Kontemplation. Darüber waren wir uns einig. So haben wir auch der kirchlichen Unterdrückung und der kulturellen Vernachlässigung der Reinkarnationsidee im christlichen Abendland zunächst nicht allzusehr nachgetrauert.

Dazu ist uns sogar eine zusätzliche Begründung eingefallen. Sie hängt damit zusammen, daß im Vollzug der kontemplativen Übung mit dem Verschwinden des Subjekt-Objekt-Gegensatzes auch die Zeitvorstellung verschwindet bzw. überschritten wird. Zeit ist eine Illusion, eine Vorstellung des Verstandes, der bei allen Denkvorgängen auf Gegenständlichkeit angewiesen ist. Die Vorstellung einer ablaufenden Zeit ist eine mentale Hilfskonstruktion. Wir brauchen und gebrauchen sie im Alltag. Aber sie trifft nicht die eigentliche Wirklichkeit, sondern verschleiert sie. Was wir Vergangenheit oder Zukunft nennen, existiert in Wirklichkeit nur als Gedanke im Kopf. „Wirklich ‚wirklich'", so sagtest Du, „ist nur der gegenwärtige Moment." Deswegen ist Unio oder Erleuchtung nur im gegenwärtigen Moment zu erfahren, jetzt oder gar nicht. Dieses Jetzt ist ein Jetzt ohne Vorher und Nachher. Es ist qualitativ ganz anderer Art als das, was wir uns als die ablaufende „Zeit" vorstellen, letztlich sogar un-vor-stell-bar: man kann sich nicht „da-vor stellen", um diese Wirklichkeit „an-zu-schauen"; dann sieht man sie gerade nicht, dann kann man sie gar nicht in ihrer Fülle und Ganzheit wahrnehmen; denn man wäre dann ja selbst „außerhalb" dieser Ganzheit und die Wirklichkeit wäre in ihrer Ganzheit zerstört. Die einzige Art ihrer inne zu werden ist die Erfahrung der Ungetrenntheit, der Einheit und Identität mit ihr in einem gegenwärtigen Moment. Man kann nur darin „sein" bzw. damit „eins" sein in der kontemplativen Vergessenheit aller Vor-Stellungen. Solcher Art ist die Erfahrung der „Ewigkeit", die nicht zeitlich verzettelt ist,

nicht in zeitliche Abläufe auseinandergefaltet ist, aber alle zeitlichen Auseinander-
faltungen wesenhaft in sich enthält.

Springt man nun von diesem „Ewigen Jetzt" in die Zeitlinie, dann muß jeder
gedachte „Zeitpunkt" innerhalb der illusionären, ablaufenden Zeit als von dieser
Einheitserfahrung gleich weit entfernt gedacht werden. So ist ja auch der Mittelpunkt eines Kreises von jedem Punkt der Peripherie als gleichweit entfernt zu denken. Übertragen auf die Reinkarnationsidee, die Idee mehrerer hintereinander
ablaufender irdischer Leben, würde das bedeuten, daß sie vom Mittelpunkt her gesehen alle gleich weit entfernt sind, ja im Grunde „gleich-zeitig" sind. Sie unterscheiden sich nur für denjenigen Beobachter, der sich auf der Peripherie bewegt und die
einzelnen Abschnitte der Peripherie – notgedrungen – „nacheinander" abtastet. Ein
solcher Abschnitt wäre vergleichbar mit einem irdischen Leben innerhalb der
Daten, die auf einem Grabstein stehen. Doch in der eigentlichen Wirklichkeit, im
Kreismittelpunkt, „gibt es" dieses „Nacheinander" gar nicht. Das Nacheinander-
Leben und -Erleben gibt es nur auf der, wie sich herausgestellt hat, illusionären Zeitlinie, aber nicht in der eigentlichen Wirklichkeit. Also macht es auch für den Menschen, dem es um die Einheit mit dem Mittelpunkt zu tun ist, wenig Sinn, einzelne
Abschnitte der Kreis-Peripherie miteinander zu vergleichen. Solches Unterfangen
würde nur die Gedankenwelten im Kopf füllen und die Wahrnehmung der Identität
mit dem Mittelpunkt behindern.

Dieser Gedankengang war schwierig und nur mit bildhaften Vergleichen aus-
drückbar. Aber er hatte etwas Überzeugendes, wenn man ernsthaft versucht, vom
„Mittelpunkt" her zu denken.

Und doch waren wir später mit diesem Ergebnis unserer Gespräche nicht ganz
zufrieden. Was war der Grund für diese Unzufriedenheit? Wenn ich recht erinnere,
hat er nichts mit der Übung der Kontemplation als solcher zu tun. Offen blieben aber
einige Fragen aus anderen Gründen. Die eine Frage war, ob es nicht auch Situationen
geben kann, in denen das Hinschauen auf den bisher zurückgelegten Reiseweg der
Seele Hinweise für die nächsten Schritte geben kann. Die andere, ob der bewußte
Ausschluß der Reinkarnationslehre (und damit aller von dort her einströmenden
Informationen) nicht zu einer egozentrischen Bunkermentalität führt, welche durch
die ausschließliche Konzentration auf den gegenwärtigen Moment die Möglichkeit
zu längerfristigem Planen ebenso verhindert wie das nachhaltige Verfolgen von als
wichtig erkannten Zielen.

Das waren unsere Fragen an die Lehre der großen Weisen und Religionsstifter. Es
ging uns also letztlich darum, was wir „denken" dürfen und können, wenn wir
gleichsam „vom Sitzen aufstehen". Der Wunsch, unsere Erfahrungen und unser
Leben in größerem Zusammenhang zu sehen und, soweit als möglich, auch verstehen zu wollen, schien uns nicht so einfach von der Hand zu weisen. Er ist wohl auch
nicht ganz unwichtig. Schließlich leben wir ja nicht nur in der unsichtbaren, unge-
genständlichen Welt des Mittelpunktes, sondern immer zugleich auch auf der peripheren Zeitlinie. Und unsere Aufgabe, beide Aspekte im eigenen Leben in Einklang
zu bringen, erfordert große Anstrengung und eine enorme Wachsamkeit. Um sie zu
erhöhen und effektiv einzusetzen sollte uns jedes Mittel, was wirklich hilft, nur recht

sein. Dafür, so schien uns, könnte die Reinkarnationslehre dann doch eine willkom-
mene Erweiterung unseres Weltbildes darstellen, wenn es gelingt, sie richtig zu verstehen und sinnvoll in den Lebenszusammenhang einzuordnen. Außerdem kann es
aus therapeutischen Gründen auch durchaus nützlich sein, Einsichten der Reinkarnationslehre anzuwenden. Dafür wollten wir noch weitere Informationen einholen
und dann zusätzliche Überlegungen anstellen.

Über diesen Abschnitt unserer Gespräche, lieber Freund, will ich dann das nächste
Mal berichten und hoffe, daß Du in der Zwischenzeit neben deiner Arbeit auch Gelegenheit findest, am Thema weiterzustricken. Vielleicht hilft Dir der Brief dabei –
schließlich ist er ja dafür aufgeschrieben –, alle Gedanken noch einmal Revue pas-
sieren zu lassen und womöglich neue Einsichten zu gewinnen. Ich halte mich offen
dafür und hoffe, Du findest Gelegenheit, mir Deine Gedanken mitzuteilen. Bis dahin
bleibe ich
in herzlicher Verbundenheit
dein P.

Zweiter Brief

Ja, mein lieber Freund, das war eine große Überraschung für mich, als ich Deinen kurzen Brief mit dem Buddhazitat erhielt. Ich hatte mich bisher nicht damit beschäftigt, finde aber jetzt, daß es eine gute Hilfe für die Weiterbearbeitung unseres Themas darstellt. Zur Erinnerung will ich zuerst das Thema dieses Briefes noch einmal nennen, dann das Zitat wiederholen und schließlich unseren Gedankengang fortzusetzen versuchen. Wir befassen uns jetzt mit den

Gründen für eine Annahme der Reinkarnationslehre

Wie Du mir schriebst, wird von Buddha berichtet, er habe im Zusammenhang mit seinem großen Erleuchtungserlebnis auch Einsichten gewonnen, die für unser Thema wichtig sind: „Ich erinnerte mich," so heißt es, „an mancherlei Vorexistenzen, die ich durchlebt hatte, nämlich an eine Geburt, an zwei, drei, vier, fünf, zehn, zwanzig, dreißig, vierzig, fünfzig, hundert, tausend, hunderttausend Geburten, an mancherlei Weltperioden. (Ich erkannte:) ,Dort war ich, so war mein Name, so meine Familie, meine Kaste, mein Lebensunterhalt, dieses Glück und Leid habe ich durchgemacht, so war mein Lebensende; nachdem ich dort gestorben war, trat ich an jenem Ort wieder ins Leben, so war (dort) mein Name, von jener Art meine Familie, meine Kaste, mein Lebensunterhalt, dieses Glück und Leid habe ich durchgemacht, so war mein Lebensende. – Auf diese Weise erinnerte ich mich an mancherlei Vorexistenzen mit den jeweils charakteristischen Zügen und Umständen. Dieses erste Wissen (vijjâ) erlangte ich in der Ersten Nachtwache' (d. h. zwischen 21 und 24 Uhr)[11]".

In der Tat bekam auch ich genau wie du beim Lesen den Eindruck, daß der Blick sich wie beim Start eines Helikopters immer mehr erhebt und weitet, bis er schließlich in der Unendlichkeit des Horizonts verschwindet. Es muß ein wunderbares Erlebnis gewesen sein, auch wenn es hier in sehr nüchterner Weise erzählt wird. Und es scheint nicht unwichtig, daß es im Zusammenhang mit seiner großen Erleuchtungserfahrung steht. Das ist auffällig. Wir wissen ja auch aus anderen Erfahrungsberichten davon, daß es offenbar so einen Zusammenhang gibt. Echte Erleuchtung und weitreichende visionär-hellseherische Wahrnehmungen sind nicht weit voneinander entfernt. Des öfteren gehen einer Erleuchtungserfahrung auch Einblicke in frühere Leben voraus oder folgen ihr nach. Im Blick auf die Stufen meditativer Praxis und in der Perspektive der Bewußtseinsevolution, die wir bei Ken Wilber[12] kennengelernt haben, ist das kein verwunderliches Phänomen. Theoretischer und in seiner Sprache ausgedrückt heißt das: Die Samboghakaya-Stufe (mit visionärer Hellsichtigkeit) ist innerhalb der aufsteigenden Weiterentwicklung des Bewußtseins eine feinstoffliche Zwischenstufe zwischen dem grobstofflichen Nirmanakaya und der letzten Stufe, dem Dharmakaya, der Erfahrung der Leere und All-Ein-

---

[11]) Aus: Maijjhimanikâya 16 I p. 248; zitiert bei: Hans Wolfgang Schumann, Der historische Buddha, Köln 1982, 71 f.

[12]) Vgl. Ken Wilber, Das Atman Projekt. Der Mensch in transpersonaler Sicht, Paderborn 1990, 113–124.

heit. Mir will sogar scheinen, daß diese Zwischenstufe von der Dharmakaya-Stufe her leichter zu erreichen ist als von der niederen Nirmanakaya-Stufe aus. Es ist fast wie bei einem Haus: Vom dritten Stockwerk kann man leichter ins zweite herunter-gehen und hineinschauen als vom ersten hinauf.

Etwas anderes ist mir noch aufgefallen. Das ist die Tatsache, daß im Buddhazitat innerhalb der einzelnen Inkarnationen auf konkrete Details hingewiesen wird, wel-che die ganze Inkarnation wesentlich geprägt haben: Ort, Name, Familie, soziale Stellung, Freud- und Leiderfahrungen, Lebensende. Das scheint mir deswegen wichtig, weil kurzfristige „Einblicke" und Bilder aus früheren Leben, die ja öfter vorkommen können, noch keine verläßliche Beweiskraft besitzen, weder über den Inhalt des Geschauten, noch über die hellseherische Befähigung dessen, der etwas gesehen hat. Wirkliche Kompetenz in diesem Bereich zeichnet sich durch konkrete, das ganze Leben überspannende und (zumindest teilweise) überprüfbare Angaben aus. Bloße Vermutungen – davon haben wir beide ja genügend Beispiele kennenge-lernt – können leicht in die Irre führen. So viel zum Buddhazitat. Ich finde es sehr lehrreich und bin dir dankbar für diesen Hinweis.

Nun möchte ich mit der Zusammenfassung unserer Gespräche mit den Argumen-ten fortfahren, die *für* eine Annahme dieser Lehre sprechen. Was uns beim Einstieg in die Pro-Argumente zunächst am meisten erstaunt hat, war die weite Verbreitung der Reinkarnationslehre. Trotz der Randstellung oder gar Ablehnung bei den mei-sten Religionsstiftern ist sie doch bei Menschen aller Religionen und, soweit wir feststellen konnten, in nahezu allen Zeiten bezeugt. Eine wenigstens grobe Über-sicht über das Ausmaß der Verbreitung schien uns der Betrachtung wert. Ich wieder-hole dir jetzt unsere wichtigsten Entdeckungen.

Auch wenn die weite Verbreitung noch keine definitive Beweiskraft besitzt, ist sie zumindest erstaunlich. So findet sich die Reinkarnationsidee im Osten bereits in den ältesten religiösen Texten, in den indischen Upanishaden (8. – 5. Jhdt. v. Chr.), spä-ter dann auch in der Bhagavadgita (4. Jhdt.). Im Westen kommt sie schon bei den Ägyptern und Kelten[13] vor, dann bei den Griechen (dort sowohl bei den Orphikern und Pythagoras als auch bei Plato und Plotin), bei den Römern (Vergil), im Parsis-mus, im Judentum (einschließlich der Kabbalah[14]) und im Islam, im Neuen Testa-ment (wie wir andeutungsweise gesehen haben) und später in der christlichen Gno-sis, im Manichäismus und bei den Katharern. Eine erstaunlich breite Bezeugung zumindest der Grundidee, auch wenn die Lehren im einzelnen sehr variieren mögen.

In neuerer Zeit finden wir sie in der Romantik, dem deutschen Idealismus und bei vielen Autoren, welche die moderne Geisteswelt geprägt haben, so bei Kant, Les-sing, Schiller, Herder, Goethe, Kleist, Schopenhauer, Novalis, Heinrich Heine, Richard Wagner, Leo Tolstoi[15], Gerhart Hauptmann[16] und Peter Rosegger. Beson-ders ausführlich wird sie dargestellt und entwickelt bei den Theosophen (wie etwa

[13]) Vgl. RGG³ V, 1638.
[14]) Vgl. Z'ev ben Shimon Halevi, Lebendige Kabbalah, München 1989, 143–148.
[15]) genannt bei Rudolf Passian, Wiedergeburt. Ein Leben oder viele? München 1985, 185.
[16]) Diese Namen nennt Gerhard Adler, Wiedergeboren nach dem Tode?, Frankfurt 1977.

Madame Blavatsky und Annie Besant[17]) und den Anthroposophen (Rudolf Steiner[18]). Im christlichen Raum scheint der einzige in meinen Augen voll vertrauenswürdige Vertreter der griechische Zypriote Stylianos Atteshlis, genannt Daskalos, zu sein. Er besitzt offenbar einen klaren Einblick in frühere Leben bei sich selbst und anderen[19]. Im Kontext seiner christlichen Glaubensüberzeugung[20] vertritt er eine kongruente Lehre[21] über Reinkarnation. Auf Einzelheiten möchte ich hier nicht näher eingehen[22]. Jedenfalls kann die Tatsache, daß diese Lehre trotz der kirchenamtlichen Ablehnung so weit verbreitet ist, auch ein Grund zur Beschäftigung mit der Reinkarnationsidee sein. Wie es scheint, ist die Zahl der Menschen, die sich damit befassen, heute wieder im Zunehmen[23] begriffen.

Wichtiger als das Zahlenargument schien uns die Frage, auf welche Fakten sich die Reinkarnationslehre stützen kann.

So haben wir nach wissenschaftlichen Untersuchungen zur Reinkarnationslehre Ausschau gehalten. Es gibt sie. Eine mit großer Akribie durchgeführte Untersuchung von 20 Einzelfällen stammt von *Ian Stevenson*[24], einem amerikanischen Psychiater und Parapsychologen. Er geht dabei auf Charaktereigenschaften, besondere Fähigkeiten und Körpermerkmale ein. Als Indiz für eine Wiederverkörperung gilt z. B., wenn ein Kind mit einer bestimmten Narbe geboren wird und sich erinnern kann, wie es sie in einem früheren Leben erhalten hat, etwa bei einem Unfall, der zum Tode führte, und wenn noch lebende Zeugen des damaligen Vorfalls dies bestätigen können. Ian Stevenson war bei der Befragung solcher Zeugen äußerst genau und hat alles aufgezeichnet und ausgewertet. Als Ergebnis kommt heraus, daß es viele Eigenschaften und Persönlichkeitsmuster gibt, die einen heute lebenden Menschen mit einem, der früher gelebt hat, so eng verbinden, daß die Lehre von der

[17]) A. Besant, Der Mensch und seine Körper. Reinkarnation, Karma, Dharma, München 1981; sowie: Uralte Weisheit, München 1981.
[18]) R. Steiner, Wiederverkörperung, hg. von Clara Kreutzer, Stuttgart 1982.
[19]) Vgl. dazu die Schriften von Kyriacos C. Markides, Der Magus von Strovolos, München 1988; Heimat im Licht, München 1988; Feuer des Herzens, München 1991. Die Darstellungen scheinen mir im großen und ganzen vertrauenswürdig, auch wenn Daskalos selbst sich in den letzten Jahren vom Autor distanziert hat.
[20]) Vgl. dazu auch seine Auslegung biblischer Gleichnisse: S. A., The Parables and Other Stories, Nicosia 1991.
[21]) Daskalos, Esoterische Lehren, München 1991.
[22]) Sicher dürfte es interessant sein, genauer herauszufinden, warum die Reinkarnationsidee im Christentum seit dem Konzil von Konstantinopel 533 praktisch nicht mehr vertreten wurde. Damals hatte das Konzil die dem Origenes bzw. seinen Anhängern zugeschriebene Reinkarnationslehre verworfen. Nach dieser Lehre hatte Gott zuerst alle Seelen ohne Verbindung mit irdischen Körpern gut erschaffen und ihnen einen Zustand der Anschauung Gottes geschenkt. Nachdem sie sich aber von Gott abgewandt und dem Bösen zugewandt hatten, wurden sie zur Strafe, Sühne und Läuterung in irdische Körper verbannt. – *Diese* eine vorgeburtliche Existenz und Sündenfall implizierende *Lehre* wurde vom Konzil verworfen (D-S 403). – Eine „Seelenwanderungslehre" in dem Sinn, daß auch eine Wiedergeburt als Tier (z. B. als Hund) in Frage käme, wurde von den Kirchenvätern, auch von Origenes, allgemein abgelehnt (vgl. R.Friedli, a.a.O., 52). – Bei der Frage, warum die Idee mehrerer Erdenleben gänzlich verloren ging, muß man wohl auch daran denken, daß die abendländische Menschheit erst mal andere Aufgaben vor sich sah und zu bewältigen hatte. – Hinzukommt, daß eine die Entfaltung des rationalen Bewußtseins nicht zerstörende, sondern positiv weiterführende Handhabung des Wissens über Wiederverkörperungen nicht leicht durchzuführen ist.
[23]) Dafür wird es viele Gründe geben. Die Gefahr sinnlosen Rückwärtsdenkens ist keineswegs immer ausgeschlossen. Aber heute stehen auch Heilmittel zur Verfügung, die es früher nicht so gab. Eine gut verständliche Gesamtdarstellung, auch bezüglich der Vereinbarkeit mit dem Christentum, gibt neuerdings Christopher M. Bache, Das Buch von der Wiedergeburt, Scherz-Verlag 1993.
[24]) Ian Stevenson, Reinkarnation. Der Mensch im Wandel von Tod und Wiedergeburt. 20 überzeugende und wissenschaftlich bewiesene Fälle. Freiburg (Aurum) [4]1983.

Reinkarnation eine Erklärung bieten kann. Doch sei es sehr schwierig gewesen, alle denkbaren anderen Erklärungsmöglichkeiten, die eine Rückerinnerung derselben Person vorspiegeln könnten, mit Sicherheit auszuschließen. Infrage kommen z. B. telepathische Verbindungen, Besessenheit, außersinnliche Wahrnehmungen oder nachträgliche Identifizierung mit einem früheren Menschen. Der zweifelsfreie Beweis dafür, daß „der Mensch den physischen Tod überlebt"[25] hat und in ein neues irdisches Leben eingegangen ist, sei daher nur in ganz wenigen Fällen durchführbar gewesen. Abschließend kommt er zum Ergebnis, daß aus seiner wissenschaftlichen Sicht nur einige bestimmte Fälle eine Erklärung durch „die Reinkarnation *nahelegen* und nicht mehr"[26].

Unsere Bemühungen in dieser Richtung waren also nicht sehr ergiebig. Und wir dachten, dies könne ja an der Begrenztheit des historischen und naturwissenschaftlichen Instrumentariums liegen. Darum haben wir uns noch in anderer Richtung umgetan. Erwähnt seien vor allem einige Formen des praktischen Umgangs mit dem Reinkarnationsgeschehen zu Heilungszwecken. Hierzu werden hellseherische Fähigkeiten entweder beim Ratgebenden oder beim Ratsuchenden oder beiden benötigt. Die Ergebnisse sollten sich dann auf der allgemein zugänglichen Ebene der Körpererfahrung und der physischen Gesundheit zeigen.

So hat der Amerikaner *Edgar Cayce* (1877–1945) 43 Jahre als ratgebendes Medium gearbeitet[27]. In etwa 30 000 Readings hat er auf hellseherische Weise kranken Menschen helfen können, indem er die Ursachen heutiger Krankheiten in früheren Leben entdeckte. Ihm war es auch möglich, entsprechende Heilungsanweisungen zu geben. Über ihren Erfolg ist vielfach berichtet[28] worden. – Auch heute gibt es Medien, deren hellseherische Begabung so ausgebildet ist, daß sie zum Nutzen anderer in frühere Leben dieser anderen Menschen (in der sog. Akasha-Chronik) zurückgehen können, um Erfahrungen in diesem Leben verständlich zu machen und ihnen bei gesundheitlichen und psychischen Problemen zu helfen. Die beste zusammenfassende Auswertung fanden wir dann in einem Buch von Gina Cerminara[29], deren Erkenntnisse auch im größeren Zusammenhang der Bewußtseinsevolution der Menschheit zu weiteren Aufschlüssen führen können. Und wir meinten, es würde sich wohl lohnen, dem später einmal noch genauer nachzugehen.

In anderen Heilungspraktiken, wie etwa in der von *Thorwald Dethlefsen*[30] entwickelten Reinkarnationstherapie, wird das Erinnerungsvermögen des Klienten selbst benutzt, um in einer Art Regressionstrance an Erfahrungen in früheren Leben heranzukommen. Oft wird in ihnen die Ursache gegenwärtiger Schwierigkeiten gefunden. Erstaunlicherweise können Menschen durch solche „Rückführungen" oft

---

[25] a.a.O.,. S. 387
[26] a.a.O.,. S. 9
[27]) Näheres über sein Leben und Wirken bei: Thomas Sugrue, Edgar Cayce. Die Geschichte eines schicksalhaften Lebens, München ²1981.
[28]) Mit ihrer Auswertung befaßt sich die 1932 gegründete amerikanische „Association for Research and Enlightenment" in Virgina Beach, Virginia.
[29]) G. Cerminara, Erregende Zeugnisse von Karma und Wiedergeburt, Freiburg ⁶1981.
[30]) Vgl. Thorwald Dethlefsen, Schicksal als Chance, München (Goldmann 11723) ⁸1984, sowie ders., Das Erlebnis der Wiedergeburt (Goldmann 11749), München 1976 und Chris Griscom, Zeit ist eine Illusion (Goldmann 11787), München 1986.

von psychischen oder somatischen Leiden geheilt werden. Manchmal kommen auch historische Tatsachen ans Licht, deren Echtheit nachher auf andere Weise erwiesen werden kann[31]. In einer anderen Art von Reinkarnationstherapie wird mit erstaunlichen Ergebnissen die Aussagekraft des Horoskops mit einbezogen, so besonders von Baldur R. Ebertin[32].

Inzwischen, so fanden wir heraus, gibt es eine große Menge von Büchern mit mehr oder weniger glaubwürdigen Berichten von Erfahrungen, die das Konzept der Reinkarnationslehre grundsätzlich zu stützen scheinen. Ich brauche dich nicht an alles zu erinnern, was wir damals besprochen haben. Unvergeßlich sind viele Berichte aus unserem Freundeskreis. Beschäftigt haben wir uns auch mit sog. Deja-vú-Erlebnissen[33], die wir selber hatten oder die uns erzählt wurden. Viele Menschen erspüren dabei Zusammenhänge, die sie tiefer ins eigene Unbewußte und eine mögliche Vergangenheit in früheren Leben hineinhorchen lassen. Hinweise auf frühere Leben können überdies enthalten sein in manchen Träumen, in Erfahrungen während der Meditation in tiefer Versenkung sowie in Auskünften, die durch echtes Hellsehen erlangt wurden.

Den deutlichsten Erweis einer praktischen Anwendung der Reinkarnationsidee fanden wir im *tibetischen Buddhismus*. Du wirst dich an die Fernsehsendung erinnern, die wir gemeinsam angeschaut haben. Da wurde gezeigt, wie besonders geschulte tibetische Mönche nach Sterndeutung und Orakelbefragung eine lange Reise antreten, um einen künftigen Lama zu entdecken. Die Suche nach ihm beruhte auf der Vorstellung, daß der künftige Lama die Reinkarnation eines früheren sein und er noch im Kindesalter gefunden werden muß. Dazu wurden dem schließlich in einem anderen Erdteil entdeckten Kind bestimmte Gegenstände aus dem Leben des früheren Lama vorgelegt. Das Kind wurde aufgefordert, diejenigen Dinge zu identifizieren, die es als früherer Lama im Gebrauch hatte. Wir haben gesehen, daß ihm zwei formgleiche Handglocken, zwei gleiche Eßschalen, zwei gebrauchte Gewänder und anderes vorgelegt wurden; und als der Junge die von ihm in einem früheren Leben benutzten Gegenstände klar herausgefunden hatte, waren die Mönche sicher, daß sie den Gesuchten gefunden hatten. Daraufhin wurde er als reinkarnierter Lama anerkannt. Und die Eltern wurden gebeten, den Jungen der Mönchsgemeinschaft zur Erziehung zu überlassen. Traditionsgemäß soll er, wie wir hörten, eine besondere Erziehung und Ausbildung erhalten und später als Nachfolger des jüngst verstorbenen Lama eingesetzt werden. Diese Regelung der Nachfolge eines berühmten Lama basiert also auf dem Reinkarnationsgedanken und erwiesener Rückerinnerung. Interessant ist, daß man sich nicht auf Orakelauskünfte, Deutung von Sternkonstel-

---

[31] So berichtete mir eine Kollegenfrau von einer Rückführung, zu der sie von einem Schweizer Therapeuten angeleitet wurde. Da erlebte sie sich als evangelische Pfarrersfrau im 17. Jahrhundert und wußte auch ihren damaligen Namen, als sie in einer süddeutschen Stadt mit großen Kirchtürmen lebte. Sie schrieb daraufhin an das zuständige Pfarramt in Nürnberg, wo der betreffende Name allerdings nicht in den Annalen auftaucht. Eine Anfrage in Straßburg ergab dann, daß es tatsächlich im 17. Jahrhundert eine Pfarrersfrau mit diesem Namen gegeben hatte.

[32] Baldur R. Ebertin, Reinkarnation und neues Bewußtsein, Freiburg 1987.

[33] Gerade auf Reisen erleben viele Menschen ein Gefühl, das sie fragen läßt: Bin ich hier nicht schon mal gewesen oder diesem Menschen schon mal begegnet? Aber es kann nicht in diesem Leben gewesen sein. Und es scheint doch wahr zu sein.

lationen und hellseherische Auskünfte allein verläßt, sondern historische Beweis-stücke einsetzt, um in der Nachfolge sicher zu gehen. Jeder Dalai Lama gilt als Wiedergeburt eines vorausgegangenen Dalai Lama[34]. Von daher bringt er wohl schon eine besondere Befähigung für dieses Amt mit, auch wenn er in einem anderen Land oder Erdteil geboren wurde. Wir haben uns damals gefragt, warum man den künftigen Lama unbedingt schon als Kind entdecken will. Hat das nur mit der notwendigen Erziehung und Ausbildung zu tun, oder gibt es noch andere Gründe. Darauf habe ich inzwischen eine Antwort gefunden, und zwar in den Äußerungen des jetzigen Dalai Lama selbst.

Er sagte einmal in einem Interview[35], ein Kind mit drei, vier oder fünf Jahren habe noch ein sehr gutes Erinnerungsvermögen an frühere Leben; später werde es von den Erfahrungen des heranwachsenden Körpers überdeckt. Das scheint sehr einleuchtend. Inzwischen ist mir klarer geworden, warum das so sein könnte. Es ist die Zeit, da der sich entwickelnde Mensch beginnt, sich auch im Denken (nicht nur im momentanen Fühlen) mit seinem Körper zu identifizieren. Das Ich-Bewußtsein verliert die atmosphärische Verbundenheit mit den unsichtbaren Welten und wird verkürzt auf das, was mit dem beginnenden rationalen Bewußtsein zwischen individueller Geburt, Familienalltag, bevorstehender Lebensentwicklung und Tod verstandesmäßig begreifbar ist. Anderes wird notwendigerweise „vergessen". Die um die Nachfolge besorgten Mönche mußten sich also rechtzeitig in der Welt nach jemandem umschauen, ehe das Vorwissen verloschen ist. So stellt sich in dieser tibetischen Praxis eine bis heute praktizierte, das Reinkarnationsdenken einschließende Glaubensüberzeugung dar, die in sich stimmig zu sein scheint, auch wenn sie uns Abendländer fremd anmutet.

Einen Gesichtspunkt, der uns besonders interessant erscheint, will ich nicht vergessen, selbst wenn ich ihn nicht ausführlich rekapitulieren kann. Gerade durch die Einbeziehung der Astrologie, der Planetenkonstellation des individuellen Lebenshoroskops sowie der augenblicklichen Stellung im Kosmos, entsteht im Zusammenhang mit der Reinkarnationslehre so etwas wie ein neues Menschenbild, das den Menschen als kosmisches Wesen zeigt: Der Mensch entfaltet, auch wenn er kein Dalai Lama ist, sein göttliches Wesen im Kräftefeld des Universums. Er „ist" nicht nur das, was er durch die Lebensumstände weniger Jahrzehnte lernt und aus sich macht, wie es dem abendländischen Persönlichkeitsdenken entsprechen würde, sondern ein kosmisches Wesen weit größerer Spannweite. Die Entfaltung seines Wesens wird mitgetragen von Prägungen aus vergangenen Zeiten und birgt die Möglichkeit weiterer Entwicklung in künftigen Zeitperioden. So ist er nicht nur „vertikal" im Grund seines Wesens verbunden mit dem Absoluten (mit Gott), was ja das Wesen einer jeden „Re-ligio" ausmacht, sondern bringt auch durch die verborgene Kontinuität vieler Erdenleben im „horizontalen" Prozeß der Evolution für seinen Teil immer mehr das Wesen des Absoluten in der Erscheinungswelt zum Ausdruck. Ob sich wohl auch unser abendländisches Religionsverständnis in dieser

---

[34] Vgl. Lexikon der östlichen Weisheitslehren, München 1986, 88.
[35] Vgl. Richard Friedli, Zwischen Himmel und Hölle – Die Reinkarnation, Freiburg 1986, 86.

Richtung entwickeln wird? Es könnte uns befreien von jener Engstirnigkeit, die aus unserer traditionellen Gleichsetzung von Religion und Moral sowie der Annahme bestimmter historisch begründeter Dogmen und Lehren, Organisations- und Mitgliedschaftsstrukturen resultiert. Religion wäre dann eher Gleichbedeutung mit der bewußten Annahme einer Eingebundenheit des Menschen in ein kosmisches Kraftfeld von grundsätzlich erfahrbaren Tatsachen und Zusammenhängen, die der Evolution des Bewußtseins in Richtung auf das Göttlich-Absolute dienen. Als engstirnig würden dann diejenigen dastehen, die einen Teil der erfahrbaren Wirklichkeit aus dogmatischen und dogmengeschichtlichen Gründen negieren. Dogmatik ist ja oft nur die rationale, also gedankliche – und manche sagen: ausgedachte – Interpretation und Verlängerung historisch bezeugter Erfahrungen anderer.

Als letzter Gedanke in diesem Zusammenhang entstand dann die Frage, ob nicht vielleicht die Gesamtperspektive der Entwicklung von Religion in der Menschheit etwa so aussehen könnte: Religion ging aus von den sogenannten *Natur-Religionen,* in denen man in Steinen und Bäumen, Bergen und Wetterereignissen das Göttliche erblickt hat (sich selbst aber davon getrennt empfand); als zweite Stufe entstanden die *historischen Religionen*, in denen Gründergestalten als gottbegnadete Wesen oder selbst Gott betrachtet wurden (der gläubige Mensch sich selbst aber wieder als davon getrennt empfand); nun scheint die dritte Stufe zu beginnen, in der der Mensch sich selbst als göttliches und kosmisches Wesen entdeckt, seine leibliche Existenz aber in einem (vorübergehenden) kosmischen Zusammenhang lebt und damit der Manifestation des göttlich-einen Wesens im kosmischen Zusammenhang mit allen anderen Wesen und Dingen dient. Wäre das die Grundidee zu einer *kosmischen Religion*, welche das Beste aus den historisch orientierten und organisierten Religionen und natürlich auch den Naturreligionen einschließt und transzendiert? Vielleicht braucht diese neue Religionsform keine Gründergestalten mehr, weil sie innerhalb und außerhalb aller historischen Religionen bereits allmählich hervorwächst. Oder? Sind diese Gestalten (wie Jesus vor Beginn seiner öffentlichen Anerkennung) schon da, aber nicht als solche erkannt und gewürdigt?

Vielleicht können wir nach Deiner Rückkehr darüber mal ausführlicher sprechen. Ich denke, es lohnt sich. Aus dem Dialog zwischen den Religionen könnte ein Dialog über das Wesen von Religion überhaupt und die Zukunft von Religion werden. Nun aber Schluß mit dem Vorausdenken und zurück zu meiner Aufgabe der Zusammenfassung unserer früheren Gespräche!

Was die Reinkarnationslehre im engeren Sinn angeht, so konnten wir jedenfalls feststellen: Es gibt offenbar einige Fakten und praktische Anwendungsbereiche, welche die Annahme der Reinkarnationslehre nahelegen.

Als einen weiteren, aber nicht so tief berührenden Grund, die Reinkarnationslehre für hilfreich zu halten, haben wir ihr Erklärungspotential hinsichtlich besonderer Begabungen und Fähigkeiten angesehen. Manche Vertreter der Reinkarnationsidee halten dieses Argument für ausreichend. Uns ging es nicht so, weil am Ende doch wieder unüberprüfbare Vermutungen im Raum stehen bleiben mußten. Verschweigen wollten wir diese Gesichtspunkte hinwiederum auch nicht. Danach könnte die Reinkarnationslehre nämlich eine Antwort sein auf die Frage nach dem Grund für die immensen Unterschiede zwischen den Menschen in ihrer Begabung und ihrem Schicksal. Jeder Mensch hat ja das Bedürfnis, die Welt- und Lebenszusammenhänge soweit als möglich zu verstehen, sowohl für sich selbst als auch im Blick auf andere Menschen und Völker. Warum gibt es so große Unterschiede? Zwischen reichen und armen, gesunden und kranken, glücklichen und unglücklichen, begabten und unbegabten Menschen? Warum sind dort Menschen in eine unabwendbare Katastrophe verwickelt, warum geschieht hier ein Unglück, während dort der Wohlstand blüht und immer größere Entwicklungschancen winken? Warum hat das eine Kind so wunderbare Begabungen wie beispielsweise Mozart[36] und ein anderes muß sich in den Slums von Kalkutta hilflos durchhungern oder irgendwo in Somalia elend verhungern?

Solche Fragen, das entdeckten wir bald, sind sehr vielschichtig. Keinesfalls dürfte der Wunsch nach Erklärung der ursächlichen Zusammenhänge das konkrete Handeln zur Nothilfe behindern. Andererseits könnte eine aus der Reinkarnationslehre kommende Einsicht darüber, was die so in Not geratenen Menschen denn nun eigentlich für ihre Seelenentwicklung in dieser Situation lernen wollen und können, dazu helfen, ihnen in der rechten Weise dabei behilflich zu sein. Geht man davon aus, daß sie und wir aus dieser Situation etwas für die seelische Evolution lernen wollen und können, und wüßte man genauer, was das ist, dann wäre es leichter, die geeigneten Mittel und Wege zu finden.

Jedenfall – und das war dann wieder eine wichtige Einsicht für uns – dürfte die Reinkarnationslehre nicht nur individualgeschichtliche, sondern auch kollektive Aspekte haben.

Außerdem kann die immense Unterschiedlichkeit der individuellen und kollektiven Lebensschicksale nicht übersehen werden. Sie schreit buchstäblich zum Himmel, nicht nur nach Abhilfe, sondern auch nach Verstehensmöglichkeiten und vielleicht gar Erklärung. Das Nachdenken darüber, warum ein alles Weltgeschehen lenkender Gott dies so und jenes so „verfügt" habe, bietet sicher auch keine befriedigende Erklärung an. Sollte man die Schicksalsunterschiede aus den Handlungen nur eines einzigen Lebens begreifen wollen und alles Übrige dem Walten eines Gottes zuschreiben, dann würde wohl kein Weg an der Vorstellung eines Willkürgottes vorbeiführen. Wir suchten nach dem „Geheimnis hinter" allen unerklärlichen Strickmustern. Gibt es eine „Rückseite des Webteppichs", welche die unterschiedlichen Muster der Vorderseite bedingt und die dem menschlichen Verstehensvermögen doch nicht restlos unzugänglich bleibt? Wer möchte nicht – wie sonst so auch hier – ein bißchen mehr von allem verstehen, was im Leben Rätsel aufwirft?

Und wir sagten uns: Falls die Reinkarnationslehre auf solche Fragen und Phänomene hilfreiche Antworten wüßte, wäre sie wohl auch aus diesem Grund einer ausführlicheren Beschäftigung wert. Man sollte nicht zu viel davon erwarten, aber sie auch nicht vorschnell abtun mit Argumenten, die nur aus der Fixierung auf ein gewohntes Welt- und Menschenbild herkommen.

---

[36]) Dieses Beispiel findet sich z. B. bei Annie Besant, Der Mensch und seine Körper. Reinkarnation. München 1981, 130 f.

Vielleicht – und bis zu dem Punkt waren wir in unseren Gesprächen gekommen – könnte irgendwann einmal die Vorstellung der Evolution der einzelnen Individuen durch mehrere Inkarnationen hindurch zusammen mit der langfristigen Bewußtseinsevolution der gesamten Menschheit, die sich über Jahrhunderte und Jahrtausende erstreckt, in einen großen Blick zusammengefaßt werden. Vielleicht – und jetzt fällt mir wieder die Helikopterperspektive deines Buddhazitates ein – ließen sich dann ein Standpunkt und ein Blickwinkel finden, von dem aus ein tieferer und in sich „stimmiger" Einblick in die Gesetzmäßigkeit der individuellen und kollektiven Evolution möglich wird, sodaß weitere Fragen überflüssig werden.

Ich erinnere mich genau: Der Gedanke hatte in uns etwas Geheimnisvolles und Unaussprechliches angetippt, er brachte uns zum Schweigen. Mindestens fünf Minuten war es ganz still. Und als uns wieder Worte in den Sinn kamen, da sagtest du: „Waren wir jetzt im Helikopterflug ganz oben oder ganz unten?" Mir war indessen das Bild entschwunden, weil ich mich überwältigt fühlte von dem unendlichen Leid, von dem wir gesprochen hatten, und hatte nur das Gefühl, es sei doch wohl gut für uns Menschen, daß wir die verschlungenen Fäden der „Rückseite des Teppichs" aller menschlichen Schicksalswege nicht so genau kennen, weil wir uns endlos darin verwirren könnten. Du warst optimistischer gestimmt und sagtest: „Es mag wohl Spekulation gewesen sein, was uns da berührt hat. Aber vielleicht haben wir in diesem ‚speculum', in diesem ‚Spiegel', etwas geahnt, was sich irgendwann einmal als ganz einfach anschauen und verstehen läßt".

Jedenfalls kam unser Bemühen um die Pro-Argumente zu einem gewissen Ende und wir fragten uns nur noch, welche praktische Nutzanwendung könnten wir denn aus dem ganzen Wissen ziehen, durch das wir uns im Zusammenhang mit der Erforschung der Reinkarnationslehre hindurchgearbeitet haben.

Ich will versuchen, im nächsten Brief unsere Einsichten zusammenzufassen und grüße dich bis dahin sehr herzlich

Dein P.

Dritter Brief

Lieber Freund,

auch wenn ich von Dir noch keine Reaktion erhalten habe und nicht weiß, wie der letzte Brief mit dem reichlichen „Material" auf Dich gewirkt hat, möchte ich doch fortfahren und nun auch den letzten Gedankengang unserer Gespräche resümieren. Nachdem wir mit dem Betrachten der Verbreitung und praktischen Anwendung der Reinkarnationslehre unser Bewußtsein gleichsam „in die Breite" entfaltet hatten, wollten wir uns wieder mehr auf das Wesentliche konzentrieren, mehr in die Tiefe gehen und nach dem schauen, was uns und anderen auf dem inneren Weg hilfreich sein kann. Als Überschrift für diesen Teil der Gespräche möchte ich daher formulieren:

Kern und Bedeutung der Reinkarnationslehre für den inneren Weg

Was gehört eigentlich zu diesem Kern? Als Ausgangspunkt dient wohl die Erfahrung, daß viele Menschen zwischen dem gegenwärtigen Leben mit seinem Lauf zwischen Geburt und Tod offenbar einen Zusammenhang mit früheren irdischen Leben erkennen. Dieser Zusammenhang ist offensichtlich nicht identisch mit der äußerlich-biologischen Abstammung von Eltern und Vorfahren, sondern liegt auf einer anderen Ebene. Er betrifft mehr die geistige Seite, das Seelische, das Erfahrungen machende Ich-Bewußtsein des Menschen. Es kann sich mit früheren Erdenleben bei entsprechender Bewußtseinserweiterung in einer tief-innerlichen Weise verbunden fühlen. Solche Verbundenheit ist nicht mit nachträglicher Einfühlung in historische Gestalten verwechselbar. Zwar kann auch ein derart nachträglich Einfühlen vorkommen. Ja, es kann auch zu Wahnvorstellungen wie: „Ich bin Napoleon!" kommen oder zur absichtlichen Provokation von Affinitätsgefühlen wie etwa bei der Verbundenheit mit einem Namenspatron oder der teilweisen Identifizierung mit einer Idealgestalt der Vergangenheit. Doch all' das ist nicht gemeint und ergäbe keine Grundlage dafür, von Reinkarnation zu sprechen.

Anders steht es mit einem Erleben von Elementen einer Identität, die der Mensch in seinem Inneren vorfindet und gleichsam wieder entdeckt. Sie können sich ausdrücken in einem Gefühl wie: Ja, das bin ich! Das gehört zu mir! Und dies gehört als Vorgeschichte wesentlich auch zu meiner jetzigen Identität, und es erklärt manches von dem, was ich jetzt als Teil meiner Selbst erlebe und als konstitutiv für mich selbst empfinde! Wir dachten da nicht nur an geschichtlich bekannte Gestalten, sondern auch bestimmte Orte, Rollen, Berufe, Situationen, Menschenbegegnungen, die einem so vertraut vorkommen, als gehörten sie zum eignen Leben, aber man weiß zugleich, daß es nicht dieses gegenwärtige Leben ist und auch nicht bloß zum allgemein-menschlichen Erleben gehört. Ist das gut und eingermaßen verständlich ausgedrückt?

Daraus entsteht, wenn nicht alles belanglos oder anderweitig erklärbar ist, die Frage, ob es da ein Element gibt, das ein solches Gefühl der Affinität oder Identität auslöst und das von einem zum anderen Leben übergeht: Was ist dieses Element, das von einem zum anderen Leben im Kern mindestens soweit gleich bleibt, daß ein Identitätsgefühl (und manchmal auch konkrete Erinnerung und Erkenntnis) ausgelöst wird? Wie entsteht ein solches Bewußtsein individueller Kontinuität über mehrere Leben? Was ist dieses Substrat, welches der geistig-seelischen Weiterentwicklung dient, die ja von niemandem bestritten wird, ja diese Entwicklung steuert und vorantreibt? Das Wort „Seele" wollten wir nicht so gern benutzen. Damit wäre von vornherein ein Widerspruch zu dem Element erzeugt, das in jedem Leben als neu, weil neu geschaffen, angesehen wird. Außerdem wäre, wenn man nahe an der Vorstellung von einer „Seelenwanderung", die hinwiederum zusammen mit einem willkürlich von außen verhängtem „Schicksal" verbunden wird.

In der Literatur, so fanden wir heraus, wird dieses konstante Element oft einfach „die Person" oder „der Mensch" genannt. In den Übersetzungen der Werke Edgar Cayces ist davon die Rede, daß „diese Persönlichkeit" in einem früheren Leben dies oder jenes erlebt hat. Andere formulieren „diese Wesenheit" oder „diese Seele" oder sprechen vom „Ich" oder sagen „wir sind uns damals schon begegnet" bzw. „damals war ich das und das" oder „du hast damals das und das erlebt". Jede dieser Ausdrucksweisen scheint die Annahme nahezulegen, daß es ein konstant bleibendes Element, eine Art Ich-Konstante oder einen Personkern gibt, der beim Tod den Körper verläßt und später in ein neues irdisches Leben eintritt.

Dahinter steht – bei neueren Darstellungen jedenfalls – nicht mehr eine Vergeltungsidee, sondern der Gedanke, daß das wiederholte Eintreten in irdische Leben dem menschlichen Wesen die Chancen zum Lernen durch Erfahrung und zur sittlich-seelischen Weiterentwicklung gibt. Gerade durch die Erfahrung der Vergänglichkeit und Wandelbarkeit der Materie gibt es auf dem Planeten Erde die größten Chancen, sich dem Unwandelbaren anzunähern und dem vollkommenen (manchmal göttlich genannten) Wesen ähnlicher zu werden – bis hin zu jener Vollkommenheit, die keiner weiteren irdischen Reifungsphasen mehr bedarf.

Damit ist aber die Frage danach, wer oder was sich da weiter entwickelt noch nicht beantwortet. Wie läßt sich das Moment benennen, welches zwischen den verschiedenen Leben jene Affinität begründet und den Eindruck einer gewissen Identität innerhalb eines evolutiven Zusammehanges auslöst? Zwei Antworten haben wir – alles zusammen betrachtet – unterscheiden können:

Die einen denken an eine Persönlichkeitskonstante, die sich weiterentwickelt, einen „Träger" von Wissen, Fähigkeiten und Eigenschaften. Bei Anthroposophen und Theosophen sowie in den Darstellungen der indischen Religionsphilosophie wird oft von einer „Seelenmonade" oder einem „Personkern" gesprochen.

Die andere, vor allem die buddhistische Lehre hingegen kennt die Vorstellung einer unsterblichen Ich-Konstante, einer Einzelseele nicht und spricht auch nicht von einem konstant bleibenden Personkern. Sie arbeitet mit der Vorstellung, das von einem Leben zu einem anderen Weitergehende sei eine Art „Struktur", eine bestimmte „Konstellation" von Bedingungen und Elementen. Zur Erläuterung heißt es: da in der irdischen Wandelwelt ohnehin alles im Fließen und menschliches Bewußtsein nichts anderes als ein vorübergehendes Konglomerat fließender Bewußtseinsinhalte ist, gibt es auch von einem Leben zum nächsten nur die Kontinuität einer weiterfließenden Bewußtseinsstruktur, eine Art Kausalnexus oder Konditionalnexus[37] als Grundlage von Erinnerung und Identitätsgefühl.

Interessant fanden wir die Vergleiche, die als Hilfsvorstellungen angeboten werden. Einige Beispiele: Die spätere Inkarnation setze die frühere voraus wie ein Würfel, der auf einem anderen ruht und dadurch höher liegt (also abhängig ist, aber keineswegs identisch[38] mit dem unteren). Andere stellen sich eine Welle vor, die vom Meer zum Ufer rollt: da wandert die Wellenstruktur über große Strecken weiter, die einzelnen materiellen Wasserteilchen bleiben aber in einer kreisenden Bewegungsbahn etwa am gleichen Platz. In einem anderen Vergleich von ähnlicher Plausibiltät wird eine angestoßene Billardkugel genommen. Hier ist es der Bewegungsimpuls, der an die nächste Billardkugel weitergeht, während die erste zur Ruhe kommt. Wie aber die so angestoßene Billardkugel sich dann auf dem Feld bewährt, was sie aus diesem Anstoß „macht" und wie sie sich weiterhin verhält, wäre offen. Ein Beispiel aus älterer Zeit ist das von der Töpferscheibe: einmal in Schwung gebracht, dreht sie sich auch dann noch weiter, wenn man eine fertig geformte Schale heruntergenommen hat und die nächste darauf stellt. Nun, es sind alles nur Vergleiche. Und wir sagten uns dann: Jeder „hinkt" auf seine Weise. Allen gemeinsam ist nur, daß kein substantiell vorgestelltes „Etwas", keine in ihrer Substanz identische „Seele" von einem Körper in den nächsen hinübergeht.

Von Buddha selbst wird folgender Argumentationsgang überliefert: Wollte man sagen: derselbe handelt (in diesem Leben) und genießt (im nächsten Leben) die Frucht, dann gelangt man zur Einschätzung des Menschen als ewig. Wenn man dagegen sagt: ein anderer handelt, ein anderer genießt die Frucht, gelangt man zur Einschätzung des Menschen als auflöslich. Beiden Extremen soll man nicht verfallen. Die Mitte zwischen beiden wird „Entstehen in Abhängkeit"[39] oder eben Konditionalnexus bzw. Kausalnexus genannt.

Als wir alle diese Bilder und Konzepte im Gespräch ausgebreitet hatten und auf uns wirken ließen, Du wirst Dich erinnern, waren wir zunächst etwas ratlos. Welcher Anschauung gebührt ein Vorzug, dem Konzept vom Konditionalzusammenhang oder dem der konstanten Monade? – Die Frage erinnerte uns an jene andere Frage aus der modernen Physik, ob die Materie nun Wellen- oder Korpuskelcharakter hat. Und wir kamen zu dem Schluß, sie sei vielleicht auch ähnlich zu beantworten. Möglicherweise gibt es keine „objektive" Antwort. Sie kann also vom Fragesteller nicht abgelöst werden, zumal es ja um etwas geht, was ihn selbst zutiefst angeht. Dann hängt die Antwort wesentlich von seiner *Perspektive*, von seiner Sichtweise und seinem Grundlebensgefühl ab, das er bis zum Entstehen dieser Frage hatte. Und wir versuchten, von diesem Gesichtspunkt aus weiterzuarbeiten.

[37]) In beiden Ausdrücken ist ein Zusammenhang (Nexus) gemeint, der entweder durch früher gesetzte Ursachen (z. B. Handlungen, Tatabsichten, Causae) oder Bedingungen (Neigungen, strukturelle Merkmale, Konditionen) das künftige Bewußtsein und damit die entstehende Persönlichkeit prägt, seine Qualität bestimmt und dadurch eine Grundlage für das künftige Verhalten in der menschlichen Welt schafft. Vgl. Hans Wolfgang Schumann, Der historische Buddha, Köln (Diederichs) 1982, 166. Wohl am besten vergleichbar mit dem, was wir den angeborenen Charakter nennen oder was ein seriös gelesenes Geburtshoroskop anzeigt.- Was der Mensch daraus macht, ist in jedem Fall seinem freien Willen überlassen und seiner Veranwortlichkeit anheimgestellt.
[38]) Schumann a.a.O. 163
[39]) Schumann a.a.O. 163

Hinduistisch geprägte Inder und Abendländer werden dann eher die Vorstellung einer konstant bleibenden Monade, eines aufwärtstrebendes individuellen Selbst, dem Atman zugrundeliegt, bzw. einer unsterblichen Seele favorisieren. Sie sind auch mehr an einer Ich-Heimfindung, Selbst-Verwirklichung bzw. Rettung ihrer Seele interessiert. Westliche Menschen fürchten zudem die Auflösung aller Ich-Bedeutsamkeit aus Angst vor einem Aufgelöstwerden in einem bedeutungslosen Nichts[40], was sie mit dem buddhistischen Nirvana gleichsetzen.

Buddhisten ihrerseits und vom Buddhismus beeinflußte Menschen fühlen sich wahrscheinlich eher daheim bei der Vorstellung eines allgemeinen Verbunden-seins, eines Kausal- oder Konditionalzusammenhangs als Verbindungselement zwischen verschiedenen Leben. Auch das im Alltag vorherrschende Personver-ständnis, etwa in Japan und China, sieht das Individuum mehr als Kondensat von elementaren Kräften in Abhängigkeit von Umgebung und Gruppe. Erlösung hat dann mehr den Charakter der Aufhebung in etwas Höheres durch Befreiung vom Niederen und ist letztlich der Eingang in die Leere des Absoluten, ins Nirvana. So weit waren wir gekommen, als Du zu Deiner vorletzten Reise aufbrachst.

Ich erinnere mich gut an unsere erste Begegnung, nachdem Du von Deiner Reise nach Zypern zurückgekehrt warst. Dort warst Du Daskalos und seiner Gruppe begegnet. Wir schauten uns daraufhin seine Bücher genauer an, besonders die „Eso-terischen Lehren". Nach seiner Auffassung läßt sich, was unsere Fragestellung angeht, im innersten Kern des Menschen eine Unterscheidung machen zwischen einem den irdischen Erfahrungen zugewandten Aspekt und einem ewigen, unge-schaffenen. Beides geht als Einheit durch alle Leben hindurch. Was im einzelnen Leben zwischen Geburt und Tod in Erscheinung tritt und von unseren Gedanken, Gefühlen und Erfahrungen ausgefüllt wird, nennt er die „Derzeitige Persönlich-keit". Ihre biographischen Daten erscheinen auf dem Grabstein. Die sich gleichsam dahinter verbergende Kontinuität mit früheren und künftigen Erdenleben nennt er die „Permanente Persönlichkeit". Sie hat eine den irdischen Erfahrungen in der drei-dimensionalen Welt zugewandten Seite, die sich wandelt und wächst und immer vollkommener werden möchte. Darum drängt sie nach einem nicht voll befriedigend abgeschlossenen Erdenleben lernwillig und mit größerer Dienstbereitschaft für Gott in eine neue Inkarnation. Dieser Aspekt der „Permanenten Persönlichkeit" kann definiert werden als „innerer Kern der selbstbewußten Seele, der in den Welten Erfahrungen sammeln soll, um als selbstverwirklichte Persönlichkeit zu Gott zurückzukehren"[41]. Den anderen Aspekt nennt Daskalos das „Pneuma-Ich". Es wird definiert als „unser göttlicher Wesenskern, unveränderlich und ewig. Er wurde nie erschaffen und wird nie sterben", da er „qualitativ identisch ist mit dem Absolu-ten"[42]. Andere Mystiker sprechen vom „Seelenfunken" oder vom „Grund", der eins

---

[40]) Sie meinen damit jenes relative „Nichts", das im Gegensatz zum „Sein" gedacht wird. Buddhistische Reli-gionsphilosophen (wie Nishitani und Masao Abe) betonen aus diesem Grund den Unterschied zwischen dieser europäischen Vorstellung vom „Nichts" und ihrer eigenen. Das mit Nirvana gleichsetzbare Nichts nennen sie daher das „Absolute Nichts", das nicht im Gegensatz zum Sein steht sondern als „Absolute Leere" zugleich Grund und Wesen allen Seins und alles Seienden ist. Vgl. dazu: H. Waldenfels, Absolutes Nichts. Zur Grundlegung des Dialogs zwischen Buddhismus und Christentum, Freiburg ³1980.

[41]) Daskalos, Esoterische Lehren, München 1991, 202

[42]) Ebd.

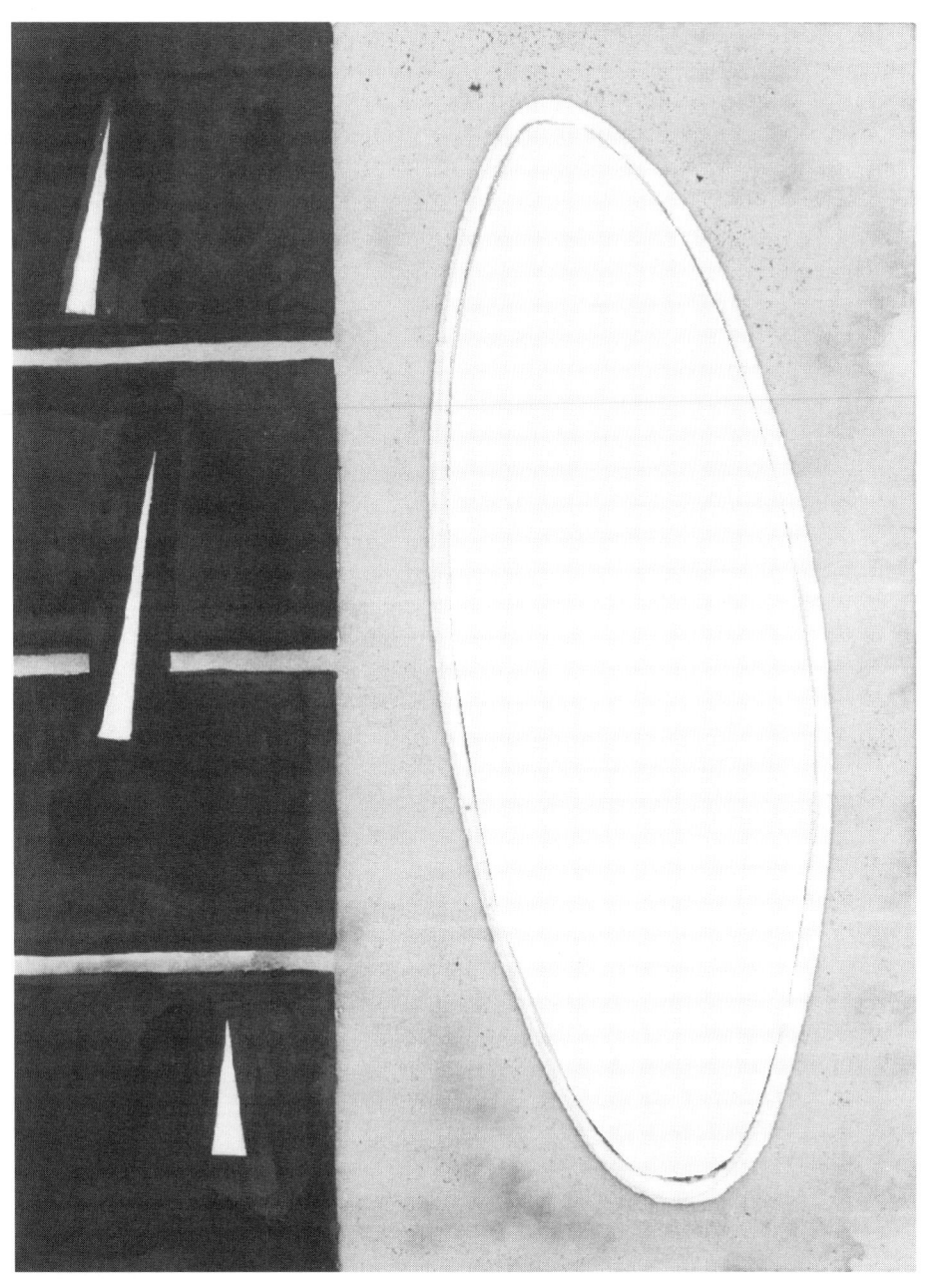

Werden zum Ganzen – von Sein zu Sein

ist mit Gott, dem Absoluten. Diesen uns „innewohnenden ewigen und unsterblichen göttlichen Geist" zu entdecken, ist der letzte Sinn jeder Meditation. Mit ihm in Einklang zu leben, der Sinn jeder Alltagspraxis.

Uns gefiel diese Ausdrucksweise sehr. Da sie immer noch ein wenig kompliziert erscheint, suchten wir nach einem Vergleich. Dir fiel das Bild vom Mond in seinem Verhältnis zur Sonne ein: eine Seite ist immer der Sonne zugekehrt, von der Sonne beschienen, und das Licht, das hier auftrifft und reflektiert wird, ist das reine göttliche Sonnenlicht selbst, in seinem Wesen und seiner ewigen Dauer nicht verschieden von der Sonne, auch wenn es für menschliche Augen auf Erden nicht so gleißend hell erscheint. Die andere weniger erleuchtete und weniger erwärmte Mondseite entspricht dem in der Welt und im Kosmos Erfahrungen sammelnden, sich wandelnden Aspekt der menschlichen Persönlichkeit. Beide zusammen bilden eine Einheit, welche der „Derzeitigen Persönlichkeit" eine Wegorientierung bietet zwischen dieser Geburt und dem nächsten zu erwartenden Sterben. Sinn der dunkleren Seite ist, daß sie immer mehr erhellt ist, bis der Mond in seiner Gesamtheit mit den gemachten Erfahrungen ganz „sonnenhaft" wird und wieder in seinen Ursprung, in die Sonne heimkehrt.

Gewiß, nur eine theoretische Anschauung, die – in ein Bild gebracht – natürlich sofort mißverstanden werden kann, wenn sie platt-gegenständlich mißbraucht würde.

Immerhin scheint die Auffassung von Daskalos östliches und westliches Empfinden gut zu integrieren. Wir freuten uns und lachten, als einer sagte: Wohl nicht umsonst hat Daskalos sich für dieses Leben die Insel Zypern ausgesucht, die ja eine Nahtstelle zwischen Ost und West ist. In seiner Ausdrucksweise kommt einerseits das kontinuierliche und evolutive Element zum Ausdruck: die Seele reist Erfahrungen sammelnd durch die Welten und kehrt um diese Erfahrungen bereichert zum Absoluten zurück; andererseits kommt der unveränderlich-ewige Wesenskern zum Ausdruck, der immer eins ist mit dem Absoluten. Er ist es, der uns sagen läßt: Wiedergeboren wird immer nur das oder der Eine; oder mit der Bhagavadgita: wiedergeboren wird immer nur der Herr; oder mit dem Buddhismus: alle Wesen haben von Anfang an die reine Buddhanatur; oder mit der christlichen Tradition: alles Leben ist Gottes Leben; in allen Geschöpfen lebt letzlich niemand anderes als der Schöpfer selbst – und nur er.

Wir sind ein wenig ins Schwärmen geraten, als wir diese Lösung fanden. Zwar wußten wir uns an der Grenze des Sagbaren, vor allem, weil ja immer wieder von zwei „Aspekten" oder zwei „Teilen" des einen innersten Kerns gesprochen werden mußte. Doch half uns diese Ausdrucksweise zu erkennen, daß in jedem Menschen, zumal wenn er „in sich geht" wie in der Meditation, eigentlich die ganze Geschichte zwischen Gott und der Menschheit, zwischen dem Göttlich-Absoluten und dem Geschaffenen-Relativen bereits enthalten ist. Man kann sogar sagen: in jedem Zug des Atemganges, symbolisch erfahren als Ausdehnung und Zusammenziehung, ereignet sich wesenhaft die Erschaffung und Vollendung des Universums schon jeweils jetzt. Ist dann nicht alles, was uns scheinbar ‚außen' begegnet, in Wirklichkeit nichts anderes als ‚Projektion', d.h. ein nach außen geworfenes Erscheinungsbild von etwas, was seine Realität im Inneren besitzt? In jeder Form begegnet das Reine Bewußtsein, das in sich selbst formlos und leer ist, sich selbst. Ist doch in seinem tiefsten Kern jedes Bewußtsein dieses Reine Bewußtsein. Aber es bedarf, um sich seiner selbst voll ‚bewußt‘ zu werden, der Begegnung mit der Erscheinungswelt und erkennt dabei letztlich nichts anderes als – sich selbst[43] als das Reine Bewußtsein.

Verzeih: Ich merke, daß ich jetzt nur dürre, philosophisch anmutende Worte finde für das, was uns für eine Weile so begeistert hat.

Jedenfalls konnten wir am Ende feststellen, daß dieses Lösungsangebot beide Aspekte ganz gut zusammenbringt: die unveränderliche Permanenz und das Wachstum. So haben wir andere Begriffe dann zurückgelassen. Beim Begriff Monade hatte uns das Statische ebenso gestört wie beim Kausalnexus das Mechanische. Weitere Untersuchungen haben wir uns erspart, obgleich wir wußten, daß es auf philosophischem und theologischem Gebiet sicher noch Vieles und Wichtiges[44], gibt, was erforscht werden sollte.

Dringlicher erschien uns im Moment die Frage, wie sich das Reinkarnationsdenken auf das religiöse Bewußtsein[45] auswirkt und was eine eventuelle Detail-Kenntnis aus früheren Leben für den inneren Weg (Meditation, Zazen, Kontemplation) bedeuten kann.

Wahrscheinlich – so schien uns – bräuchte jeder Mensch eine auf sein Leben und seinen gegenwärtigen Entwicklungsstand besonders zugeschnittene Antwort. In Zeiten der Zurückgezogenheit kann es auch sinnvoll sein, für sich danach zu suchen. Hier kommt es nicht mehr in einem objektiven Sinn auf Richtigkeiten an, sondern darauf, was „frommt" (wie es im 1. Korintherbrief 6,12 heißt), was also auf dem spirituellen Weg „bekömmlich" und „weiterhelfend" ist.

---

[43]) Dieser Gedankengang kann Verständnis für die östliche Auffassung von der Erscheinungswelt als „Maya" (Illusion) wecken. „Maya verschleiert die Sicht des Menschen, sodaß er nur die Vielfalt des Universums erblickt und nicht die eine Wirklichkeit", heißt es im" Lexikon der östlichen Weisheitslehren", 239.

[44]) Das tut in imponierender Weise der evangelische Theologe Michael von Brück, Einheit der Wirklichkeit. Gott, Gotteserfahrung und Meditation im hinduistisch-christlichen Dialog, München 1986, vgl. insbes. den Abschnitt über „Wiedergeburt oder kontinuierliche Manifestation?", in dem er ein theologisch durchdachtes Konzept für eine christliche Verarbeitung der Reinkarnationsidee darstellt. – Auf katholischer Seite zeigt eine gewisse Öffnung der Münstersche Dogmatiker Herbert Vorgrimler. Er hält die Reinkarnationslehre dann für vereinbar mit dem christlichen Glauben, wenn zwei Bedingungen erfüllt sind (ders. in: Der Tod im Denken und Leben des Christen, Düsseldorf 2. Aufl. 1982, 136 f.): Jede Theorie eines Vollendungsweges über mehrere Erdenleben müsse erstens gewährleisten, daß der „Ertrag eines Lebens ‚bleibt‘" und der Mensch nicht wieder vom „Nullpunkt" beginnen müsse. Sonst würde eine frühere Lebenszeit sinnlos sein. Zum anderen dürfe die Lehre nicht auf einen endlosen Kreislauf hinausgehen. Es muß ein eschatologischer Abschluß angenommen werden, eine „Vollendung in einer neuen, vor jeder Vergänglichkeit bewahrten Welt". – Das klingt anders, als was in den früheren Dogmatiklehrbüchern und Lexiken zu lesen war. Sie enthielten meist nur Argumente für eine grundsätzliche und pauschale Ablehnung jeder Form der Reinkarnationslehre.

[45]) So wäre z. B. zu fragen, ob die traditionelle Lehre vom Fegefeuer als einem Reinigungsort ‚außerhalb‘ unserer Welt nicht auch eine Projektion ist, d. h. die auch gesetzte symbolische Darstellung eines psychischen Zustands, dessen Realität im Inneren erfahren wird. Ein verborgenes Motiv dafür könnte das Bestreben sein, die Aspekte der Reinigung und Läuterung aus diesem irdischen Leben ausschließen und gleichsam aufschieben zu wollen. Richtig daran ist sicher der Gedanke, daß es immer Chancen der Läuterung gibt und die Vorstellung einer ewigen Verdammnis „sicherlich die schrecklichste Lehre ist, die je von einer Religion gepredigt wurde", wie Bede Griffiths, Die Hochzeit von Ost und West, Salzburg 1982, 112, sagt.

In den folgenden Thesen habe ich versucht, einige Gesichtspunkte zusammen zu stellen, soweit meine Gesprächsnotizen reichen:

1) Vom voll Erleuchteten, zum höchsten Bewußtseinstand Erwachten ist anzunehmen, daß er für sich weder die Reinkarnationslehre noch Einzelheiten über frühere Leben braucht. Für ihn gilt wohl, was in einem Aufsatz von Georg Schmid[46] so formuliert ist: „Am Ziel der Meditation angelangt hat der Meditierende auch jedes Verständnis seines Selbst als einer Kette von zahlenmäßig beschränkten Geburten überwunden. Er ist alles, was sein Geist anschaut. Er ist in allen Wesen, die ihm begegnen. Am Ziel der Meditation angelangt erübrigt sich alles Reden von Reinkarnation. Denn natürlich gilt für den Erleuchteten, daß er schon (immer) war." – Dazu paßt ja gut, was von Shakyamuni Buddha berichtet wird, daß er nämlich in der Nacht seines Erleuchtungserlebnisses alle seine Vorexistenzen geschaut hatte, danach aber nie mehr darauf zu sprechen kam. Dazu passen die von Jesus berichteten Worte „Ehe Abraham ward, bin ich". Zwar entstammen sie erst dem spät verfaßten Johannesevangelium und spiegeln mehr den Bewußtseinsstand Jesu, wie ihn andere wahrgenommen haben, aber sie drücken den Zustand des Befreitseins vom irdischen Lebenskontext ähnlich aus.

2) Was für den Erleuchteten gilt, gilt grundsätzlich auch für den auf dem Erleuchtungsweg Übenden. Jeder Gedanke an frühere Leben oder ein bestimmtes früheres Leben wäre während der Meditation als Gedanke nichts anderes als ein störender Gedanke. Er sollte vorüberziehen und nicht beachtet werden. Zenmeister sprechen deswegen von Makyos (Teufelszeug) und warnen davor, sich darauf einzulassen. Mögen es schöne oder schreckliche Bilder sein: während der Übung haben sie keinen Raum und sind als Hindernisse wie andere Gedanken auch loszulassen. Durchschaut man sie auf ihr eigentliches Wesen hin, erweisen sie sich als leer.

3) Ansonsten kann die Reinkarnationslehre, wenn sie recht angewandt wird, manche positiven Impulse[47] auslösen. Sie kann die Eigenverantwortung stärken, über momentane Problemphasen hinweghelfen und ein allzu anthropomorphes Gottesbild revidieren. Wenn man sich selbst als den Verantwortlichen seiner Lebensereignisse über das gegenwärtige Leben hinaus erkennt, wächst die Einsicht, daß die innere, geistig-seelische Entwicklung wichtiger ist als die äußeren Güter wie Geld und Geltung, Besitz und Einfluß, Macht und Ansehen.

Außerdem gibt es keinen Grund, ständig das Gottesbild zu ändern, mit ihm zu hadern und darüber zu grübeln, wenn etwas schief zu laufen scheint, keinen Grund auch, unerwartete Ereignisse irgendeinem launischen, absichtsvoll handelnden Schicksalslenker hinter den Dingen zuzuschreiben. Dankbarkeit für alles Positive, Vertrauen in die Güte Gottes sind darum nicht ausgeschlossen. Auch, daß es Phasen der Prüfung und Versuchung, der Befreiung und Erleichterung geben kann, ließe

---

[46] Georg Schmid, Anfang und Ende des Glaubens an Reinkarnation: Grenzgebiete der Wissenschaft 37 (1988) H.4, 343-357, hier 352.

[47] Sehr schöne Gedanken für die Alltagspraxis hat Stefan Jankovich, Reinkarnation als Realität, Ergolfing (Drei Eichen Verlag) 1993, 126 ff. vorgeschlagen. So könnte man sich z. B. angesichts von Rassenhaß sagen: „Auch ich war schon mal Mitglied fast aller Rassen" oder zur Erweckung von mehr Umweltbewußtsein: „Ich werde wiederkommen und möchte eine intakte Erde vorfinden" oder in Krankheit: „Dies ist jetzt mein Körper, ich habe ihn für mein jetziges Leben selbst ausgewählt."

sich damit vereinbaren. Es muß nicht alles[48] dem Verhalten in diesem Leben zuge-schrieben oder in diesem Leben erledigt werden. Chancen, die nicht genutzt wurden, Aufgaben, die nicht bewältigt wurden, kehren wieder, bis die vollkommnere Lösung gefunden ist. Auch die Begegnung mit bestimmten Menschen, die plötzlich eine unerwaretete Tiefe erlangen, kann damit zusammenhängen, daß noch irgendetwas aus einem früheren Lebenszyklus abzuschließen ist.

Der Horizont weitet sich. Leben reiht sich an Leben. Es braucht nicht alles in einem Leben entfaltet zu werden. Man muß nur das erkennen, was jetzt dran ist. Das Ich-Selbst-Bewußtsein ist nicht eingeengt auf die kleine Phase zwischen letzter Geburt und nächstem Sterben.

Letztlich sind ja die vielen Leben ein Leben, nur für unser raumzeitliches Denk-bewußtsein ein wenig „verzettelt". Jeder Mensch ist und hat Anteil an der durch die Jahrhunderte strömenden Bewegung göttlichen Lebens. Vom urzeitlichen Anfang her manifestiert es sich in zunehmender Klarheit mehr und mehr in der sichtbaren Welt. Immer klarer und reiner kommt das Gottesbewußtsein zum Ausdruck, bis alles in höhere und schließlich die höchste Dimension der ursprünglichen Gottes-wirklichkeit eingeht. Viele Menschen erleben eine solche Weltsicht als befreiend, ermutigend und wegöffnend. Sie können aus dieser Sicht mehr für den inneren Weg lernen als andere aus der Erforschung der äußeren Geschichte. Sie kann helfen, sich unter bestimmten Lebensbedingungen zurecht zu finden oder ansonsten nicht inte-grierbare Phänomene in einem größeren Zusammenhang zu sehen und dadurch bes-ser zu verstehen.

4) Was konkrete Einsichten in frühere Leben der eigenen Person angeht, so schien es uns besonders schwer, etwas Allgemeingültiges zu sagen. Es hängt viel davon ab, in welcher Situation sich ein solcher Einblick eröffnet. Dir fiel dazu ein Vergleich ein: Es sei wie bei einer Bergbesteigung. Während man in höchster Konzentration zentimeterweise aufwärts kraxelt oder durch einen Tunnel geht, dürfte es nicht rat-sam sein, sich mit einer Landkarte zu beschäftigen. Auf Rastplätzen aber, wenn man den Weg auf der Karte betrachtet und das nächste Bergstück anschaut, kann es dage-gen durchaus hilfreich sein „zu wissen", was man schon hinter sich gebracht hat und was noch vor einem liegt. Dann ist man vielleicht dankbar zu sehen, wie sich eine ähnliche Situation in einem früheren Leben dargestellt hat und was man jetzt daraus lernen möchte. Ob solche Einsichten in der Meditation, durch Träume[49], deja-vú-Erlebnisse oder echtes Hellsehen[50] ans Licht kommen, spielt eine geringere Rolle.

---

[48] Von einer in diesen Dingen kundigen Person hörte ich, man könne höchstens ein Drittel der Probleme, mit denen man es in Leben zu tun hat, einer Verursachung in früheren Leben zuschreiben. Der Wille, sie dies-mal besser zu lösen, ist im Entschluß zur Wiederverkörperung enthalten.

[49] Wer sich über längere Zeit mit seinen Träumen beschäftigt hat, wird verschiedene Arten von Träumen kennengelernt haben. Darunter z. B. solche, die Tageserlebnisse verarbeiten, andere, die Kindheitspro-bleme oder archetypische Konstellationen anzeigen und zur Verarbeitung anbieten, und wieder andere, die durch einen deutlichen Blick in ein anderes Leben auf etwas aufmerksam machen, was von daher ins gegenwärtige Bewußtsein integriert werden will.

[50] Für den inneren Weg ist es dabei unerheblich, ob man an ein sich durch mehrere Leben weiterentwickeln-des konstantes Ichsubstrat glaubt oder an eine bestimmte Affinität von äußeren und inneren Konditionen. Entscheidend ist, daß der Übende die Stimmigkeit für die gegenwärtige Situation für sich akzeptieren und daraus lernen kann. – Zu wünschen wäre, daß es auf diesem Gebiet mal zu einer professionellen Kultivie-rung der paranormalen Fähigkeiten kommt, damit Hilfesuchenden verläßlicher geholfen werden kann.

Wichtig ist die Authentizität und tatsächliche Hilfe zu einer tieferen Erkenntnis und sinnvolleren Lebensgestaltung. Gefährlich dürfte allerdings ein allzulanges Verweilen in der Bilderwelt vergangener Zeiten sein. Es kann von der Gegenwart ablenken.

Versucht man aber die implizierte Botschaft für die gegenwärtige Entwicklungsphase zu entschlüsseln, kann sie hilfreich sein, vor allem, um die Aufgabenstellung und die bereitliegenden Impulse für die nächste Wegstrecke klarer zu erkennen. Bislang verdeckte Energien werden aktiviert, das Kräftepotential neu geordnet und, wenn es gelingt, die gewonnene Einsicht zu integrieren, kann man mutiger und entschlossener weitergehen auf dem großen Weg, der das Ziel von allem Anfang an schon immer in sich hat.

Abschließend erinnertest Du Dich noch einmal an das Zitat aus der Bhagavadgita – letztlich gilt ja: „Wiedergeboren wird immer nur der Herr". An diesem Einen sich zu orientieren, hat darum, wo immer Orientierung erfragt wird, den absoluten Vorrang.

Das waren, wenn ich meiner Erinnerung und meinen Notizen trauen darf, die wichtigsten Gesichtspunkte, die wir zusammengestellt hatten.

Wir kamen damit zu einem vorläufigen Abschluß und waren beide der Meinung, die Beschäftigung mit der Reinkarnationslehre habe sich gelohnt. Jedenfalls haben wir in unseren Gesprächen nichts von den Tatsachen, die glaubwürdig berichtet werden, aus ideologischen Gründen ausschließen müssen. Und wir haben uns auch nicht in ein hilflos machendes, fatalistisches Gedankensystem hineinverwickelt, wie es viele unserer westlichen Zeitgenossen befürchten, wenn sie etwas von Reinkarnation hören. Über das sogenannte Karma-Gesetz[51] werden wir wohl künftig noch einmal sprechen müssen. Immerhin schien uns der Reinkarnationsgedanke, die Idee mehrmals wiederkommender und sich aufwärts in größerer Nähe zum „Gottesbewußtsein" entwickelnder individueller Menschenleben keineswegs absurd. In Zukunft wird diese Vorstellung wohl noch ausdrücklicher zum „allgemeinen Welt- und Menschenbild" dazu gehören. Und wenn sie in angemessener Weise in das integriert wird, was „Religion" den Menschen anbieten kann, dürfte der bisherige Bestand abendländischer Religiosität um ein wichtiges Element bereichert sein.

Nun leb wohl! Ich freue mich auf Deinen Reisebericht, das Wiedersehen und die Fortsetzung der Gespräche mit Dir.

Sei bis dahin herzlich gegrüßt von Deinem

P.

---

[51] Vgl. Peter Michel, Karma und Gnade, Grafing ²1922.

Ozean-Parabel

„Wo, bitte, geht's zum Ozean?"

fragte die Welle und begab sich munter auf die Reise, den großen Ozean zu suchen.

„Zeig mir den Weg zum Ozean", bat sie ein andere Welle, die sie besonders schön fand, denn sie war mit einer Schaumkrone geschmückt.

„Schau hin, schau hin", antwortete diese und stolzierte prächtiger werdend dem Ufer entgegen.

„Zeig mir den Weg zum Ozean, bitte,"flehte sie die nächste an. Doch diese entgegnete nur, sich im Winde drehend: „Spiel' doch mit das Wellenspiel!" und tänzelte von dannen.

„Ach, bitte, wo ist der Ozean,"fragte sie die nächste, auf der eine Boje mit Hinweisschildchen schwamm. „Du kannst den Weg mir doch zeigen!" Doch die Bojenträgerwelle schwang gemächlich auf und nieder, auf und nieder, auf und nieder, und gab erst auf die zweite Frage nach dem Ozean zur Antwort: „Schau doch hin! Schau hin!"

Drauf fragte die Welle eine andere, auf der eine Kiste mit Büchern schwamm. „Wo, bitte, ist der Ozean?" Schwer tragend an ihrer Last entgegnete auch diese: „Schau hin! Schau hin!", wobei sich unversehens der Kistendeckel öffnete und die durcheinander geworfenen Bücher sichtbar wurden. Die suchende Welle glaubte sich nahe am Ziel und wagte die weitere Frage: „Hast du nicht wenigstens einen Atlas unter deinen Büchern?" Auch hier war die Antwort: „Schau hin! Schau hin!"

So begann die suchende Welle in den Büchern zu kramen, fand schließlich einen alten Atlas, blätterte hastig darin und entdeckte ein Blatt, wo auf blauem Grund in großen Lettern zu lesen stand das Wort: „OZEAN". Wie glücklich war sie da! Und sehr erleichtert. Doch alsbald kamen Zweifel auf: „Soll das der Ozean sein?" Da wurde die Kistenträgerwelle von einer übergroßen Schaumkrone verschlungen und war mitsamt ihrer Last nicht mehr zu sehen. Im Strudel, den sie nach sich zog, versank zum Schluß auch der Atlas und die suchende Welle machte eine große Entdeckung – ganz für sich, für sich ganz allein.

282

Der Weg des Yoga

Handbuch für Übende und Lehrende
Herausgegeben vom Berufsverband Deutscher Yogalehrer
380 Seiten, gebunden, 238 Zeichnungen
ISBN 3-928632-02-7

30 Verfasser, jeweils auf ihrem Fachgebiet kompetent und erfahren, haben in diesem großen Yogabuch, vom Berufs- verband Deutscher Yogalehrer herausgegeben, den ganzen Reichtum der Yogawelt in komprimierter Form dargestellt. Mehrere Kapitel über die wichtigsten Quellentexte des Yoga, über die Yogameditation sowie über die verschiedenen Schulen und Meister des Yoga führen in die große Tradi- tion des Yoga ein.
Hatha-Yoga wird umfassend in all seinen Ausformungen und Übungswegen beschrieben und von seinem spirituellen Ziel her betrachtet.
Yoga im Westen setzt die wissenschaftlichen Forschungen und Erkenntnisse unserer Zeit und der west- lichen Kulturtradition in Bezug zum Yoga.
Der Bau und die Funktion des menschlichen Körpers wird genauso grundlegend behandelt wie die Gestaltung des Yogaunterrichts.
Das Buch bietet eine Fülle von wichtigen Informationen, Anregungen und vertiefenden Impulsen sowohl für den Yogaübenden als auch für den Yogalehrer.

Suche nach dem Sinn des Lebens

Willigis Jäger
272 Seiten, gebunden
ISBN 3-928632-03-5

Alle wichtigen Themen des spirituellen Lebens werden von Pater Willigis Jäger — ein Meister der Kontemplation und der Meditation im Stile des Zen — in diesem Buch grund- legend behandelt und in Bezug gesetzt zur christlichen Mystik, aber auch zu den großen Traditionen der esoteri- schen Wege anderer Religionen, zu den Ergebnissen moderner Naturwissenschaft und zu den Erkenntnissen der transpersonalen Psychologie.
Sowohl die Technik der Kontemplation als auch die psychologischen Aspekte des inneren Weges, seine Tiefenstrukturen und Stadien, der Umgang mit den Gefühlen, die Verwandlung des Schattens und die Bedeutung der Depression in dem Transformation- sprozeß werden eingehend beschrieben.
In diesem Buch geht es um den inneren Weg der christlichen Religion, um einen Bewußtseinswandel in der Gleichgestaltung mit Christus, um eine neue, von innen geprägte Ethik, die Verantwortung für die Mitwelt übernimmt.
Das Buch befreit zu einem sinnerfüllten Leben, motiviert, den inneren Weg zu gehen, provoziert zu einem neuen Denken und Handeln und tröstet in dunklen Stunden.

Geheimnis der Verwandlung

Joseph Zapf   Rosina Zipperle
64 Seiten, gebunden
28 ganzseitige Bilder
ISBN 3-9801787-1-8

Existentielle Verwandlung ist das Kernanliegen dieses pracht-
vollen Bildbandes.
Joseph Zapf, Professor für Religionswissenschaften und
Meditationsleiter für kontenplative Meditation hat aus dem
reichen Schatz seiner spirituellen Erfahrung alle wichtigen
Grundthemen des geistigen Weges dargestellt. Als Meister
des Wortes ist seine Sprache
klar, intensiv, meditativ, inspirativ. Die knappe Textfassung
richtet sich auf das Wesentliche.
Die Bilder von Rosina Zipperle, einer jungen begabten
Künstlerin aus Südtirol, die jeweils den Texten gegenüber-
stehen, erhellen deren Zug zur Verwesentlichung durch ihre
Transparenz. Diese aus einer hohen Spiritualität gemalten Bilder verwandeln den Betrachter.
Es geht um den Durchbruch zum Licht: in uns und um uns. Text und Bild verstärken gegenseitig dieses
Anliegen. Das Wort weckt die Sehnsucht nach Licht, das Herz läßt sich davon ergreifen, das Auge
schaut in Sinnbild und Symbol die Strahlkraft des Lichtes. Dieser Dreiklang kann unsere besten Stunden
erfüllen. Er nährt die ewige Melodie in uns, bis unser Leben selber Licht und Liebe ausstrahlt.

Sehnsucht nach Herzensweisheit

Joseph Zapf   Rosina Zipperle
64 Seiten, gebunden
28 farbige, ganzseitige Bilder
ISBN 3-928632-01-9

Der Theologe, Meditationsleiter, Dichter und Schriftsteller
Joseph Zapf und die Künstlerin Rosina Zipperle haben in ihrem
neuen Buch mit einer das Herz des Menschen anrührenden
Sprache und mit lichtdurchstrahlten Bildern die innerste Sehnsucht
des Menschen nach Herzensweisheit angesprochen.
Das aus innerer Erkenntnis und Erfahrung geborene Wort,
gewachsen aus der Gnade geistiger Schau, reißt die Schleier der
Unwissenheit entzwei, rüttelt an der Enge unseres auf das Diesseits
einseitig ausgerichteten Denkens und Verhaltens, durchbricht die
Welt der Sinne und setzt Verwandlungsprozesse in Gang, die in die
Tiefe des Lichtgrundes im Menschen führen.
Die lichtdurchfluteten Bilder lassen eigenes mystisches Erleben durchsichtig werden. Hauchzarte Farben,
strahlende Lichtglut, durchschimmernde Transparenz lichterfüllter Welten wecken die Sehnsucht
nach Ganzheit, Heilsein und Erlösung in der liebenden Geborgenheit der Lichtfülle Gottes.
In der schweigenden Betrachtung des Bildes und in dem Offensein für das wegweisende Wort kommt
mystische Erfahrung auch dem modernen Menschen nahe. So wird ein solches Buch zu einem kostbaren
Geschenk.

Unterwegs nach Innen

Joseph Zapf
250 Seiten, gebunden
acht farbige, ganzseitige Bilder
ISBN 3-928632-04-3

Dieses Buch lädt zur Reise nach innen ein, führt in die Meditation ein, weckt Sehnsucht nach einem bewußteren Leben, das
aus den Urquellen des Seins gespeist wird.
Es geht in diesem Buch um die Existenz des Menschen selbst,
um seine Menschwerdung, um seine Aufgabe in dieser Welt,
um die Entfaltung seiner Persönlichkeit, um die Schulung des
Leibes, um die Entwicklung der Seele, um Sinnfindung und
Sinndeutung, um sein Glück und seine Erfüllung auf Erden.
Wichtige spirituelle Lebenshilfen bieten die Ausführung über die Bildung des Geistes in seinen
drei Entwicklungsstufen als Intelligenz, Vernunft und Intuition.
Bei der Formung der Seele setzt der Verfasser für die spirituelle Lebenshilfe zwei Schwerpunkte:
die Klärung der Gefühle und deren Verwandlung zu höheren Stufen und die Ausformung des
Charakters aus spirituell-psychologischer Sicht nach dem Modell des Enneagramms, einer Typen-
lehre von neun Charakterstrukturen, die auf islamische Mystiker aus dem Mittelalter, den sog.
Sufis, zurückgeht.
In dem Kapitel über die Erfüllung des Menschen in der Liebe werden alle wesentlichen Reifungs-
stufen der Liebe beschrieben. Ihre Grundelemente, Eigenschaften und Kräfte werden bewußt
gemacht und auf den Verwandlungsprozeß des inneren Weges bezogen.

Zum Lichtgrund der Seele

Rosina Zipperle
190 Seiten, gebunden
ISBN 3-928632-07-8

Das Buch von Rosina Zipperle „Zum Lichtgrund der Seele"
zeigt Wege zur Transparenz auf, die den künstlerischen Reichtum ihrer Bilder ins geschriebene Wort übermitteln.
Aus eigener tiefer Erfahrung fließen im Kapitel über die
„Selbstfindung" die Darstellungen der Aura als Spiegelbild
des Denkens und Handelns, das Farbenspiel der Seele, das
feinstoffliche Gewand als Philharmonie der Gedanken und
ihre heilende Kraft. Vorbereitet wird diese Selbstfindung
durch den Läuterungsweg der Meditation.
Bei dem zweiten Kapitel „Selbstverwirklichung" vertieft sich dieser Durchlichtungsprozeß über
Traumsymbole als Spiegelungen des Unterbewußten, zur Läuterung dieses dunklen Bereiches.
Einbezogen in diesen Prozeß werden ferner das Gefühlsleben, die Egozentrik, Liebe und Leid.
Die Sprache des Herzens als Energie dichtester Schwingungsqualität weitet sich schließlich zur
Besinnung auf die Umwandlung der verschiedenen Bewußtseinsebenen.
Das dritte Kapitel „Transformation" verdichtet diesen Umwandlungsprozeß. Er setzt an bei der
Vergeistigung und bei der reifen Persönlichkeit und führt über die Berührung mit dem Göttlichen
zum gotterfüllten Menschen. Diese individuelle spirituelle Formung wird dann eingebettet in das
Kraftfeld der Liebe aus dem Universum.
Ein Blick auf die neue Zeit, soll den Leser ermutigen, sich seiner eigenen besten Möglichkeiten
bewußt zu werden, um sie einzusetzen für die eigene Ausreife zum gotterfüllten Dasein in einer
Welt der Harmonie aller Kräfte universaler Liebe.

Das Geheimnis der Quelle

Barbara Schenkbier
144 Seiten, gebunden
12 farbige, ganzseitige Illustrationen
und 24 Zeichnungen
ISBN 3-9801787-0-6

Barbara Schenkbier ist es in ihrem Buch „Das Geheimnis der Quelle" gelungen, in Märchenform tiefe Lebensweisheiten und die wichtigsten Stufen des Yoga-Weges zu beschreiben. Die Natur in ihrer Vielfalt wird zum Sprachrohr der geistigen Welt.
Naturkräfte, Blumen, Tiere und Naturwesen lehren wichtige Hatha-Yogahaltungen, die auch in Abbildungen am Schluß des Buches darstellt sind.
Der Leser lernt die wesentlichen Grundgesetze des Daseins, eine gesunde Lebensweise und Wege zu einem glücklichen, erfüllten Leben kennen. Er erfährt bedeutende Weisheiten der Yoga-Philosophie, und es werden ihm die großen traditionellen Yogawege aufgezeigt.
Das Märchen ist ganz durchwoben von zarter Poesie, überraschenden Ideen, tiefgründigen Erkenntnissen, geistigen Impulsen und spiritueller Kraft.
Das Buch unterhält nicht nur, es belehrt und regt an, die Weisheit des göttlichen Lebens selbst zu entdecken. Es gibt Antworten auf viele Fragen, vermittelt Lebenshilfen und führt zum Lebenssinn. Es begleitet den Leser auf seinem eigenen Weg und motiviert ihn, das Geheimnis der Quelle selbst zu ergründen.

Der Yogaweg des Patanjali

Gérard Blitz
96 Seiten, gebunden
2 Zeichnungen
ISBN 3-9801787-3-0

Gérard Blitz, der große europäische Yogalehrer, weit über die Grenzen Frankreichs bekannt, Begründer der Europäischen Yoga-Union, hat aus seinem großen Erfahrungsschatz heraus in verdichteter Form und leicht verständlicher Sprache auf der Grundlage der Sutraś (Lehrsätze) von Patanjali den Yogaweg dargestellt.
Der Verfasser beschreibt sehr genau und tiefgründig die Grundregeln eines richtig durchgeführten Hatha-Yoga sowie die wichtigsten körperlichen, seelischen und feinstofflichen Wirkungen der Asanas und Pranayamas. Er macht dem Leser bewußt, was die Yogahaltungen wirklich bedeuten können, und zeigt auf, wie die Zerstreuung durch Prana in Sammlung und Konzentration umgewandelt werden kann.
Hatha-Yoga, so wie ihn Gérard Blitz lehrt, führt auf ganz natürliche Weise zu den geistigen Grundhaltungen, die Patanjali an den Beginn seines Weges stellt, zur Meditation und zur Wandlung des Bewußtseins.

Grundlagen des Yoga der Energie

Roger Clerc
160 Seiten, gebunden
126 Zeichnungen
und 1 Übungsplakat
ISBN 3-9801787-7-3

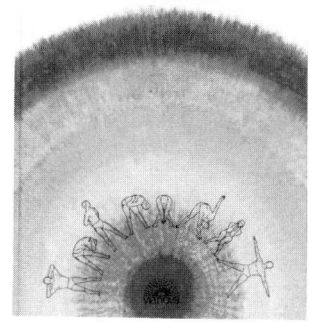

Roger Clerc, der berühmte Begründer des Yoga der Energie, hat die Summe seiner jahrzehntelangen Yogaerfahrung als Übender und als intuitiv begnadeter Yogalehrer in diesem Meisterwerk niedergeschrieben.
Es geht dem Verfasser in seinem Buch vor allem darum, einen elementaren Yogaunterricht zu beschreiben, der dem von Streß und Überforderung geplagten Menschen unserer Zeit hilft, gesünder zu werden, Energieblockaden aufzuheben, sich besser entspannen zu können, Zerstreuungen zu überwinden, um tatkräftiger zu sein und um mehr Lebensfreude zu erhalten. Ob der Autor die Grundregeln richtigen Übens, die Bedeutung der Atmung und der Entspannung oder einzelne Grundhaltungen des klassischen Yoga beschreibt, immer wird dem Yogaübenden ein tieferes Verstehen des Yogaweges vermittelt.
Höhepunkt des Buches ist die ausführliche Darstellung der 18 vorbereitenden Bewegungen des Yoga der Energie, deren ausgleichende Kraft zu einer harmonischen Vibration führt, Energie freisetzt, der Entwicklung der Sensibilität dient, Gesundheit und persönliche Ausstrahlung bewirkt.

YOGA — Tradition und Erfahrung

T.K.V. Desikachar
240 Seiten, gebunden, 215 Zeichnungen
ISBN 3-928632-00-0

T.K.V. Desikachar ist Sohn und engster Schüler von T. Krishnamacharya, einem der bedeutendsten Yogameister unseres Jahrhunderts.

Folgende Kriterien zeichnen dieses Buch aus:

— Anpassung des Yoga an den einzelnen Menschen, an seine Bedürfnisse und seine Erfordernisse.
— Erläuterung der psychologischen und philosophischen Konzepte des Yoga-Sutra des Patañjali und deren Verbindung mit der alltäglichen Yogapraxis.
— Darstellung der Bedeutung des Atems und des Wertes von Asana, Pranayama und Bandha für die Hinführung zu Dharana und Dhyana.
— Verwirklichung des Prinzips von Vinyasa Krama: Das schrittweise Hinführen zu den unterschiedlichen Techniken des Yoga.
— Reichhaltig illustrierte Übungsabfolgen und die Beschreibung vieler Variationen der klassischen Asanas.
— Viele Beispiele, die die Prinzipien des Yoga, die hinter der Yogapraxis von Asana, Pranayame und Bhanda stehen, erklären und somit ein besseres Verständnis des Yoga vermitteln.

Durchbruch ins Licht

Werner Vogel
48 Seiten, gebunden
12 farbige, ganzseitige Fotos
ISBN 3-9801787-6-5

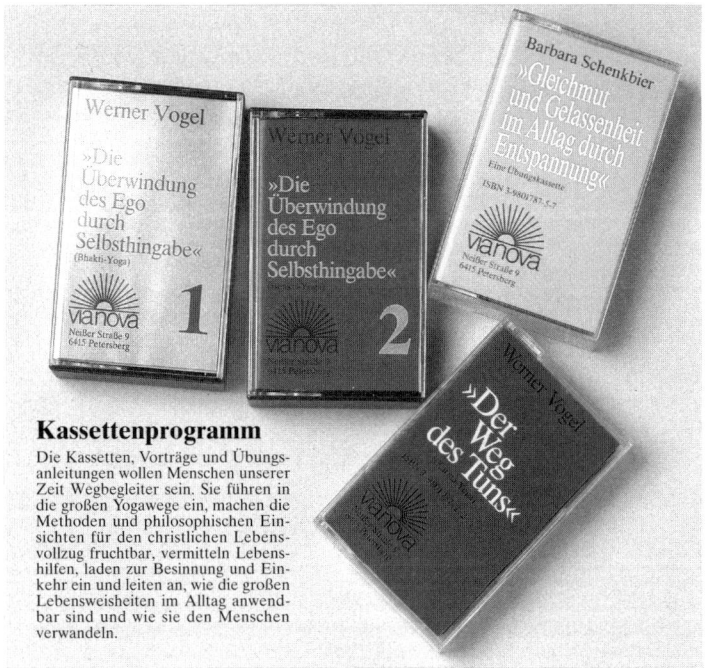

Menschen, die von Sorgen, Ängsten, Nöten und Leiden bedrängt sind, werden in diesen Gedichten wieder das Licht der Hoffnung und der Zuversicht erfahren.

Menschen, die nach Selbsterkenntnis und Höherentwicklung streben, werden in diesem Gedichtbändchen einen hilfreichen, lichtvollen Wegbegleiter finden.

Menschen, die die Liebe als alles verwandelnde göttliche Kraft leben möchten und Sehnsucht haben nach dem erlösenden Christuslicht, erhalten in diesen Versen neue Impulse und mutmachende Wegweisung.

Beeindruckend schöne Farbfotos, vom Verfasser selbst fotografiert, verstärken die lichtvollen Aussagen der Gedichte. Die Verse eignen sich sehr gut zur Meditation. Wenn die in den Gedichten ausgesprochenen Lebensgesetze und Weisheiten verinnerlicht werden, dann verwandeln sie das Leben zum Lichte hin.

Werner Vogel
Die Überwindung des Ego durch Selbsthingabe
(Bhakti-Yoga)
Teil I und Teil II
Doppelkassette

Werner Vogel
Der Weg des Tuns
(Karma-Yoga)
ISBN 3-9801787-2-2

Barbara Schenkbier
Gleichmut und Gelassenheit im Alltag durch Entspannung
Eine Übungskassette
ISBN 3-9801787-5-7

Kassettenprogramm

Die Kassetten, Vorträge und Übungsanleitungen wollen Menschen unserer Zeit Wegbegleiter sein. Sie führen in die großen Yogawege ein, machen die Methoden und philosophischen Einsichten für den christlichen Lebensvollzug fruchtbar, vermitteln Lebenshilfen, laden zur Besinnung und Einkehr ein und leiten an, wie die großen Lebensweisheiten im Alltag anwendbar sind und wie sie den Menschen verwandeln.